2023
（总第7卷）

沿滩年鉴

YANTAN YEARBOOK

自贡市沿滩区人民政府 主办
自贡市沿滩区地方志编纂委员会办公室 编纂

西南交通大学出版社
·成都·

图书在版编目（CIP）数据

沿滩年鉴. 2023 / 自贡市沿滩区地方志编纂委员会办公室编纂. --成都：西南交通大学出版社，2023.12
ISBN 978-7-5643-9685-5

Ⅰ. ①沿⋯ Ⅱ. ①自⋯ Ⅲ. ①区（城市）– 自贡 – 2023 – 年鉴 Ⅳ. ①Z527.14

中国国家版本馆 CIP 数据核字（2023）第 247511 号

Yantan Nianjian (2023)

沿滩年鉴（2023）

自贡市沿滩区地方志编纂委员会办公室　编纂

责 任 编 辑	蔡　蕾　谢玮倩
封 面 设 计	曹天擎
出 版 发 行	西南交通大学出版社 （四川省成都市金牛区二环路北一段 111 号 西南交通大学创新大厦 21 楼）
营 销 部 电 话	028-87600564　028-87600533
邮 政 编 码	610031
网　　　址	http://www.xnjdcbs.com
印　　　刷	四川玖艺呈现印刷有限公司
成 品 尺 寸	210 mm×285 mm
印　　　张	21.25
插　　　页	17
字　　　数	587 千
版　　　次	2023 年 12 月第 1 版
印　　　次	2023 年 12 月第 1 次
书　　　号	ISBN 978-7-5643-9685-5
定　　　价	288.00 元

图书如有印装质量问题　本社负责退换
版权所有　盗版必究　举报电话：028-87600562

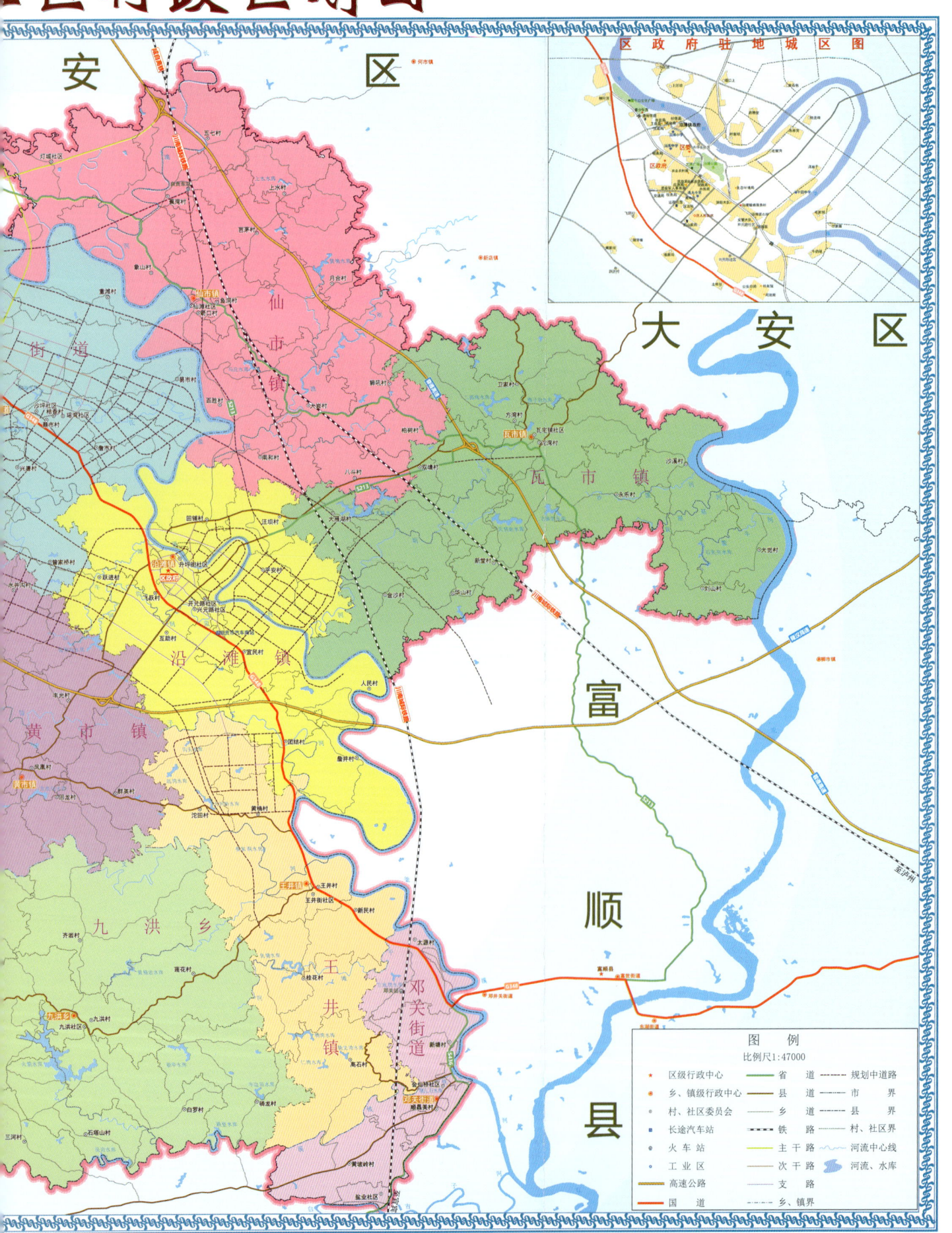

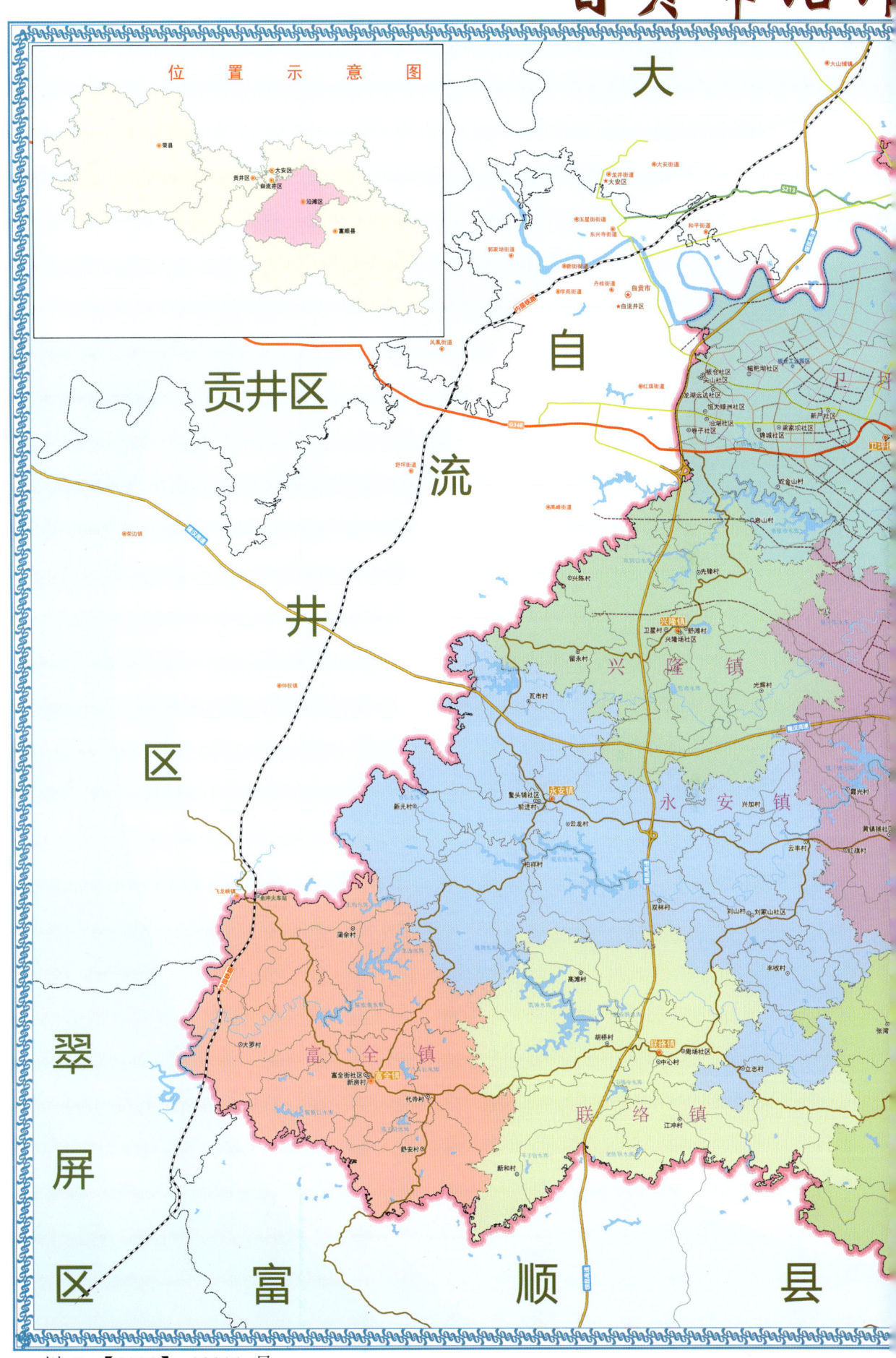

❶ 4月18日，时任省委书记彭清华（前排左二）率队调研凯盛（自贡）新能源有限公司建设推进情况，时任市委书记范波（右一）陪同调研

❷ 8月3日，时任市委副书记、市长曾洪扬（前左二）在沿滩区督导拼经济搞建设工作落实情况

政治建设

❶ 11月4日,区委书记刘军(主席台)主持区委理论学习中心组贯彻党的二十大精神专题学习(扩大)会

❷ 4月20日,区委书记刘军(左四)调研王家大院文旅综合体建设项目

· 政治建设 ·

政治建设

❶ 区委副书记、区长廖东（主席台居中）出席基层支部学习贯彻党的二十大精神宣讲报告会并作讲话
❷ 6月7日，区委副书记、区长廖东（左三）督导釜溪河流域治理攻坚工作

政治建设

❶ 4月25日，区人大常委会党组书记、主任杨兵（右三）调研脱贫攻坚与乡村振兴有效衔接工作推进情况

❷ 3月23日，区政协党组书记、主席王丽（左三）在瓦市镇调研地质灾害整治专项工作情况

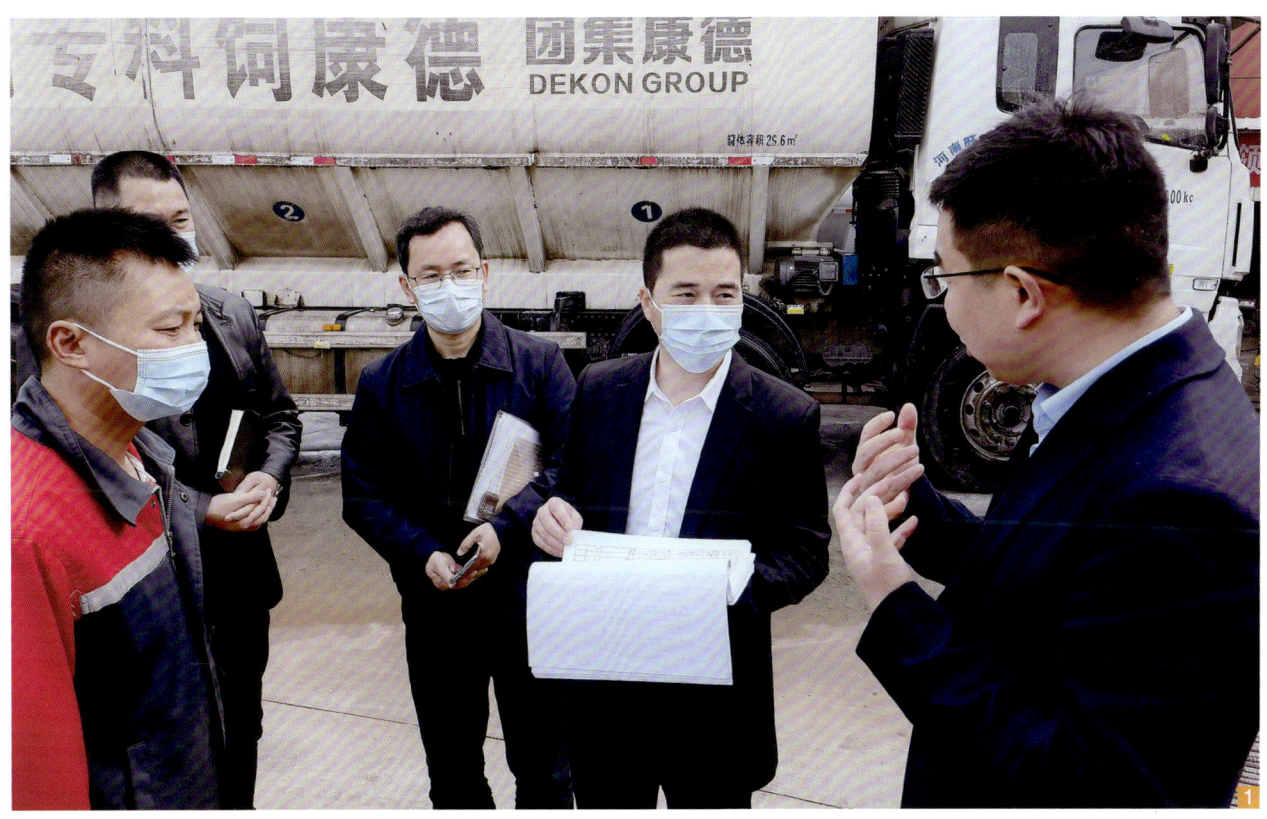

政治建设

❶ 4月6日，区委副书记王红军（右二）在德康集团调研疫情期间企业生产经营情况

❷ 10月24日，区委常委、宣传部部长覃建波（左一）在仙市镇检查消防安全工作

政治建设

❶ 1月18日，区委常委、副区长黄建军（左二）调研沿滩城区半岛片区道路建设情况

❷ 12月30日，区委常委、区纪委书记、区监委主任宋筱茜（左二）在基层慰问老党员

政治建设

❶ 11月10日，区委常委、常务副区长曾柯（左二）组织开展重点项目工作推进会
❷ 1月19日，区委常委、组织部长陈永航（居中）在南湖救助站国控站点调度冬季大气环保工作

政治建设

❶ 6月9日，区委常委、统战部部长王揖辉（右二）调研永安镇民营企业（鳌头铺酒业）

❷ 11月15日，区委常委、武装部长滕建军（左二）调研兴隆镇花卉产业

❶ 6月21日,与江苏省国泰华荣化工新材料有限公司就年产30万吨锂离子电池电解液和回收2000万吨溶剂项目签约

❷ 4月1日,沿滩区人民政府与西南(自贡)食品产业技术研究院签订合作协议

自贡食品产业园项目集中签约仪式
喜庆二十大 决战四季度 大干一百天

1

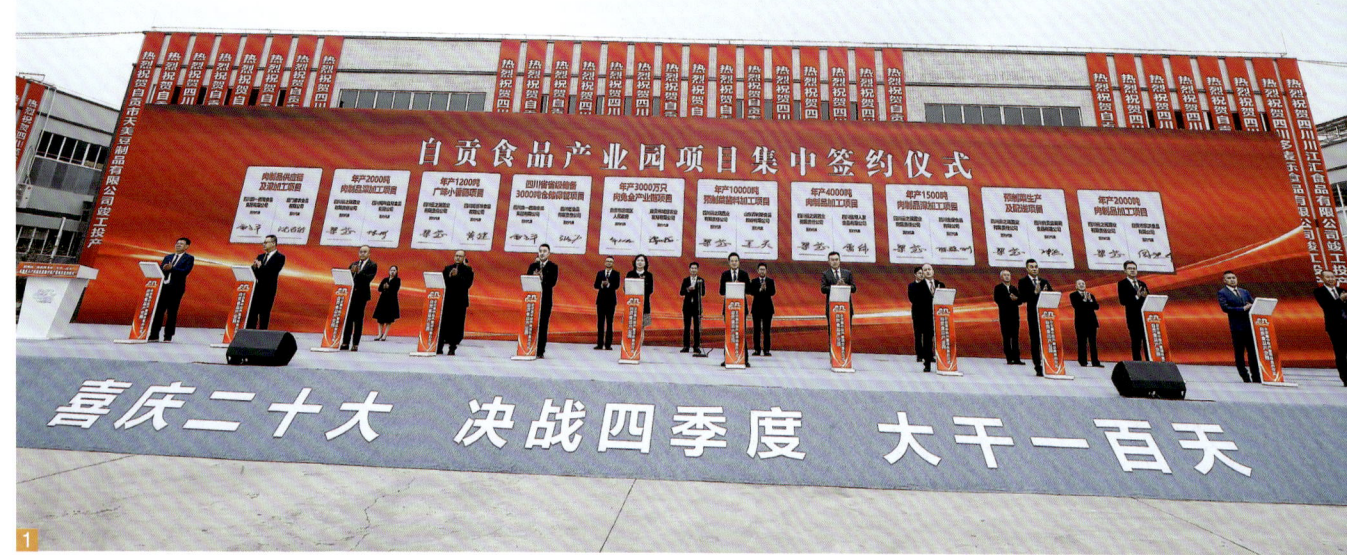

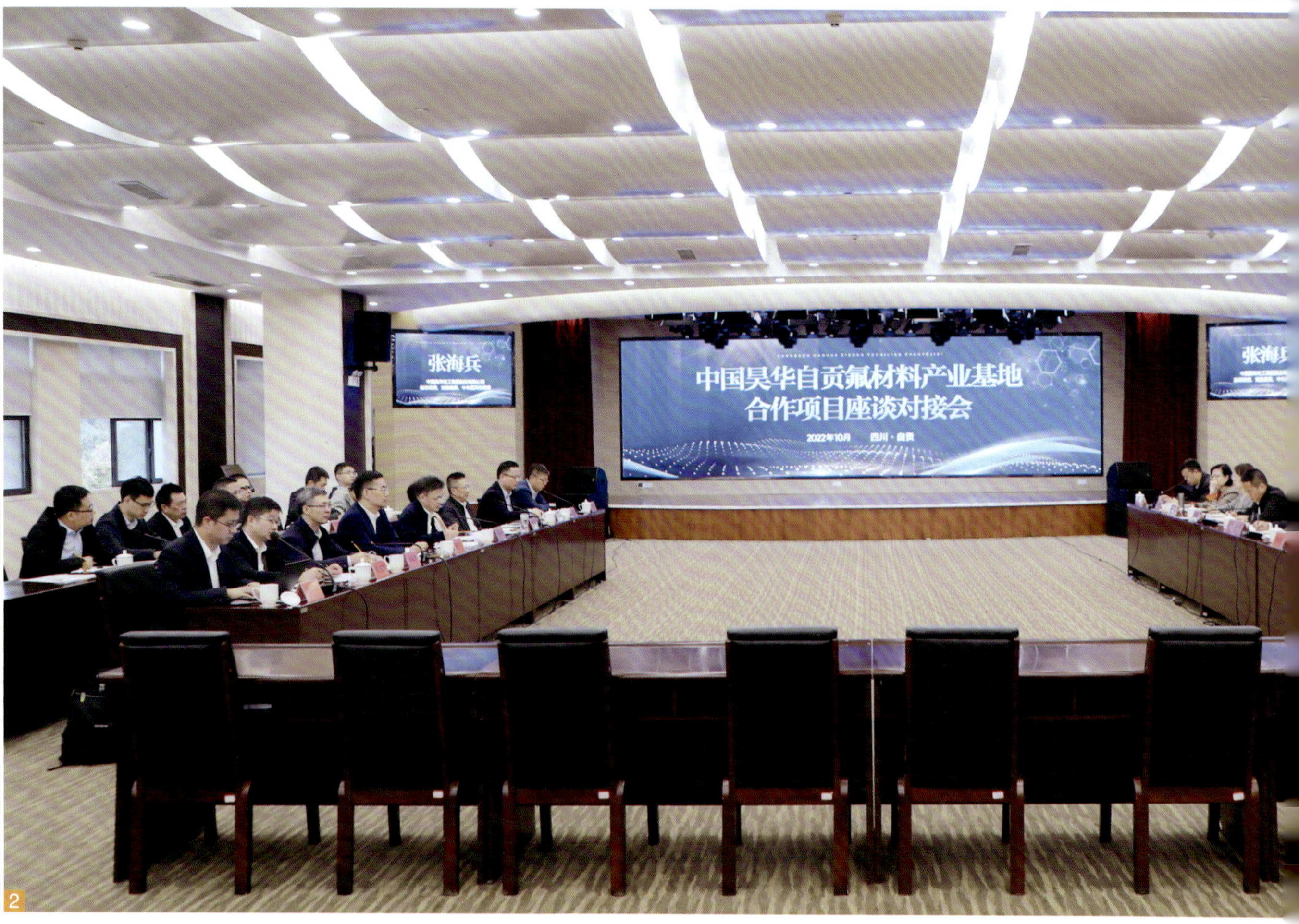
张海兵
中国昊华自贡氟材料产业基地
合作项目座谈对接会
2022年10月 四川·自贡

2

经济建设

① 10月28日，举行自贡食品产业园项目集中签约仪式
② 10月11日，举行中国昊华自贡氟材料产业基地合作项目座谈对接会
③ 1月21日，沿滩区举办"万企兴万村"行动启动仪式暨招商引资推介会
④ 1月25日，沿滩区召开建筑业总部经济招商招才座谈会

经济建设

❶ 10月23日，沿滩区经济运行调度会在区委二号楼召开
❷ 11月3日，沿滩区2022年工业发展大会在区委礼堂举行

❶ 8月31日，沿滩区"沿商面对面"活动在区委一号楼举行
❷ 第十届自贡沿滩·九洪西瓜节开幕式

经济建设

❶ 12月14日，举行沿滩党建引领新型农村集体经济发展专项工作领导小组第一次拉练会

❷ 12月2日，永安镇人民政府在第八届四川农博会上与四川种业集团签订优质大豆种业基地项目

❶ 3月14日，永安镇人民政府与市农科院、四川丰大种业有限公司签订"优势种业基地建设"合作协议

❷ 10月18日，自贡国投集团港融公司与富全镇人民政府签署战略合作协议

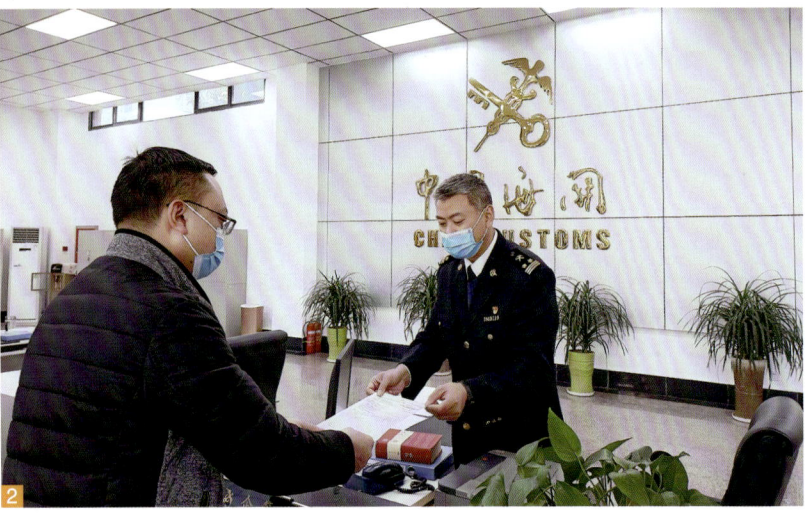

社会建设

1. 2月9日，沿滩区妇联"让爱回家 守护成长"援助留守儿童父母返乡创业就业招聘会
2. 3月17日，沿滩区所在企业中皓化工有限公司获得自贡市首份RCEP原产地证书
3. 5月13日，四川省第二届"民法典走进乡村（社区）""三个一百"主题宣讲集中示范活动在沿滩区举行

社会建设

❶ 5月19日,"生物多样日"宣讲进学校
❷ 6月15日,沿滩区中西医结合医院开诊暨自贡市中医医院紧密型医联体签约仪式

社会建设

❶ 7月13日，沿滩区举办"'您'是我的眼"特殊主题演出
❷ 8月26日，沿滩法院在区委广场举行整治养老诈骗宣传活动
❸ 9月30日，在区公安分局开展夏季治安巡查宣防第三次集中统一行动
❹ 12月21日，邓关街道西延线项目黑化施工
❺ 12月底，沿滩区黄市区域性养老服务中心正式投用

文化建设

1. 1月17日，文旅时代昇平商业街举行开街活动
2. 1月26日，沿滩区开展"金虎迎新春·墨香送万福"送春联活动

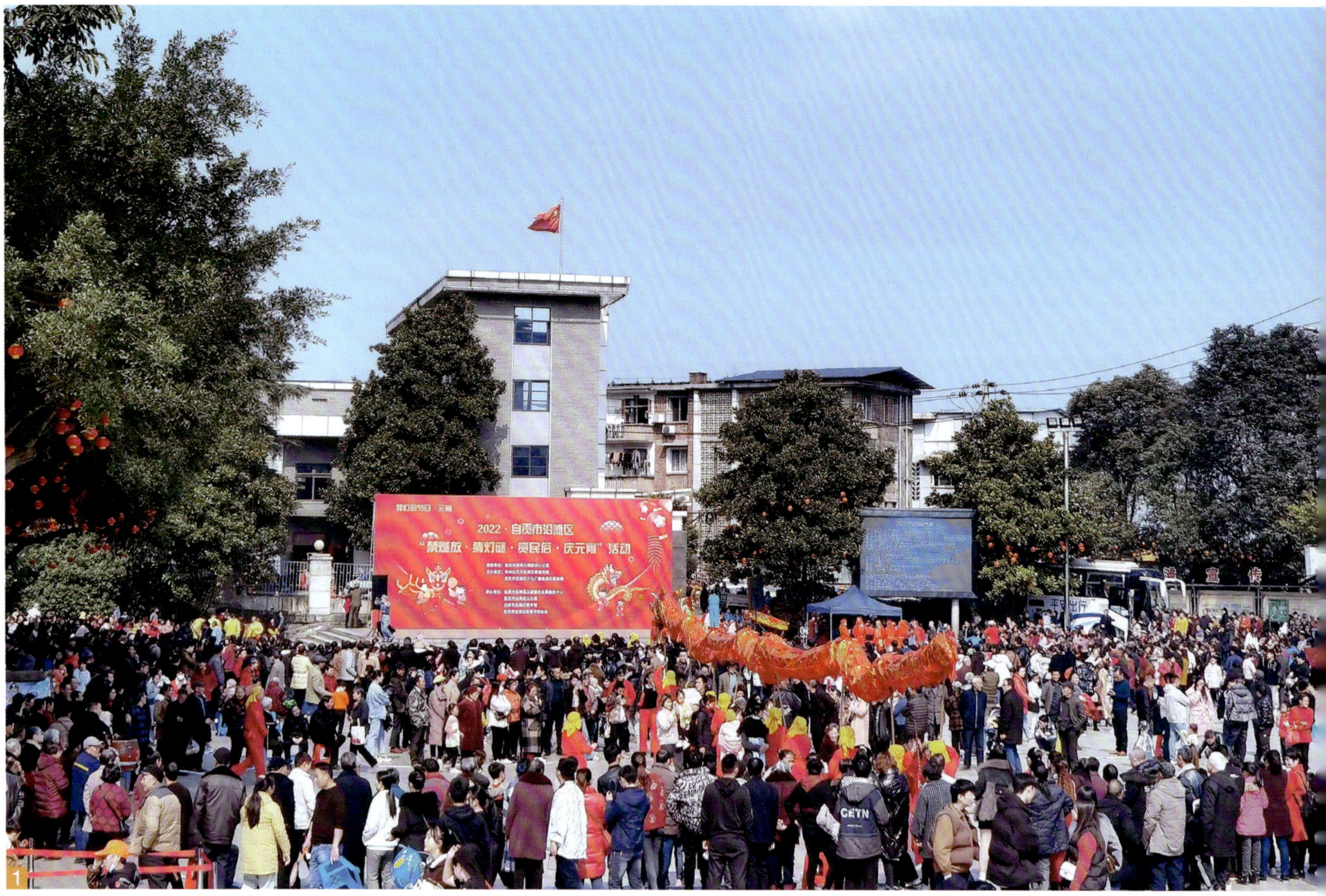
我们的节日·元宵
2022·自贡市沿滩区
“禁燃放·猜灯谜·赏民俗·庆元宵”活动

1

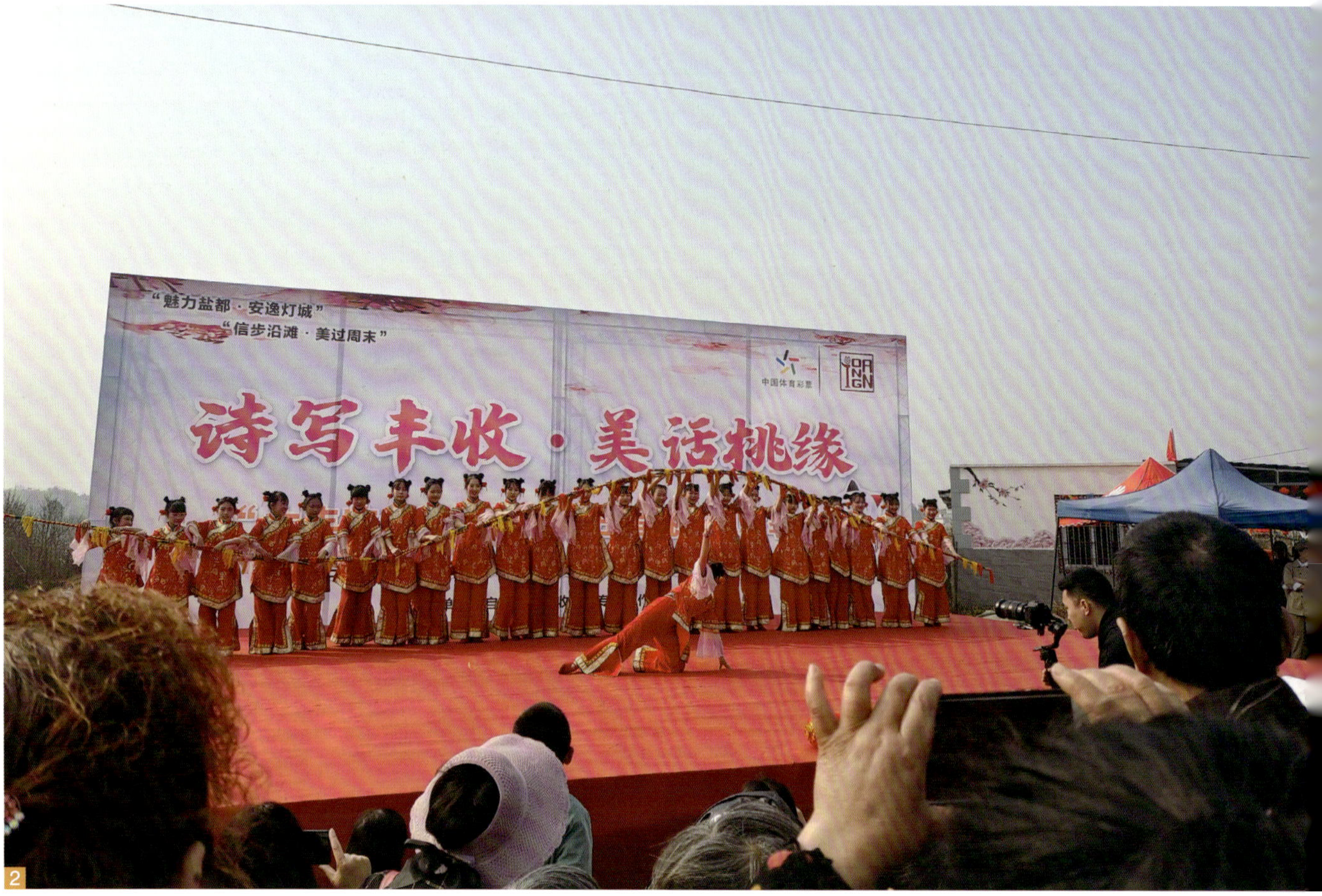
“魅力盐都·安逸灯城”
“信步沿滩·美过周末”
中国体育彩票
诗写丰收·美话桃缘

2

文化建设

❶ 2月15日，沿滩区举办"禁燃放·猜灯谜·赏民俗·庆元宵"活动
❷ 3月5日，永安镇举办"诗写丰收·美话桃缘"桃花观赏季活动
❸ 4月22日，沿滩区图书馆启动全民阅读活动暨区公共图书馆、"方志驿站"开馆
❹ 5月28日，沿滩区第八届端午诗会"诗韵端午·书香沿滩"在区图书馆举行
❺ 10月1日，第九届仙市古镇金秋旅游节，游客正在仙市古镇金桥寺观看川剧表演

安全及环保工作

❶ 3月24日，沿滩区开展森林防灭火三级联动应急演练活动
❷ 3月30日，"3·30"警示教育日森林防灭火宣传活动在区委广场开展

❶ 5月12日，沿滩区开展防灾减灾宣传月活动
❷ 开展防灾减灾主题班会

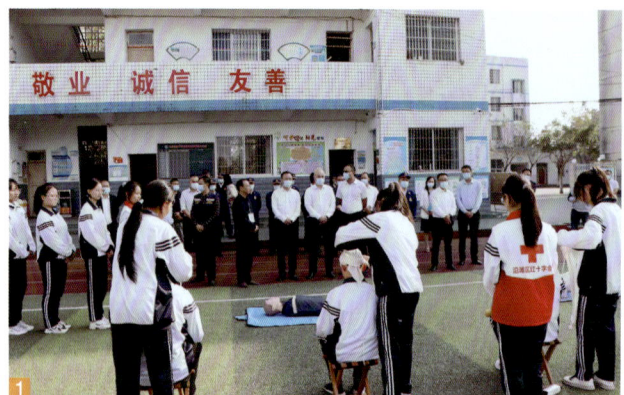

安全及环保工作

1. 开展安全知识"五进"宣传活动
2. 沿滩区2022年宣传"五进"活动现场
3. 6月30日，沿滩区防汛暨山洪灾害应急抢险演练在永安镇云龙村村委会广场举行
4. 11月，仙市镇开展疫情防控志愿服务

❶ 11月1日，沿滩区生态环境保护委员会2022年第四次全体会议暨四季度大气、水质达标攻坚会在区委礼堂举行

❷ 12月29日，召开沿滩区安委会2022年第七次全体（扩大）会议暨岁末年初安全防范工作会议

❶ 自贡川南新材料化工园区
❷ 自贡食品产业园区

特色产业园区发展

1. 凯盛（自贡）新能源有限公司
2. 沿滩区高粱大豆现代农业园区

·特色产业园区发展·
TE SE CHAN YE YUAN QU FA ZHAN

特色产业园区发展

❶ 沿滩区花椒大豆现代农业园区
❷ 富全镇稻粱现代农业园区
❸ 九洪花椒现代农业园区

特色产业园区发展

❶ 沿滩镇新民半岛粮经复合种植基地
❷ 联络镇江冲村秋马铃薯示范种植基地

《沿滩年鉴（2023）》编纂委员会

顾　问：刘　军　廖　东　杨　兵　王　丽
主　任：陈永航
副主任：党富龙　杨元源　黄小龙　林强贵　陈晓强
委　员：兰　英　林海燕　周秀容　余大洋　张力平
　　　　何　俊　梁　宇　张成兴　黄祥荣　杨　欣
　　　　刘良平　彭　臣　黄代杰　刘书宇　张　超
　　　　廖静雅　杨可暇　许小平　朱明凤　陈　勇
　　　　王泽辉　余泽利　姜海燕

《沿滩年鉴（2023）》编纂组

主　编：林海燕
副主编：王　浩
编　纂：詹雪峰　王　浩　王　益　张　强　徐　峰
　　　　刘　鑫　李斯宇　王明亮
图　片：王　益

供稿名单

序号	单位	供稿人	序号	单位	供稿人
1	区政府办公室	林海燕 詹雪峰 王明亮 李斯宇	20	区财政局	熊 亮
2	沿滩高新技术产业园区管委会	陈 丹	21	区人力资源社会保障局	朱文月 龚 静
3	新城·卫坪	刘 梦 周永宗	22	区自然资源局	陈 伟
4	沿滩镇	冷 静 唐薛瑞	23	区住房城乡建设局	龚丹丹
5	邓关街道	唐 瑭	24	区交通运输局	刘 蔚
6	王井镇	谢诗宇	25	区水务局	陈柯旭 胡 骞
7	九洪乡	李 寒	26	区农业农村局	王曦莹 李 婷
8	黄市镇	欧阳紫薇	27	区商务局	张志远
9	永安镇	谢洁 王双	28	区文化广电旅游局	彭 华 林明龙
10	联络镇	姚永德 李云	29	区卫生健康局	周馨丽 杨小英
11	兴隆镇	游青淞	30	区退役军人局	何永祥 张澜川
12	富全镇	董 昭	31	区应急管理局	赵世怀 项 燕
13	仙市镇	胡 冰 张建玲	32	区审计局	黄凌华 李雨洁
14	瓦市镇	罗 健 姜了月	33	区市场监管局	邓 雨
15	区发展改革局	廖 萍	34	区统计局	陈 雨
16	区科技和经信局	曹 丹 张 然	35	区信访局	罗 东 王浩懋
17	区教育体育局	曾 浸	36	区投资促进局	廖 辉 张宇佳
18	区民政局	龙 蓓	37	区医保局	郑本春 廖翠平
19	区司法局	王 捷	38	区行政审批局	赖 芳

续表

序号	单位	供稿人	序号	单位	供稿人
39	区综合执法局	黄勇 杨勃	60	区委党校	王小路
40	区供销社	张晓涛 黄邓敏	61	区法院	廖浩丞
41	区公安分局	曾家良 任文才	62	区政协	张文杰
42	沿滩生态环境局	王静 舒兮	63	区人大	石桥
43	区税务局	张剑 李含	64	区目标绩效办	明毅
44	区委宣传部	蒋宗瀚	65	公积金管理中心沿滩管理部	曾和璧
45	区委机构编制委员会办公室	宋柯均			
46	区档案局	韩家洪 张燕			
47	区总工会	罗怀勇			
48	团区委	邓郅郁			
49	区妇联	明琳 陈小旭			
50	区残联	李晓旭			
51	区消防大队	罗审陶 李美霖			
52	区委政法委	张梦玥			
53	区委统战部	张晓颖 王艺睿			
54	区纪委	陈志鹏 王小红			
55	区检察院	黄倩 郭万羽			
56	区红十字会	邓思敏 李明铭			
57	区工商联	胡赞彬 邓小卉			
58	区委办公室	黄晓恬			
59	区委组织部	徐向东			

编纂说明

一、《沿滩年鉴（2023）》（以下简称"年鉴"）以马列主义、毛泽东思想、邓小平理论、"三个代表"重要思想、科学发展观、习近平新时代中国特色社会主义思想为指导，坚持辩证唯物主义和历史唯物主义观点，深入贯彻习近平总书记系列重要讲话精神，突出时代和地方特色，坚定文化自信，以文化助力沿滩乡村振兴。

二、年鉴由自贡市沿滩区人民政府主办，自贡市沿滩区地方志编纂委员会办公室编纂出版，是具有政府年度公报性质的地方综合性、权威性工具书，面向国内外公开发行。

三、年鉴主要反映沿滩区2022年各项事业发展状况、重大事件和各行业、各领域取得的最新成就。所刊载图文资料由沿滩区委、区政府及其所属部门、乡镇（街道）、企事业单位提供，经供稿单位领导审阅，编纂时按照年鉴体例和要求进行了编年处理；资料遗漏、不齐等情况，均由供稿单位负责；文中数据由于统计口径不同而略显差异时，均以沿滩区统计部门数据为准。

四、年鉴采用类目体编纂法，共设35个类目，包括特载、专文、区情概览、大事记、区委、人大、区政府、政协、纪检监察、民主党派工商联、群众团体、法治、军事、环境保护、自然资源管理、城乡建设管理、交通运输、水务、邮电通信、综合经济管理、工业、农业农村、商贸与经济合作、文化旅游、财税金融、应急管理、科技与知识产权、教育体育、卫生健康、人力资源与社会保障、民政与居民生活、乡镇街道、人物荣誉、附录等部分。

五、年鉴数字、标点符号、计量单位分别执行《出版物上数字用法》（GB/T 15835—2011）、《标点符号用法》（GB/T 15834—2011）、《国际单位制及其应用》（GB 3100—1993）、《有关量、单位、符号的一般原则》（GB 3101—1993）；基于社会习俗，全书单位"亩"不统一换算。

目 录

特 载

区委工作报告 ………………………… 1
区人大工作报告 ……………………… 6
政府工作报告 ………………………… 13
政协工作报告 ………………………… 22

专 文

学习贯彻党的二十大精神综述 ……… 29
抗击新冠病毒感染疫情综述 ………… 30
川南新材料基地建设综述 …………… 31

区情概览

政 区 …………………………………… 33
  建置沿革 …………………………… 33
  地理位置 …………………………… 33
  地形地貌 …………………………… 33
  行政区划 …………………………… 34
人 口 …………………………………… 34
  数量与分布 ………………………… 34
  人口构成 …………………………… 34
  人口变迁 …………………………… 34
自然资源 ……………………………… 34
  土地资源 …………………………… 34
  矿产资源 …………………………… 35
  水资源 ……………………………… 35
  野生动物资源 ……………………… 35
  植物资源 …………………………… 35
气 候 …………………………………… 35
  基本情况 …………………………… 35
  主要天气气候事件 ………………… 35
  空气质量 …………………………… 35
经济社会发展 ………………………… 36
  基本情况 …………………………… 36
  非公有制经济 ……………………… 36
  农林牧渔业 ………………………… 36
  工业 ………………………………… 36
  建筑业 ……………………………… 36
  固定资产投资 ……………………… 36
  交通 ………………………………… 36
  贸易 ………………………………… 36
  财政 ………………………………… 36
  税收 ………………………………… 37
  教育 ………………………………… 37
  科技 ………………………………… 37
  卫生 ………………………………… 37
  文化 ………………………………… 37
  体育 ………………………………… 37
  旅游业 ……………………………… 37
  环境保护 …………………………… 37
  安全生产 …………………………… 37
  人民生活 …………………………… 37
  社会保障 …………………………… 37

大事记

1月	39
2月	40
3月	41
4月	42
5月	43
6月	44
7月	45
8月	47
9月	49
10月	51
11月	52
12月	53

中共沿滩区委

概　述	55
重要会议	56
导师结对帮带工作会	56
人才工作会议	56
老干部重阳节座谈会	56
目标绩效管理	56
基本情况	56
突出学习	56
落实责任	56
意识形态	56
依法治区	57
统筹考评	57
优化考评	57
激励引导	57
体系机制	57
专项督办	57
奖惩措施	57
基层减负	57
组织工作	57
选人用人	57
干部培育	57
监督管理	58
人才引育	58
组织建设	58
基层治理	59
宣传工作	59
理论学习	59
媒体宣传	59
文化服务	59
意识形态	60
队伍建设	60
统战工作	60
主要会议	60
制度建设	60
思想引领	60
参政议政	60
服务中心	60
队伍建设	61
创新突破	61
社会服务	61
民族与宗教事务	61
人才培养	61
专项行动	61
机构编制管理	62
战略服务	62
机制服务	62
党建服务	62
体制改革	62
权责优化	62
体制改革	62
审核审批	63
管理创新	63
走访调研	63
老干部工作	63
三项建设	63
服务保障	63
作用发挥	63
关工委工作	64
调研工作	64

关爱助学	64
帮教活动	64
心理护航	64
亮眼护瞳	64
管理调整	64

党史编研 ……………………………………… 64
一条主线	64
两项工作	65
三大作用	65
四件实事	65

党校教育 ……………………………………… 65
人才培训	65
科研工作	65
课程开发	66
宣讲工作	66
师资建设	66
校院建设	66

档案管理 ……………………………………… 66
基本情况	66
调研普查	66
档案接收	66
服务大局	66
档案利用	66
资源建设	67
馆际交流	67
人才培养	67
法治宣传	67

沿滩区人大

概　述 ………………………………………… 68
重要会议 ……………………………………… 68
常委会会议	68
主任会议	70
其他会议	72

主要工作 ……………………………………… 72
产业服务	72
乡村振兴	72
回应群众	72
审议评议	73
决议决定	73
人事任免	73
联系代表	73
议案建议	73
保障服务	73
政治引领	73
学习研究	73
基层工作	74

沿滩区人民政府

概　述 ………………………………………… 75
重大决策 ……………………………………… 77
重要会议 ……………………………………… 77
政府常务会议	77
全体（扩大）会议	79
其他重要会议	79

政务协调服务 ………………………………… 79
政务服务	79
群众路线	79
效能建设	79
协调服务	80

机关事务管理 ………………………………… 80
国有资产管理	80
公务用车管理	80
办公用房管理	80
公共机构节能	80

信访工作 ……………………………………… 80
基本情况	80
稳控工作	80
矛盾化解	81
业务培训	81

退役军人事务 ………………………………… 81
落实优抚政策	81
保障体系建设	81
就业创业	81

双拥共建	81
信访维稳	81
港澳台侨海外工作	82
港澳台事务	82
外事工作	82
侨务工作	82
地方志	82
《沿滩年鉴（2022）》编辑出版	82
地情材料开发利用	82

沿滩区政协

概　述	83
重要会议	83
常委会议	83
其他重要会议	85
主要工作	85
凝聚合力	85
调研工作	85
民主监督	85

纪检监察

概　述	86
重要会议	86
纪委全会	86
其他会议	87
主要工作	88
作风建设	88
基层建设	88
政治监督	88
惩贪治腐	88
执法监察	88

民主党派·工商联

民盟沿滩区支部	90
基本情况	90
思想建设	90
组织建设	90
参政议政	90
社会服务	90
民建沿滩区支部	91
基本情况	91
思想建设	91
组织建设	91
参政议政	91
社会服务	91
农工党沿滩区支部	91
基本情况	91
组织建设	91
参政议政	92
社会服务	92
沿滩区工商联	92
政治引领	92
企业服务	92
光彩事业	92
特色亮点	92

群众团体

沿滩区总工会	93
思想引领	93
廉政建设	93
企业服务	93
职工维权	93
帮扶服务	94
团区委	94
基本情况	94
共青团改革	94
基层团建	94
乡村振兴	94
关爱帮扶	95
志愿服务	95
区妇联	95
基本情况	95

党建引领 ……………………… 95
　　弘扬文明新风 ………………… 95
　　普法维权 ……………………… 96
　　家庭教育 ……………………… 96
　　服务阵地 ……………………… 96
　　聚焦妇儿 ……………………… 96
　　公益品牌 ……………………… 96
　　妇女就业 ……………………… 97
区科协 …………………………… 97
　　基本情况 ……………………… 97
　　平台搭建 ……………………… 97
　　科普活动 ……………………… 97
　　人才关爱 ……………………… 97
区文联 …………………………… 98
　　区乡村文化艺术家协会 ……… 98
　　区版画家协会 ………………… 98
　　区故事作家协会 ……………… 98
　　区作家协会 …………………… 99
区社科联 ………………………… 99
　　理论学习 ……………………… 99
　　课堂悟透 ……………………… 99
　　成果转化 ……………………… 99
区残联 …………………………… 100
　　扶贫帮困 ……………………… 100
　　民生工程 ……………………… 100
　　残疾人就业 …………………… 100
　　残疾人康复 …………………… 100
　　宣传与文体活动 ……………… 100
　　走访慰问 ……………………… 100
区红十字会 ……………………… 100
　　红十字会改革 ………………… 100
　　应急救护培训 ………………… 100
　　"三献"工作 …………………… 101
　　人道救助活动 ………………… 101
　　志愿服务与青少年工作 ……… 101

法　治

概　述 …………………………… 102
政法及综治工作 ………………… 102
　　维护社会稳定 ………………… 102
　　平安沿滩建设 ………………… 103
　　基层治理创新 ………………… 103
　　政法领域改革 ………………… 103
　　政法队伍建设 ………………… 103
法治政府建设 …………………… 104
　　强化法治引领 ………………… 104
　　严格依法行政 ………………… 104
　　行政执法改革 ………………… 104
　　行政执法监督 ………………… 104
公　安 …………………………… 105
　　基本情况 ……………………… 105
　　机构建设 ……………………… 105
　　打击违法犯罪 ………………… 105
　　案件侦破 ……………………… 105
　　打掉犯罪团伙 ………………… 105
　　平安沿滩建设 ………………… 105
　　保障工作 ……………………… 106
　　创新改革 ……………………… 106
　　执纪监督 ……………………… 106
　　举行中国人民警察节 ………… 106
　　公安工作会议 ………………… 107
　　创建"全省禁毒工作示范区（县）" …… 107
检　察 …………………………… 107
　　队伍建设 ……………………… 107
　　中心大局服务 ………………… 107
　　社会民生服务 ………………… 107
　　检察监督 ……………………… 108
法　院 …………………………… 108
　　基本情况 ……………………… 108
　　维护社会正义 ………………… 108
　　护航经济发展 ………………… 109
　　司法为民 ……………………… 110
　　体制改革 ……………………… 110

政治建设 …… 110	打响大气污染防治"第一战" …… 117
社会监督 …… 111	露天焚烧污染治理 …… 117
司法行政 …… 111	挥发性有机物治理 …… 117
队伍建设 …… 111	重型柴油货车尾气治理 …… 118
法律服务 …… 111	非道路移动机械管控 …… 118
普法与依法治理 …… 111	臭氧污染防治 …… 118
法治示范创建 …… 111	重污染天气应急响应 …… 118
法治政府建设 …… 111	水环境保护 …… 118
人民参与和促进法治 …… 112	国考断面水质状况 …… 118
社区矫正 …… 112	网格化站点水质状况 …… 118
安置帮教 …… 112	推进流域治理 …… 118
	入河排污口排查整治 …… 118
	河长联络部门履职情况 …… 118
军　事	饮用水水源地保护 …… 119
	水环境治理项目 …… 119
人民武装 …… 113	土壤环境保护 …… 119
政治教育 …… 113	基本情况 …… 119
军事训练 …… 113	开展污染地块调查 …… 119
国防动员 …… 113	开展涉镉等重金属企业排查整治 …… 120
参建参治 …… 113	重点单位监管 …… 120
武　警 …… 113	声环境保护 …… 120
组织建设 …… 113	功能区噪声 …… 120
维稳备战 …… 114	区域环境和交通噪声 …… 120
拥政爱民 …… 114	噪声污染治理 …… 120
人民防空 …… 114	环境管理 …… 120
人防宣传教育 …… 114	开展全域执法行动 …… 120
通信警报建设 …… 114	移动执法系统应用 …… 120
机动指挥所建设 …… 114	行政处罚案件办理 …… 120
战时人口疏散地域建设 …… 115	自动监控执法应用 …… 120
人防工程管理 …… 115	网格化环境监管 …… 121
专业队伍建设 …… 115	积极回应社会关切 …… 121
国防潜力调查 …… 115	第三轮省环保督察 …… 121
保障建设 …… 115	环境监测 …… 121
	基本情况 …… 121
环境保护	降水监测 …… 121
	地表水监测 …… 122
概　述 …… 116	集中式饮用水源水质监测 …… 122
大气环境保护 …… 117	重点污染源监督性监测 …… 122
基本情况 …… 117	

环境监测数据发布 …………………… 122
环保督察 …………………………………… 122
　　加强环境监督 ………………………… 122
　　强化环保排查整改 …………………… 122
　　省督期间 ……………………………… 122

自然资源管理

自然资源与功能区规划 …………………… 123
　　自然资源保护规划 …………………… 123
　　自然资源利用规划 …………………… 123
　　主体功能区规划 ……………………… 123
土地资源管理 ……………………………… 123
　　建设用地 ……………………………… 123
　　耕地保护 ……………………………… 123
　　土地市场 ……………………………… 124
地籍管理 …………………………………… 124
　　调查统计 ……………………………… 124
　　确权登记 ……………………………… 124
　　权属管理 ……………………………… 124
矿产资源管理 ……………………………… 124
　　资源勘查 ……………………………… 124
　　开发管理 ……………………………… 124
　　地质灾害防治 ………………………… 125
自然生态保护 ……………………………… 125
　　造林绿化 ……………………………… 125
　　森林防火 ……………………………… 125
　　森林资源保护管理 …………………… 125
　　古树名木管理 ………………………… 126
　　邓太片区釜溪河生态修复项目 ……… 126
执法与监察 ………………………………… 126
　　执　法 ………………………………… 126
　　监　察 ………………………………… 126

城乡建设与管理

市政建设 …………………………………… 127
　　基本情况 ……………………………… 127
　　项目建设 ……………………………… 127
　　整治修复 ……………………………… 127
　　城镇燃气安全 ………………………… 127
村镇建设与管理 …………………………… 127
　　中心镇申报 …………………………… 127
　　危房改造 ……………………………… 127
　　自建房安全隐患排查 ………………… 127
棚户区改造 ………………………………… 128
　　老旧小区改造 ………………………… 128
　　保障性住房建设 ……………………… 128
　　既有电梯加装 ………………………… 128
房地产开发与管理 ………………………… 128
　　市场监管 ……………………………… 128
　　地产发展 ……………………………… 128
建筑业 ……………………………………… 129
　　经济指标数据 ………………………… 129
园林绿化 …………………………………… 129
　　绿地管护 ……………………………… 129
城市管理 …………………………………… 129
　　基础设施建设 ………………………… 129
　　智慧环卫 ……………………………… 129
　　灯会环境保障 ………………………… 129
　　一支队伍管执法 ……………………… 129
城乡环境综合治理 ………………………… 130
　　"六乱"治理 ………………………… 130
　　生活垃圾分类 ………………………… 130
　　大气污染防治 ………………………… 130
　　铁路沿线安全环境治理 ……………… 130
住房公积金管理 …………………………… 130
　　党建引领 ……………………………… 130
　　归集管理 ……………………………… 131
　　住房消费 ……………………………… 131
　　宣传活动 ……………………………… 131
　　"互联网+公积金"工作 …………… 131
　　巡查制度 ……………………………… 131
　　提质增效 ……………………………… 131

交通运输

概　述	133
基础设施建设	133
资金争取	133
交通项目建设	133
客货运输	134
道路里程	134
水上运输	134
道路运输	134
道路交通安全	134

水　务

概　述	135
水利工程	135
沿滩区老蛮桥水库扩建项目	135
病险水库整治	135
小型水库安全运行项目	136
城乡供水	136
城乡供水一体化项目	136
极端天气供水保障	136
水务管理	136
组织领导	136
水质管控	136
群防群治	136
水土保持	137
监督管理	137
水土流失治理	137
水资源管理	137
水资源调查	137
水资源确权登记	137
污水处理设施	137
运行监管	137
设施建设	137
水旱灾害防御	137
资金争取	137
行业管理	138

水利移民安置	138
向家坝灌区工程移民征地工作	138
移民后扶工作	138

邮电·通信

邮政业务	139
基本情况	139
业务发展	139
信息化建设	139
基本情况	139
信息化与工业化深度融合	139
电　信	139
基本情况	139
5G基建	140
客户服务	140
移动通信	140
基本情况	140
5G建设	140
千兆宽带	140
客户服务	140
联合通信	141
基本情况	141
5G建设	141
网络覆盖	141
安全保障	141
数字乡村与乡村振兴	141
社会服务	141
广电网络	141
基本情况	141
经营范围	141
机构设置	141
网络功能	141

综合经济管理

| 概　述 | 142 |
|　　经济恢复持续稳定 | 142 |

农业生产稳步运行 …………………… 142
工业经济加速恢复 …………………… 142
服务业持续增长 ……………………… 142
投资保持较快增长 …………………… 142
消费呈收缩态势 ……………………… 143
发展和改革 ……………………………… 143
价格管理 ……………………………… 143
铁路建设 ……………………………… 143
对上争取 ……………………………… 143
重大项目 ……………………………… 143
项目审批 ……………………………… 143
地区生产总值 ………………………… 144
政策研究 ……………………………… 144
发展改革 ……………………………… 144
粮食物资储备管理 …………………… 144
双圈建设 ……………………………… 144
国有资产监管 …………………………… 145
企业国有资产管理 …………………… 145
行政事业性国有资产管理 …………… 145
土地资源 ……………………………… 145
矿产资源 ……………………………… 145
森林资源 ……………………………… 145
湿地资源 ……………………………… 146
资源经营情况 ………………………… 146
企业国有资产 ………………………… 146
行政事业性国有资产 ………………… 146
国有自然资源资产 …………………… 146
自然灾害隐患排查 …………………… 147
价格管理 ………………………………… 147
基本情况 ……………………………… 147
市场监督管理 …………………………… 148
常规监督 ……………………………… 148
营商环境持续优化 …………………… 148
质量强区 ……………………………… 148
深耕监管主业 ………………………… 148
审 计 …………………………………… 149
基本情况 ……………………………… 149
重大政策措施落实情况跟踪审计 …… 149

财政预算管理审计 …………………… 149
经济责任审计和自然资源资产审计 …… 149
固定资产投资审计 …………………… 149
民生审计 ……………………………… 149
审计整改 ……………………………… 149
改革创新 ……………………………… 149
行政审批管理 …………………………… 150
基本情况 ……………………………… 150
行政审批管理 ………………………… 150
政务服务提升 ………………………… 150
亮点工作清单 ………………………… 151

工 业

概 述 …………………………………… 152
特色园区（基地） ……………………… 152
沿滩高新技术产业园区 ……………… 152
川南新材料产业基地 ………………… 152
西南自贡食品产业园 ………………… 152
自贡循环经济产业园 ………………… 153
机械装备制造园 ……………………… 154
电力生产和供应 ………………………… 154
供电范围 ……………………………… 154
供电售电 ……………………………… 154
农网建设 ……………………………… 154
维护管理 ……………………………… 154

农业与农村

概 述 …………………………………… 155
农村综合配套改革 ……………………… 156
清产核资 ……………………………… 156
农村集体经济发展 …………………… 156
农村人居环境建设 ……………………… 156
基本情况 ……………………………… 156
农村生活垃圾 ………………………… 156
生活污水治理 ………………………… 157
农村厕所 ……………………………… 157

村庄清洁行动 ………………… 157
畜禽粪污及秸秆资源化利用率 ………… 157
项目建设与管理 …………………… 157
　基本情况 ……………………… 157
　中央预算项目 ………………… 157
　转移支付项目 ………………… 157
乡村振兴 …………………………… 157
　定点帮扶 ……………………… 157
　政策落实 ……………………… 157
　工作落实 ……………………… 157
　巩固成果 ……………………… 158
现代农业产业园区建设 …………… 158
　园区情况 ……………………… 158
　基地建设 ……………………… 158
　设施设备 ……………………… 158
　产品加工 ……………………… 159
　农业新业态 …………………… 159
　品牌建设 ……………………… 159
　科技支撑 ……………………… 159
　组织方式 ……………………… 160
　辐射带动 ……………………… 160
　保障措施 ……………………… 160
种植业 ……………………………… 160
　基本情况 ……………………… 160
　粮食产量 ……………………… 160
　作物种植 ……………………… 160
　科技提升 ……………………… 160
畜牧业 ……………………………… 161
　基本情况 ……………………… 161
　规模养殖 ……………………… 161
　疫病防控 ……………………… 161
　定点屠宰 ……………………… 161
　生猪保险 ……………………… 161
林　业 ……………………………… 161
　基本概况 ……………………… 161
　造林绿化 ……………………… 161
　森林防火 ……………………… 161
　森林资源保护管理 …………… 162

水产业 ……………………………… 162
　基本情况 ……………………… 162
　水产养殖 ……………………… 162
　质量安全 ……………………… 162
农村经营管理 ……………………… 162
　农村专业大户 ………………… 162
　家庭农场稳步发展 …………… 162
　农民合作社有序推进 ………… 162
　农业生产企业平稳发展 ……… 163
　农业服务组织功能初显 ……… 163
农业行政管理 ……………………… 163
　农业行政审批 ………………… 163
农业科技 …………………………… 163
　科技推广 ……………………… 163
农产品质量建设 …………………… 163
　质量安全 ……………………… 163
　品牌建设 ……………………… 163
　质量检测 ……………………… 163
农业机械 …………………………… 163
　农机购置补贴 ………………… 163
　农机安全 ……………………… 164
　农机灌溉 ……………………… 164
农村新能源 ………………………… 164
　用气安全隐患摸排 …………… 164
　用气安全责任管理 …………… 164
　用气安全宣传教育 …………… 164

商贸与经济合作

概　述 ……………………………… 165
招商引资 …………………………… 165
　基本情况 ……………………… 165
　招商质效 ……………………… 165
　招商模式 ……………………… 165
　招大引强实现突破 …………… 166
　项目审批便捷高效 …………… 166
　区域协作增效提质 …………… 166
　营商环境优化升级 …………… 167

服务业管理…………………………………167
　规划以上服务企业 …………………167
　限额以上商贸单位 …………………167
商贸网点……………………………………167
　农贸市场 ……………………………167
　物流园区 ……………………………167
批发零售贸易业……………………………167
　基本情况 ……………………………167
　产业经营 ……………………………167
　激发市场消费潜能 …………………167
　夜间经济业态 ………………………167
餐饮和住宿业………………………………168
　基本情况 ……………………………168
　产业经营 ……………………………168
电子商务……………………………………168
　助推电商发展 ………………………168
　探索线上消费模式 …………………168
供销合作……………………………………168
　基本情况 ……………………………168
　从严治党 ……………………………168
　守住底线底板 ………………………168
　基层建设 ……………………………168
　发展农民专合社 ……………………168
　开展"三社"融合 …………………168
　推进品牌建设 ………………………168
粮油购销……………………………………169
　专项执法 ……………………………169
　流通储备管理 ………………………169
　健全制度 ……………………………169

文化·旅游

概　述………………………………………170
文　化………………………………………170
　文化设施 ……………………………170
　文化活动 ……………………………170
　文艺创作 ……………………………171
　文化遗产保护 ………………………171
　文化产业 ……………………………171
　文化市场监管 ………………………172
　报　刊 ………………………………172
广播电视……………………………………172
　安全播出 ……………………………172
　村村响 ………………………………172
精神文明建设………………………………172
　道德建设 ……………………………172
　文明实践 ……………………………173
　文明创建 ……………………………173
　未成年人思想道德建设 ……………173
旅游景区……………………………………173
　基本情况 ……………………………173
　景区建设 ……………………………173
　主要景区简介 ………………………174
旅游项目……………………………………174
　创建示范 ……………………………174
　项目资金 ……………………………174
　场馆建设 ……………………………174
　研学旅行 ……………………………174
旅游活动……………………………………174
旅游行业管理………………………………175
　旅游市场管理 ………………………175
　旅游标准化建设 ……………………175
　旅游宣传 ……………………………175

财税·金融

财　政………………………………………176
　预算执行 ……………………………176
　财政收入 ……………………………176
　经济建设 ……………………………176
　支出结构 ……………………………177
　财政改革 ……………………………177
税　务………………………………………177
　党的建设 ……………………………177
　队伍建设 ……………………………177
　组织收入 ……………………………178

税收征管 …… 178	地质灾害宣传培训 …… 184
纳税服务 …… 178	防汛抗旱 …… 185
税收改革 …… 178	责任体系 …… 185
惠企助产 …… 179	隐患检查 …… 185
金　融 …… 179	能力提升 …… 185
基本情况 …… 179	抗旱救灾 …… 185
农发行沿滩支行 …… 179	森林防火 …… 185
工行沿滩支行 …… 179	健全机制 …… 185
农行沿滩支行 …… 180	专项督导 …… 185
平安产险沿滩支公司 …… 180	救灾救援 …… 185
	应急准备 …… 185
	灾情应对 …… 186
	灾后救助 …… 186
	能力提升 …… 186

应急管理

概　述 …… 181
体系建设 …… 181
　组织体系 …… 181
　信息沟通体系 …… 181
　调度指挥体系 …… 181
　风险防范体系 …… 181
　应急保障体系 …… 182
应急演练 …… 182
　应急处置水平 …… 182
　应急演练活动 …… 182
安全生产监管 …… 182
　安全生产职责 …… 182
　安全生产专项整治 …… 182
　安全隐患排查整治 …… 183
　安全生产监管执法 …… 183
消防管理 …… 183
　消防安全隐患消除 …… 183
　职责使命胜任能力 …… 183
　消防安全治理水平 …… 183
防震减灾 …… 183
　提高防震减灾能力 …… 183
　夯实震灾风险防治基础 …… 184
　提升监测预警能力 …… 184
地质灾害防治 …… 184
　地质灾害隐患排查 …… 184

科技与知识产权

科技产业 …… 187
　平台建设 …… 187
　高新技术企业引进与培育 …… 187
科技创新与成果 …… 187
　研发投入 …… 187
　科技成果 …… 187
科技活动 …… 187
　技术培训 …… 187
　技术指导 …… 187
　科技宣传 …… 187
科技人才 …… 188
知识产权 …… 188
　商标专利 …… 188
　"国家知识产权强县工程试点区"建设 …… 188
　知识产权保护 …… 188

教育体育

概　述 …… 189
综合改革 …… 190
　教育改革 …… 190

体育改革 …………………………… 190
综合管理 ………………………………… 190
　　德　育 …………………………… 190
　　教　学 …………………………… 190
　　后　勤 …………………………… 190
基础建设 ………………………………… 191
　　设施建设 ………………………… 191
　　队伍建设 ………………………… 191
　　信息化建设 ……………………… 191
　　队伍建设 ………………………… 192
基础教育 ………………………………… 192
　　学前教育 ………………………… 192
　　九年义务教育 …………………… 192
　　普通高中教育 …………………… 192
职业教育 ………………………………… 192
　　教育理念 ………………………… 192
　　联合办学 ………………………… 192
　　教研成果 ………………………… 193
特殊教育 ………………………………… 193
　　基本情况 ………………………… 193
　　特殊教育学校 …………………… 193
学校体育 ………………………………… 193
　　校园联赛 ………………………… 193
　　参赛成绩 ………………………… 193
群众体育 ………………………………… 194
　　体育场地 ………………………… 194
　　人才队伍 ………………………… 194
　　体育产业 ………………………… 194
　　参加赛事 ………………………… 194
　　承办赛事 ………………………… 194
　　体质监测 ………………………… 194
老年体育 ………………………………… 194
　　成绩优异 ………………………… 194
　　承办活动 ………………………… 195

卫生与健康

概　述 …………………………………… 196

医疗卫生服务 …………………………… 198
　　医疗卫生机构 …………………… 198
　　人才培训 ………………………… 198
　　完善机制与专项治理 …………… 198
医疗技术及设备 ………………………… 198
　　内科技术 ………………………… 198
　　妇产科技术 ……………………… 198
　　口腔科技术 ……………………… 198
　　外科骨科技术 …………………… 198
　　中医科医疗 ……………………… 199
　　眼耳鼻咽喉科技术 ……………… 199
　　检验科技术 ……………………… 199
医疗管理 ………………………………… 199
　　核心制度 ………………………… 199
　　疫情防控 ………………………… 199
　　培训工作 ………………………… 199
　　诊所卫生室建设 ………………… 199
疾病防治 ………………………………… 199
　　宣传工作 ………………………… 199
　　防控能力 ………………………… 200
　　疫苗接种 ………………………… 200
　　重疾防治 ………………………… 200
公共卫生 ………………………………… 200
　　基本公共卫生服务 ……………… 200
　　家庭医生 ………………………… 200
妇幼保健 ………………………………… 200
　　建立台账 ………………………… 200
　　妇幼关爱活动 …………………… 200
　　庆"三八"系列 ………………… 200
　　春蕾计划 ………………………… 200
　　"两癌"筛查和救助 …………… 200
中　医 …………………………………… 200
　　中医医联体 ……………………… 200
　　队伍建设 ………………………… 201
　　中医技术 ………………………… 201
职业安全健康 …………………………… 201
　　职业病防治 ……………………… 201
　　职业病专项治理 ………………… 201

项目与设施建设 …………………… 201	劳动保障执法维权 ………………… 206

项目建设 ………………………… 201
　　普法宣传 ………………………… 206
项目投资 ………………………… 201
　　保障农民工工资 ………………… 206
医疗卫生体制改革 ………………… 201
　　联动改革 ………………………… 201

民政·居民生活

　　医联体建设 ……………………… 201
　　综合改革 ………………………… 201
民　政 ……………………………… 207
　　药物制度 ………………………… 201
　　基本情况 ………………………… 207
　　社会办医 ………………………… 201
　　城乡基层组织建设 ……………… 207
　　医养融合 ………………………… 201
　　社会救助 ………………………… 207
人口和计划生育 …………………… 202
　　社会福利和慈善事业 …………… 208
　　计生帮扶 ………………………… 202
　　婚姻与家庭 ……………………… 209
　　计生宣传 ………………………… 202
　　社会事务管理 …………………… 209
　　托育机构发展 …………………… 202
居民生活 …………………………… 210
老龄事务 …………………………… 202
　　城镇居民收入 …………………… 210
　　健康宣传与活动 ………………… 202
　　城镇居民消费 …………………… 210
　　项目建设 ………………………… 202
　　农村居民收入 …………………… 210
　　农村居民消费 …………………… 210

人力资源与社会保障

乡镇·街道

概　述 ……………………………… 203
人事人才工作 ……………………… 203
沿滩新城·卫坪街道 ……………… 211
　　人才招引 ………………………… 203
　　概　貌 …………………………… 211
　　人才培育 ………………………… 203
　　基层组织 ………………………… 212
　　人才保障 ………………………… 204
　　经济发展 ………………………… 212
就业创业 …………………………… 204
　　社会事业 ………………………… 212
　　失业保险 ………………………… 204
　　村镇建设 ………………………… 213
　　公共就业服务 …………………… 204
　　乡村振兴 ………………………… 213
　　职业培训 ………………………… 205
沿滩镇 ……………………………… 213
　　创业服务 ………………………… 205
　　概　貌 …………………………… 213
社会保险 …………………………… 205
　　基层组织 ………………………… 213
　　强化征缴扩面 …………………… 205
　　人大工作 ………………………… 213
　　强化生存认证 …………………… 205
　　纪检监察 ………………………… 214
　　落实各项政策 …………………… 205
　　宣传工作 ………………………… 214
劳动关系和收入分配 ……………… 206
　　信访工作 ………………………… 214
　　基层调解组织 …………………… 206
　　武装工作 ………………………… 215
　　劳动人事争议仲裁 ……………… 206
　　经济发展 ………………………… 215
　　其他工作 ………………………… 206
　　农业产业 ………………………… 215

社会事业 …………………………… 215
　　村镇建设 …………………………… 216
　　乡村振兴 …………………………… 217
邓关街道 ………………………………… 217
　　概　貌 ……………………………… 217
　　基层组织 …………………………… 217
　　人大工作 …………………………… 217
　　纪检监察 …………………………… 217
　　宣传工作 …………………………… 217
　　信访工作 …………………………… 218
　　武装工作 …………………………… 218
　　经济发展 …………………………… 218
　　农业产业 …………………………… 218
　　社会事业 …………………………… 218
　　村镇建设 …………………………… 219
　　乡村振兴 …………………………… 220
王井镇 …………………………………… 220
　　概　貌 ……………………………… 220
　　基层组织 …………………………… 221
　　人大工作 …………………………… 221
　　纪检监察 …………………………… 221
　　宣传工作 …………………………… 221
　　武装工作 …………………………… 221
　　信访工作 …………………………… 222
　　经济发展 …………………………… 222
　　农业产业 …………………………… 222
　　社会事业 …………………………… 222
　　村镇建设 …………………………… 223
　　乡村振兴 …………………………… 224
九洪乡 …………………………………… 224
　　概　貌 ……………………………… 224
　　基层组织 …………………………… 224
　　人大工作 …………………………… 225
　　纪检监察 …………………………… 225
　　宣传工作 …………………………… 225
　　武装工作 …………………………… 225
　　信访工作 …………………………… 225
　　经济发展 …………………………… 225

　　农业产业 …………………………… 225
　　社会事业 …………………………… 226
　　村镇建设 …………………………… 227
　　乡村振兴 …………………………… 227
黄市镇 …………………………………… 228
　　概　貌 ……………………………… 228
　　基层组织 …………………………… 228
　　人大工作 …………………………… 228
　　宣传工作 …………………………… 228
　　武装工作 …………………………… 228
　　信访工作 …………………………… 228
　　经济发展 …………………………… 229
　　农业产业 …………………………… 229
　　社会事业 …………………………… 229
　　村镇建设 …………………………… 230
　　乡村振兴 …………………………… 230
永安镇 …………………………………… 231
　　概　貌 ……………………………… 231
　　基层组织 …………………………… 231
　　人大工作 …………………………… 231
　　纪检监察 …………………………… 232
　　信访工作 …………………………… 232
　　宣传工作 …………………………… 232
　　经济发展 …………………………… 232
　　农业发展 …………………………… 232
　　社会事业 …………………………… 233
　　村镇建设 …………………………… 233
　　乡村振兴 …………………………… 233
联络镇 …………………………………… 234
　　概　貌 ……………………………… 234
　　基层组织 …………………………… 234
　　人大工作 …………………………… 234
　　纪检监察 …………………………… 234
　　经济发展 …………………………… 234
　　农业产业 …………………………… 234
　　社会事业 …………………………… 235
　　村镇建设 …………………………… 235
　　乡村振兴 …………………………… 236

兴隆镇……………………………236	经济发展……………………………244
概　貌……………………………236	农业产业……………………………244
基层组织…………………………236	社会事业……………………………244
人大工作…………………………237	村镇建设……………………………245
纪检监察…………………………237	乡村振兴……………………………246
宣传工作…………………………237	**瓦市镇**……………………………246
武装工作…………………………237	概　貌……………………………246
经济发展…………………………237	基层组织…………………………247
农业产业…………………………237	人大工作…………………………247
社会事业…………………………238	宣传工作…………………………247
村镇建设…………………………239	武装工作…………………………247
乡村振兴…………………………239	信访工作…………………………247
富全镇……………………………239	经济发展…………………………247
概　貌……………………………239	农业产业…………………………247
基层组织…………………………239	社会事业…………………………248
人大工作…………………………240	村镇建设…………………………248
纪检监察…………………………240	乡村振兴…………………………249
宣传工作…………………………240	
武装工作…………………………240	**人物·荣誉**
信访工作…………………………240	
经济发展…………………………240	2022年度获区级以上表彰的先进集体………250
农业产业…………………………241	2022年度获区级以上表彰的先进个人………259
社会事业…………………………241	组织机构及主要负责人名录…………………274
村镇建设…………………………241	
乡村振兴…………………………242	**附　录**
仙市镇……………………………242	
概　貌……………………………242	2022年区委文件目录…………………………277
基层组织…………………………243	2022年区政府文件目录………………………285
人大工作…………………………243	区委、区政府文件选辑………………………287
纪检监察…………………………243	
宣传工作…………………………243	**索　引**
武装工作…………………………243	
信访工作…………………………244	……………………………………………310

特 载

区委工作报告

在中国共产党自贡市沿滩区第十三届委员会第四次全体会议上的报告

沿滩区委书记 刘 军

沿滩区委书记 刘军

受区委常委会委托，现在我向全会作工作报告。

今年以来，面对复杂严峻的外部环境和多重困难挑战，在市委的坚强领导下，区委坚定以习近平新时代中国特色社会主义思想为指导，深入学习贯彻党的二十大精神，持续深化落实习近平总书记对四川工作系列重要指示精神，全面落实党中央和省委、市委决策部署，统筹疫情防控和经济社会发展，统筹发展和安全，团结带领全区党员干部群众锚定"两区一城"奋斗目标，深入实施"开放兴区""工业强区"战略举措，全力推进"六大行动"，推动各项事业迈上新台阶、取得新成效。

一年来，区委重点抓了以下四件大事。

第一，迎接党的二十大胜利召开，抓好大会精神学习宣传贯彻。区委坚持把这项工作作为首要政治任务和工作主题主线来抓，作出一系列安排部署，引领全区上下明区情、拼经济、抓落实、促发展，营造起同心同向迎盛会的浓厚氛围。今年6月习近平总书记来川视察作出重要指示后，区委及时传达学习，研究贯彻意见，制定下发工作方案，狠抓贯彻落实。党的二十大胜利闭幕后，及时召开区委常委会（扩大）会议、区委理论学习中心组专题学习会等进行深入学习，下发学习宣传贯彻《通知》，作出具体安排。广泛开展宣传宣讲活动，配合市委宣讲团在沿滩开展宣讲报告会，县级领导带头赴基层宣讲，组建11个区委宣讲团深入一线开展宣讲。全区各级各部门结合实际开展形式多样的学习宣传活动，在全区上下持续掀起学习宣传贯彻热潮，激励引导广大党员干部自觉做"两个确立"的忠诚拥护者和"两个维护"的坚定践行者，自觉把思想统一到党的二十大精神上来、把力量凝聚到党的二十大确定的各项任务上来。

第二，以聚力建设千亿化工园区为抓手，全力以赴拼经济搞建设。为申报全省首批化工园区，全区上下破釜沉舟、同向发力，县级领导常态化带队到省对接汇报，千方百计争取省上支持，区级各部门做了大量过实过细、默默无闻、富有成效的工作，终于为全市抱回了"金字招牌"。为实现"一项兴一业、一业定乾坤"，全区上下全力以赴引龙头、建集群，争取到中国中化在沿滩布局氟化工新材料优势产业链，推动总投资超50亿元的中国中化氟材料项目成功落地，招引江苏国泰、无锡东恒等头部企业入驻，实现化工园区认定范围内"企业满园"。为拓展未来发展空间，全区上下前瞻推进扩区工作，基本完成拓展区二期1241亩拆迁平场，全面启动拓展区三期2300亩征地拆迁，加快推动扩区认定要件编制，为发展千亿园区奠定了坚实基础。我区大抓工业大抓项目大抓园区的措施得到市委主要领导充分肯定。为稳住经济大盘，区委定期召开调度会分析研判经济运行形势，每月召开常委班子例会明责任、促落实，召开工业发展大会进一步凝聚首抓工业大抓工业共识，常态举行重大项目竞进拉练，全区上下决战四季度、大干一百天，有力推动经济加速恢复。10月以来，规上工业增加值等主要经济指标止滑回升，预计全年固定资产投资、地方一般公共预算收入等指标增速位居全市前列。

第三，坚持人民至上、生命至上，最大限度保护人民群众生命安全和身体健康。区委深入学习贯彻习近平总书记"疫情要防住、经济要稳住、发展要安全"重要指示精神，保持时时放心不下的责任感，团结带领全区上下共克时艰、聚力攻坚，坚决守牢了安全底线、筑牢了底板。我们以快制快坚决果断处置多轮本土疫情，因时因势调整优化防控措施，全力做好医疗和生活物资保供，努力用最小的代价实现最大的防控效果。千方百计战高温、斗干旱，全力协调保障基本民生用电、居民安全饮水和农业生产用水，有效解决群众生产生活"燃眉之急"。常态化排查整治自建房、城镇燃气、安全生产等领域风险隐患，妥善化解飞球集团搬迁遗留住房安全隐患等3个重大安全隐患，实现森林火灾"零发生"、自然灾害"零伤亡"，安全生产和食品安全形势平稳。大力建设更高水平的平安沿滩、法治沿滩，加强和改进人民信访工作，强化社会治安整体防控，纵深推进常态化扫黑除恶，严厉打击各类违法犯罪活动，积极推进"多网合一"，人民群众的安全感进一步增强。

第四，全力营造解放思想、担当实干、比学赶超的干事环境。 区委牢牢抓住"人"这个关键因素，区委常委走在前、干在先，示范带动全区党员干部在拼经济搞建设中担当作为、真抓实干，围绕"抓项目促投资""统筹发展与安全"等领域，及时表扬先进集体80个、先进个人189名，进一步激发了全区上下埋头苦干、比学赶超的浓厚氛围。特别是近期，区委集中两个月时间，深入开展"区情认识再深化、重大问题再调研、未来发展再谋划"活动，县级领导干部和各民主党派聚焦25个事关沿滩长远发展的重点课题领题调研，各级各部门围绕中心大局、主动献计献策，形成了一批高质量的调研成果，实现了共识在交流中凝聚、思路在碰撞中拓展，为区委研究制定提交本次会议审议的《决定》和《意见》提供了有力支撑。

这一年，区委以"时时放心不下"的责任感和"处处奋勇争先"的使命感，统筹推进经济建设、政治建设、文化建设、社会建设、生态文明建设和党的建设，坚决推动党中央决策部署和省委、市委工作要求在沿滩落地落实，主要做了以下工作。

一是坚定推动经济高质量发展。 坚持把抓项目促投资作为经济工作"牛鼻子"，创新《抓项目促投资稳增长的8条激励措施》等政策，建立项目推进"红黑榜"、招商引资"揭榜挂帅"等工作机制，新签约重大项目31个，其中10亿元以上项目7个，沿滩新城多功能体育中心等19个省市重大项目如期竣工，13个项目超进度推进，预计全年实现重大项目投资130亿元。全力抓好粮食生产和重要农产品供给，粮食产量稳定在16万吨以上，建成高标准农田3.5万亩，综合施策整治撂荒地4890亩，与四川种业集团、自贡农科院携手启动建设优势大豆种源核心基地，全区农业增加值增长4%。加快建设自贡食品产业园，累计建成标准化厂房30万平方米，永汇食品等15户企业集中投产。扎实推进建筑业总部经济，引进企业14户。全力以赴扩大消费，组织开展各类促销活动388场次，高质量举办"信步沿滩·美过周末"乡村旅游活动11场次。

二是持续深化改革扩大开放。 与重庆长寿经开区联合争创第二批成渝地区双城经济圈产业合作示范园区事项有序推进。聚焦企业"痛点、难点、堵点"，实施沿滩高新技术产业园区、区科技和经信局、区投资促进局"园局合一"改革，积极推进工业用地"标准地"改革试点，深入实施政务服务"一网通办"，"最多跑一次"事项占比达100%，积极推进包容审慎监管和柔性执法机制建设，探索实行"首次轻罚""首次不罚"，常态举行"政企畅聊早餐会""沿商面对面"活动，获评全省仅有的4个县域民营经济改革试点区县之一。稳步推进农村土地制度改革和宅基地制度改革试点，全面推行田长制。扎实推动创新驱动，创建市级企业技术中心2个、市级中小企业研发机构1个，新培育高新技术企业4户，全区研发经费投入强度提升幅度位居全市第一。

三是不断深化城乡融合发展。 全面完成国土空间规划"三区三线"划定，额外争取到市下用地规划指标3.2平方公里，为全市区县最多。品质城市建设深入开展，王家大院盐文化保护利用项目提速推进，昇平街文旅综合体主体完工，仙市古镇旅游基础设施项目启动建设。深入实施乡村建设行动，完成农村户用厕所改造近3000户，新改建农村公路84公里。大力发展新型农村集体经济，全面消除集体经济收入低于2万元以下的村，詹井村集体经济发展案例入选全省新型农村集体经济发展十大优秀案例。重大基础设施建设有序推进，蓉昆高铁自宜段加快建设，省道213线沿滩区段改线项目瓦市段建成投用，向家坝灌区北总干渠一期一步工程用地全部交付。

四是持续用力保障改善民

生。全力办好民生实事，17件市下民生事项圆满完成，20件区承诺民生实事高质量办结，民生支出占全区一般公共预算支出比重稳定在65%以上。制定稳定和扩大就业17条政策措施，举办专场招聘会44场次，1—11月全区城镇新增就业3468人。全力补齐公共服务短板，城乡供水一体化项目提速推进，5个老旧小区改造项目按期完成，新改扩建公办幼儿园3所，建成养老服务综合体2个，区中西医结合医院、区妇幼保健院新院区建成投用。实施全民参保计划，统筹做好社会救济、社会福利、优抚安置和残疾人保障等工作。巩固拓展脱贫攻坚成果，121户、333名防止返贫监测对象全部落实帮扶措施。预计全年全区城乡居民人均可支配收入分别增长5.5%、6.5%。

五是深入推进生态文明建设。牢固树立"绿水青山就是金山银山"的理念，扎实做好央督和省督反馈问题整改，标本兼治推动生态保护和环境治理。坚决落实烟花爆竹全域全时禁燃禁放和秸秆全域禁烧，扎实开展釜溪河流域水质达标攻坚，沿滩新城S206片区雨污分流等一批治本项目年内竣工，1—11月$PM_{2.5}$、PM_{10}平均浓度值同比分别下降12%、13.9%，碾子滩水库和4个乡镇集中式饮用水水源地水质全面达标，宋渡大桥国控断面全年平均水质预计可达Ⅲ类。严格执行"三线一单"生态环境分区管控，推进减污降碳协同增效，严控"两高"项目，持续推动绿色转型发展。

六是扎实做好宣传思想文化工作。坚持举旗帜、聚民心、育新人、兴文化、展形象，牢牢掌握党对意识形态工作领导权，全面落实意识形态工作责任制，强化各类阵地管理，统筹开展重大主题宣传，巩固壮大奋进新时代的主流思想舆论。深入践行社会主义核心价值观，扎实推进创文创卫工作。深入实施文化惠民工程，建成区公共图书馆、自贡抗战盐运史绩陈列馆，启动狮子山体育公园建设，落实"三馆一站"免开资金125万元。组织开展"喜迎二十大，一起向未来"全民阅读等文化活动30余场次，不断丰富人民群众精神文化生活。

七是切实加强民主法治建设。坚持党的领导、人民当家作主、依法治国有机统一，积极发展全过程人民民主。支持区人大及其常委会依法履职行权，进一步完善议事决策、监督任免和代表工作机制，新一届人大工作实现良好开局。支持区政协依照章程履行职能，持续推进"有事来协商"工作和"助力巩固脱贫、助推乡村振兴"专项活动，充分发挥了专门协商机构的作用。积极与各民主党派、工商联、无党派人士合作共事，爱国统一战线巩固发展。工会、共青团、妇联、残联、科协、红十字会等群团组织作用有效发挥。国家安全、民族宗教、保密机要、外事侨务、史志档案、老干部、关心下一代等工作取得新成绩。党管武装不断加强，国防动员和后备力量建设、双拥共建成效明显。纵深推进依法治区，持续深化重点项目法律服务专项行动，健全法律顾问制度，"八五"普法扎实开展，政法队伍教育整顿成果不断巩固。

八是坚定不移全面从严治党。切实加强党的政治建设，严格执行新形势下党内政治生活若干准则，扎实开展新一届区委巡察工作，建章立制引导党员干部坚定拥护"两个确立"、坚决做到"两个维护"。实施习近平新时代中国特色社会主义思想凝心铸魂计划，健全干部教育培训机制，推动党史学习教育常态化长效化。坚定贯彻新时代党的组织路线，加强换届后领导班子建设，大力实施干部淬能提升工程，建立"导师帮带"、一线顶岗锻炼等机制，设立"综合型""专业型"干部人才库，做好"双向互派"，源源不断培养优秀年轻干部。统筹推进各领域基层党组织建设，深入推进抓党建促乡村振兴，抓好新业态新就业群体党建工作，持续整顿软弱涣散基层党组织，切实抓好农村青年党员发展工作。参与录制的"书记龙门阵"被"焦点访谈"刊播。加快人才政策和制度创新,深化与四川轻化工大学校地合作,全方位培养引进用好人才。进一步规范机关事业单位人员调动管理。坚持严的基调不动摇,深入纠治"四风"顽疾,做实做细"一把手"和领导班子监督,实施年轻干部廉洁从政(业)"疫苗计划",以"全周期管理"方式一体推进不敢腐、不能腐、不想腐,综合运用"四种形态"处理225人次。

一年来,区委常委会持续加强自身建设,带头加强政治建设,把忠诚拥护"两个确立"、坚决做到"两个维护"作为最高政治原则和根本政治责任,自觉在思想上、政治上、行动上同以习近平同志为核心的党中央保持高度一致;带头强化理论武装,开展11次区委理论学习中心组集体学习,坚定用党的创新理论统领沿滩工作;带头真抓实干担当,召开43次常委会会议研究部署全区重大工作,班子成员主动深入项目建设、疫情防控、安全生产等一线调查研究、督促指导工作,帮助基层和群众解决实际困难,示范带动全区党员干部在攻坚克难中不断开创工作新局面;带头做到精诚团结,坚持民主集中制和分工负责制,增进班子团结,增强班子整体功能;带头扛牢主体责任,修订完善区委工作规则等制度,严管厚爱干部队伍,以身作则带动全区政治生态持续巩固向好。

回顾这一年,奋斗充满艰辛,成绩来之不易。根本在于以习近平同志为核心的党中央的坚强领导,在于习近平新时代中国特色社会主义思想的科学指引,是市委坚强领导的结果,是全区上下勠力同心、艰苦奋斗的结果。各位区委委员、候补委员在各自岗位上履职尽责、担当作为,对区委常委会工作给予了鼎力支持。在这里,我代表区委常委会,向各位同志的辛勤付出表示衷心感谢,向奋战在全区各条战线的广大党员干部群众致以崇高敬意!

在总结工作的同时,区委常委会分析了存在的问题和不足。主要有,稳增长的压力仍然较大,发展的质和量效益都还不高;教育、医疗、养老等公共服务与群众期盼还有差距;防风险、保安全以及生态环境还面临许多新挑战;一些党员干部的素质、能力、作风与新形势新要求还不相适应,党风廉政建设和反腐败斗争形势依然严峻复杂,等等。对这些问题和不足,我们将采取针对性措施,在今后的工作中认真加以解决。

以上报告,请同志们提出意见建议。

区人大工作报告
在沿滩区人民代表大会常务委员会上的工作报告

自贡市沿滩区人大常务委员会党组书记、主任 杨 兵

沿滩区人大常务委员会党组书记、主任 杨兵

2022年工作回顾

2022年是中共二十大胜利召开之年。区人大常委会在区委坚强领导和市人大常委会关心指导下,深入学习宣传贯彻中共二十大精神和习近平总书记来川视察重要指示精神,深入落实中央和省委、市委人大工作会议精神,坚持党的领导、人民当家作主、依法治国有机统一,坚持围绕中心服务大局,忠实履行宪法法律赋予的职责,积极践行全过程人民民主,圆满完成各项工作任务,实现新一届人大常委会工作良好开局。一年来,区人大常委会紧扣全区工作大局依法行使监督权、决定权、任免权,开展专项视察、工作调研、执法检查50次,召开常委会会议9次、主任会议20次,听取审议"一府一委两院"工作报告28项,作出决议决定24项,形成相关报告52份、审议意见11份,任免国家机关工作人员31人次(任命19人次、免职12人次),为沿滩高质量跨越发展作出了人大贡献。

一、坚持党的全面领导,始终保持正确政治方向

坚持用习近平新时代中国特色社会主义思想凝心铸魂,以坚定自觉拥护"两个确立",以坚定行动践行"两个维护",始终把党的领导贯穿于人大工作各方面全过程。

(一)学习贯彻中共二十大精神。把迎接中共二十大、学习宣传贯彻大会精神作为贯穿全年的首要政治任务,常委会带头深学细研、宣讲解读,制定学习宣传贯彻实施方案,引领推动人大系统全面学习、全面把握、全面落实。准确把握中共二十大报告关于人大工作决策部署,持续推进中央人大工作会议精神贯彻落实,深

入学习贯彻中共中央、省委关于做好新时代人大工作重要部署和市委、区委工作要求，形成推动人大工作高质量发展的强大动力。

（二）持续强化思想政治引领。 深入学习贯彻习近平法治思想、习近平总书记关于坚持和完善人民代表大会制度的重要思想，将其作为党组学习、干部教育、代表培训的核心内容。严格落实"第一议题"制度，及时跟进学习习近平总书记重要讲话、重要指示批示、重要文章精神66篇次，围绕人大政治机关建设、人大工作创新发展开展研讨交流，统一思想认识，谋划务实举措，不断提高人大系统党员干部的政治判断力、政治领悟力、政治执行力。

（三）充分发挥党组重要作用。 突出常委会党组把方向、管大局、保落实的政治功能，持续加强对常委会工作的组织领导和统筹协调，召开党组会议16次研究审定人大重要工作。领导常委会作出"实施区民生实事项目人大代表票决制工作"等决议决定，积极履行法定程序使区委决策成为全区人民的共同意志。新建修订党组工作规则、向区委请示报告制度等，党组工作进一步规范化制度化，常委会党组向区委请示报告重要事项22件（次）。

二、围绕中心展现作为，主动服务区委重大决策

坚持围绕区委重大决策部署，找准人大履职结合点和着力点，全力推动"两区一城"建设，始终做到与区委同心同向同行。

（一）助推县域经济发展，服务建设全省县域经济先进区。 把监督重点向"拼经济、搞建设、抓发展、上项目"聚焦，调研县域经济发展，专题听取营商环境、招商引资、重大项目建设等情况，持续推动解决制约发展的矛盾和问题。积极推动市人代会"建设川南新材料产业基地打造千亿级绿色化工产业集群"议案办理，组织市、区人大代表视察川南新材料产业基地，在优化推进机制、加快园区建设上发挥了人大作用，为"一项兴一业、一业定乾坤"作出了人大贡献。注重发挥企业家代表在稳住经济大盘中的重要作用，推动企业攻坚克难、稳健发展，为全区经济平稳发展作出积极努力。

（二）助推乡村振兴发展，服务建设全省乡村振兴先进区。 重点关注脱贫攻坚与乡村振兴有效衔接，组织市、区人大代表围绕撂荒地整治、高标准农田建设、大豆产业发展、现代农业园区建设、乡村人居环境整治、平安乡村建设等内容开展视察调研，开展《四川省粮食安全保障条例》执法检查，收集形成针对性较强的意见建议19条，为全区乡村振兴发展开良方、添动能。

（三）助推产城融合发展，服务建设全省产城融合品质城。 围绕"以产兴城、以城促产"发挥人大作用，视察沿滩新城品质提升、沿滩高铁站建设等工作，首次对城市街道地名保护及规范命名情况开展调研，结合代表建议意见办理，推动沿滩新城多功能体育中心等设施建成投用，进一步增强沿滩的城市吸引力。聚力推进特色产业发展，视察建筑业总部经济、文化旅游产业等工作，调研省级百强中心镇建设、农业优势产业发展，开展"沿滩区发展壮大村集体经济"专题研究，促进城乡融合发展。

三、聚力增效强化监督，全力助推经济社会发展

把准人大监督职责定位，创新监督工作方式，自觉寓支持于监督之中，始终做到正确监督、有效监督、依法监督。

（一）助力经济健康运行。 强化财政运行质效监督，开展财政预决算、地方债务管理、财政收支审计等情况的审查监督，密切关注隐性债务化解情况，依法批准财政预算调整方案及地方债务限额，落实"过紧日子"要求推动压减部门一般性支出，促进财政运行总体平稳。强化经济运行过程监督，听取审议上半年国民经济和社会发展计划执行情况的报告，专题调研工业发展资金、服务业发展资金、政府债券资金等使用情况，高质量做好预算联网监督工作，促进资金管理使

用更加规范高效。首次听取国有自然资源（资产）管理情况专项报告，国资管理工作更加规范有序。

（二）持续回应群众关切。 把就业作为最大民生，开展促进就业"一法一条例"执法检查，调研就业创业基地、就业技能培训、职业技术教育等情况，推动消除"零就业"家庭，促进特殊困难群体就业援助。持续关注社会事业发展，听取审议医保制度改革工作情况报告，调研义务教育"双减"工作、人社基层公共服务平台建设运行等情况，视察残疾儿童康复救助、严重精神障碍患者管理服务、民族宗教事务管理等工作，助力增强群众获得感幸福感安全感。听取审议环境状况和指标完成情况报告，配合市人大开展《中华人民共和国环境保护法》《四川省城镇排水和污水处理条例》执法检查，助推生态环境持续改善。

（三）关注社会公平正义。 首次听取审议区监委关于整治群众反映强烈问题工作情况专项报告，调研未成年人保护强制报告制度落实、加强商事审判优化法治化营商环境等情况，着力维护和保障人民群众切身利益。开展《中华人民共和国社区矫正法》执法检查，听取审议法治宣传教育第八个五年规划情况报告，调研并听取区人民法院、区人民检察院重点工作情况，进一步强化司法监督的针对性和实效性。认真落实常委会听取审议备案审查工作报告制度，对"一府一委两院"报备的10件规范性文件进行备案审查，向市人大常委会报备规范性文件22件，备案审查工作更加规范高效。扎实做好区自然资源局等6个单位部门工作评议。

四、支持保障代表履职，持续夯实人大工作基础

加强代表工作能力建设，一以贯之尊重、依靠、联系和服务代表，使发挥代表作用成为人民当家作主的重要体现。

（一）代表联系工作渠道更为通畅。 修订完善代表"三联系"办法，常委会主任、副主任全覆盖联系常委会委员，常委会委员重点联系基层代表140名，区人大代表普遍联系群众872名，进一步实现代表、群众双向沟通。制度化邀请代表列席常委会会议、参加视察调研和执法检查活动，"一府一委两院"邀请代表参加旁听庭审、政务开放日等活动38人次，代表履职更加充实。开展主任接待代表日、"人大代表走访联系月"等活动，交办代表建议9件，各级人大代表走访联系群众1800余人次，做到零距离倾听民声、全方位汇聚民意。

（二）代表议案建议办理更富成效。 组织辖区内省市人大代表开展视察调研，服务代表提出高质量议案建议，在省市人代会发出更多沿滩声音。市十八届人大一次会议期间，沿滩代表团共提出议案建议21件，其中"建设川南新材料产业基地打造千亿级绿色化工产业集群"议案成为大会唯一议案，促进更多资源要素向产业基地聚集。新制定代表建议意见办理办法，进一步完善常委会领导牵头督办、政府负责人带头领办、人大各委室对口督办、相关单位具体承办的工作机制，区十九届人大一次会议75件代表议案建议全部办理完毕，推动解决了严重精神病患者管护难、城区停车难等一批群众烦心事、基层困难事。

（三）代表主动履职作为更显担当。 广大代表积极参加视察调研、执法检查等工作，广泛参与"我为群众办实事——人大代表在行动"等主题活动，切实把群众期盼转化为依法履职的生动实践。特别是面对经济下行、疫情反复、高温干旱、缺电保供等困难挑战，各级代表立足岗位展风采、主动担当讲奉献，有的向险而行、日夜坚守在疫情防控第一线，有的奔走基层、连续奋战在抗旱减灾最前沿，有的让电于民、全力保障基本民生用电，有的慷慨解囊、捐资送物解决群众生产生活"燃眉之急"。代表们关键时候冲得上，危急关头豁得出，用实际行动诠释了"人民选我当代表、我当代表为人民"的使命担当！

（四）代表履职保障服务更有温度。 深入实施代表"赋能""增效"行动，开展代表履职培训14场，建立代表学习成果测验制度，持续提升代表综合素能；创新制定代表履职积分量化考核办法，率先建立代表履职补贴奖励机制，激励代表履职下真功夫、出真实效。夯实代表履职基础，组建12个代表小组和6个代表专业小组，开展专项监督、专题视察等活动62次，收集建议意见193条，更好凝聚了代表的智慧和力量。丰富代表履职载体，完成人大代表之家（站）10个示范点位创新升级，恒大绿洲社区基层立法联系点作用有效发挥，各级代表进"家"入"站"驻"点"，开展接待选民、监督议事、纠纷化解、法治宣传等活动，积极推进全过程人民民主基层实践。启动区乡民生实事项目人大代表票决制工作，制定《区人大常委会关于民生实事项目人大代表票决制的实施与监督工作办法》，进一步丰富了代表履职形态。强化代表履职事迹宣传，在沿滩融媒APP开设"人大代表风采录"专栏，人民网、川观新闻等中省媒体多次报道沿滩人大工作和代表履职事迹，提升了人民群众对人大代表的认同感。

五、强化练内功提素能，努力提升机关整体效能

扎实开展"练内功、提素能"活动，贯穿践行"忠诚坚定、笃学深研、实干实效"主题，始终以昂扬精神、奋进姿态做好开局之年工作。

（一）筑牢忠诚坚定品格。 突出政治引领，强化政治机关建设，坚持工作首先从政治上考量、在政治上对标，机关干部严守政治纪律、政治规矩的意识进一步增强。突出思想引领，坚持学懂弄通做实习近平新时代中国特色社会主义思想，深入开展学原著、学英烈、学先进活动，组织党组理论学习中心组集中研讨学习6次，切实用党的创新理论统领人大工作。突出党建引领，严格落实全面从严治党主体责任，认真履行党风廉政建设、意识形态工作责任制，常态化开展对党忠诚、理想信念、党性党风党纪教育，组织"弘扬江姐精神，赓续红色血脉"等主题党日活动，进一步巩固机关风清气正政治生态。

（二）涵养笃学深研作风。 大兴学习之风，坚持把学习作为提升履职本领的根本路径，健全完善第一议题、会前学法、人大讲堂等学习制度，围绕党的创新理论、法律法规、人大业务知识、党史知识等内容，组织各类学习活动76场次，深入研学中央和省市区重要会议、重要文件精神94篇次，集中学习法律条例、党内法规等32部。大兴调研之风，把调查研究作为抓好监督、代表等工作的首要前提，探索"调查研究—成果形成—转化落实"全流程机制，全年开展各类调研83次，形成调研报告、视察综述33份。围绕区委"三再"活动要求，主动承担"沿滩养老产业发展路径研究"等5个课题研究，"培育发展契合沿滩实际的'银发经济'"被区委采纳，提供了有益参考。

（三）坚持实干实效导向。 扎实推进人大机关文化建设，激励人大干部担当作为，常委会领导深入村（社区）、项目一线，督促疫情防控、安全生产等工作，协调解决施工用地、公配建设等问题18个；机关干部主动下沉一线，参与"双报到、双服务""万名党员干部下基层"等志愿服务946人次。持续加强制度体系建设，聚焦监督履职、代表工作、基层人大建设等重点方面，新建修订规章制度23项；主动对标上级人大工作标准，健全完善视察、调研、执法检查、专题询问等监督工作规程，优化提升监督履职效能；制定审议意见办理规定，健全专项跟踪、回头看、满意度测评等机制，进一步做好审议意见落实后半篇文章。持续强化机关党的建设，提升办文、办会、办事工作质量，扎实做好信访工作，加强对乡镇人大工作的指导。

各位代表，过去一年取得的成绩，是在区委坚强领导下，全体区人大代表、常委会组成人员、专门委员会成员和机关工作人员辛勤努力的结果，是"一府一委两院"及其职能部门密切配合的结果，是区政协、区里的各位老领导老同志及社会各界、全区人民群众关心支持的结果。在此，我谨代表区十九届人大常委会向大家表示崇高的敬意和衷心的感谢！

同时，我们也清醒地认识到，面对新形势新任务新要求，常委会的工作还存在一些差距和不足：监督质效有待进一步提高，推动改进工作、解决问题的效果还有差距；促进代表履职的平台、机制还要拓展创新，代表履职的能力水平还需要进一步提升；常委会自身建设和人大干部队伍建设还需持续加强。对于这些问题，我们要高度重视，虚心听取代表和各方面意见建议，不断加强和改进各项工作。

2023 年主要工作任务

2023 年是全面贯彻落实中共二十大精神的开局之年。区人大常委会工作的总体要求是：坚持以习近平新时代中国特色社会主义思想为指导，全面贯彻落实中共二十大精神和省委十二届二次全会、市委十三届四次全会以及区委十三届四次全会部署要求，坚持党的领导、人民当家作主、依法治国有机统一，全力推进全过程人民民主沿滩实践，围绕实施"两大战略"、建设"两区一城"，忠实履行宪法法律赋予的职责，紧扣"四个机关"定位，全面加强自身建设，推动人大工作高质量发展，为奋力谱写沿滩高质量跨越发展新篇章作出新的贡献。

一、坚持以中共二十大精神为指引，在忠诚拥护"两个确立"、坚定践行"两个维护"上更加坚定有力

站稳政治立场，把牢政治方向，始终与党委同心同向同行。进一步提高政治判断力，将学习宣传贯彻中共二十大精神作为主线，融合学习贯彻习近平总书记关于坚持和完善人民代表大会制度的重要思想、习近平总书记来川视察重要指示精神，忠诚拥护"两个确立"、坚定践行"两个维护"。进一步提高政治领悟力，全面落实中央和省委、市委人大工作会议精神，贯通研究省委十二届二次全会、市委十三届四次全会、区委十三届四次全会工作部署，实化细化常委会重点工作举措，推动中央和省委、市委决策部署及区委工作安排落地落实。进一步提高政治执行力，将党的全面领导落实到人大工作全过程各方面，重要工作、重大问题及时向区委请示报告，强化全面从严管党治党政治责任，通过法定程序将党的主张转化为全区人民的共同意志，使人大工作安排贴近区委中心、重大事项决定体现区委要求、人事任免事项贯彻区委意图。

二、坚持以中国式现代化为牵引，在发挥人民代表大会制度优势上更加积极有为

把握人大工作的政治定位、法律定位，强化监督支持，在全面建设社会主义现代化沿滩新征程中展现人大作为。提高监督议题质量，深刻领会省委"四化同步、城乡融合、五区共兴"、市委"四大战略""两市两城"战略部署，牢牢把握沿滩现代化建设的着力重点，紧扣区委重大决策部署和人民群众呼声期盼，丰富拓展监督项目收集渠道，健全完善监督内容论证机制，高质量确定监督议题。突出监督重点内容，围绕工业、文旅、乡村振兴、产城融合等重点任务开展调查，对重大项目推进、重点资金安排使用等情况开展视察调研，听取审议财政预算执行、国民经济和社会发展计划执行、区属国有企业资产管理、审计问题整改等专项报告，依法审查监督财政预算调整及债务限额情况，加强预算联网监督工作，促进经济健康发展。听取审议工业园区安全生产管理、环境状况和环境保护目标任务、水环境治理、全域土地综合整治、村集体经济发展等工作报告，围绕保障性租赁住房建设、城乡供水保障、公共卫生服务能力建设、义务教育均衡发展、基层社会治理等情况开展视察调研，切实回应群众关切。听取区人民法院、区人民检察院重点工作情况报告，持续关注未成年人保护工作，对老年人权益保障"一法一条例"、《四川省农村集体经济组织条例》等开展执法检查，扎实做好规范性文件备案审查工作，严格落实司法监督责任。强化监督工作实效，进一步完善审议意见办理跟踪问效机制，巩固拓展监督成果运用，用好询问等监督方式，探索实践全过程人民民主人大协商，切实增强人大监督的实效性和权威性。求真务实抓调研，健全区人大常委会领题研究，区人大各专委会、代表专业小组专题研究课题制度，形成一批高质量调研报告，为区委决策和人大常委会工作提供智力支持。

三、坚持以群众急难愁盼为重点，在发挥代表作用上更加务实有效

加强代表工作能力建设，促进代表作用发挥和服务保障有机统一，进一步营造代表听民意、解民忧的良好氛围。不断提升代表履职能力，将代表履职培训纳入全区干部培训计划，以人大代表之家（站）为平台，开展"三个一"赋能行动，持续培养提升代表联系群众、调查研究、表达反映等能力。不断丰富闭会期间代表活动，依托人大代表之家（站）创新拓展代表履职方式，指导各代表小组丰富活动内容，组织代表参加视察、调研、执法检查等工作，邀请代表列席区人大常委会会议，进一步强化代表意识、激发代表活力。不断密切代表群众联系，落实好"三联系"制度，提高主任接待代表日质量，深化代表向选民述职、"人大代表在行动"等活动，引导人大代表提出高质量议案建议，汇聚推动高质量跨越发展的强大合力。

四、坚持以全过程人民民主为主线，在推进沿滩实践中更加创新作为

突出工作项目化、项目品牌化，创新推进全过程人民民主沿滩实践，确保党委政府在决策、执行各个环节都能听到来自人民的声音。建好实践阵地，以密切联系群众为根本要求，持续实施人大代表之家（站）创新升级三年行动，全面完成区人大代表之家改造升级，接续推进新一批示范点位建设，打造沿滩区践行全过程人民民主基层阵地。创新实践路径，加强人民当家作主制度保障，建立国家机关进人大代表之家（站）听民声、人大代表议政会、政情通报会等制度，推进人大代表就近就便进"家"入"站"开展履职活动，充分发挥恒大绿洲基层立法联系点作用，进一步创新、拓展全过程人民民主实践路径。优化实践机制，深化拓展"两化一票决一网络"工作，深入开展民生实事项目人大代表票决制工作，推动决策由"为民作主"向"由民作主"转变。持续优化议案建议办理流程，建立重点建议主任会议领衔督办机制，完善办前、办中、办后与代表联系制度，让群众意愿充分体现到议案建议办理全过程。

五、坚持以"四个机关"建设为抓手，在人大自身建设上更加全面规范

深入开展人大系统学习宣传贯彻中共二十大精神系列活动，推动人大干部、人大代表深刻领悟"两个确立"的决定性意义，把对党绝对忠诚体现在人大工作的方方面面。以制度建设为龙头，抓严抓实干部队伍建设，常态化开展素能训练，坚持会前学法、人大讲堂等制度，制定法律法规学习清单，创新学法用法机制，提升干部队伍政治素质和综合能力。认真落实全面从严治党主体责任，严格落实党风廉政建设责任制，强化干部作风涵养，培塑干部遵规守矩的思想意识。持续推进机关管理与服务标准化建设，进一步强化机关工作执行力，完善机关后勤服务保障，用心用情做好信访等工作，确保高质量高效率完成各项目标任务。加强对基层人大工作的指导，完善区乡人大联动机制，提升人大工作整体实效。加强意识形态工作，抓实人大理论研究和宣传，用好媒体资源，全方位、多角度、

多层次讲好人大故事、展示履职风采,推动人民代表大会制度更加深入人心。

各位代表,同志们!新征程彰显新担当,新使命展现新作为。让我们紧密团结在以习近平同志为核心的中共中央周围,在区委的坚强领导下,以更加坚定的信念、更加昂扬的斗志、更加务实的作风,不断丰富人民代表大会制度的生动实践,为在全面建设社会主义现代化国家新征程上奋力谱写沿滩高质量跨越发展新篇章贡献人大力量!

政府工作报告

在第十九届人民代表大会第二次会议上的报告

中共自贡市沿滩区委副书记、区长 廖 东

中共沿滩区委副书记、区长 廖东

各位代表：

现在，我代表区人民政府向大会报告工作，请予审议，并请各位政协委员和列席人员提出意见。

一、2022年工作回顾

2022年是非同寻常的一年。这一年，举世瞩目的中共二十大胜利召开，擘画了全面建设社会主义现代化国家、以中国式现代化全面推进中华民族伟大复兴的宏伟蓝图，指引我们沿着正确方向砥砺前行。这一年，面对严峻复杂的宏观形势和历史同期"三最"[1]叠加局面，新一届区人民政府在市委、市政府和区委的坚强领导下，在区人大、区政协的监督支持下，紧紧围绕"两区一城"奋斗目标，坚持"讲政治、抓发展、惠民生、保安全"工作总思路，逆势前行、攻坚克难，推动各项事业取得新成效。这一年，面对艰巨繁重的工作任务，我们秉持"十个指头弹钢琴"的工作方法，注重统筹协调，分清轻重缓急，集中精力办成了四件关乎沿滩长远发展的大事要事。

一是理清思路，蹚出了落实部署的沿滩路径。为政之要，贵在落实；落实之要，重在执行。这一年，我们紧扣市委、市政府和区委决策部署，准确把握"两区一城"奋斗目标，迅速将抓落实抓执行的重心锁定为"1+5"片区[2]，科学优化国土空间格局，合理布局重大项目，以最快速度、最大力度将上级的"规划设计"转化为政府系统的"施工图纸"。

二是攻城拔寨，再创了产业聚集的沿滩速度。"工业强区"不单是一句口号，更非一日之功、一时之效。这一年，我们抱定敢打必胜信念，抢抓首批化工园区认定"窗口期"，争分夺秒站上了产业发展"新风口"，一大批央企、行业领军企业和全国500强企业看好沿滩、投资沿滩，千亿级新型化工产业基地建设从开局起步迈向了全面起势新阶段，为"一项兴一业、一业定乾坤"作出了全新诠释。

三是众志成城，夯实了保障发展的沿滩底线。 守牢底线、筑牢底板，才能腾出手来抓发展。这一年，我们统筹发展与安全，以时时放心不下的责任感，牢牢掌握"防风险、守底线"的主动权，多次快速精准处置本地疫情，主动彻底解决了一批"老大难"安全隐患，破难推动了生态环境质量持续好转，削减政府债务存量超过2亿元，最大程度营造了平稳的投资发展和生活环境。

四是比学赶超，彰显了敢闯敢干的沿滩精神。 没有等出来的成绩，只有闯出来的精彩。这一年，我们聚焦"拼经济、搞建设"，坚决向"躺平"说不，周周有调度，月月晒进度，季季搞拉练，在全区范围形成了大干快上、追赶比超的浓厚氛围，作风过硬、务实敢为的沿滩干部成为全市一张响当当的名片。

具体来说，我们突出抓好了以下7个方面的工作。

（一）持续促投资稳增长，经济实现平稳发展。 坚决扛牢稳住经济大盘重大政治责任，努力克服超预期因素不利影响，经济运行承压趋稳，运行态势与全省全市保持一致。全年实现全社会固定资产投资增长12.6%；地方一般公共预算收入（同口径）增长20.9%；城乡居民人均可支配收入分别增长4.2%和6.1%。有效投资持续扩大。抓住国家扩大有效投资窗口期，致力于园区平台、交通、城市公共服务等基础设施项目建设，109个重大项目完成投资130亿元，19个省市重大项目如期竣工。对上争取资金18.56亿元，同比增长82.5%，其中，争取政策性基金6.93亿元。争取中省预算内资金连续两年超2亿元。消费复苏节奏加快。落实商贸激励政策，持续激发消费活力，累计组织开展各类促销活动483场次，组织企业参加中国国际消费品博览会、第七届中国-亚欧博览会等活动，社会消费品零售总额增长2.7%。实体经济稳中有升。创新推出政企"畅聊早餐会"⁽³⁾，持续打造"政策保姆"⁽⁴⁾服务品牌，全年兑现企业奖补资金超1.6亿元，帮助企业解决问题100余个、协调融资4700万元，全年工业用电量2.99亿千瓦时，同比增长11.8%，新增市场主体1870户。

（二）持续提质效上台阶，三次产业梯次推进。 工业转型升级提速。川南新材料化工园区获批首批省级化工园区，3个月内完成"满园行动"，新完成拓展区二期1241亩土地征地拆迁，中昊晨光一期等14个项目提速推进，江苏国泰、无锡东恒2个项目提前开工，信乙化工、华砂新材料等项目如期竣工。食品产业园累计建成标准化厂房31.5万平方米，永汇食品等16户企业于10月集中投产。全年完成工业投资同比增长62.5%，新增规模以上工业企业7户。科技创新扎实推进，全年科技研发投入突破1亿元，增速全市第一，新增国家级高新技术企业4户、国家级科技型中小企业30户、省级"专精特新"企业2户。现代农业蓬勃发展。建成高标准农田1.49万亩，整治撂荒地4890亩，粮食总产量保持在16万吨以上。成功引入四川现代种业集团、华智生物等龙头企业，大豆、高粱、花椒、柑橘、生猪等产业集聚发展，沿滩区花椒现代农业园区通过省三星级现代农业园区现场考评，九洪高粱大豆粮油园区加快建设，中国南方大豆种源基地顺利落户，永安镇成功入选全国农业产业强镇创建名单，九洪乡获评省级乡村治理示范乡镇。第一产业增加值增长4.4%。服务业发展成效明显。"奥特莱斯"品牌商业购物公园落户自贡高铁站，填补了全区高端商业综合体的空白。韵达产业园、鼎一1号冻库主体建成。建筑业总部经济新增企业14户，建筑业一级资质企业实现零的突破。全年新增规模以上服务业和限额以上商贸法人企业15户。釜溪河文旅融合发展片区列入全省乡镇级片区旅游专项规划试点，全年举办乡村旅游活动12场次，实现旅游综合收入41.5亿元。

（三）持续深化改革开放，发展后劲显著增强。区域合作取得实质性成效。积极融入成渝地区双城经济圈建设，主动深化与重庆长寿经开区、成都天府新区合作，"产业合作示范园区"加快创建。院地合作、校地合作走深走实，四川轻化工大学博士工作站、西南（自贡）食品产业技术研究院挂牌启用。重点改革取得阶段性成果。持续深化"放管服"改革，容缺受理、审批专员、企业领（代）办、告知承诺制全面推开，全年出让6宗工业项目"标准地"[5]，成为全市改革试点的标杆，被确定为全省县域民营经济改革试点区。平台公司市场化转型成效明显，清理盘活资产、化解债务存量等措施扎实有效。两项改革"后半篇"文章做深做实，全域土地综合整治省级试点项目有序推进，增减挂钩试点盘活土地1315亩，村集体经济收入同比增长6%，詹井村入选全省新型农村集体经济发展十大优秀案例。招商引资取得历史性突破。按照"一主两辅"发展思路，抢抓氟化工、新能源产业投资窗口期，聚焦500余家靶向清单企业，常态化开展叩门招商、视频招商等活动，新招引产业链项目38个，其中，中国中化氟材料项目为2022年度全市唯一投资超50亿元项目。江苏国泰、中化蓝天等头部企业纷至沓来，化工新材料产业实现井喷式发展。

（四）持续推动协调发展，城乡面貌明显改善。重大基础建设实现突破。成自宜高铁邓关段主体完工，沿滩站封顶，省道436邓关段改建完成前期工作，省道213瓦市段建成通车，城乡供水一体化项目主体建成，向家坝灌区移民征地工作任务全面完成，老蛮桥水库扩建工程取得实质性进展。重点区域建设全面铺开。沿滩新城王家大院盐文化旅游基础设施加快建设，卧龙湖大桥、多功能体育中心建成投用。沿滩城区狮子山体育公园项目启动，昇平街文旅综合体主体完工。仙市片区高铁自宜线用地全部交付，仙市古镇旅游基础设施项目启动。邓太片区宋渡大桥西延线、棚改安置房等项目有序推进，釜溪河生态修复工程二期建成开园。城市精细化管理水平稳步提升。深入开展城乡人居环境整治，智慧环卫系统上线运行，改造老旧小区5个、惠及居民5384户，建成5座城乡公厕，16条背街小巷完成整治，2个口袋公园[6]竣工投用，城市美化、绿化、亮化水平得到提升，创文复评迎检工作圆满完成。

（五）持续守牢底线底板，发展根基不断夯实。疫情防控科学精准。准确把握疫情防控各阶段形势和任务，全面落实"新十条""省六条"优化措施，推动疫苗全程免疫接种率达到96%，有效处置了"5·10""11·3"等多起本地疫情，将疫情对经济社会发展和群众生活影响降到最低。安全防线全面筑牢。坚持人民至上、生命至上，扎实开展了防汛避险、地灾避险、森林防灭火等28场应急演练，集中整治了危险化学品、城镇燃气、自建房等领域问题隐患，飞球集团原址燃气安全等3个较大隐患问题彻底化解。全区生产安全事故起数和死亡人数分别下降83.3%和80%，森林火灾实现"零发生"，自然灾害保持"零伤亡"，全年未发生较大及以上生产安全事故。生态环境持续改善。央督、省督反馈问题整改率分别达到88.4%和100%，打赢烟花爆竹禁燃禁放春节首战，秋冬季机动车限行措施全面落实，雨污分流工程分片区启动，釜溪河沿滩段水污染防治综合治理一期主体完工。全年$PM_{2.5}$、PM_{10}平均浓度值同比分别下降9.3%和13.8%，饮用水水源水质全面达标。釜溪河宋渡大桥国控断面水质在多重不利因素叠加的背景下逆势上扬，重回Ⅲ类。

（六）持续增进民生福祉，群众生活更加幸福。脱贫攻坚成果持续巩固拓展。坚持巩固拓展脱贫攻坚成果同乡村振兴有效衔接，8930名脱贫劳动力实现稳定就业，帮扶产品销售额累计实现1.86亿元，脱贫群众人均纯收入达到1.2万元，没有发生"漏测失帮"和一户一人返贫致贫。民生福祉持续改善。承诺的20件民生实事全部兑现。农民工服务保障扎实有效，城镇新增就业3786人，城镇登记失业率控制在3.74%。医保、社保参保人数分别达29万人和22.1万人。发放各项困难群众救助资金6696万元，民生兜底保障更有力度。新改建农村公路83.9公里，改造农村户厕3800户、燃气管网47公里、城乡供水一体化管网180公里，建成5G基站点86个，邓关、富全2所幼儿园完成主体建设，新增国家和省级特色学校（幼儿园）5所，新建养老服务综合体2个，区公共图书馆建成开放，区中西医结合医院、区妇幼保健院新院区顺利投用，成功创建省级健康促进区。社会大局平安稳定。国防动员、"双拥"工作和退役军人服务管理进一步加强，"八五"普法全面推进，食品药品安全形势稳定，全面完成重要时段安保维稳任务，一批信访矛盾得到妥善化解，社会大局保持和谐稳定，获评全省平安建设先进区。

（七）持续加强自身建设，树牢政府优良形象。 坚持以政治建设为统领，深入学习贯彻中共二十大精神和习近平总书记来川视察重要指示精神，务实开展"明区情、拼经济、干实事、促发展"活动，坚定拥护"两个确立"、坚决做到"两个维护"。坚持重大事项向区委请示报告、向区人大及其常委会报告、向区政协通报，代表建议、委员提案办复率和满意率均达100%。深化法律顾问执行制度改革，扎实推进政务信息公开，政府工作更加规范透明。全面落实政府系统党风廉政建设"两个责任"，推进正风肃纪，落实审计整改事项57项，认真办理"行风热线"反映问题，持之以恒纠治"四风"，政府作风持续转变。

与此同时，妇女儿童、共青团、工会、老龄、残疾人、关心下一代、社会扶贫等事业稳步发展，统计、机关事务、民族宗教、供销、保密、档案、地方志等工作也取得了长足进步，公积金管理、供电、邮政、电信、金融、交警、武警、消防等单位在全区发展建设中发挥了积极作用。

各位代表，同志们："看似寻常最奇崛，成如容易却艰辛"。过去的一年，我们遭遇的困难比预料的大，面临的矛盾比预想的多，取得的成绩比预期的好。这是市委、市政府重视沿滩、关爱沿滩的结果，是区委坚强领导、科学决策的结果，是区人大、区政协和社会各界关心支持、鼎力相助的结果，更是全区干部群众迎难而上、亮剑拼搏的结果。我谨代表区人民政府，向全区干部群众，向各位人大代表、政协委员，向各民主党派、人民团体，向全体政法干警、驻军官兵、消防救援队伍指战员，向所有心系沿滩的老领导、老同志，向所有为沿滩发展贡献力量的企业家及社会各界人士，表示衷心的感谢，并致以崇高的敬意！

在肯定成绩的同时，我们也清醒地看到面临的问题和挑战。主要是：受经济下行压力的影响，年初确定的个别指标未达到预期；新旧发展动能转换尚未完成，产业转型升级任务艰巨；财政下行压力前所未有，收支矛盾日益突出；个别干部责任意识、创新意识、专业能力还有待提升。对此，我们将高度重视，认真加以解决。

二、2023年工作安排

各位代表！2023年是全面贯彻落实中共二十大精神开局之年，是沿滩建区70周年，更是沿滩推车上坎、破茧成蝶的关键一年，做好政府各项工作意义尤为重大。省委以"四化同步"[7]、城乡融合、五区共兴[8]"为总抓手，在高水平区域协调发展中，加快推动成渝中部崛起，给沿滩区发展带来重大机遇。市委坚定不移实施"四大战略"[9]，建设"两市两城"[10]，建设沿滩新材料强区，为沿滩区发展注入新的更大动力。区委深入实施开放兴区和工业强区战略，加快建设"两区一城",指明了全区高质量跨越发展的方向路径。我们要准确把握好发展定位、前进方向、区情特点,务实敢为、善作善成,集中精力办好自己的事,为全省全市发展做出沿滩贡献。

今年政府工作的总体要求是:坚定以习近平新时代中国特色社会主义思想为指引,深入贯彻中共二十大精神,全面落实省委十二届二次全会、市委十三届四次全会和区委十三届四次全会部署要求,坚持稳中求进工作总基调,完整、准确、全面贯彻新发展理念,牢牢把握"六个更好统筹"[11],深入实施开放兴区和工业强区战略,加快建设全省县域经济先进区、全省乡村振兴先进区、全省产城融合品质城,全面推动沿滩高质量跨越发展。

工作奋斗目标是:地区生产总值增速高于全市平均水平;第一产业增加值增长4.5%,规上工业增加值增长14.5%,服务业增加值增长10.2%,建筑业总产值增长15%,全社会固定资产投资增长10%,社会消费品零售总额增长12%,地方一般公共预算收入增长12%,城乡居民人均可支配收入分别增长7.5%和8.5%。

重点做好以下7个方面的工作。

(一)讲政治,坚决落实上级决策部署

坚定不移走中国式现代化道路。深刻领会中国式现代化的中国特色、本质要求和必须牢牢把握的重大原则,立足区情实际,紧紧抓住成渝地区双城经济圈建设等重大机遇,深入贯彻新发展理念,主动服务和融入新发展格局,加快建设现代产业体系,推动沿滩实现更高质量、更有效率、更加公平、更可持续的发展。

坚决扛牢服务全市大局的重大使命。深刻领会市委打造全省新兴增长极、建设川南渝西战略性新兴产业集聚区、争创国家级经开区等重大任务,牢牢把握市委市政府赋予的加快打造新型化工千亿级产业集群、建设沿滩新材料强区、创建全省县域经济发展先进县等使命任务,走好体现沿滩特色、担当服务全市大局的高质量发展之路。

全力以赴推动区委"决定"落地落实。深刻领会区委十三届四次全会精神,锚定经济高质量发展取得新突破、县域经济提质进位、科技创新对经济增长贡献持续提高等目标任务,集中精力聚焦做实,排出任务书、时间表、路线图,把各项决策和要求具体化为工作项目、转化为落实举措,一件接着一件办,一锤接着一锤敲,一步一步将区委描绘的宏伟蓝图变为美好现实。

(二)守底线,筑牢安全发展底板

坚决守牢安全底线。认真落实国务院安全生产"十五条"硬措施,更好发挥区应急指挥部作用,强化危险化学品、交通运输、自建房等重点领域隐患排查治理,扎实做好防汛抗旱、地质灾害防治、森林防灭火等工作,坚决杜绝重特大事故发生。开工建设省危险化学品专业应急救援(沿滩)基地、永安镇专职消防救援站,完成地震监测站、人影气象站和应急管理信息化指挥所建设,不断增强防灾减灾救灾能力。扎实开展食品药品安全专项整治,守护群众舌尖上的安全。

防范化解金融风险。坚持"621"偿债机制,严格落实"两书一函"[12]制度,做好债务限额管理和预算管理,积极稳妥化解债务存量。加快构建政府投融资决策体系,强化国有投融资公司日常监管,加强国有资产管理,提高资金运作效率。严厉打击非法集资,巩固扩大积案陈案处置成果。扎实开展问题楼盘化解攻坚,落实"一盘一策"化解处置措施,及时回应群众关切热点。

维护社会平安稳定。深入开展"八五"普法,推动公共法律服务体系建设。大力推广社区慈善基金和"六社联动"[13]试点,整合资源做实"多网合一"[14],打通基层治理"最后一米"。常态化开展扫黑除恶,依法严厉打击违法犯罪活动,巩固平安建设成果。坚持和发展新时代"枫桥经验",

做优"老沿茶馆"基层调解品牌,依法依规及时就地化解群众信访诉求,全力维护社会大局和谐稳定。

(三)推发展,支撑经济向更高水平迈进

拓展开放空间。积极融入成渝地区双城经济圈建设,联合长寿打造"双圈"天然气化工新材料产业合作示范园区,深化与铜梁高新区等地的合作,积极对接成都区县,力争在园区共建、产业配套、招商协作等方面开辟合作新空间。密切对接长三角、粤港澳、京津冀等重点区域,持续开展园区推介和项目对接,全年承接东部产业转移工业项目10个以上。持续优化营商环境,实施"六清"行动(15),建立专业化园区市场监督管理所,探索"一会四函一书"(16)改革,扩大"容缺受理"事项范围,拓展"政务服务+"多维度服务,深化"免申即享"(17),新增46项"一件事"事项(18),设置综合窗口10个,扎实做好民营经济改革试点工作,努力实现更高水平开放。

促进有效投资。突出抓好66个省市级重大项目建设,千方百计汇集政策、资金、土地等要素,推动老蛮桥水库改扩建工程等40个新开工项目顺利开工,确保釜溪河沿滩城区堤防工程、保障性租赁住房等20个项目建成投用,实现重大项目投资130亿元以上。深度研究国省政策导向、投资方向,聚焦扩大内需领域,超前谋划交通、水利、产业平台等重大项目,积极争取中央、省预算内投资资金支持,全年对上争取资金10亿元以上。

扩大消费需求。把恢复和扩大消费摆在优先位置,积极开展"云直播"等各类消费促进活动,集中打造沿滩新城、沿滩城区和仙市古镇夜间消费活动新场景,引导时代昇平、创兴龙湖等商圈特色发展,逐步扭转消费外流、需求外溢局面。积极争创省级乡村旅游重点镇、重点村,加快"富全大米""九洪西瓜"等地理标志认证,丰富天府旅游名镇、名村文旅产品,擦亮"信步沿滩·美过周末"乡村旅游品牌。

(四)攻重点,举全区之力推动工业实现新突破

加快建设一流园区。聚焦打造千亿级新型化工产业集群,加快消防特勤站、危化品停车场等公用配套设施建设,建成综合能源站,新建园区道路4公里,全面提升截污管网、水电等基础配套水平。加快引入专业力量建设运营园区,完成拓展区三期2317亩土地征地拆迁,全年新增承载能力1平方公里以上、滚动储备1平方公里以上,确保实现首批化工园区扩区认定。

加快汇聚重点产业。持续抓牢氟化工及新能源材料主导产业,提速推进中昊晨光一期、江苏国泰锂离子电池电解液等14个项目建设,扎实做好凯盛新能源二期、昊华气体等10个项目前期工作,确保中化蓝天四川基地等7个项目年内开工。精准发力"延链补链",推动中国中化西南新材料产业园、梅塞尔工业气体等项目签约落地,确保新签约投资50亿元以上的"链主项目"1个,力争在100亿元以上重特大项目招引上实现突破。围绕预制菜、肉制品等产业主攻方向,完成自贡食品产业园10万平方米厂房建设,新签约食品企业15户,新开工企业6户,推动易品食品等9户企业投产达产。全年净增规模以上工业企业4户。

加大企业帮扶力度。坚持县级领导联系服务企业制度,持续开展"畅聊早餐会""企业集中服务月"等活动,全面落实新的税费优惠、"园八条"(19)等政策,积极帮助企业降低水电气等生产要素成本。强化融资服务,用好小微快贷、"园保贷"等金融产品,努力解决企业融资难题。支持企业提升创新能力,新培育国家级高新技术企业2户、科技型中小企业5户,创建创新平台2个。着力释放存量资产效益,全年盘活机械装备制造园闲置厂房3万平方米、土地200亩以上。

(五)抓融合,加快城乡同频产村共振

大力发展现代农业。严格

落实粮食安全责任制,坚决遏制耕地非农化、防止耕地非粮化,加快实施绿色高产创建和高粱酿酒基地建设,推动粮经复合套作种植,确保全年粮食产量稳定在17万吨以上,生猪出栏稳定在16万头以上。积极引进大型农业龙头企业,启动中国南方大豆种源基地建设,打造南方大豆育繁推中心,加快自贡城投肉兔全产业链项目建设,推动沿滩区花椒现代农业园区晋级省级四星,新增市级新型农业经营主体3家以上。落实集体经济试点镇、试点村建设任务,力争新培育村集体经济收入超100万元村2个,争创全省乡村振兴成效显著县。

加快建设宜居乡村。扎实推进农村地区人居环境整治提升五年行动,因地制宜实施农村无害化厕所改造3500户,做好"千村示范"农村污水处理和农村垃圾分类项目,新建美丽乡村路15公里、村组道路70公里,推进畜禽粪污和秸秆资源化利用整县项目,实现畜禽粪污资源化利用率90%以上。加强传统村落、传统民居和历史文化名镇名村保护,推进永安镇、仙市镇省级百强中心镇创建,力争创建国家级乡村振兴示范镇1个。

持续提升环境质量。坚决扛牢生态文明建设政治责任,按时完成中央、省、市环保督察反馈问题整改。落实"碳达峰十大行动"[20],抓好全域禁燃禁放、秸秆禁烧、扬尘污染治理,扎实开展夏季臭氧污染防控,确保PM2.5、PM10年均浓度持续下降。严格落实河湖长制,持续开展釜溪河流域污染防治攻坚,启动金银桥水库、羊叉河等小流域综合治理,实施城区污水处理厂二期项目,加快推进渗滤液处理厂配套设施工程,新建雨污分流管网21公里、污水管网12公里,确保宋渡大桥国控断面水质稳定达到Ⅲ类标准。

(六)活城市,擦亮宜居宜业宜游底色

抓好重大基础设施建设。实施高速公路"互联互通"工程,配合做好成自宜高铁大通道建设,建成高铁沿滩站,协同做好自贡至永川高速公路、自贡至泸州港公路沿滩段建设,加快推进省道436邓关过境段建设,完成省道213仙市段建设,着力构建成渝一小时、川南半小时交通圈。加快现代水网建设,配合做好向家坝灌区北总干渠一期二步工程,完成老蛮桥水库扩建项目前期工作,确保6月底开工建设。

聚力打造重点区域。持续提升沿滩新城品质,完成卧龙湖东区规划编制和城市设计,启动国道348锦城跨线桥建设,实施龙湖公园品质提升项目,完成省道206片区防洪排涝工程。务实推动沿滩老城更新,加快老旧小区改造,有序实施城中村棚户区改造二期项目,做好K5-01等地块出让。统筹实施仙市片区建设,配合做好东部新城仙市片区开发,有序推进洞山安置房二期、古镇旅游基础设施等项目。加快邓太片区建设,建成高铁沿滩站前广场及连接线项目,确保宋渡大桥西延线、太源井棚改安置房等项目如期竣工。

着力培育城市新业态。围绕"促聚集、凝特色、提品质"思路,高质量完成王家大院盐文化旅游基础设施建设,形成城市新地标,推动万物·奥特莱斯购物公园、时代昇平商贸街建成运营,确保韵达产业园、鼎一冻库投产达产,加快培育文化创意、文旅商贸、生产性服务业等业态。探索发展体育产业、电子商务总部经济,持续做大建筑业总部经济,加快推动装配式建筑产业发展,全年新引进企业5户,打造总部经济聚集地。

(七)促民生,切实提升沿滩群众安逸指数

全面加强社会保障。落实落细就业优先政策,加强跨区域劳务协作,帮扶农民工返乡就业创业,做好新就业形态劳动者权益保障,确保城镇新增就业3300人以上。加大就业援助力度,开展残疾人、低保家庭成员等困难群体精准就业帮扶,动态消除"零就业"家庭。推进社保精准扩面,推动多元复合式医保支付方式改革,持续加大社会救助力度，提高城乡低保保障水平。

用心办好民生实事。以办好省下、市下和承诺的民生实事为抓手，切实兜牢民生底线。加强脱贫人口帮扶，落实返贫监测和帮扶机制，做好乡村振兴衔接资金项目建设，坚决守住不发生规模性返贫底线。加快智慧停车场项目建设，实施燃气管网改造50公里，做好邓太片区供水管网建设，加快瓦市区域性养老服务中心建设，推动区养老综合服务中心投用，建成保障性住房1204套，启动10座病险水库加固改造工程，改造危桥2座。

大力发展社会事业。坚持人民至上、生命至上，认真落实新阶段疫情防控各项举措，做好中央优化调整疫情防控政策配套工作，提升基层医疗卫生机构救治能力，平稳有序实施"乙类乙管"。深入开展健康促进17项行动，开工建设区人民医院新城院区，推动区医院感染性疾病科建成投用，加快推进县域医疗卫生次中心建设，全力做好国家卫生城市复评迎检工作。推进义务教育优质均衡发展，积极化解大校额、大班额，启动自贡市第十四中学校迁建。抓好学前教育，完成仙市幼儿园建设，争创一批省级示范园、市级等级园。推动文体事业发展，加快沿滩新城公共图书馆建设，建成狮子山体育公园，见缝插针增园、添绿，巩固"全国柔力球之乡"创建成果。完成第五次全国经济普查。做好妇女儿童、共青团、工会、残疾人、供销、关心下一代、社会扶贫、老龄等各项工作。

三、努力建设人民满意政府

各位代表！工作都是干出来的，业绩都是拼出来的。在新的一年里，我们将全面加强政府自身建设，以更高站位、更实举措、更硬作风，推动每一项工作都能真正落地落实。

把政治建设作为首要任务。坚持以习近平新时代中国特色社会主义思想为指导，深入学习贯彻中共二十大精神，深刻领悟"两个确立"的决定性意义，坚决做到"两个维护"。不折不扣贯彻落实中央和省市区委各项决策部署，加强区政府系统党的建设，认真落实意识形态工作责任制，不断提高政府系统党员干部的政治判断力、政治领悟力和政治执行力。

把法治建设作为重要遵循。将依法行政贯穿政府工作始终，落实全过程人民民主，坚决执行区人大及其常委会决议、决定，坚持重大事项向区人大报告、向区政协通报，认真做好人大代表建议和政协委员提案办理工作。严格落实重大行政决策程序规定，做到慎重决策、慎重用权。扎实推动行政执法标准化建设。深入推进政务公开，让权力在阳光下运行。

把能力建设作为关键抓手。始终坚持快人一步、先人一着，进一步提高政府决策和执行效率，加强项目落地流程再造，推动项目落地提质增效。夯实调查研究基本功，使政府工作更加符合科学规律、顺应群众期盼。推行重点工作奖评通报，对表现突出、实绩明显的集体和个人给予表彰嘉奖，强化基层抓落实的压力和动力，让全区想干事、敢干事、干成事氛围更加浓厚。

把廉政建设作为根本保障。坚决贯彻全面从严治党要求，压实政府系统党委（党组）主体责任，严格落实中央八项规定精神和省市区有关规定，抓牢抓实巡视巡察反馈问题整改，扎实开展民生领域专项整治，做实做细以案促改、以案促治，驰而不息纠"四风"树新风。强化审计监督和统计监督，坚持政府过"紧日子"，节俭办事，坚决整治不正之风和腐败问题，维护好清正廉洁的政府形象。

各位代表！东方欲晓，莫道君行早！让我们更加紧密地团结在以习近平同志为核心的中共中央周围，在区委的坚强领导下，与全区人民一道，闯出一条康庄大道，拼出一域别样精彩，奋力谱写新时代沿滩高质量跨越发展新篇章！

名词解释

1. 三最：历史同期最高的极端高温、历史同期最少的降水量、历史同期最高的电力负荷。

2. "1+5"片区："1"即沿滩高新技术产业园区，"5"即沿滩新城、沿滩城区、仙市片区、邓太片区、乡村振兴示范片区。

3. 政企"畅聊早餐会"：通过区委、区政府有关领导间周邀请企业负责人共进早餐，搭建起政企沟通交流平台，实现问题清单式解决、政企常态化良性互动。

4. 政策保姆：从行业部门、企业服务中心、高端人才储备库等熟悉政策人员中挑选精干力量，提供"一站式"知识产权、税务、医保、社保、审批、物流代办、法律咨询等35个政策项目服务，主动研究各级惠企政策，精准匹配市场主体情况，在自主申报的基础上做到重点企业、重点项目实时跟踪服务，协助民营经济市场主体做好政策申报、项目审核、资金兑现等相关工作，实现"政策找企业"。

5. 工业项目"标准地"：在国土空间规划确定的城镇开发边界内具备供地条件的区域，对新建工业项目用地先行完成区域评价、设定控制指标，并实现项目动工开发前所必需的通水、通电、通路、土地平整等基本条件的可出让的国有建设用地。

6. 口袋公园：规模很小的城市开放空间，常呈斑块状散落或隐藏在城市结构中，也称袖珍公园，如小型绿地、小公园、街心花园、社区小型运动场所等。

7. 四化同步：推动新型工业化、信息化、城镇化和农业现代化在时间上同步演进、空间上一体布局、功能上耦合叠加。

8. 五区共兴：推动成都平原、川南、川东北、攀西经济区和川西北生态示范区协同共兴。

9. 四大战略：自贡市委十三届四次全会提出，要坚定不移实施"融圈强极""工业强市""文旅兴市""城乡融合"四大战略。

10. 两市两城：自贡市委十三届四次全会提出，要建设"成渝地区中部崛起先行市""国家工业转型引领高质量发展示范市""独具特色的世界文旅名城""高品质宜居宜业幸福名城"。

11. 六个更好统筹：中央经济工作会议提出，更好统筹疫情防控和经济社会发展、更好统筹经济质的有效提升和量的合理增长、更好统筹供给侧结构性改革和扩大内需、更好统筹经济政策和其他政策、更好统筹国内循环和国际循环、更好统筹当前和长远。

12. 两书一函：约谈通知书、整改通知书和提醒敦促函。

13. 六社联动：社区、社会组织、社会工作者、社区志愿者、社区慈善资源、社区社会企业的联动。

14. 多网合一：将各部门在基层设置的多个网格整合为一个综合网格，依托村（社区）合理划分基本网格单元，统筹网格内党的建设、社会保障、综合治理、应急管理、社会救助等工作。

15. "六清"行动："清风"行动破思想障碍、"清障"行动优体制机制、"清梗"行动强服务指导、"清忧"行动促要素配套、"清滞"行动提服务效能、"清淤"行动筑法治基石。

16. 一会四函一书："一会"即项目所在片区指挥部会议，"四函"即"立项意见函""选址意见函""建设用地意见函""规划意见函"，"一书"即"准予开工通知书"。

17. 免申即享：政府部门通过优化服务、信息共享等方式，让符合称号类、考核认定类等条件的企业，免于申请、无需报送审批材料，就可以享受政策资金"送上门"的服务。

18. "一件事"事项：将多个部门相关联的"单项事"整合为企业和群众视角的"一件事"，推行集成化办理，实现"一件事一次办"。

19. "园八条"：《支持沿滩高新技术产业园区高质量发展的意见》中，提出了8条支持园区发展的具体措施。

20. 碳达峰十大行动：能源绿色低碳转型行动、节能降碳增效行动、工业领域碳达峰行动、城乡建设碳达峰行动、交通运输绿色低碳行动、循环经济助力降碳行动、绿色低碳科技创新行动、碳汇能力巩固提升行动、绿色低碳全民行动、各地区梯次有序碳达峰行动。

政协工作报告

在政协自贡市沿滩区第十届委员会第二次会议上的报告

自贡市沿滩区政协党组书记、主席 王 丽

沿滩区政协党组书记、主席 王丽

各位委员、同志们：

我代表政协自贡市沿滩区第十届委员会常务委员会，向大会报告工作，请予审议。

2022年工作回顾

2022年是喜迎盛会之年。一年来，在中共自贡市沿滩区委的坚强领导下，区政协及其常委会坚定以习近平新时代中国特色社会主义思想为指导，团结带领全区政协委员和社会各界人士，认真学习宣传贯彻中共二十大精神，紧紧围绕"两区一城"奋斗目标，切实履行政治协商、民主监督、参政议政职能，着力推进建言资政和凝聚共识双向发力，充分发挥专门协商机构作用，不断提升服务中心大局的贡献率，新一届政协工作开创了新局面。

一、坚定维护核心、把牢政治方向，政协党的建设迈出新步伐

始终把筑牢对党忠诚思想政治根基摆在首位，以党的创新理论凝心铸魂，毫不动摇坚持和加强党对政协工作的领导，确保政协事业方向正确、行稳致远。

一是坚持党的全面领导。牢牢把握政治方向，始终以习近平新时代中国特色社会主义思想作为政协工作的统领，一以贯之贯彻落实习近平总书记关于加强和改进人民政协工作的重要思想，深刻领悟"两个确立"的决定性意义，增强"四个意识"、坚定"四个自信"、做到"两个维护"。坚定贯彻落实中共中央大政方针，认真落实省委、市委决策部署和区委工作部署，确保与党委同向、同心、同步。自觉服从区委的

坚强领导，扎实开展中央和省委政协工作会议精神落实情况"回头看"工作，协助区委出台《贯彻落实市委关于加强和改进新时代市县政协工作贯彻落实措施任务清单》，为新时代沿滩人民政协事业创新发展提供了坚强保障。政协党组充分发挥把方向、管大局、保落实的领导作用，坚持重大事项、重点工作、重要安排及时向区委请示报告，确保了党的领导贯穿政协工作全过程各方面。

二是不断加强思想引领。健全以政协党组理论学习中心组引领学，主席会议、常委会议集中学，政协机关定期学，委员小组交流学，形成了多形式、多维度的全覆盖学习体系。坚持理论学习"第一议题"制度，积极引领政协干部和政协委员深入学习中共二十大精神、习近平总书记来川视察重要指示精神，及时跟进学习省委十二届二次全会、市委十三届四次全会和区委十三届四次全会精神，团结奋斗的思想认识不断提升。深入推进人民政协理论与实践研究，形成理论研究成果9篇，获省市表扬5篇，人民政协共同思想政治基础的"根"与"魂"更加牢固。

三是持续深化党的建设。党的组织建设更完善，新建政协委员活动综合党委，设立委员活动党支部11个，形成区政协党组、机关党组、功能型党组织、重要会议和重大活动临时党组织的组织体系。建立健全党组成员联系政协常委、党员委员联系党外委员、专委会联系委员活动党支部制度机制，实现了党的组织对党员委员、党的工作对政协委员的"两个全覆盖"。党组织和党员作用发挥更突显，全区政协各级党组织在"有事来协商""双助"活动等重点工作中积极发挥战斗堡垒作用，党员委员在疫情防控、风险防范、重大项目等急难险重工作中发挥了先锋模范作用。认真落实党风廉政建设责任制，高度重视意识形态领域工作，推动全面从严治党向纵深发展。

二、围绕中心大局、积极献计出力，政协工作贡献率实现新提升

始终把"围绕中心、服务大局"作为履职尽责的工作主线，聚焦上级决策部署和地区高质量发展开展政治协商、资政建言，专门协商机构作用得到充分体现。

一是聚力拼经济搞建设。围绕市委、区委"三再"活动，领题开展"沿滩区产城融合发展"等5个课题研究，以产兴城增强产城融合新动能、基础先行高水平推进配套设施建设等建议意见，为区委决策提供了参考。围绕事关区域发展的重大问题、重点项目，开展高新技术企业发展、文旅综合体项目建设等专题视察，提出加大高新技术企业培育引进力度、实施文旅综合体周边建筑风貌塑造等建议意见，被有关方面转化为工作措施。组织住区市政协委员针对卧龙湖大桥建设等重点项目开展调研视察，建言献策。围绕服务重点企业、重点工程建设，政协领导深入自贡永固建材公司、自贡华砂新材料公司等18户企业，帮助企业协调解决了企业用电、融资贷款等问题；56名区政协委员、11名区政协机关干部参加川南城际铁路、自泸大件路等重点工程建设，为全区重大项目、重点工程快速推进贡献了政协力量。

二是聚智"两区一城"建设。紧扣县域经济先进区建设，开展加快打造新型化工产业集群、加快推进食品工业园区建设等课题调研、重点协商、建言献策，《加快打造新型化工产业集群的建议》在市政协大会发言中得到市委领导关注和认可，《高效推进食品工业园建设考察报告》得到区委主要领导肯定性批示。紧扣乡村振兴先进区建设，组织省级现代农业产业园区建设、农文旅融合发展等重点视察、专题协商，提出延伸农产品精深加工产业链、丰富乡村旅游业态等建议意见7条。紧扣产城融合品质城建设，组织沿滩城区产城融合发展、东部新城仙市片区城镇发展等专项视察、议政性协商，提出加强项目培育促进产业集聚、借势引流发展仙市古

镇等一批意见建议吸纳转入工作方案。

三是聚能助力"两个统筹"。协力统筹疫情防控和经济社会发展，开展重点场所疫情防控专题视察、基层公共卫生服务提质增效情况课题调研，提出夯实工作基础、建立健全"医卫"融合发展长效机制等建议意见；认真落实"万名党员干部下基层""党员双报到双服务双报告"活动，组织政协委员和政协机关干部600余人次下沉基层一线，为疫情防控作出积极贡献。助推统筹发展与安全，开展碳达峰碳中和、河湖流域水体保护等提案协商、专题视察，健全完善"双碳"人才培养机制的建议被省政协采用并报全国政协；专题听取沿滩区财政运行情况通报，聚焦难点薄弱点，提出破解沿滩区当前财政困局的建议得到区委主要领导批示，被转化为具体政策措施；开展地质灾害综合整治专项视察、对口协商，提出落实"四早"防控措施、加大地质灾害防治统筹施策等建议意见12条，《地质灾害综合整治视察报告》得到区政府主要领导肯定性批示；政协委员和机关干部积极参与烟花爆竹禁燃禁放、大气污染防治攻坚，釜溪河宋渡大桥断面水体保护，为安全发展、绿色发展作出了贡献。

四是聚识协商民主监督。凝聚共识贯穿民主监督全过程，开展优化营商环境、支持科技创新等民主监督议题协商，提出提升软环境硬实力、提高政策惠及面等30条工作建议，助力区委区政府安排部署落地落实。健全民主评议政府部门工作机制，对区水务局等5个单位开展民主评议，收集反馈17个问题，提出35条工作建议，助推被评议部门履职尽责、改进工作。支持政协委员开展民主监督，16名委员参与行风监督、旁听法检两院案件审理，促进行风建设、助推公正司法。

三、坚持人民至上、厚植为民情怀，协力增进民生福祉取得新成效

始终坚持以人民为中心的思想，聚焦群众关心的热点难点痛点堵点问题，用心用情为民履职尽责，助力提升沿滩人民美好生活的幸福指数。

一是暖心聚情民生关切。围绕教育热点，专题调研落实和推进"双减"工作、高中教育提质增效，提出完善基础教育保障体系、强化学校教育主阵地作用、优化沿滩新城教育资源布局等一批建议意见。围绕就业、养老等难点，开展农民工返乡就业创业、公建民营养老机构建设管理等专题视察、提案办理协商，提出做大做强产业创造更多就业机遇、推动医养结合发展等建议意见14条，为稳定就业、养老服务业规范发展献计献策。围绕未成年人保护痛点，开展重点社情民意专题调研、协商座谈，法治教育纳入教学内容、设立未成年人保护专线和未成年人心理救助专项基金等建议被省政协采用并报全国政协。围绕交通纾解、权益保障等堵点，专题调研城市交通拥堵整治、社区矫正，提出增设公交专用道、完善制度化社会帮教体系等意见建议13条，为交通拥堵治理、创新社区矫正建言献策。

二是积极实践全过程人民民主。深入推进"有事来协商"工作，建成村、社区委员工作室34个，固定＋流动委员议事平台矩阵基本形成，协商议事工作体系不断完善。精准提升协商质量，全年围绕产业发展、基层治理、民生改善等领域，开展常委会议政性协商2次、主席会重点协商4次、"小微协商"24次，提出意见建议106条，推动解决王井镇新民村9组道路硬化、永安镇农业提灌站建设用电等具体问题79个，仙市月合村土地整理、兴隆花卉产业发展等10个案例入选自贡"有事来协商"经典案例，为全市政协协商与基层协商有效衔接提供了沿滩样本，区政协荣获全省"有事来协商"工作先进单位，并在全省作经验交流。

三是"双助"活动聚效促振兴。注重融合添动力，积极推动省市区政协委员联动履职，助力巩固脱贫、助推乡村

振兴，扎实开展领导示范点建设、实践基地打造和带头人培树，形成了"以点带面、示范引领、全员参与、各展所长"生动场景。用心用情增实效，建成示范点6个，委员实践基地8个，开展技能培训2600余人次，帮助脱贫劳动力稳定就业1600余人，助力特色农产品销售550余万元，协调引进项目16个，委员捐款捐物23.8万元，涌现出何焱等12名"双助"带头人，周富全、胡华以"农超直销"模式助农增收等"双助"实绩，被省政协、直播四川等媒体深度报道，沿滩区"双助"活动的做法和成效，得到了省政协主席田向利等省、市领导的高度肯定，区政协荣获全省"双助"活动先进单位。

四、广泛凝聚人心、汇聚奋进力量，大团结大联合开创新局面

始终坚持一致性和多样性统一，最大限度调动一切积极因素，团结一切可以团结的力量，画出新时代最大同心圆，为奋进新征程汇聚强大合力。

一是团结联谊持续巩固。 建立完善政协党组成员联系党外委员、党组成员与党外委员谈心谈话和主席会成员联系民主党派、工商联制度机制，进一步密切同民主党派人士、非公经济人士、新的社会阶层人士的沟通交流，联系走访政协委员和各界人士300余人次，增进了理解、加深了友谊。推行委员联系界别群众制度，扩大社会共识，协助党委政府做好协调关系、理顺情绪、化解矛盾的工作，把更多的人团结在党的周围。大力支持各民主党派、工商联和无党派人士参与政协履职活动，搭建大会发言、界别协商、情况通报等知情明政、参政议政平台，团结奋进的基础愈益巩固。

二是以文化人凝结心灵。 增强文化自信和以文化人并进，制定《政协文化文史五年专项工作规划》，持续开展挖掘和利用本土文化，赓续沿滩文脉。不断丰富政协文化内涵，以"书韵闻香、文韵生香"为主题，编印《追寻红色足迹，再现沿滩记忆》本土红色书籍，举办"颂伟业喜迎二十大，守初心翰墨绘新篇"书画展等文化艺术系列活动6场，创树"因盐说画""墨香政协""笔尖寻迹""追忆盐道"四个工作品牌；积极开展"关爱留守儿童，文化助推乡村振兴"等政协委员送文化、送艺术下乡活动，扛起了以史育人、以文化人、以艺通心的责任担当。

三是宣传交流扩大共识。 对外讲好沿滩故事，积极争取省市政协莅区调研指导沿滩经济发展和政协工作，全力扮好政协角色，为沿滩对上争取添柴加薪；重庆黔江、广西贺州、贵州遵义、乐山犍为等17个异地政协来区工作交流，积极做好沿滩发展的宣传者、沿滩对外交流的牵线人。对内讲好沿滩故事，组织委员视察园区发展、城市建设等发展成效，坚定发展信心，增强投身沿滩建设的使命感和责任感。多元多维讲好政协故事，在四川政协报、自贡电视台等省市媒体，刊载政协工作、委员事迹120余篇，传递了政协声音、展现了委员风采。

五、坚持立梁架柱、固本强基，政协自身建设实现新提升

始终把加强专门协商机构自身建设作为高质量履职的重要保障，持之以恒、多措并举强化制度建设和队伍建设，努力作出新时代人民政协新样子。

一是不断夯实履职基础。 贯彻新时代政协工作新要求，建立政协专门委员会通则、提案工作规则等8个制度，完善政协全体会议、常务委员会议工作规则等7个制度，以制度的执行落实推动政协履职规范化制度化程序化进程。守正创新增效能，结合沿滩政协工作实际，创新推行提案质量和提案办理质量双向评议，出台加强和改进调查研究工作、委员履职考核、激励保障等工作体系，推动提案办理、调研视察、理论研究、反映社情民意等经常性、基础性工作实现了量质齐升。

二是厚植"书香政协"底蕴。 丰富书香政协建设载体，

搭建"政协书房""委员书吧"和微信公众号、委员读书群等23个线上线下学习平台，举办"政协讲堂"，组织"人人都来讲政协""委员诵读"等主题读书活动，全年向委员推荐赠阅书目30余套。拓展委员读书内涵，举办"踔厉奋发新征程，笃行建功新时代"委员诵读活动等12场主题活动，委员分享读书心得200余篇，涌现出了张晓娟等全市政协优秀领读员，促进了委员和政协干部在学习交流中感悟思想伟力、汲取奋进力量，实现了学习与履职齐头并进、读书与实践相得益彰。

三是不断激发履职活力。 委员争先履责担当，主动自我学习、积极参加培训，持续提升自身综合素质和履职能力，在围绕中心服务大局和持续关注民生中，提出集体提案3件、委员提案95件，反映社情民意信息106篇、省市采用4篇；积极投身"委员建功引领"行动，在自身岗位和委员履职中奉献"双岗位"、争当先进典型，最美"逆行者"晏易容、"农村致富带头人"龚全昌等27名委员荣获区级以上表彰，展现了新时代政协委员风采。政协干部务实作为，在调查研究、服务委员、联系群众等实践中，创新履职、增长才干，保持政协干部担当实干、奋进有为的良好精神风貌。

各位委员、同志们：

2022年，在迎庆中共二十大浓烈氛围中，区政协工作取得了新进展、实现了新突破，开创了新局面。这些成绩的取得，得益于区委的坚强领导，离不开区人大常委会、区政府和社会各界的大力支持，凝结着区政协各参加单位和广大政协委员团结奋斗的智慧和汗水。在此，我谨代表区政协常委会，对大家表示衷心的感谢并致以崇高的敬意！

在总结成绩的同时，也清醒地看到，我们的工作还有一些不足和薄弱环节。主要是：履职能力和水平还需进一步提升，界别委员优势作用还需进一步突显，协商机制和方式还需进一步创新。这些问题，都需要我们在今后工作中切实加以改进。

2023 年工作意见

2023年是全面贯彻中共二十大精神开局之年，区政协及其常委会要坚持以习近平新时代中国特色社会主义思想为指导，全面贯彻落实中共二十大精神，认真落实习近平总书记关于加强和改进人民政协工作的重要思想，坚定拥护"两个确立"，坚决做到"两个维护"，按照省委十二届二次全会、市委十三届四次全会、区委十三届四次全会决策部署，围绕"两区一城"奋斗目标，紧扣实施"开放兴区""工业强区"战略、推进"六大行动"全区中心大局，不断提高政治协商、民主监督、参政议政水平，为中国式现代化引领沿滩现代化建设，奋力谱写沿滩高质量跨越发展新篇章凝聚共识、汇聚合力。

一、贯彻党对政协工作新部署，在巩固共同思想基础上笃信笃行

旗帜鲜明讲政治，坚持以习近平新时代中国特色社会主义思想凝心铸魂，坚决落实党对政协工作的全面领导，不断巩固团结奋斗思想政治根基。

<u>一是坚定以中共二十大精神统一思想、凝聚共识</u>。把学习宣传贯彻中共二十大精神作为首要政治任务，坚持常态化、系统化学习，组织开展中共二十大精神主题研学活动，分期分批开展系统培训、专题宣讲、交流座谈，推动学习领悟往深里走、往心里走、往实里走，切实把思想和行动统一到中共中央决策部署上来。<u>二是坚定把中共二十大的新部署、新要求作为履职主轴</u>。在区委的坚强领导下，充分发挥政协党组作用，立足新方位、新使命，着力加强专门协商机构建设，坚持以制度建设牵引推动效能建设，持续赋能文化文史团结育人，凝聚人心、汇聚力量，以实际行动拥护"两个确立"，增强"四个意识"、坚定"四个自信"、忠诚践行"两个维护"，以实际行动紧跟核

心与党同向、理论武装与党同心、党建引领与党同步，确保沿滩人民政协事业始终沿着正确政治方向前进。

二、把握沿滩发展新方位，在服务高质量跨越式发展上务实作为

深入学习贯彻区委十三届四次全会精神，坚持党政工作推进到哪里，政协力量就跟进到哪里，突出协商主责主业，聚焦区委决策部署精准选题，持续提升政协对中心大局工作的贡献率。围绕经济高质量发展，就建设现代化产业体系、高新技术产业园区发展等重点领域，组织开展加快新型化工千亿级产业发展、产业园区提标提能等调研视察、协商议政，精准建言献策。围绕社会事业高质量发展，就教育卫生、社会保障等重要方面，组织开展沿滩新城教育体系、医疗基础能力、分层分类救助制度等专题视察、协商监督，助推决策部署落地落实。围绕乡村振兴绿色发展，就乡村产业振兴、环境污染防治等热点难点，开展农文旅产业融合发展、农产品质量安全、乡镇污水处理设施运行等课题研究、协商建言，让专门协商机构"专"出特色、"专"出质量、"专"出水平。

三、聚焦履职为民新使命，在助力实现人民美好生活上更有温度

坚持以人民为中心的发展思想，把人民群众的所思所想、急难愁盼作为履职着力点、落脚点。运用提案协商、界别协商等履职方式，聚焦就学、就医、就业等民生问题建言献策；运用基层协商、对口协商等方式，聚焦乡村建设、优化公共服务、群众权益保护等群众福祉建言资政；运用民主评议、民主协商等方式，对区发改局、区科经局、区司法局、区投促局、区人社局贯彻落实党委政府部署要求、依法行政等进行协商式监督；运用社情民意信息、委员直通车等渠道，反映食品药品安全、利民惠民政策落实等群众操心事烦心事揪心事，把人民群众的"表情包"作为政协履职尽责的"风向标"，助力提升广大群众的幸福感、获得感、安全感。

四、深入践行全过程人民民主，在擦亮沿滩民主协商品牌上守正创新

积极探索"发展全过程人民民主政协能做什么、政协在基层能做什么"，不断丰富社会主义协商民主内涵价值和实现形式。持续深耕界别有效发力点，发挥政协搭台作用，支持各民主党派、工商联、无党派人士和社会各界人士开展联合调研、经常交流、参加政协协商，建立健全基层群众有序参与协商制度机制，推动政协协商广泛多层制度化发展。大力推动政协协商向基层延伸，紧跟全区中心重点，建立乡村振兴、工业发展、文旅和城市发展三个政协片区工委，在乡镇、街道建立12个委员联络小组，打通政协协商与基层协商有效衔接的通道。着力浓厚协商民主沿滩特色，创树"沿议堂"有事来协商品牌，采取流动+固定、线上+线下等多种形式，推进"有事来协商"进乡村、进社区、进园区、进企业、进项目，围绕平安沿滩、法治沿滩、集体经济发展等开展一批"小微协商"活动，在发展协商民主中深化共识。

五、把准新时代人民政协新要求，在强化自身建设上持续发力

认真贯彻落实中央和省委、市委、区委关于加强和改进新时代市县政协工作部署要求，聚力破解"两个薄弱"，持续强基固本，不断提升政协工作整体水平。坚持强党建，切实履行主体责任，加强党风廉政建设，坚定不移落实全面从严治党要求。调整优化政协功能型党组织设置，深化"专委会+委员活动小组"党组织活动，更好发挥政协党组织政治功能和党员委员示范引领作用。坚持强管理，以制度机制聚效赋能推行政协常委履职报告制度，健全完善片区工委、委员联络小组运行规范，加强推动"智慧政协""书香政协"建设。坚持强本领，持续推进"两支"队伍建设，常态化加强履职培训，深入开展"委员建功引领"行动，不断增强委员履职能力和履职主动性,激发委员履职活力;加强政协机关干部培养锻炼,传承求真务实优良作风,激发履职合力和干事动力,确保机关服务保障作用更好发挥。

各位委员、同志们:

时代不负追梦者,星光不负赶路人!让我们更加紧密地团结在以习近平同志为核心的中共中央周围,以习近平新时代中国特色社会主义思想为指引,在中共自贡市沿滩区委的坚强领导下,勇毅笃行开新路,踔厉奋发向未来,为奋力谱写沿滩高质量跨越发展新篇章而团结奋斗!

专文

学习贯彻党的二十大精神综述

区委印发《关于认真学习宣传贯彻党的二十大精神的通知》，组织全区宣讲力量进农村、进企业、进校园、进社区，使中共二十大精神深入人心。2022年11月4日区委组织区委理论学习中心组成员，集中学习研讨中共二十大精神，全区各级党组织通过理论学习中心组共计200余次。组织党员县级领导分赴基层一线指导相关单位认真开展中共二十大精神学习宣讲工作，充分发挥好党员领导干部模范引领作用，组建11个区委宣讲分团，分赴各基层一线开展宣讲；区教育体育局、区卫生健康局、区科技和经信局等单位牵头抓好本系统内的宣讲工作；区委宣传部充分发挥区融媒体中心、新时代文明实践中心（站、所）、农民夜校等平台的作用，在沿滩融媒APP等平台开设学习宣传中共二十大专栏，拍摄了一批党的二十大精神理论宣讲微视频，推出了一批反映基层学习宣传中共二十大精神的专题报道；各乡镇（街道）有效运用村村响、公益广告、漫画版画、文艺文化等多种载体，以通俗易懂、喜闻乐见的方式开展形式多样的微宣讲。截至2022年底，通过报告会、互动交流等多种形式，沿滩区累计开展各类宣讲100余场次，直接听众20000余人次。

刘军书记宣讲

学习交流现场

抗击新冠病毒感染疫情综述

常态化防控期间，沿滩区及时调整优化疫情防控指挥部，由区委刘军书记、区政府廖东区长任指挥长，下设8个工作组、5个专班，因时因势调整优化防控举措，不断提高科学精准防控水平。在区委、区政府的坚强领导下，全区坚决扛起疫情防控重大政治责任，用最短时间遏制了辖区散发疫情蔓延势头，下最大决心落实了常态化防控措施，以最实举措守住了隔离点、高铁站等关口，取得了战疫情、促发展的重大成果。储备集中隔离房间1720间，累计集中隔离观察7150人。坚守自贡高铁站555天，排查重点人群1.7万余人。建成核酸检测实验室2个，检测量达3200人/天。认真落实常态化监测，累计检测19.8万余人，环境样本7.9万余份。设置核酸检测采样点115个，改造发热门诊1个、发热诊室14

4月21日，省卫健委、省疾控中心领导调研自贡高铁站监测工作

个。全力推进新冠疫苗接种，累计接种640371剂次，第一剂接种率97.13%，全程接种率115.70%，加强免疫接种率94.26%。培训社会卫生员1230人，指导企业复工复产、学校复学复课，强化灯会复展、九洪西瓜节等重大活动和全区重要会议的防控保障服务。开展不同情景、不同环节、不同流程的应急演练21场次。科学有效处置新冠病毒感染疫情5起。

随着奥密克戎病毒致病性的减弱、疫苗接种的普及、防控经验的积累，继先后印发九版防控方案和诊疗方案之后，国家又出台二十条优化措施和进一步的优化措施"新十条"，2023年1月8日，对新型冠状病毒感染实施"乙类乙管"。

川南新材料基地建设综述

2022年4月1日，自贡川南新材料基地成功认定为全省首批化工园区。沿滩区以此为契机，在市委、市政府和市党工委的坚强领导下，沿滩区坚定实施"工业强市"战略，始终坚持将化工园区建设作为区委、区政府"一号工程"，加快打造千亿级新型化工产业先进园区，取得了较好进展。

一、规划引领，筑牢发展支撑。沿滩区立足于自贡盐卤资源禀赋，充分发挥在盐化工、氟化工等方面的比较优势，结合园区特色，深入分析新型化工园区产业特点，挖掘已入驻园区项目和当前重点招引企业产业链和产品链，在中化蓝天、晨光院和轻工业设计研究院等有关专家指导下，形成了天然气化工产业、氯碱化工产业、电池隔膜产业及中昊晨光化工产业等四个产业链分析报告，确立了以中国中化头部企业为引领，江苏国泰、无锡东恒等新能源"骨干"企业为支撑，打造以盐化工为基础，氟硅材料为主线，新能源材料与精细化工为两翼的特色高端化工新材料制造基地产业发展思路。

二、重推项目，夯实产业基础。一是强化项目招引。沿滩区坚持"靶向发力"，紧密围绕氟化工、新能源材料、天然气化工等产业链大力实施精准招商，狠抓项目落地。坚持"走出去"，由市、区领导多次带队，先后赴北京、上海、江苏、浙江、河南、辽宁等地开展扣门招商，累计"走出去"50余次。围绕"请进来"，通过点对点发"英雄帖"、视频对接云招商方式，累计"请进来"企业考察对接80余批次，高质量举办"江苏国泰年产30万吨锂离子电池电解液和回收2000吨溶剂项目签约仪式""昊华气体西南电子特种气体建设项目签约仪式"等化工招商活动6场，成功签约引进中化昊华、江苏国泰等重大项目10个（其中投资50亿元以上项目1个，10亿元以上项目4个），计划总投资120.52亿元。二是强化项目服务。沿滩区聚焦25个已签约项目早开工、早建成、早投产、早见效，全面推行容缺办理、承诺制、代办服务，并联推进开工手续办理，最大限度缩短审批时限。区委区政府主要负责人每周到项目现场，与业主面对面恳谈交流，创新"一项目一领导一专员"服务模式，推动落地项目快投快建。其中，通过与中昊晨光沟通对接年产2.6万吨高性能有机氟材料项目快推计划清单，并联推进土建工程和装置采购安装，预计为企业节省建设时间1年；为江苏国泰组建专班，落实专人贴心服务，上门办理各类手续，用心解决各项问题，实现签约半日完成公司注册和立项备案，同时，创新区属国有公司代建模式，100日实现签约、拿地、开工。截至目前，中天胜和中建材凯盛一期2个项目已竣工投产，信乙、华砂2个项目已基本完成建设，预计春节后投入试生产，中昊晨光一期、江苏国泰等12个项目建设正稳步推进，中化蓝天、四川友华等9个项目正在加快办理各项前期手续。

三、扩区拓园，提升承载能力。沿滩区始终将扩区拓园工作作为"头等大事"，沿滩区依托国土空间规划和"三区三线"划定，增加自贡川南新材料化工园区开发边界规模至10.01平方公里，新增三类工业项目用地6685亩，为聚千亿新型化工产业、建一流盐氟化工园区奠定了基础、留足了空间。

扩区认定方面，市、区领导带队向对口省直部门汇报争取认定工作30余次，积极争取省市领导和主管部门大力支持，合力推动解决认定中存在的难点、堵点和痛点。同步加速推进扩区要件编制，20项专项规划已完成8项，其余12项均已形成初步成果，待批复，为在省上正式启动化工园区扩区认定时实现首批纳入奠定坚实基础。拓园征拆方面，不等不靠推进拓区土地报征、拆迁平场等，目前已全面完成拓展区一期征地拆迁工作，衔接推进平场施工，拓展区二期2300余亩320栋房屋，已签约277栋，拆除97栋，1717棺材坟墓已搬迁1259棺，已启动拓展区二期土地报征，完成了现场放线和村组界测量、确认等，正在编制成片开发方案、土地勘测定界技术报告等资料。

四、建强配套，完善服务功能。一是完善配套服务。沿滩区坚持"布局一流产业，做强一流支撑"，市、区两级组建运营公司，筹措资金10亿元，对标全国一流园区标准，抓好基础配套。基础建设方面，已完成基础设施一期（道路）工程一标段施工建设，二期工程已完成初步设计及概算、EPC设计施工总承包招标，正在加快推进施工图设计，同步开展创新创业中心平场和兴鑫路软基处理施工；园区道路、事故应急池和排水管一期工程等项目同步进场开工。要素保障方面，10kV架空线已迁改完成，110kV架空线路已完成72座塔基基础施工，完成组塔34基；园区供水主管道铺设已完成20公里，内部供水主管正在进行施工图设计；天然气门站建设已商定西部燃气公司和沿盛公司分别建设；园区供气主管已完成2千米挖沟，预计春节前竣工。二是强化安全环保。不断强化专业监管能力，建立由省级行业知名专家组成的园区专家库，指导服务园区企业规划、设计、施工、竣工、生产等各环节的安全环保工作；以项目建设现场安全检查为重点，对存在的问题系统提出整改建议并跟踪落实，共检查在建工地58次，发现并指导企业整改问题隐患200余条；园区安全环保管理体系更加健全，建立了园区封闭化管理制度并初步实现了园区封闭化管理，构建了园区分级管控和隐患排查治理双重预防机制，督促投产企业构筑起防范安全生产事故的两道"防火墙"。

8月18日国家推进有效投资重要项目协调机制联合工作组和省督导组领导一行莅临川南新材料产业基地，调研基地基础设施配套项目建设

区情概览

政 区

【建置沿革】 沿滩区（原自贡市郊区），成立于1953年，其时辖地为今自流井、贡井、大安所辖部分地域的20个行政乡，即红旗、太平、永胜、三台、天池、黄桷、和平、民乐、新燕、爱国、团结、互助、胜利、世平、永安、新胜、建设、水平、新华、固胜。1959年2月，将分别属于富顺、宜宾两县部分地域划归郊区管辖。1961年7月，将郊区成立之初所划的地域分别划回自流井、贡井、大安3个区。1983年3月，郊区更名为沿滩区，时辖地均是从富顺、宜宾两县划拨的原部分地域。2005年8月1日起将沿滩区所辖的舒坪、仲权、漆树、高峰、农团5个乡镇划入自流井区，将富顺县所辖的仙市、瓦市2镇划入沿滩区。2007年7月1日，将四川省自贡个体私营经济发展园区管理委员会托管给自贡高新技术产业开发区。2019年9月，沿滩区撤刘山乡，将其所属行政区域划归永安镇管辖；撤邓关镇，设立邓关街道；撤卫坪镇，设立卫坪街道；同时对沿滩区的行政村进行调整，调整后沿滩区行政村由154个减少到108个。2022年年末，辖2个街道9镇1乡，行政村调减至92个、社区21个，即辖邓关、卫坪2个街道，沿滩、永安、黄市、联络、富全、王井、兴隆、瓦市、仙市9镇和九洪乡，99个村（其中，托管高新区7个），21个社区（其中，托管高新区6个），1060个村民小组，195个居民小组。

【地理位置】 沿滩区位于四川盆地南部，沱江一级支流釜溪河下游，地处自贡市南部，介于北纬29°23'19"至29°67'53"、东经104°40'42"至105°58'0"之间。东与富顺县相连，西与自流井区毗邻，南与宜宾市交界，北与大安区接壤。沿滩区距自贡市中心13千米，距省会成都220余千米。2022年，辖区面积468平方千米。沿滩区委驻地沿滩镇广场路1号。

【地形地貌】 沿滩区地势西北高，东南低，海拔多在300～400米，最高海拔457.10米，位于富全镇蒲余村的纪灵山；最低海拔256.40米，位于邓关镇下堰坝。全区地貌可划分为三种类型，即缓丘、低丘、中丘。缓丘平坝面积95.68平方公里，占全区土地面积的20.42%；低丘面积299.80平方公里，占全区土地面积的64.00%；中丘面积73.02平方公里，占全区土地面积的15.58%，这种地貌决定了全区土多坡地，田多梯田。

全区12个乡镇街道农业用地54.03万亩，其中，年末耕地32.59万亩（水田16.00万亩，水浇地0.02万亩，旱地16.57万亩）；园地2.20万亩；林地9.75万亩；草地0.37万亩；设施农业用地0.16万亩。建设用地14.74万亩，未利用地1.60万亩。

【行政区划】 2019年9月，沿滩区撤销刘山乡，将其所属行政区域划归永安镇管辖；撤销卫坪镇，设立卫坪街道；撤销邓关镇，设立邓关街道；同时对沿滩区的行政村规模进行调整，调整后沿滩区行政村由154个减少到108个。2022年，全区辖9个镇、1个乡、2个街道，108个行政村、21个社区。即：卫坪街道，辖岩山村、老房村、曾家桥村、蛇金山村4个村及龙湖远达社区、恒大绿洲社区、板仓社区、沿湖社区、锦城社区5个社区；邓关街道，辖黄坡岭村、新塘村、顺昌美村、太源村4个行政村及会仙桥社区、盐业社区2个社区；沿滩镇，辖飞跃村、跃进村、革新村、互助村、团结村、宜民村、人民村、汪坝村、詹井村、田铺村、平安村11个行政村及洪沟社区、升坪街社区、开元路社区、兴元路社区4个社区；王井镇，辖王井村、虾坝村、沱田村、桂花村、曹湾村、黄桷村、新民村、大力村、高石村9个村及王井社区1个社区；九洪乡，辖九洪村、白罗村、三河村、骑龙村、莲花村、张湾村、齐岩村、联合村、石塔山村9个村及九洪社区1个社区；黄市镇，辖红旗村、群英村、丰光村、水井沟村、凤凰村、回龙村、霞光村、双城村及黄镇铺社区1个社区；永安镇，辖红光村、利民村、丰收村、立志村、瓦市村、兴加村、彭石村、双林村、云丰村、柏祥村、云龙村、前进村、新元村13个村及鳌头铺社区、刘家山社区2个社区；兴隆镇，辖舒滩村、光辉村、先锋村、卫星村、留永村5个村及兴隆场社区1个社区；联络镇，辖高滩村、新和村、胡桥村、八一村、中心村、江冲村6个村及周场社区1个社区；富全镇，辖舒安村、蒲余村、新房村、代寺村、大罗村5个村及富全街社区1个社区；仙市镇，辖坳店村、云溪村、五七村、蕉湾村、象山村、上水村、月合村、芭茅村、鱼洞村、箭口村、华丰村、瑜龙村、大岩村、余家村、百胜村、南和村、八斗村、柏树村、狮吼村19个村及仙滩社区1个社区；瓦市镇，辖卫家村、方湾村、永乐村、金沙村、刘山村、华山村、新堂村、大觉村、王家村、沱湾村、沙溪村、合星村、玉吉村、双塘村14个村及瓦宅铺社区1个社区。

人口

【数量与分布】 据2022年全区人口统计年报数据，全区总户数128114户，总人口390377人，男197441人、女192936人。60岁以上人口85992人，占22.03%。

【人口构成】 常住人口390377人，其中非农业人口54415户135983人（其中农村纳入非农业13602户46187人），农业人口73699户254394人。

【人口变迁】 总人口比2021年减少2372人，下降0.61%。非农业人口比2021年增加330人，上升0.24%；农业人口比2021年减少2702人，下降1.06%；出生2183人，比2021年减少363人，下降0.9‰；死亡3858人，比2021年增加1884人，上升4.82‰；出生死亡相抵减少1675人，下降5.74‰；迁入2638人，比2021年减少827人，下降2.08‰；迁出3112人，比2021年减少438人，下降1.09‰；迁入迁出相抵比2021年减少474人，下降0.99‰；出生死亡迁入迁出相抵后比2021年减少2149人。

自然资源

【土地资源】 全区12个乡镇街道农业用地54.03万亩（根据2022年度变更调查"二上"成果数据统计），其中，年末耕地32.59万亩（水田16.00万亩，水浇地0.02万亩，旱地16.57万亩。）；园地2.20万亩；林地9.75万亩；草地0.37万亩；设施农业用地0.16万亩。建设用地14.74万亩，未利用地1.60万亩。

【矿产资源】 辖区内矿藏主要有黄（黑）卤、天然气、砂岩、页岩、石灰岩、河沙等。天然气主要分布于兴隆、永安、富全、邓关、瓦市等地，其他非金属矿主要分布在永安、卫坪、九洪、黄市、联络、富全、仙市、瓦市等乡镇，资源储量1686.75万吨。建筑用砂主要储聚于釜溪河河床，资源储量6万立方米。

【水资源】 全区水资源总量为27961万立方米，比多年平均增加72.0%；人均占有水资源量941立方米，人均水资源量仅占全省人均水资源量3495立方米的26.92%，属水资源严重贫乏地区。全区地表水资源总量为27961万立方米，折合径流深596.1毫米，地下水资源量2880万立方米。

【野生动物资源】 野生动物以鸟类、鱼类为主，以及龟、鳖、野兔等，有红隼、白鹭、猫头鹰、布谷、斑鸠、乌梢蛇、菜花蛇、野鸡、野兔、隼科类等野生动物资源，还曾发现豹猫、果子狸出现的痕迹。

【植物资源】 截至2022年底，沿滩区野生植物有药材60余种。全区林地面积6304.1824公顷，森林面积4515.5388公顷，森林覆盖率15.15%（不含四旁），主要树种有巨桉、香樟、女贞、黄桷树、小叶榕、马尾松、青冈、湿地松、柏木、银杏、香椿、杨树、桂花等。全区有古树17株（均为三级古树），已录入全国古树名木管理系统，其中黄桷树9株、龙眼6株、银杏2株。

气 候

【基本情况】 2022年沿滩城区站总降雨量885.3毫米，比2021年总降雨量1188.7毫米偏少303.4毫米。沿滩城区最大日降雨量发生在汛前4月12日，降雨量108.3毫米。全年降雨天数95天比2021年少7天，主要降雨在4月至5月，降雨量413.2毫米，主汛期6月至8月降雨量247.5毫米。10月至12月降雨量37.2毫米，持续高温40度以上，最高温度达42.1度。沿滩区自8月18日启动4级抗旱响应，于9月5日解除4级抗旱响应。灾害性天气预警信息17次，共出现区域性暴雨天气5次。沱江、釜溪河没有出现超警戒水位，沱江沙溪口最高水位为274.0米，距警戒水位1.5米，釜溪河邓关最高水位263.5米，距警戒水位5.4米，釜溪河9月18日沿滩大桥最高水位为272.40米，距警戒水位3.15米。

【主要天气气候事件】 旱情：6—12月发生了伏旱和冬旱，沿滩城区站降雨量为369.1毫米，比去年同期987.2毫米减少618.1毫米，全区12个乡镇、街道不同程度受灾，其中农作物受旱面积4.9万亩，特旱面积达6495亩。因旱影响正常供水人口4523人、大牲畜4560余头，饮水困难人口1520人，投入抗旱人数14925人，消防等送水500余车次，全区累计投入抗旱队伍17支，干部群众1.5万人，投入各项救灾资金1950万元。灾情：5月至9月汛期，全区12个乡镇（街道）全年共发生四次灾害，分别为"4·11风暴灾害""4·28风暴灾害""8月干旱灾害""9·20洪涝灾害"，共造成32938人受灾，其中紧急转移安置人口56人、紧急转移避险人口161人、房屋一般损坏47户116间。

【空气质量】 2022年，沿滩区环境空气自动站实际监测天数365天，有效监测天数365天。其中：优良天数285天，较2021年（295天）同比减少10天，PM_{10}浓度均值57.4 μg/m³，较2021年（64.8 μg/m³）同比下降11.4%，$PM_{2.5}$浓度均值39.5 μg/m³，较2021年（45.1 μg/m³）同比下降12.4%，臭氧浓度均值为132.0 μg/m³，较2021年（162.8 μg/m³）同比上升18.9%。主要污染物为PM_{10}（18天）、$PM_{2.5}$（115天）、臭氧（143天）。其中：空气质量优级天数89天（较2021年减少25天），占统计天数的

24.4%。良级天数196天（较2021年增加15天），占统计天数的53.7%。轻度污染天数70天（较2021年增加15天），占统计天数的19.2%。中度污染天数10天（较2021年减少1天），占统计天数的2.7%。重度污染天数0天（较2021年减少4天），占统计天数的0.0%。

经济社会发展

【基本情况】 经市统计局核定，全年地区生产总值（GDP）实现256.99亿元，按可比价计算，比2021年增长0.3%。其中，第一产业增加值27.65亿元，同比增长4.4%，第二产业增加值144.61亿元，同比下降1.5%，第三产业增加值84.72亿元，同比增长2%。三次产业结构比重由2021年的10.6∶57.0∶32.0调整为10.7∶56.3∶33.0。

【非公有制经济】 民营经济实现增加值154.5亿元，按可比价计算，同比下降0.4%，占GDP的比重为60.1%。其中，第二产业、第三产业民营经济所占地区生产总值的比重分别为35.3%和22.5%。

【农林牧渔业】 全年实现农林牧渔及服务业总产值41.27亿元，同比增长0.6%。实现农业增加值27.95亿元，同比增长4.4%。全年粮食种植面积2.76万公顷，同比增长1.1%；油料种植面积1.01万公顷，同比增长3.8%；蔬菜及食用菌种植面积1.16万公顷，同比增长5.5%。全年粮食总产量16.22万吨，同比下降3%；油料产量2.55万吨，同比增长4.3%；蔬菜及食用菌产量32.91万吨，同比增长3.5%。全区森林面积4515.5388公顷，森林覆盖率15.15%。全年肉类总产量2.17万吨，同比增长5.7%。其中，猪牛羊肉产量1.25万吨，同比增长9.1%。生猪出栏16.67万头，同比增长6.7%；肉牛出栏0.09万头，同比增长3.9%；肉羊出栏5万只，同比增长2%；家禽出栏292.11万只，同比增长1.2%。全年水产品养殖面积1153公顷，与上年持平，其中池塘养殖861公顷，水库养殖240公顷，河沟养殖52公顷。水产品产量1.55万吨，同比增长3.5%。

【工业】 全年实现工业增加值111.43亿元，同比下降3.6%。年末规模以上工业企业183户，规模以上工业增加值同比下降8.4%；规模以上工业企业营业收入同比下降18.9%；规模以上工业企业利润总额同比下降18.5%；规模以上工业企业利税同比下降22.4%。

【建筑业】 全年实现建筑业增加值33.18亿元，同比增长6.6%，年末资质等级建筑业企业32户，其中，总承包资质等级建筑业企业32个。

【固定资产投资】 全年全社会固定资产投资完成233.51亿元，同比增长13%。全年房地产开发投资完成19.76亿元，同比下降25.5%。商品房屋施工面积97.97万平方米，同比增长1.1%，其中，住宅施工面积63.79万平方米，同比下降11.5%。商品房新开工面积24.71万平方米，同比下降56.1%。商品房销售面积31.78万平方米，同比下降26.3%，其中，住宅销售面积11.38万平方米，同比下降70.1%。

【交通】 全区年末境内公路总里程1124公里。其中，高速公路里程53公里，一级至四级公路1071公里。年末客运营运车辆81辆，公路客运周转量3261万人公里，年末货运营运车辆964辆，公路货运周转量56142万吨公里。

【贸易】 全年实现社会消费品零售总额67.26亿元，同比增长2.3%。实现限上社会消费品零售总额12.04亿元，限上占比17.9%。全年进出口总额实现11848万元，其中，出口总额实现10233万元。

【财政】 全年实现财政总收入14.06亿元，同比增长25.9%。地方一般公共预算收入实现6.32亿元，同口径增长14.6%，其中，税收性收入1.53亿元，同比下降32.7%。全年实现财政总支出32.44亿元，同比下降2.5%。全区一般公共预算支出19.82亿元，同比增长3.1%，其中，一般公共服务支出2.86亿元，同比增长18.3%；教育支出3.57亿元，同比增长2.1%；节能环保支出0.32亿元，同比下降29.6%；文化体育与传媒支出0.07亿元，同比下降57.8%；农林水支出2.54亿元，同比增长1.1%；卫生健康支出2.04亿元，同比下降21.7%。

【税 收】 全年实现税收收入4.67亿元，同比下降32.6%。其中，内资企业实现税收收入3.97亿元，同比下降34.7%；外商投资企业实现税收收入0.06亿元，同比增长3.9%；个体经营实现税收收入0.07亿元，同比下降45.4%。第三产业税收完成1.69亿元，同比下降43%。

【教 育】 全区公办学校共计29所，在校学生34873人。其中，小学12所，在校学生16296人，专任教师1077人；普通中学15所，在校学生10837人，专任教师755人；中等职业学校1所，在校学生人数7609人；特殊教育学校1所，在校学生131人，专任教师10人。

【科 技】 全区科技型中小企业33户，高新技术企业11户，科技项目26项，全年授权专利603件。

【卫 生】 全区现有医疗卫生机构154个。其中，区级医疗卫生机构2个，疾控中心1个，乡镇卫生院10个，街道社区卫生服务中心2个，行政村卫生室92个，个体诊所46个，村卫生室195个。医疗卫生机构床位1314张，医疗卫生机构人员1600人。全区传染病发病率为427.09人次/10万人，孕产妇死亡率为0人/10万人，婴儿死亡率为1.75‰。

【文 化】 举办文化惠民演出和群众文化展演100余次，开展送文化下乡活动16次。全区广播电视覆盖人口约39.3万人，互联网和广播电视网络实现全覆盖。

【体 育】 举办区级各种赛事3场次。新增全民健身路径13条，参加体育人口11.9万人。

【旅游业】 举办乡村旅游系列活动12场，"信步沿滩·美过周末"成为全市乡村旅游的重要名片。全区全年累计接待游客510.5万人次，实现旅游综合收入41.57亿元。

【环境保护】 城区生活垃圾无害化处理率为100%；环境空气质量达标率为78.1%；城镇饮用水源达标率100%；城区环境空气优良天数285天；PM_{10}浓度均值57.4 μg/m³，比2021年下降11.4%；$PM_{2.5}$浓度均值39.5 μg/m³，比2021年下降12.4%。

【安全生产】 全年发生各类生产安全事故1起，死亡人数1人。其中，建筑施工生产事故1起，死亡1人，受伤0人；全年未发生较大及以上生产安全事故。

【人民生活】 全年城乡居民人均可支配收入29914元，同比增长5.1%。其中，城镇居民人均可支配收入41707元，同比增长4.2%，人均消费性支出24399元，同比增长3%；农村居民人均可支配收入21715元，同比增长6.1%，人均消费性支出17070元，同比增长4.3%。

【社会保障】 失业保险参保单位763个，失业保险参保人数12463人。年末城镇登记失业人员数2081人，城镇登记失业率为3.7%。城镇新增就业3786人，同比下降7.1%，城镇失业人员再就业1281人，同比增长19.3%，就业困难人员再就业385人，同比增长1.3%。全区基本医疗保险参保人数316459人，同比下降6.1%，其中，城镇职工基本医疗保险参保人数17971人，同比增长

4.6%，城乡居民基本医疗保险参保人数298488人，同比下降6.7%。基本养老保险参保人数220991人，同比下降1.3%，其中，城镇职工（含个体）基本养老保险参保人数61695人，同比增长7.8%，机关事业单位养老保险7254人，同比下降0.9%，城乡居民基本养老保险参保人数164556人，同比增长0.05%。工伤保险参保人数16959人。安置房、公租房等保障性住房施工面积4.24万平方米，其中公共租赁住房808户、面积4.24万平方米。

大事记

1月

2日,区委副书记、区长廖东率队在邓关街道督导检查安全生产工作。区政府办公室、区住房和城乡建设局、区应急管理局主要负责人参加督导。

5日,沿滩区"迎新春——盐运文化书法作品展"开幕式在政协卫坪街道片区工委举行。区委书记刘军出席并宣布开幕。区政协党组书记、主席王丽出席活动。

6日,区委副书记、区长廖东带队在沿滩镇、卫坪街道农贸市场、商超、药店、酒店、项目工地等重点区域,调研疫情防控、安全生产、环境保护、项目建设等重点工作落实情况并召开座谈会。

9日,沿滩区召开"2022年安委会第一次全体(扩大)会议暨今冬明春安全工作部署会",通报近期安全生产形势,安排部署各领域安全生产工作。区委副书记、区长廖东出席会议并讲话,区委常委、常务副区长曾柯主持会议。

10日,市政协副主席杨玉康在沿滩区,调研指导工业发展、农村疫情防控、巩固脱贫攻坚成果同乡村振兴有效衔接等工作。市政协农业农村委主任李泽贵参加调研。区委书记刘军,区政协党组书记、主席王丽陪同调研。

11日,沿滩区召开根治欠薪工作专题会,通报区内欠薪项目排查情况,安排部署春节前根治欠薪重点工作。区委副书记、区长廖东主持会议并讲话。

12日,沿滩区2021年度乡镇(街道)党(工)委书记和区级部门(单位)党组(党委)书记抓基层党建工作述职评议会召开。区委书记刘军主持会议并讲话,市委组织部副部长曾平到会指导。区委副书记、区长廖东,区人大常委会党组书记、主任杨兵,区政协党组书记、主席王丽出席会议。是日,西南(自贡)食品产业园招商引资推介会在沿滩高新技术产业园区举行。现场集中签订5个项目,为聚力再造产业自贡,走出转型升级新路,加快建设新时代深化改革扩大开放示范城市赋能。

18日,沿滩区召开全区党史学习教育总结会议,区委书记刘军出席会议并讲话。市委第一巡回指导组有关同志到会指导。区委常委,区人大常委会、区政府、区政协党员县级领导,区法院院长、区检察院检察长,各乡镇(街道)党(工)委书记,区级各部门、辖区内有关企事业单位主要负责同志参加。

21日,沿滩区举办"万企兴万村"行动启动仪式暨招商引资推介会。市工商联主席、市总商会会长杨荣春出席活动并讲话。区委书记刘军出席活动并致辞。区人大常委会主任杨兵,区政协主席王丽出席活动。区委副书记王红军主持活动。

25日,沿滩区召开建筑业

总部经济招商招才座谈会。区委书记刘军出席会议并致辞。区人大常委会主任杨兵，区政协主席王丽出席会议。区委副书记王红军主持会议。

27日，沿滩区召开2022年武装工作会议，深入学习贯彻习近平新时代中国特色社会主义思想和习近平强军思想，传达学习自贡军分区党委十三届十次全体（扩大）会议精神和市委书记范波在区（县）人武部党委第一书记党管武装工作述职会议上的讲话精神，听取各乡镇（街道）党委（党工委）书记作党管武装工作述职，总结2021年工作，安排部署2022年工作。区委书记、区人武部党委第一书记刘军出席会议并讲话。区人武部部长滕建军主持会议。

28日，中共自贡市沿滩区委召开十三届三次全会，学习贯彻中共十九届六中全会和中央经济工作会议精神，落实省委十一届十次全会、省委经济工作会议和市委十三届二次全会暨市委经济工作会议部署，巩固党史学习教育成果，激励广大党员干部在狠抓落实担当作为中走在前列，深入研究加快绿色低碳优势产业高质量发展服务生态文明城市建设相关事项，安排部署2022年经济工作。

29日，在新春佳节即将到来之际，区委书记、区人武部党委第一书记刘军，区委副书记、区长廖东，区人大常委会主任杨兵，区政协主席王丽在区人武部、驻沿滩武警部队和消防救援大队走访慰问，向人武部官兵、民兵预备役人员和驻沿滩武警官兵、消防救援指战员致以节日的问候和新春的祝福。

30日，区委书记刘军在仙市古镇盐帮客栈、渡船码头、古镇景区督导节前安全生产和疫情防控等工作。区领导何勇，区委办公室、区卫生健康局等部门相关负责人参加。

31日，区委副书记、区长廖东主持召开沿滩区2022年春节重点时段工作动员大会，对全区春节期间禁燃禁放、疫情防控、安全生产、森林防灭火、社会稳定等工作再安排、再部署、再落实。区委副书记王红军出席会议。

2月

7日，沿滩区召开2022年经济工作推进部署会暨争创全省县域经济发展先进区工作推进会，传达学习中央、省市委和区委经济工作会议精神，对2022年具体经济工作进行安排部署。区委副书记、区长廖东出席会议并讲话。

8日，区委书记刘军率队在沿滩高新技术产业园区调研园区建设、企业生产等工作并主持召开座谈会。区委副书记王红军参加调研。

10日，区委书记刘军率队调研产城融合品质城建设情况。区领导曾柯、何勇、漆智勇，相关乡镇（街道）、区级部门主要负责人参加调研。

是日，沿滩区召开帮扶力量管理服务综合党委成立大会暨第一书记、到村任职选调生晒业绩述职评测会。区委常委、组织部部长陈永航出席会议。

是日，区委书记刘军率队在永安镇丰收村、相关农业龙头企业开展乡村振兴重点工作调研。区领导覃建波、何勇、杨文，相关区级部门和永安镇主要负责人参加调研。

11日，沿滩区召开"盐都未来工程"推进情况调研座谈会，全区各学校负责人参加座谈。区委书记刘军出席会议并讲话。

14日，沿滩区召开2022年项目投资工作专题推进会，分析研判经济形势，研究部署下步工作。区委副书记、区长廖东出席会议并讲话。

15日，中国共产党自贡市沿滩区第十三届纪律检查委员会第二次全体会议举行，区委书记刘军出席会议并讲话。区委副书记、区长廖东，区人大常委会主任杨兵，区政协主席王丽出席会议。

17日，区委书记刘军率队在自贡东部新城沿滩片区，调研督导城市发展规划、生态环境保护、要素服务保障等重点工作，对加快推动东部新城沿滩片区各项重点工作进行再安排、再部署。

23日，沿滩区召开十三届区委第一轮巡察工作动员部署会，学习贯彻习近平总书记关于巡视工作的重要论述，安排首轮巡察各项工作，动员部署未来五年巡察工作。区委书记、区委巡察工作领导小组组长刘军出席会议并讲话。区委常委、区纪委书记、区委巡察工作领导小组常务副组长宋筱茜主持会议。

28日，沿滩区召开川南新材料产业基地落地项目座谈会，对项目建设工作再安排、再部署、再落实。区委副书记、区长廖东出席会议并讲话。区委副书记、沿滩高新技术产业园区党工委书记王红军主持会议。

3月

1日，区委书记刘军在区信访局接待群众来访，并实地调研信访工作开展情况，并在区委政法委会议室主持召开调研座谈会。

是日，区委书记刘军率队在王井镇、永安镇、黄市镇调研春耕备耕和城乡供水一体化项目建设情况。

3日，市委办公室二级巡视员赖平率队在沿滩区调研主要经济指标"开门红"目标任务执行情况并主持召开座谈会，听取目标绩效考评工作的意见建议。市统计局局长祁向东，市委目标绩效办副主任李忠文，市经济和信息化局总经济师潘树勇等参加调研。区委书记刘军，区委副书记、区长廖东，区委副书记王红军参加。

7日，区委书记刘军，区委副书记、区长廖东，区人大常委会主任杨兵，区政协主席王丽分别带队走访慰问基层一线女职工，向她们致以节日问候和美好祝福。区委副书记王红军参加活动。

8日，区委书记刘军在各民主党派沿滩区（总）支部以及区委统战部、团区委、区工商联调研活动阵地建设情况，并主持召开座谈会。

10日，四川轻化工大学与沿滩高新技术产业园区党建战略合作协议签约仪式暨川南新材料产业基地项目工作组临时党委成立大会在沿滩科技孵化园国际会议厅举行。四川轻化工大学党委常委、副校长高小林，市委组织部副部长曾平，区委书记刘军出席并分别讲话。四川轻化工大学党委常委、组织部长陈一君，区委副书记、沿滩高新技术产业园区党工委书记王红军参加活动。

11日，区委书记刘军，区委副书记、区长廖东，区人大常委会主任杨兵，区政协主席王丽等区领导在沿滩镇詹井村，与广大干部职工一起参加义务植树暨林长制宣传活动。

14日，沿滩区召开对外开放领导小组暨工业发展领导小组2022年第一次会议，贯彻落实中央和省委、市委、区委经济工作会议精神，围绕"开放兴区"战略和"工业强区"战略，安排部署2022年重点工作及目标任务。区委书记刘军出席会议并讲话。区委副书记、区长廖东主持会议。区委副书记王红军出席会议。

17日，沿滩区委理论学习中心组召开粮食安全耕地保护专题学习会，区委书记刘军主持会议并讲话。区人大常委会主任杨兵，区政协主席王丽参加学习。

是日，沿滩区人大常委会召开2022年乡镇（街道）人大工作会议，传达学习习近平总书记在中央人大工作会议上的重要讲话和全国两会精神，听取各乡镇（街道）人大工作情况汇报，安排部署2022年乡镇（街道）人大工作。区人大常委会党组书记、主任杨兵出席会议并讲话。

22日，沿滩区召开年轻干部座谈会暨导师结对帮带工作会，学习贯彻习近平总书记在2022年春季学期中青班开班式上的重要讲话精神，安排部署领导干部结对帮带年轻干部人才工作。区委书记刘军出席会议并讲话。区人大常委会主任杨兵出席会议。区委副书记王红军主持会议。

23日，沿滩区召开重点片区工作及重大项目现场拉练汇报会。区委书记刘军出席会议并讲话。区委副书记、区长廖东主持会议。区人大常委会主任杨兵，区政协主席王丽，区委副书记王红军参加会议。

25日，沿滩区与四川轻化工大学2022年校地合作座谈会召开，就进一步深化校地合作进行交流。

27日，沿滩区召开森林防灭火暨烟花爆竹禁燃禁放工作会，贯彻落实省委、省政府对森林防灭火专项整治"回头看"工作决策部署及市委、市政府工作安排，安排部署近期全区森林防灭火和烟花爆竹禁燃禁放重点工作。区委书记刘军出席会议并讲话。

29日，沿滩区借助线上平台与江苏无锡一家企业召开项目合作视频对接会。会上，区委副书记、区长廖东与企业主要负责人围绕项目规划、商务条件、合作计划等方面进行对接交流，达成重要合作共识。

31日，沿滩区红十字会第五次会员代表大会在沿滩高新技术产业园区四楼国际会议厅召开。市红十字会常务副会长张文圣出席会议。区委常委、统战部部长、区总工会主席王揖辉主持会议。

是日，沿滩区举行县处级领导干部和乡科级主要负责同志读书班，区委书记刘军主持结业式并讲话。

是日，沿滩区委农村工作会议召开，区委书记刘军出席会议并讲话。区委副书记王红军主持会议。

4月

1日，四川省经济和信息化厅等6部门公布了四川省首批6个化工园区名单，自贡川南新材料化工园区榜上有名。

是日，西南（自贡）食品产业技术研究院揭牌仪式暨食品产业项目人才对接会在沿滩科技孵化园国际会议厅举行，省农业科学院院长牟锦毅，省农业科学院副院长张雄，省经济合作局经济合作三处二级调研员张绍刚出席仪式。市委常委、常务副市长肖冰东出席仪式并致辞。区委书记刘军出席仪式。区委副书记王红军主持仪式。

2日，区委书记刘军主持召开全区2022年安委会第三次全体（扩大）会议暨疫情防控、生态环境保护工作会，总结第一季度全区安全生产工作，分析当前面临的形势和问题，安排部署近期及第二季度相关重点工作。

3日，区委书记刘军率队在王井镇、邓关街道督导清明节期间疫情防控、森林防灭火等重点工作。

4日，区委副书记、区长廖东主持召开区政府常务会，传达学习习近平总书记关于安全生产工作的重要指示批示精神和国务院安全生产工作"15条硬措施"及有关会议精神，研究部署近期全区疫情防控、森林防灭火、安全生产等重点工作。

7日，区人大常委会主任杨兵率队在富全镇蒲余村高标农田区、稻米核心区、李子产业基地、高荣种养殖场鸡粪处理厂、康康木业木制品产业园区等地，调研农业生产、产业发展、基层治理等情况。

11日，区委书记刘军邀请辖区5家企业开展"企业畅聊早餐会"，面对面畅谈交流收集企业发展中存在的困难和问题。

15日，沿滩区投资促进局在沿滩高新技术产业园区一楼举行挂牌仪式，区委副书记、沿滩高新技术产业园区党工委书记王红军出席仪式。

是日，沿滩区在区委文体广场开展"4·15"全民国家安全教育日集中宣传活动，相关工作人员为群众讲解普及国家安全知识和相关法律法规。

18日，省委书记彭清华在沿滩区永安镇实地了解大春生产、耕地保护、乡村国土空间规划编制及疫情防控等工作。省领导王一宏、罗强，省直有关部门负责同志参加调研。

20日，区委召开常委会会议，传达学习省委书记彭清华到市调研指示精神并研究贯彻落实意见。

21日，省科技厅副厅长田云辉一行调研沿滩高新技术产业园区抓项目促投资稳增长工作。省科技厅重大专项处处长游晓峰，省科技厅社会发展科技处处长胡钢参加调研。市委常委、副市长王磊，市科技局局长朱柱，区委书记刘军陪同调研。

22日，区人大常委会主任杨兵率全体班子成员在永安镇开展主任接待代表日活动，面对面听取代表们的意见和建议，协调推进解决相关问题。

是日，中江县委常委、副县长邱先铁率队在沿滩区考察调研自贡川南新材料化工园区成功创建全省首批化工园区情况。区委副书记、沿滩高新技术产业园区党工委书记王红军陪同调研。

22日，围绕"喜迎二十大·一起向未来"主题，沿滩区启动全民阅读活动暨区公共图书馆、"方志驿站"开馆活动。市地方志办党组书记陈思禄，市文化广电旅游局副局长余勇，区领导覃建波、曾柯，区级相关部门负责人参加活动。

25日，沿滩区召开"五一"期间安全生产等重点工作安排部署暨疫情防控领导小组（扩大）会议，学习贯彻省委书记王晓晖调研省疾控中心、省卫生健康委并主持召开疫情防控工作专题会议以及市应对新冠肺炎疫情工作领导小组（扩大）会议精神，并对"五一"节期间安全生产等重点工作进行深入安排部署。区委书记刘军主持会议并讲话。

30日，区委书记刘军率队在富全镇、联络镇、九洪乡、王井镇督导"五一"期间疫情防控、安全生产、森林防灭火、秸秆禁烧等重点工作，并看望慰问节日期间坚守岗位的一线工作人员。

5月

1日，沿滩区召开居民自建房安全专项整治工作会议，区委书记刘军主持会议并讲话。区领导曾柯、陈永航、漆智勇，区级相关部门、各乡镇（街道）主要负责同志参加会议。

3—4日，区委副书记、区长廖东率队督导"五一"期间疫情防控、安全生产、森林防灭火等重点工作，看望慰问"五一"期间奋战在一线的工作人员。

5日，沿滩区召开争创全省县域经济发展先进区工作推进会，对争创全省县域经济发展先进区工作进行再安排再部署。区委副书记、区长廖东出席会议并讲话。区委副书记、沿滩高新技术产业园区党工委书记王红军主持会议。

6日，沿滩区召开沿滩高新技术产业园区重点工作推进会，调度园区重点工作落实情况，查找分析项目推进过程中存在的问题，安排部署当前的重点工作。区委副书记、区长廖东出席会议并讲话。区委副书记、沿滩高新技术产业园区党工委书记王红军出席会议并作工作安排。

7日，区委人才工作会议暨区委人才工作领导小组2022年第一次（扩大）会议在区委礼堂召开，区委书记、区委人才工作领导小组组长刘军主持会议并讲话。

9日，沿滩区2021年提拔科级领导干部党风廉政建设专题研修班开班。此次培训为期1天半，采取"政治学习＋现场教学""座谈交流＋廉政测试"的形式进行。

10日，沿滩区召开地质灾害及危崖危坎等安全隐患排查整治工作专题会，安排部署地质灾害等安全隐患再排查再整改再防范工作。区委副书记、区长廖东出席会议并讲话。

13日，由省委依法治省办、省委宣传部、司法厅、民政厅、人力资源社会保障厅、农业农村厅、省乡村振兴局联合主办的四川省第二届民法典走进乡村（社区）"三个一百"主题宣讲集中示范活动在自贡市沿滩区黄市镇丰光村举行。

15日，区委书记刘军在兴隆镇、永安镇督导调研地质灾害防治工作。区委常委、办公室主任何勇，兴隆镇、永安镇、区自然资源局、区应急管理局主要负责人参加督导。

17日，沿滩区政府召开第五次廉政工作会议，贯彻中央和省市区纪委全会精神，落实国务院和省、市政府廉政工作会议要求，安排部署全区政府系统党风廉政建设和反腐败工作。区委副书记、区长廖东出席会议并讲话。

是日，沿滩区召开学习贯彻习近平总书记在庆祝中国共产主义青年团成立100周年大会上的重要讲话精神座谈会，区委书记刘军出席座谈会并讲话。

19日，区委副书记、区长廖东主持召开沿滩区再细化再落实安全工作部署会，对安全生产工作进行了再强调、再部署、再推动，要求各项工作再细化、再落实、再提升。区领导曾柯、漆智勇、杨文，各乡镇（街道）、相关区级部门主要负责人，沿滩高新技术产业园区管委会相关负责人参加。

20日，区政协主席王丽率队在区检察院开展"未成年人保护工作"专题调研。

21日，区委副书记、区长廖东带队先后在黄市镇、自贡川南新材料化工园区、沿滩镇、邓关街道督导检查安全生产、疫情防控等重点工作。副区长杨文，区政府办公室、区应急管理局、区消防救援大队，相关乡镇（街道）主要负责同志参加。

24日，沿滩区召开重点时段安全稳定、防汛抗旱、地灾防治、疫情防控等重点工作调度会，复盘国务院安委会综合检查组莅市检查情况，安排部署相关重点工作。区委副书记、区长廖东出席会议并讲话。

25日，沿滩区召开2022年上半年经济工作暨财政运行管理工作会议，贯彻落实中央和省市关于经济工作的各项决策部署，对全区上半年经济工作完成情况进行盘点，分析研究当前全区经济形势，并安排部署下步工作。区委副书记、区长廖东主持会议并讲话。

30日，区委副书记、区长廖东在区教育考试中心调研督导"两考"备考工作，并看望慰问辛勤奋战在备考一线的工作人员。

6月

2日，沿滩区贯彻落实稳经济33项措施工作推进会暨安全生产、疫情防控工作会议在区政府八楼会议室召开。区委副书记、区长廖东主持会议并讲话。

是日，市委书记范波在沿滩区调研督导中国中化川南新材料产业基地项目推进情况并主持召开推进现场会，对项目建设工作再安排、再部署。市级相关部门以及沿滩区主要负责同志参加。

3日，区委书记刘军在基层一线检查工作并传达学习省第十二次党代会精神，督导端午假期疫情防控、安全生产等重点工作，并向节日期间坚守岗位的一线干部职工致以节日问候。

4日，第十届自贡·九洪西瓜节开幕。市政协原主席、市扶贫"两会"咨询委委员梁国定，市政协原副主席、市扶贫"两会"党委书记、会长钟长安，区委书记刘军，区委副书记、区长廖东出席活动。

6日，沿滩区召开专题会议，传达学习市委书记范波调研川南新材料产业基地指示精神并研究贯彻落实举措。区委书记刘军出席会议并讲话。区委副书记、区长廖东主持会议。区委副书记、沿滩高新技术产业园区党工委书记王红军出席会议。

7日，区委副书记、区长廖东在邓关街道、沿滩镇调研督导釜溪河流域沿滩段水质达标攻坚行动。副区长杨文参加。

8日，区人大常委会主任杨兵率队在沿滩镇兴元路社区、人民村、宜民村调研村级集体经济、项目建设等工作开展情况。区人大常委会副主任黄远明，区人大常委会办公室、区人大社会建设委负责人参加调研。

11日，十三届区委常委会召开第37次会议，传达学习近平总书记来川视察重要指示精神并研究贯彻落实措施。

是日，沿滩区川南新材料产业基地建设指挥部第一次全体会议在区委礼堂召开。区委书记刘军出席会议并讲话。区委副书记、区长廖东主持会议。区委副书记、沿滩高新技术产业园区党工委书记王红军出席会议。

是日，沿滩区召开第十三届区委常委会第37次会议，传达学习习近平总书记来川视察重要指示精神并研究贯彻落实措施。区委书记刘军主持会议并讲话。

15日，沿滩区中西医结合医院开诊暨自贡市中医医院紧密型医联体签约仪式在沿滩区中西医结合医院举行，市政府副秘书长、市卫健委党委书记黄晓春，市中医医院党委书记陈彬，市中医医院院长邓昭红，区委书记刘军，区委副书记、区长廖东，区政协主席王丽出席仪式。

是日，沿滩区卫健局通过省级健康促进区评估验收。

16日，区委副书记、区长廖东带队在邓关街道石夹口道路交通安全事故现场，指导事故救援和处置工作，并现场对全区面上举一反三抓好道路交通安全进行安排部署。副区长邓勇参加。

是日，市政协组织在沿滩区永安镇召开全市"有事来协商"工作现场推进会，推进自贡市"有事来协商"工作。市政协副主席倪勇参加现场推进会。

20日，区委书记刘军带队在邓关街道调研督导邓太片区重大项目推进工作，并主持召开调研座谈会。区领导曾柯、何勇、漆智勇、张杰，相关区级部门主要负责人，邓关街道党工委书记、街道办事处主任，邓太片区开发建设工作专班相关负责人参加。

21日，自贡市沿滩区人民政府与江苏国泰集团张家港市国泰华荣化工新材料有限公司签署年产30万吨锂离子电池电解液和回收2000吨溶剂项目建设协议。

22日，沿滩区召开2022年半年财政收支运行调度会议，传达学习全市财政运行调度会议精神，听取全区上半年财政运行情况，研究当前存在的困难和问题，安排部署下步工作。区委副书记、区长廖东出席会议并讲话。

23日，市委书记范波在富顺县和沿滩区调研督导稳增长、疫情防控和安全生产工作情况。市领导肖冰东，市级有关部门和有关区县主要负责同志参加调研。

是日，市委书记范波率队在沿滩区调研督导全国文明城市创建成果巩固提升工作。市领导肖冰东，市级有关部门和沿滩区主要负责同志参加。

24日，沿滩区召开落实省燃气安全督导反馈问题整改工作会。区委副书记、区长、沿滩区城镇燃气安全生产工作领导小组组长廖东出席会议并讲话。

是日，沿滩区打击整治养老诈骗专项行动办公室在区文体广场开展"打击整治养老诈骗 共建平安和谐沿滩"集中宣传活动。

26日，区委副书记、区长廖东带队在兴隆镇、瓦市镇和卫坪街道地质灾害点、切坡建房、重点水库、沱江沿滩段、危房整改户、城市内涝点等，就认真贯彻落实省市有关防汛减灾工作调度会精神，全力做好暴雨蓝色预警应对工作进行督导。

27—28日，沿滩区举行2022年第二次重大项目拉练暨撂荒耕地整治工作会议。区委书记刘军出席会议并讲话。区委副书记、区长廖东主持会议。区人大常委会主任杨兵，区政协主席王丽，区委副书记王红军参加会议。

29日，沿滩区召开第十九届人大代表履职培训会，四川师范大学文理学院客座教授、四川省人大培训中心客座教授吴润贤为培训会作专题讲座。区人大常委会主任杨兵出席并讲话。

30日，2022年全市基层党建竞进拉练活动在沿滩区开展。市委常委、组织部部长朱云，市委组织部副部长曾平，区委书记刘军，区委副书记、区长廖东出席活动。

7月

1日，沿滩区举行"光荣在党50年"纪念章颁发暨新发展党员集中宣誓活动。区委书记刘军出席活动并讲话。区委副书记、区长廖东，区人大常委会主任杨兵，区政协主席王丽出席活动。区委副书记王红军主持活动。

5日，沿滩区川南新材料产业基地拓展区项目三期征地拆迁工作动员大会在沿滩科技孵化园国际会议厅召开。区委副书记、区长廖东出席会议并讲话。区委副书记、沿滩高新技术产业园区党工委书记王红军主持会议。

是日，区委书记刘军在瓦市镇新堂村、华山村、大雁湖村，仙市镇南和村、象山村等地，调研村集体经济发展和撂荒耕地整治工作。

6日，区委书记刘军结合宣讲习近平总书记来川视察重要指示精神和省第十二次党代会精神，以高质量政法工作护航"两区一城"建设为主题，为全区政法系统上专题党课，与政法干警交流学习心得，分享学习体会。区领导宋筱茜、曾义刚、邓勇、丁向东、齐力，区委政法委、区法院、区检察院、区司法局、区公安分局班子成员及中层干部，各乡镇（街道）政法委员参加会议。

是日，市委常委、组织部部长朱云在沿滩区九洪乡三河村宣讲习近平总书记来川视察重要指示精神和省第十二次党代会精神。市委组织部机关党委书记钟嫄，区委书记刘军，区委常委、组织部部长陈永航，九洪乡主要负责人，三河村"两委"班子、驻村工作队、致富带头人和党员代表参加会议。

8日，政协自贡市沿滩区第十届委员会委员培训会在区委礼堂召开，区政协党组书记、主席王丽出席并讲话。

是日，全省发展新型农村集体经济工作推进视频会议在成都举行，会议公布全省新型农村集体经济发展十大优秀案例，自贡市沿滩区沿滩镇詹井村入选。

9日，沿滩区召开2022年上半年经济运行分析研判会议，研判当前经济发展形势，剖析查找存在问题，对下半年经济工作进行再安排再部署。区委副书记、区长廖东主持会议并讲话。

10日，市委书记范波率队在沿滩区项目工地，督导检查高温天气应对处置工作，并代表市委、市政府看望慰问坚守在岗位一线的建筑工人。

11日，四川省文化和旅游厅、四川省发展和改革委员会公布第三批省级乡村旅游重点村名单。自贡市共有4个村成功入选，其中沿滩区永安镇云龙村、仙市镇箭口村成功列入省级乡村旅游重点村名录。

11—12日，区委书记刘军，区委副书记、区长廖东，区人大常委会主任杨兵，区政协主席王丽等区领导分别带队看望慰问高温天气依然奋斗在一线的劳动者。

12日，沿滩区举行学习贯彻习近平总书记来川视察重要指示精神和省第十二次党代会精神市委宣讲团宣讲报告会。市委宣讲团第二分团成员、四川轻化工大学马克思主义学院院长叶文明作专题辅导报告。区委常委、宣传部部长覃建波主持会议。

13日，区委书记刘军在区投资促进局调研招商引资工作，听取工作意见建议，对重点工作再安排、再部署。区委副书记王红军陪同调研。

是日，沿滩区召开安委会2022年第五次全体（扩大）会议暨第三季度全区安全生产工作会议，学习贯彻习近平总书记关于安全生产和防灾减灾救灾重要指示精神，落实中央和省委、省政府决策部署及市委、市政府工作要求，总结2022年上半年安全生产工作，分析面临的形势任务，研究部署下半年重点工作。区委副书记、区长廖东出席会议并讲话。

15日，总投资50亿元的中国昊华自贡氟材料产业基地项目作为全省12个重大项目之一在2022年中外知名企业四川行投资推介会暨投资四川机遇清单发布会上进行台上签约。

16日，区委副书记、区长廖东主持召开沿滩区防汛减灾、地质灾害防治、疫情防控工作会议，对全区防汛减灾、地质灾害防治、疫情防控等工作进行再安排再部署。

20日，沿滩区2022年防汛抢险暨山洪地质灾害应急演练在邓关街道釜溪河生态修复项目停车场内举行。区委副书记、区长廖东观摩演练并点评。

是日，沿滩区人大常委会召开第十次主任会议，专题听取区检察院2022年上半年工作情况。区人大常委会党组书记、主任杨兵主持会议并讲话。

21日，沿滩区召开第十三届区委常委会第40次会议，传达学习省委书记王晓晖对做好疫情防控工作作出的批示精神及省、市应急指挥部疫情防控工作调度会议精神，对全区疫情防控工作再安排、再部署、再落实。区委书记刘军主持会议并讲话。

21—22日，区委书记刘军带队在沿滩区重点项目建设现场，调研督导三季度开工、竣工项目推进工作。区领导覃建波、陈永航、曾义刚、王揖辉、漆智勇、沈楚婷，有关区级部门主要负责人，乡镇（街道）负责人参加调研。

22日，沿滩区委全面依法治区工作会议在区委礼堂召开，区委书记、区委全面依法治区委员会主任刘军出席会议并讲话，区委副书记、区长、区委全面依法治区委员会副主任廖东主持会议。

是日，政协自贡市沿滩区第十届委员会第三次常务委员会会议在区委礼堂举行。区政协党组书记、主席王丽出席会议并讲话。区委常委、统战部部长、区政协党组副书记王揖辉出席会议。

是日，沿滩区召开十三届区委第三轮巡察工作动员部署会，区委常委、区纪委书记、区委巡察工作领导小组常务副组长宋筱茜做动员部署讲话，会议宣布了本轮巡察各巡察组组长、副组长的授权任职和巡察任务分工。

25日，沿滩区召开区委常委会议，传达学习省委工作会议及全市领导干部会议精神。会议强调，全区上下要深入学习贯彻省委工作会议和全市领导干部会议精神，把思想和行动统一到省委决策部署和市委工作要求上来，开拓奋进、恪尽职守，全力抓好下半年工作，聚力推动沿滩各项事业再出新成效、再上新台阶，以实际行动迎接中共二十大胜利召开。

27日，沿滩区召开发展壮大新型村级集体经济现场拉练会，总结前期工作进展，分析研判当前存在的问题，对下步工作进行再安排、再部署。区委书记刘军出席会议并讲话。

是日，沿滩区召开2022年"八一"建军节座谈会，庆祝中国人民解放军建军95周年，畅叙军民鱼水深情，共谋军地建设发展。

29日，沿滩区举行2022年上半年干部荣誉退休仪式。区委书记刘军出席仪式并讲话。区委副书记王红军出席仪式。

30日，沿滩区召开应对新冠肺炎疫情领导小组（扩大）会议，贯彻落实省、市疫情防控指挥部相关部署要求，分析研判当前形势，对近期疫情防控工作再安排、再细化、再部署。区委书记刘军主持会议并讲话。区委副书记、区长廖东出席会议。

31日，沿滩区召开区委常委会（扩大）会议，传达学习市委工作会议精神，就进一步抓实抓细下半年重点工作进行再安排再部署。

8月

1日，沿滩区开展第十三期政企"畅聊早餐会"活动，沿滩区委书记刘军与沿滩区商会会长、副会长及3名沿滩基层商会会长共进早餐，进行政企座谈，共同为沿滩区民营经济的发展献言献策。

3日，市委副书记、市长曾洪扬在沿滩区调研督导拼经济搞建设工作落实情况，强调要深入学习贯彻习近平总书记来川视察重要指示精神，全面落实省委、省政府和市委部署要求，更好统筹发展和安全，全力以赴拼经济、合力攻坚搞建设、聚力发展增质效，确保高质量完成全年经济社会发展目标任务。

5日，沿滩区随即召开全

区安全防范工作会议，传达学习当日全市安全生产周调度会精神，通报本周安全事故典型案例，总结本周安全生产重点工作，并就持续抓好防汛减灾、地质灾害防治、安全生产、高温天气防范等重点工作进行安排部署。区委副书记、区长廖东主持会议并讲话。

是日，区委副书记、区长廖东主持召开沿滩区第十九届人民政府第二次全体（扩大）会议，学习贯彻习近平总书记来川视察重要指示精神和省第十二次党代会精神，落实省委省政府、市委市政府和区委工作会议要求，总结上半年政府工作，安排部署下半年重点工作，推动完成全年主要目标任务，以实际行动迎接中共二十大胜利召开。与会副区长对分管联系工作分别作安排部署。

7日，由市教育体育局和沿滩区委、区政府共同主办的2022年自贡市"8·8"全民健身日暨全民健身主题月启动仪式在沿滩新城多功能体育中心举行。

是日晚，沿滩区在卫坪街道沿湖社区开展新冠肺炎疫情防控应急处置双盲演练，进一步检验和提升全区新冠肺炎疫情防控应急处置能力。区委副书记、区长廖东出席活动并讲话。

9日，市委常委、政法委书记鲜光鹏在沿滩区调研优化法治化营商环境工作并召开座谈会。市委政法委副书记吴正参加调研。区委书记刘军，区委副书记、区长廖东，区委常委、政法委书记曾义刚陪同调研。

11日，区委书记刘军带队在卫坪街道实地调研督导全国文明城市创建工作，现场研究薄弱环节、问题短板及整改措施，对全国文明城市创建重点工作进行再安排、再部署。区委常委、宣传部部长覃建波参加督导。

15日，市委书记何礼在沿滩区调研督导中国中化川南新材料产业基地建设和防汛减灾、森林防灭火工作。市委常委、秘书长、高新区党工委书记陈扬杰，沿滩区以及市级相关部门主要负责同志参加。

19日，由沿滩区委宣传部、区文化广播电视和旅游局共同主办的四川省第二届乡村文化振兴魅力竞演大赛沿滩区赛区分赛在沿滩新城龙湖实验学校的博雅礼堂内举行。

是日，区委书记刘军率队在区供电中心、水务局、永安镇、联络镇，调研全区电力保供、防旱抗旱和森林防灭火工作开展情况，研究部署下一步工作。

是日，在第五个中国医师节来临之际，区委书记刘军率队在沿滩区疾控中心、高铁（自贡）站，走访慰问一线医务工作者并调研督导疫情防控工作。

21日，区委副书记、区长廖东在基层一线调研督导疫情防控、全国文明城市创建、电力保供、防旱抗旱、森林防灭火等重点工作。

22日，区委副书记、区长廖东主持召开沿滩区第十九届人民政府第三次全体（扩大）会议，回顾总结前期政府工作，分析研判当前形势，对扎实做好森林防灭火、疫情防控、安全生产等底线底板工作进行再安排、再部署、再落实。

23日，沿滩区举行政协委员读书活动。省政协委员、市政协副主席、民革四川省委常委、民革自贡市委主委郭连作题为《如何以良好的状态做好政协机关的"三服务"工作》的专题讲座。区政协主席王丽主持活动并讲话。

24日，沿滩区禁毒委举行沿滩镇社区戒毒社区康复工作站新址落成揭牌仪式，并召开沿滩区创建全省禁毒工作示范区（县）现场会。市公安局党委委员、副局长、市禁毒委副主任林兵，区委副书记、区长、区禁毒委主任廖东出席会议并讲话。

是日，区委书记刘军在沿滩高新技术产业园区，走访调研重点工业企业并主持召开区工业经济调研座谈会，了解全区工业经济运行情况，分析研判当前经济形势，研究全区工业经济下步重点工作。

25日，昊华化工科技集团

公司副总经理、昊华气体公司总经理姚庆伦一行在沿滩区,就拟合作项目投资协议、要素配套保障、落地推进时序等开展交流对接,对加快推进合作项目落地建设达成重要共识。市委常委、常务副市长肖冰东会见姚庆伦一行。区委书记刘军,区委副书记、区长廖东,区委副书记王红军参加交流对接活动。

26日,沿滩区召开2022年食品安全工作第二次全体会议,传达学习市食安委2022年第二次食品安全工作会议精神,总结全区2022年上半年食品药品安全工作,安排部署全区农产品安全和2022年下半年工作任务。区委副书记、区长、区食安委主任廖东出席会议并讲话。

是日,沿滩区举行省道213线沿滩区段改线项目瓦市段通车仪式。区委书记刘军出席仪式并宣布通车。区人大常委会主任杨兵,区政协主席王丽,市交通运输局总工程师李平友出席仪式。

是日,区委书记刘军带队在沿滩区部分重大项目建设现场,现场督促指导加快项目建设进度。刘军一行先后在釜溪河流域(沿滩段)水污染防治综合治理项目、沿滩镇棚户区改造项目、沿滩城区开元中路一期老旧小区改造项目、韵达自贡产业园项目、沿滩城乡供水一体化项目等项目现场,认真听取各项目主管单位、施工单位负责人相关工作汇报,实地察看项目建设推进情况,并就项目建设质量、进度以及安全生产等提出具体要求。

是日,由沿滩区扶贫"两会"指导,九洪乡党委、九洪商会和九洪乡扶贫协会共同承办的2022年"栋梁工程——家乡助你上大学"爱心助学活动在九洪乡政府五楼会议室举行。

30日,区委书记刘军主持召开区新冠肺炎疫情防控领导小组(扩大)会议,分析当前疫情防控形势,对全区下一步防控工作再研究再部署。

31日,沿滩区举办"沿商面对面"活动,与区内文化、餐饮、商贸等领域重点企业主要负责人进行政企座谈,主动靠前服务企业,精准助企纾困解难,助推经济稳进提质。区委书记刘军,区委副书记、区长廖东参加座谈。

是日,区委书记刘军在基层一线督导疫情防控工作,实地察看"入川即检""到市必检"执行情况和沿滩区防疫闭环管理"七步工作法"落实情况,现场督促指导疫情防控工作。当天,区委副书记、区长廖东在银昆高速金银湖出口、隆汉高速沿滩出口、蓉遵高速瓦市出口、蓉遵高速自贡东站出口和自贡高铁站督导疫情防控"入川即检""到市必检"工作落实情况。

9月

1日,市人大常委会党组书记、主任谭豹率队调研川南新材料产业基地建设情况。市人大常委会副主任刘晓彬参加调研,市政府副市长韩明祝陪同调研。

2日,市政协副主席杨玉康率队在沿滩区开展"做强工业园区主战场,打造经济发展主支撑"课题调研。市政协副秘书长胡贵洪参加调研。区委书记刘军,区委副书记、区长廖东,区政协主席王丽,区委副书记王红军陪同调研。

4日,区委书记刘军率队在卫坪街道和沿滩镇调研督导基层疫情防控工作,看望慰问奋战在一线的党员干部、志愿者等。

6日,沿滩区召开区委落实巡视巡察反馈意见整改工作领导小组会议。区委书记、领导小组组长刘军主持会议并讲话。

是日,四川省第十届残疾人运动会暨第五届特殊奥林匹克运动会提前项目比赛在乐山市举行。沿滩区特殊教育学校的选手在田径、旱地冰壶两个项目的比赛中为自贡代表队取得4金3银2铜的佳绩。

7日,沿滩区挂职干部见面会暨沿滩高新技术产业园区博士工作站揭牌仪式在沿滩高新技术产业园区国际会议厅举行。四川轻化工大学党委书记王洪辉，市委组织部副部长、市委人才办主任赵义全，区委副书记、区长廖东出席会议并讲话。四川轻化工大学党委常委、组织部长陈一君，区人大常委会主任杨兵，区政协主席王丽参加会议。区委副书记、沿滩高新技术产业园区党工委书记王红军主持会议。

9日，在第38个教师节即将来临之际，区委书记刘军，区委副书记、区长廖东，区人大常委会主任杨兵，区政协主席王丽等区领导分别在学校看望慰问教育工作者，向他们送上节日祝福，致以崇高敬意。

是日，区委书记刘军带队在沿滩区部分拟竣工重大项目的施工建设现场，了解项目推进情况，现场督促指导加快项目建设进度。

10日，为提高边界群众防疫意识，全面筛查边界风险人员，沿滩区在与宜宾市白花镇交界的富全镇大罗村开展全员核酸检测应急演练。区委副书记、区长廖东观摩演练并点评。

10日、12日，廖东先后在富全镇大罗村、卫坪街道金帝广场，现场观摩全员核酸检测应急演练并点评。

11日，沿滩区举行首届基层理论宣讲大赛。

是日，刘军先后在兴隆镇先锋村、舒滩村，联络镇江冲村、新和村等地，通过与村"两委"干部深入交流、检查相关工作台账等方式，详细了解了节假日期间返乡人员排查、防控措施落实等情况。

14日，区委副书记、区长廖东率队在川南新材料产业基地调研督导项目建设。区委副书记、沿滩高新技术产业园区党工委书记王红军参加调研。

15日，区委副书记、区长廖东带队在邓关街道、沿滩镇调研督导疫情防控、邓太片区重点项目推进和釜溪河流域沿滩段水质达标攻坚工作。

17日，自贡市农业科学研究院与沿滩区人民政府院地合作项目签约仪式在沿滩区乡村振兴综合服务中心举行。市农业农村局局长余泓、市农业科学研究院院长杨华伟出席仪式并讲话。区委书记刘军出席仪式并致辞。区委副书记、区长廖东代表沿滩区签约。

是日，由沿滩区全民国防教育领导小组相关成员单位联合举办的第二十二个"全民国防教育日"宣传活动在区委文体广场举行。

19日，沿滩区召开安委会2022年第六次全体成员暨全区安全生产工作会议，对安全生产工作进行再安排再部署再落实。区委副书记、区长廖东出席会议并讲话。

20—21日，区委书记刘军率队在江苏省无锡市、湖南省长沙市开展投资促进活动，与无锡东恒新能源科技公司董事长沈伯华等交流座谈，就加快推进项目建设、推动深层次合作等方面交换意见。

22日，区委副书记、区长、区川南新材料产业基地建设指挥部执行指挥长廖东主持召开自贡川南新材料化工园区"一对一"企业恳谈会，各企业代表直言问题困难、畅谈发展现状，就企业落地手续办理、项目建设推进、下一步工作计划进行恳谈交流。

是日，在第五个"中国农民丰收节"到来之际，省委、省政府对四川省"稻香杯"暨农业丰收奖先进集体、先进个人进行了表彰。沿滩区永安镇政府榜上有名，被评为四川省农业丰收奖先进集体。

27日，沿滩区与四川种业集团合作签约仪式在成都举行。区委书记刘军出席仪式并致辞。四川种业集团党委书记、董事长兼总经理易飞出席仪式并讲话。区政府副区长杨文代表沿滩区签约。

27日，沿滩区召开"决战四季度 大干一百天"重大项目推进暨沿滩区川南新材料产业基地建设指挥部工作研判会。区委副书记、区长、区川南新材料产业基地建设指挥部执行指挥长廖东主持会议并讲话。区委副书记、沿滩高新技术产业园区党工委书记王红军出席会议。

28日，区委副书记、区长廖东主持召开沿滩区第十九届人民政府第24次常务会议，传达学习省委"决战四季度、大干一百天"相关要求，研究分析全区三季度经济工作存在的问题，安排部署四季度经济工作。

29日，区委书记刘军，区委副书记、区长廖东分别带队深入重点项目工程建设现场，检查督导节前安全生产、疫情防控等重点工作。

是日，由自贡市委老干部局、市老年书画研究会指导，沿滩区老年书画研究会主办的"喜迎二十大、奋进新征程、沿滩新发展"老年书画作品展活动在区委文体广场举行。

30日，沿滩区召开河（湖）长制工作安排部署会。区委书记刘军出席会议并讲话。区委副书记、区长廖东主持会议并讲话。区人大常委会主任杨兵、区政协主席王丽、区委副书记王红军出席会议。

是日，沿滩区召开"决战四季度、大干一百天"工作安排部署会。区委书记刘军出席会议并讲话。区委副书记、区长廖东主持会议。区人大常委会主任杨兵、区政协主席王丽、区委副书记王红军出席会议。

是日，在重阳佳节来临之际，沿滩区召开老干部重阳节座谈会。区委书记刘军出席会议并讲话。区委副书记、区长廖东、区人大常委会主任杨兵出席会议，区委副书记王红军主持会议。

10月

2日，区委书记刘军带队在釜溪河沿滩段重点水域调研督导生态环保工作并开展巡河。区委副书记王红军参加督导。

3日，区委书记刘军带队在川南新材料化工园区、九洪乡三河村，调研督导重点工业项目建设推进情况和村级集体经济发展情况。区委副书记、沿滩高新技术产业园区党工委书记王红军陪同调研。

5日，区委副书记、区长廖东在基层一线，调研督导国庆假期期间疫情防控工作开展情况暨川南新材料化工园区开工项目建设推进情况。副区长邹家柱、漆智勇，相关乡镇和区级部门负责人分别参加。

7日，沿滩区召开政府系统第三季度"晒业绩"暨四季度重点工作安排部署会，总结政府系统第三季度重点工作推进情况及存在问题，并对四季度重点工作进行安排部署。区委副书记、区长廖东主持会议并讲话。

10—11日，中国昊华化工集团公司副总经理、中化蓝天总经理张海兵一行在沿滩区考察调研项目合作。昊华科技副总经理、中昊晨光党委书记、总经理李嘉，昊华科技副总经理、昊华气体党委书记、总经理姚庆伦参加考察。区委书记刘军，区委副书记、区长廖东，区委副书记、沿滩高新技术产业园区党工委书记王红军陪同考察。

16日，沿滩区各级各部门、广大党员干部和社会各界群众，以电视、网络平台、手机客户端等方式收听收看中国共产党第二十次全国代表大会开幕直播。

19日，自贡市沿滩区老科学技术工作者协会成立大会在沿滩高新技术产业园区国际会议厅举行。区委书记刘军出席会议并讲话。区委副书记、区长廖东，市老科协副会长、秘书长左志，市老科协副会长周富民出席会议。

是日，沿滩区召开区委常委会（扩大）会议，传达学习全市工业发展大会精神并研究贯彻落实意见。区委书记刘军主持会议并讲话。

20日，政协自贡市沿滩区第十届委员会常务委员第四次会议在区委礼堂举行。区政协党组书记、主席王丽主持会议并讲话。

21日，沿滩区举行2022年第三次重大项目拉练暨区委常委班子月度工作例会，通过实地调研、现场拉练等方式，推动项目建设提速增效，全力以赴决战四季度，奋力冲刺全年目标任务。区委书记刘军主持会议并讲话。区委副书记、区长廖东出席会议并发言。区人大常委会主任杨兵，区政协主席王丽结合工作实际作发言。

23日，沿滩区召开经济运行调度会，分析今年前三个季度经济运行情况，并对四季度经济工作进行安排部署。区委书记刘军出席会议并讲话。区委副书记、区长廖东主持会议。区委副书记王红军出席会议。

26日，由沿滩区民政局、共青团四川卫生康复职业学院委员会、共青团沿滩区委员会主办，卫坪街道龙湖远达社区居委会、卫坪街道板仓社区居委会承办，区社会工作协会协办的沿滩区与四川卫生康复职业学院大学生志愿服务校地合作签约启动仪式在卫坪街道板仓社区党群服务中心广场举行。

27日，沿滩区召开区委常委会（扩大）会议，专题传达学习中共二十大精神，落实中央和省、市学习贯彻中共二十大精神要求，研究沿滩区贯彻落实意见。区委书记刘军主持会议并讲话。

28日，沿滩区举行自贡食品产业园企业集中投产暨项目签约仪式，10个食品类项目现场签约，15户食品类企业正式建成投产。市政府副市长黄雪智出席仪式并见证签约。区委书记刘军出席仪式并致辞，区委副书记、沿滩高新技术产业园区党工委书记王红军主持仪式。

是日，2022年"智兴天府"专家行助力工业发展走进自贡活动总结会在自贡锦江檀木林宾馆会议室召开。会议总结了三天来的活动成果与经验，受援单位与专家签订了长期合作协议。

29日，由自贡市民政局、沿滩区委组织部、沿滩区民政局和卫坪街道办事处指导，卫坪街道龙湖远达社区居委会主办的党建引领、六社联动——龙湖远达社区"公益有起点·爱心于合创"慈善联盟捐赠暨慈善义集活动在龙湖郡小区西门外广场举行。

31日，沿滩区人民政府与自贡市妇幼保健院战略合作协议签订暨沿滩区妇幼保健院开诊仪式在区妇幼保健院新院区举行。市卫生健康委副主任程文静出席仪式并见证签约。市妇幼保健院党委书记程勇，区委副书记、区长廖东出席仪式并讲话。

是日，沿滩区"多网合一"推进底线底板工作现场会在兴隆镇光辉村召开，分析当前基层社会治理网格化服务管理"多网合一"工作存在的困难和问题，安排部署下步重点工作。区委副书记、区长廖东出席会议并讲话。

11月

1日，沿滩区生态环境保护委员会2022年第四次全体会议暨四季度大气、水质达标攻坚会在区委礼堂召开。受区委书记、区环委会主任刘军委托，区委副书记、区长廖东主持会议并讲话。市水务局副局长彭明全，市农业农村局机关党委书记李吉能，市生态环境局副局长倪蓝英，市生态环境局二级调研员高裕君莅会指导。区委副书记王红军参加会议。

是日，沿滩区与四川省建筑设计研究院有限公司举行建立战略合作关系签约仪式。川建院董事长、总经理李纯，区委副书记、区长廖东出席仪式并致辞。

3日，沿滩区举办第二期"沿商面对面"活动，邀请区内建筑业领域重点企业主要负责人进行政企座谈，了解和会商解决建筑企业在发展中遇到的急难愁盼问题，助推全区建筑业高质量发展。区委书记刘军，区委副书记、区长廖东参加座谈；沿滩区召开2022年工业发展大会，学习贯彻全市工业发展大会精神，进一步凝神聚力，激发全区上下抓工业推发展的精气神，不断开创沿滩工业经济高质量发展新局面。区委书记刘军出席会议并讲话。区委副书记、区长廖东主持会议。区政协主席王丽，区委副书记、沿滩高新技术产业园区党工委书记王红军出席会议。

4日，沿滩区委理论学习中心组召开专题学习（扩大）会议，集中学习贯彻中共二十大精神。区委书记刘军主持会议。区委副书记、区长廖东，区人大常委会主任杨兵，区政协主席王丽，区委副书记王红军参加学习。

11日，区委书记刘军主持召开专题会议，传达学习中央政治局常委会会议精神和国务院联防联控机制电视电话会议及省市相关会议精神，结合当前全区疫情防控工作形势，研究部署下步工作。区委副书记、区长廖东出席会议。

15日，沿滩区学习贯彻中共二十大精神省委宣讲团宣讲报告会在区委礼堂举行。省委宣讲团第十分团成员、四川大学马克思主义学院副院长刘肖教授作中共二十大精神宣讲报告。区委书记刘军主持宣讲会。区委副书记、区长廖东，区人大常委会主任杨兵，区政协主席王丽，区委副书记王红军参加会议。

18日，沿滩区大气、水质达标攻坚工作周调度会在区基层发展治理学院学术报告厅召开，区委副书记、区长廖东主持会议并讲话；区委副书记、区长廖东带队在仙市镇百胜村调研乡村振兴示范建设工作；中共二十大代表、四川轻化工大学化学与环境工程学院副院长符宇航受邀走进沿滩高新技术产业园区，结合参加中共二十大亲身感受，为广大党员干部深入阐释和解读大会精神。区委副书记、沿滩高新技术产业园区党工委书记王红军主持宣讲会。

22日，沿滩区人大常委会组织开展市人大代表沿滩小组暨区人大常委会主任会议议题集中视察活动。市人大常委会副主任胡开洪，市政府一级巡视员何洪，四川卫生康复职业学院院长黄昌平参加视察活动。区委书记刘军出席座谈会。区人大常委会主任杨兵主持会议。区委副书记王红军参加视察活动。

24日，区委常委会召开第56次会议，学习近期中共中央、国务院和省、市党委政府关于做好当前疫情防控的工作要求，传达学习23日省委应对新冠肺炎疫情工作领导小组会议及全市疫情防控调度会议精神，听取全区疫情防控工作情况汇报，研究部署下步工作。

25日，学习贯彻中共二十大精神区委宣讲团工业经济系统报告会在区委2号楼会议室举行，区委书记刘军作宣讲报告。

是日，学习贯彻中共二十大精神宣讲报告会在仙市镇百胜村举行，区委副书记、区长廖东向基层干部群众宣讲中共二十大精神。

28日，由自贡市委宣传部、市文化广播电视和旅游局主办，新华文轩阅读服务事业部自贡公司、新华文轩教育服务事业部自贡公司、沿滩镇人民政府和詹井村村委会承办，沿滩区委宣传部协办的天府书展进乡村自贡分展场沿滩站活动在沿滩镇詹井村举行。

29日，学习贯彻中共二十大精神市委宣讲团宣讲报告会在沿滩区举行。市委宣讲团第五分团分团长、市委常委、秘书长、组织部部长朱云作宣讲报告。

30日，沿滩区召开区委议军会暨人民武装委员会、国防动员委员会例会和区退役军人事务工作领导小组、区双拥工作领导小组全体会议。区委书记刘军主持会议并讲话。区人大常委会主任杨兵，区政协主席王丽，区委副书记王红军，区委常委、区人武部部长滕建军，区人武部政委李晨出席会议。

12月

2日，第八届四川农业博览会暨农业合作发展大会·成都国际都市现代农业博览会·第二届全国农业科技成果转化大会开幕式在成都世纪城新国际会展中心举行。省委副书记、省长黄强出席并宣布开幕。开幕式上，四川省现代种业发展集团有限公司与沿滩区现场签订优质大豆种业基地项目，这也是本届农博会全市唯一重大农业招商引资项目。

7日，区委书记刘军率队在沿滩新城、沿滩高新技术产业园区、邓关街道、王井镇和沿滩镇，调研督导重大项目建设及生态环境保护工作情况。区委副书记、沿滩高新技术产业园区党工委书记王红军参加督导。

9日，区委副书记、区长廖东率队在沿滩镇、沿滩高新技术产业园区、仙市镇、沿滩新城，现场督导重大项目推进情况。

12日，沿滩区召开森林防灭火工作会议，区委书记刘军主持会议并讲话。

14日，沿滩区党建引领新型农村集体经济发展工作领导小组召开第一次现场拉练会，区委常委、组织部部长、专项工作领导小组常务副组长陈永航，各乡镇（街道）、区级相关部门负责同志30余人参加。

26日，中国共产党自贡市沿滩区第十三届委员会第四次全体会议在沿滩区举行。

中共沿滩区委

概 述

2022年，沿滩区学习宣传党的二十大精神，区四家班子成员带头联系乡镇（街道）、部门开展专题宣讲，组建11个宣讲队，下沉到企业生产一线、群众田间地头等开展群众性宣传宣讲活动，运用沿滩融媒、村级阵地等，多层次、多形式、多渠道开展全覆盖学习宣传。

加强川南新材料产业基地建设，总投资超50亿元的中国中化氟材料项目成功落地，江苏国泰、无锡东恒等头部企业签约入驻，中昊晨光一期等14个项目提速推进，3.13平方公里认定范围内全面完成项目招商布局。拓展区二期1241亩征地拆迁工作全面完成，拓展区三期2300亩征地拆迁全面启动。食品产业园建成标准化厂房25万平方米，永汇食品等15户企业集中投产，入场道路、园区干道建成通车，冷链物流中心投入运营。全区全年完成工业投资同比增长62.5%，新增规模以上工业企业9户。建立项目推进"红黑榜"、招商引资"揭榜挂帅"等工作机制，109个重大项目完成投资130亿元，19个省市重大项目如期竣工，实现全社会固定资产投资增长12.6%。

处置"5·10""11·3"本地疫情，将疫情影响降到最低。全面准确落实"新十条""省六条"优化措施，最大程度营造平稳的投资发展和生活环境。推进生态文明建设，做好央督和省督反馈问题整改，打赢烟花爆竹禁燃禁放春节首战，沿滩新城S206雨污分流等一批治本工程年内竣工，全年$PM_{2.5}$、PM_{10}平均浓度值同比分别下降12.4%和13.2%，饮用水水源水质全面达标。开展釜溪河流域水质达标攻坚，宋渡大桥国控断面全年平均水质重回Ⅲ类。执行安全生产十五条"硬措施"，集中整治危险化学品、城镇燃气、自建房等领域问题隐患，飞球集团原址燃气安全等3个较大隐患问题彻底化解，全区生产安全事故起数和死亡人数分别下降83.3%和80%，森林火灾实现"零发生"，自然灾害保持"零伤亡"，全年未发生较大及以上生产安全事故。全面完成重要时段安保维稳任务，一批信访矛盾得到妥善化解，社会大局保持和谐稳定，获评全省平安建设先进区。

实施习近平新时代中国特色社会主义思想凝心铸魂计划，健全干部教育培训机制，推动党史学习教育常态化长效化；加强换届后领导班子建设，实施干部淬能提升工程，建立"导师帮带"、一线顶岗锻炼等机制，设立"综合型""专业型"干部人才库，做好"双向互派"，培养优秀年轻干部；参与录制的"书记龙门阵"被"焦点访谈"刊播；与四川轻化工大学校地合作培养引进选用人才。实施年轻干部廉洁从政（业）"疫苗计划"，以"全周期管理"方式一体推进不敢腐、不能腐、不想腐，综合运用"四种形态"处理225人次。

重要会议

【导师结对帮带工作会】 3月22日，沿滩区召开年轻干部座谈会暨导师结对帮带工作会，深入学习贯彻习近平总书记在2022年春季学期中青班开班式上的重要讲话精神，安排部署领导干部结对帮带年轻干部人才工作，助力年轻干部补齐素质能力短板，培养造就可堪大用能担重任的栋梁之材。区委书记刘军出席会议并讲话。区人大常委会主任杨兵出席会议。区委副书记王红军主持会议。

【人才工作会议】 5月7日，区委人才工作会议暨区委人才工作领导小组2022年第一次（扩大）会议在区委礼堂召开，区委书记、区委人才工作领导小组组长刘军主持会议并讲话。区委副书记、区长、领导小组第一副组长廖东，区人大常委会主任杨兵，区委副书记、领导小组副组长王红军出席会议。区委、区政府有关领导，领导小组成员单位主要负责人，各乡镇（街道）、有关区级部门主要负责人，部分学校、企业、医疗机构主要负责人参加会议。会上，传达学习中央和省委、市委人才工作会议及市委人才工作领导小组会议精神；审议通过《区委人才工作领导小组工作规则》《区委人才工作领导小组办公室工作细则》《区委人才工作领导小组成员单位职责清单》《沿滩区人才发展"十四五"规划》和《区委人才工作领导小组2022年工作要点》；沿滩高新技术产业园区党工委、沿滩镇党委、区教育体育局党委、区人力资源社会保障局党委作交流发言。

【老干部重阳节座谈会】 9月30日，沿滩区召开老干部重阳节座谈会。区委书记刘军出席会议并讲话。区委副书记、区长廖东，区人大常委会主任杨兵出席会议，区委副书记王红军主持会议。会上，集中学习观看第13场全国离退休干部网上专题报告会录播视频；廖东通报全区经济社会发展情况；老干部代表肖方伟、王大明、杨新民分别作发言，对沿滩区经济社会发展成果给予高度评价，并就推动沿滩高质量发展、进一步做好老干工作等提出意见建议。会前，与会老干部集体在邓关三线建设馆、高铁邓关站点项目建设现场参观。区委常委、组织部部长陈永航，离退休老干部代表参加会议。

目标绩效管理

【基本情况】 2022年，区委目标绩效办围绕区委"两大战略"总体部署，聚焦"两区一城"建设，坚持服务中心、服务大局、服务发展，认真履行目标管理和督查督办职责，有力有效推动区委区政府重点中心工作贯彻落实。

【突出学习】 区委把学习党的二十大和习近平总书记来川视察重要指示精神作为政治任务，结合省第十二次党代会和市区重大会议精神，组织开展学习20余次。落实"周五学习日"制度，将党章、宪法、区委工作规则、行业知识等纳入周五学习内容，增强干部职工的政治素养和业务水平。

【落实责任】 班子成员在做好日常工作的同时，常态化排查分管领域廉政风险点、常态化开展与分管人员谈心谈话，做到问题及时发现、有效整改，全办全年无违规违纪情况发生。推进党风廉政教育，通过学党章党规党纪、观看专题片等方式，筑牢党员干部廉洁自律"思想防线"。严格执行《准则》《条例》，坚持民主集中制，认真落实"三会一课"、民主生活会、组织生活会等制度。

【意识形态】 全年召开2次专题会研究部署意识形态工作。严格落实《沿滩区贯彻落实意识形态工作责任制"7+1"责任清单》，把意识形态工作纳入党建工作、室务会议事决策、民主生活会和领导干部述职报告之中，切实履行意识形态工作的主体责任。

【依法治区】 单位主要领导把法治建设与日常工作同部署、同推进，牵头制定班子成员法治责任清单，组织学习宪法、民法典、习近平法治思想等法律法规8次。以工作目标任务完成为导向，将依法治区工作纳入目标绩效综合考评，推动全区各级各单位依法履职、阳光行政。

【统筹考评】 牵头完成自贡市对沿滩区2021年目标绩效综合考评工作，获得区县一等次（第2名）排名，完成"保二争一"的既定目标。完成区本级2021年目标绩效综合考评工作，评定先进单位18个，审定并核发2022年年度考核奖，并撰写市考评方案和市考评结果分析报告。

【优化考评】 在《自贡市2022年目标绩效综合考评方案》的基础上，学习借鉴成都、富顺等地先进做法，结合区委、区政府重点工作，优化考评机制，制定《2022年度沿滩区目标绩效综合考评实施办法》。

【激励引导】 围绕省、市、区"拼经济、搞建设"工作要求与激励机制，印发《关于做好全力拼经济搞建设推动实现全年目标任务督查考评工作的通知》，印发《关于做好四季度经济指标考评工作的通知》。

【体系机制】 建立"一把手"管督查、"一班人"专督查、"一盘棋"真督查的工作体系，创新形成"反向督办、反向交办、反向销号"为主的"三反"督查机制，实现督查督办系统化、规范化、科学化的运转格局。撰写的《找准"三个"着力点靶向督查护航决策部署落地见效》被省委督查室《督查交流》第3期印发。

【专项督办】 以《沿滩区2022年督查检查考核计划》作为全年督查主线，结合区第十三次党代会、区委十三届三次全会暨区委经济工作会、常委班子例会、书记专题会、书记交批示件等会议文件精神和要求，形成专项督办"十张清单"，对700余个具体事项定期开展督查督办，推动重大项目、招商引资、疫情防控、信访维稳、安全环保等各项重点中心工作落地见效。

【奖惩措施】 全年开展疫情防控、安全生产、经济发展等专项督查检查67次，印发《督查通报》43期、《督查专报》8期，发现并督促整改各类问题300余个，同时对工作中推进较好的单位予以表扬。

【基层减负】 推进精文减会、统筹规范督查检查、干部激励问责等"基层减负"重点工作，研究制定沿滩区2022年整治形式主义重点工作任务21项，并明确牵头责任部门，压实工作职责，确保重点工作任务顺利推进。

组织工作

【选人用人】 结合乡村换届"回头看"工作，全覆盖调研77个区管科级领导班子运行情况，建立458人结构优化专项预审档案。全年提拔重用科级领导干部39人次，交流149人次，其中，提拔重用35岁及以下年轻干部12人，交流到重要岗位任职19名。发挥公务员（参公人员）职级晋升激励作用，有序推进177名公务员（参公人员）职级晋升和102名事业干部职员等级晋升。

【干部培育】 组织开展中共二十大精神和省第十二次党代会精神集中学习，聚焦"两区一城"建设，分级分类培训党员干部6000余人次。推进县级党校分类建设，建立全市首个园区党校，打造"三线建设在邓关""自贡盐运抗战史绩陈列馆"等特色主题教学点。实施干部淬能提升工程，"导师帮带"助力124名年轻干部成长成才，入库培养132名专业

沿滩区年轻干部座谈会暨导师结对帮带工作会

化干部人才，考察储备53名"薪火工程"递进培养对象，争取14名高校院所硕博士和省市机关干部到区挂职，10名年轻干部赴成渝地区、省级部门顶岗锻炼，统筹选派100余名干部一线助力疫情防控和服务拼经济、搞建设。研究出台"一线考察识别干部六条措施"，组建干部识别专班经常到"拼经济、搞建设"一线调研。建立招商引资"揭榜挂帅"机制，干部围绕化工新材料、装备制造等揭榜项目14个，计划投资规模达60亿元。

【监督管理】 健全区管领导班子和领导干部监督考核评价体系，出台《区管领导班子和领导干部赛业绩工作方案》，对6名干部实施待岗培训，完成信访举报查核13件。落实提醒函询诫勉制度，提醒函询诫勉科级干部278人次。执行领导干部报告个人有关事项制度，完成24名市管干部个人事项报告集中填报，动态收集科级干部个人重大事项报告105人次。受理信访举报3件。制定《沿滩区科级领导干部个人重大事项报告实施办法（暂行）》，收集科级领导干部个人重大事项报告149人次。制定"一把手"权责清单，集中开展领导干部因私出国（境）管理、兼职管理及档案管理专项整治。履行巡察整改监督责任，指导整改市区巡察反馈问题22个。开展干部家访800余人次，利用回访调研、任前谈话等进行日常提醒400余人次，对3名受处分干部开展跟踪式回访教育，对6名干部开展待岗培训。

【人才引育】 召开区委人才工作会议，印发《沿滩区人才发展"十四五"规划》。制定区委人才工作领导小组工作规则、办公室工作细则，推行成员单位职责清单管理制度。编制急需紧缺人才目录，开展"自贡知名高校行人才主题日"活动和建筑业总部经济招商招才座谈、食品产业项目人才对接等"双招双引"活动51次，引进储备高端人才8名，柔性引进中省重点人才计划人才18名，发放人才安家补助30万元。与成渝同类型地区加强人才交流，打造沿滩高新技术产业园区市级产才融合人才工作先行点。推进校院地企事项化合作，与四川省农业科学院共建西南（自贡）食品产业技术研究院，同西南交通大学建设"大学生乡村振兴实践基地"4个，成立沿滩高新技术产业园区·四川轻化工大学博士工作站，创建省级专家服务示范基地等4个产学研协同创新平台。

【组织建设】 夯实党的基层组织建设，深化"返乡发展季·三大工程"，持续回引优秀农民工，动态保持各村村级后备力量2名以上，在岗驻村第一书记25名，驻村工作队23个，驻村工作队员50名。开展"两个覆盖"集中攻坚行动，在册非公企业124户，建立党组织的118户，党组织占比95.16%；在册社会组织40个，建立党组织的39个，党组织占比97.5%，选派党建指导员72名，实现两新组织党建指导员全覆盖。累计打造"道德银行"点位56个（社区21个、村32个、机关1个、园区1个、企业1个），全覆盖配备专兼职治理委员、发展委员各112人，全区培育注册社会组织146个，社工专业人才81人。全区1街道2乡镇1社区6村1小区获评基层治理"省级示范"，沿滩镇詹井村获评全国乡村治理示范村。

【基层治理】 成功争取市级党建引领乡村治理试点，改造提升16个"老旧小"村（社区）阵地，创新打造"1+2+5+N"新就业群体暖心服务矩阵，建设匠人村、宽民坊等"微自治"院落6个，探索"接诉即办、质效即评""六社联动"机制，常态化推进"万名党员干部下基层""双报到双服务双报告"活动，推动创兴城小区获评四川省基层治理百佳示范小区，龙湖远达社区"道德银行"获评四川省社区社会组织发展优秀案例，九洪乡、黄市镇红旗村、永安镇刘山村获评四川省第三批乡村治理示范村镇。

宣传工作

【理论学习】 2022年，区委理论学习中心组围绕学习贯彻中共二十大精神等开展集中学习研讨11次，示范带动全区各级党委（党组）开展学习研讨300余次。省委、市委宣讲团莅区开展专题宣讲，擦亮

沿滩区委宣传部组织学习宣传贯彻中共二十大精神讲座现场

"'沿·兴'讲堂"理论宣讲品牌，组建21个区级宣讲团分赴基层开展宣讲100余场。举办沿滩区"喜迎中共二十大"首届基层理论宣讲大赛，创新线上"云宣讲"模式，制作中共二十大精神宣讲视频6个。

【媒体宣传】 紧扣迎接宣传贯彻中共二十大精神、拼经济搞建设等主题，在沿滩融媒APP开设"奋进新征程 建功新时代"等专题专栏30余个，策划"拼在一线"等系列报道10余个，组织开展金秋旅游节等网络直播3场次，累计采编原创稿件3000余篇（条）。专题报道沿滩特别是在市委市政府关心支持下拼经济搞建设取得的一系列成果，在四川卫视等省级传统媒体推出产业发展等方面稿件20余条。围绕争创省级现代农业园区、撂荒地整治、粮食安全和产业发展促农增收致富等工作，在中省级传统媒体推出稿件20余条。2022年，全区累计在各级各类主流媒体上稿4000余条，其中，中省传统媒体上稿170余条，上稿数量及质量均创近年新高。

【文化服务】 推进文化事业，组织"赏民俗 闹元宵"、送文化下乡等文化活动10余场，开展"永远跟党走·书香伴小康""农民读书月"活动、农民读书征文活动，向省市选报优秀作品10余篇。组队参加四川省第二届乡村文化振兴魅力竞演大赛自贡赛区活动，获二等奖、优秀奖各一项。挖掘整合红色资源和地域文化资源，建成阁乐祠永安红色文化陈列馆、邓关三线建设展览馆，新建市级乡村"复兴少年宫"2个，成功争取到5个全国、省级文明单位结对参与沿滩区乡村"复兴少年宫"建设，推动完成2022年农家书屋图书补充更新工作，顺利通过新时代文明实践中心建设省级试点区县验收，新时代文明实践中心所站实现全覆盖。推进全国文明城市常态化建设，完善落实四级责任制、常态化创文指挥调度体系，推进"文明沿滩·有你有我"创文攻坚志愿服务活动，配置"1+8+N"志愿服务队伍，开展"盐都志愿·有你更精彩"系列主题活动，开展多形式志

愿服务活动3500余次，服务群众10.5万余人次。

【意识形态】 全年累计报送社会舆情信息1000余条，完成转评任务330余次；监测到涉区舆情200余条、涉政信息800余条，均迅速妥善处置。2022年，沿滩各类意识形态阵地管控有序，全区无重大负面舆情事件发生。

【队伍建设】 将全区宣传思想队伍建设培训事项纳入全区干部教育培训年度计划，开展全区志愿者骨干培训4次，邀请市调查队专家开展创文业务能力集中培训2次、宣传思想工作业务培训会1次；探索实施全区宣传思想系统年轻干部轮训，参训20余人次。充实完善道德讲堂宣讲员人才库，储备宣讲骨干40名。

统战工作

【主要会议】 区委常委会、中心组学习会专题学习中央、省市委关于统战工作的有关会议和决策部署精神10次；区政府常务会专题研究民族宗教工作4次；区委书记主持召开统一战线工作领导小组全体会议、统战工作会等，牵头解决统一战线助力乡村振兴实践基地建设等重点事项3项；召开各类协商座谈会、情况通报会8次。

3月14日，区委书记刘军主持召开统战工作领导小组会议

【制度建设】 建立完善党员县级领导与党外代表人士联系交友制度，全年走访党外代表人士184人次。制发《2022年全区统一战线工作要点》等文件，将民族宗教工作纳入干部培训和巡视巡察内容，对各乡镇（街道）、区级各部门统战工作实行差异化考核。

【思想引领】 组织统一战线学习中共二十大精神、习近平总书记来川视察重要指示精神、省第十二次党代会精神和市、区党代会精神等重要会议精神，分层分类组织开展专题学习会20余场次，部长带头宣讲10余次，召开座谈交流会6次。强化《中国共产党统一战线工作条例》学习宣讲，开展"条例宣讲"下基层行动20余场次，覆盖群众25000余人次。制定《沿滩统一战线"喜迎二十大·奋进新征程"系列教育活动的通知》，举办"喜迎二十大 书香润万家"读书分享会、"矢志不渝跟党走、携手奋进新时代"政治交接主题教育征文比赛等"八个一"主题活动，覆盖1000余人次。

【参政议政】 创新"党委点题、党派领题"模式，各民主党派领办民生实事4项。制定各民主党派考核方案，构建个人、单位、所属党派（社团）、统战部门、组织部门评价相结合的五方立体评价体系。承办全市民主党派基层组织现场拉练会，支持协助各民主党派开展"盟沿合作""扬帆计划"等各类服务活动30余次。围绕乡村振兴、营商环境等中心工作深入调研、建言献策，共提交提案60余篇、调研文章10篇。

【服务中心】 紧扣市委实施"四大战略"、建设"两市两城"，助推"拼经济、搞建设"。制发《自贡市沿滩区统一战线"拼经济、搞建设"工作方案》，对接项目资源3项；组建统战"同心智库"，吸纳成员210人，围绕推进民营经济高质量发展、文旅融合等调查研究18场次；联合税务局、法院等部门开展"春雨润苗""法律体检"等活动30余场次；配合开展"以企招商、以商招商"活动3场次。印发"沿商兴区"六大行动实施方案，开展"走进民营企业"活动100余次，组织"沿商座谈会""政企早餐会"等活动40余场次。选聘14名民营经济人士担任营商环境监督员，协助推动新开工项目5个、招商签约项目11个。以永安镇统一战线助力乡村振兴实践创新基地为载体，创新开展省市区三级知联会"会会+"合作，累计引导党外专家开展项目研发和技术攻关190次，转化科研成果23项，培训农业经理人2100人次，培育"本土专家"68名，指导高粱漂浮育苗等新技术，带动农户户均年增收800余元。

【队伍建设】 制定并印发《沿滩区党外人才十年培养工程》，细化党外干部2022年培养方案，22名党外干部入选全区干部人才库。推荐2名党外干部作为全市第三批挂职锻炼干部，4名党外干部被遴选到市级及以上部门工作，5名党外干部被安排至新材料产业园、疫情防控等重点领域开展工作。推荐20名党外干部进行无党派代表人士认定。举办全区党外干部研修班2场次。推荐50余名统战干部分赴省社会主义学院、四川大学、市委党校参加培训，举办全区统战干部培训班2场次。

【创新突破】 《探索创建省市区三级知联会"会会+会园+会地"协作发展模式，助推县域经济高质量发展》获评全省统战工作实践创新优秀成果，《关于统一战线助力共同富裕的思考》获评2022年度自贡统一战线理论创新成果二等奖，《沿滩区积极探索引进社会组织打造民族团结进步示范街区促进各民族交往交流交融》获评2022年度自贡统一战线实践创新优秀成果，获评"全省统战工作先进集体"荣誉。

【社会服务】 支持民主党派开展"盟沿合作""扬帆计划"等活动30余次，为贫困学生发放助学金近5万元。发挥新阶人士优势，组织"抗疫情 促就业"大型网络招聘会暨直播带岗活动，提供岗位需求531个。引导宗教界人士积极发挥慈善力量，持续开展抗震救灾、助养助学、帮扶慰问等社会救助志愿服务，累计募捐650余万元。

民族与宗教事务

【人才培养】 实施"共育民族团结大院""共育民族技能人才"两大行动，开展社区民族工作标准化建设，提档升级兴元路社区、加林驾校等示范阵地，为凉山等民族地区培养民族技能人才2000余名。

【专项行动】 开展宗教场所疫情、消防、食品、建筑安全隐患排查整治专项行动，成功

6月7日，沿滩区统一战线赴永安调研统一战线助力乡村振兴实践基地打造情况

9月14日，承办全市民族团结进步宣传月活动，市委统战部副部长、市民宗局局长李续延出席活动，区委常委、统战部部长王揖辉参加

争取宗教场所修缮资金15万元。创成全国、全省、全市民族团结进步示范单位分别1、2、2个，复评全省民族团结进步示范单位2个。

机构编制管理

【战略服务】 设立园区正县级事业机构——自贡沿滩高新技术产业园区管理委员会，印发"三定"规定，明确该事业机构与园区行政管理机构合署办公运行，实行"编制分类管理、人员统筹使用"和"5+X"运行模式。设置园区市场监管所，优化调整园区招商引资职能。

【机制服务】 推进化工园区认定、扩区及争创民营经济改革试点区县相关工作，推动全省县域经济先进区建设。督促指导各乡镇（街道）建立健全"一办一站一中心"运行机制，服务全省乡村振兴示范区建设。完成自然资源综合行政执法机构改革，强化建设工程消防监管机构设置，优化镇街自然资源所设置，进一步修订整合自然资源、住房建设等部门不动产登记职责，保障全省产城融合品质城建设。

【党建服务】 落实党组织领导下的校长负责制、党委领导下的院长负责制改革，增设27所中小学党支部专职副书记各1名，24所学校党政办公室分设为党建办和行政办，区医院党组织书记和院长分设，增设专职副书记1名。挂牌设立宣传、统战、巡察等相关事业机构，配合完成镇街纪检干部"两专三兼"，推动区委统战部和区民宗局健全合署办公运行机制。

【体制改革】 印发《深化乡镇（街道）管理体制改革重点任务清单》，完成"三个一"体系建设、"五权"下放、"编制在乡镇（街道）、工作在村（社区）"人员管理等4大项、19小项目标任务，并向市"两改办"报送经验文章《沿滩区全力推进乡镇（街道）管理体制改革 助力基层治理体系持续优化》。

【权责优化】 调整乡镇（街道）法定、赋权、行政执法、审批服务和区乡行政许可事项清单，调整后，乡镇法定行政权力事项114项、街道法定行政权力事项47项，乡镇赋权事项169项、街道赋权事项154项，行政执法事项444项，区乡两级行政许可事项221项。动态调整区级34个部门行政权力及责任事项5441项，推进权力清单与责任清单"两单融合"，印发并公示区级部门行政权力和责任清单。

【体制改革】 完成红十字会、行政复议、国家安全、应急和自然资源领域综合行政执法、国防动员、关工委工作等管理体制改革，强化校外培训监管、水电站安全监管、社区教育机构设置，进一步理顺全区各部门（单位）安全监管职责，调整设置区政协办领导职数，配合完成百强中心镇建设等相关工作。

【审核审批】 全年共召开编委会8次、审核审批机构编制事项35项。按程序落实总量管控，挂牌设立事业机构5个，动态调整各类编制30名，提供各类编制使用计划283名，办理上下编登记413人次，增设县级领导职数3名、科级领导职数23名。

【管理创新】 邀请市委编办副主任吕俐开展《中国共产党机构编制工作条例》"专家"解读，编印《机构编制管理政策文件汇编》，创新制作机构编制情况统计"小册子"。建立健全议事协调机构管理机制，全年共新设立或新纳入议事协调机构管理5个、变更名称2个、精简8个。

【走访调研】 对区市场监管局、永安镇等部门、镇街实地走访调研，高质量形成《沿滩区深化事业单位改革后评估报告》等4篇调研报告。

老干部工作

【三项建设】 加强政治建设，开展老干部政治学习、走访调研等活动，为老党员颁发"光荣在党50年"纪念章。加强思想建设，开展老干部学习月活动，采取"集中学习+座谈讨论""专家辅导+自主研学""线上教学+撰写体会"模式组织开展老干部集中学习27场次，参加学习网上专题报告会12次，撰写心得体会47篇。加强组织建设，贯彻落实《关于进一步规范干部退休有关工作的通知》，建立干部荣誉退休制度，按分级负责原则，每半年举行一次干部荣誉退休仪式，通过发放退休证书、重温入党誓词等多种形式，增强干部退休仪式感、荣誉感和归属感。

【服务保障】 拨付各项经费100余万元，为落实重大节日慰问、学习活动、健康体检、报刊征订、主导社团活动等提供资金保证。开展健康文娱活动，组织老干部参观考察"三线建设在邓关"展览馆、自贡高铁沿滩站、自贡循环经济产业园、九洪乡瓜椒种植基地，观看红色影片、参加健康讲座等。实时更新老干部"一人一档"数据，动态掌握老干部情况，提高服务精准化水平。建立困难老干部帮扶台账，落实老干部困难帮扶机制。

【作用发挥】 发动乡镇、村（社区）退休干部，组建百人宣讲团，引导老干部深入村（社区）、学校、企业等开展宣讲活动34场次，开展"五老"志愿服务活动42场次。围绕如何融入成渝"双圈"建设、产业园区建设、关心下一代工作等，开展实地调研、座谈交流，形成6篇调研成果供区委区政府决策参考。依托涉老组织，开展"栋梁工程""春苗助学"等活动，动员企业34家，社会爱心人士近40人，捐款45万余元，资助中小学生254名；打响"柔力球之乡"特色品牌，组织参加国家级、省级柔力球比赛5次，共获得团体

9月16日，区委编办召开沿滩区深化乡镇（街道）管理体制改革工作推进会

优胜奖牌11个，优秀奖牌6个，体育道德风尚奖9个；到乡镇、学校举办老年书画展5次，展出书画作品200余副。在疫情防控、社会治安、社区治理、创文创卫工作中发挥老干部作用，累计参与社区建设志愿行动42人次。

关工委工作

【调研工作】 2022年，区关工委下沉到部分乡镇、中小学校、社区和有关部门开展专题调研，破解青少年学生心理健康教育难题，形成5000余字的调研报告1篇。

【关爱助学】 配合区残联为患有孤独症、听力障碍、肢体残疾等残疾的青少年儿童开展康复救助，完成审批133人，根据第三方机构评估，康复有效率达到100%；配合区有关部门资助大学新生25名，困难学生80名，"励志助学金"资助家庭经济困难且品学兼优的中小学生45名，"关爱助学金"资助家庭经济困难的中小学生35名，公益协会资助学生4名，金额达30余万元。"六一"前夕，前往地处边远的富全镇三个村小学校和联络高滩村慰问140名贫困儿童，送去礼物及慰问金1万元；开展暖冬行动，对全区110名困境儿童送上暖冬慰问礼包（电筒、钢笔、保温水杯、雨伞、手套）等学习生活用品价值共1.5万元。

【帮教活动】 在恒大绿洲社区建立全区首个"五老"工作室，每天接待青少年和监护人法律咨询，及时提供心理疏导和权益维护服务，每周开展一次青少年书法、经典诵读、科技实践等兴趣小组活动；每季度开展一次以法律知识竞赛、红色故事演讲、法治书画展和文化艺术为内容的集体活动。

【心理护航】 在邓关镇会仙桥社区创建全市首个社区儿童"心灵驿站"，由社区的"童伴妈妈""爱心妈妈""知心姐姐"通过温柔亲和的心理疏导、轻松有趣的咨询方式和开展喜闻乐见的游戏活动为社区少年儿童及家庭提供心理健康教育和咨询引导，20余名孩子得到帮助。

【亮眼护瞳】 配合市关心下一代基金会、市第一人民医院眼科等爱心单位和试点学校开展少年儿童视力保护关爱工程。2022年，全区27所中小学实现全覆盖，对3万余名在校中小学生均免费开展视力检测筛查，并建立视力健康档案，全区近视防控知识学生知晓率达100%，家长知晓率达85%；学生近视患病率和高度近视率明显下降。区关工委获得全市"亮眼护瞳工程"工作表扬，被评为"突出贡献单位"。

【管理调整】 按照省两办《关于进一步做好新时代关心下一代工作的意见》精神，经区委研究同意，区关工委办公室由团区委调整到区委老干部局，顺利完成调整工作。

党史编研

【一条主线】 围绕喜迎党的

1月9日，"关爱情，暖冬行"慰问活动

二十大胜利召开这条主线,在沿滩融媒开设党史专题,在《要情参考》刊物增设"沿滩党史上的今天"专栏,配合做好党的十八大以来沿滩发展成就宣传,举办"盐运文化"书法作品展、"颂伟业喜迎二十大,守初心翰墨绘新篇"书画摄影作品展。

【两项工作】 完成执政实录编纂,《中国共产党自贡市沿滩区委执政实录(2021年卷)》在内部编印出版。完成红色遗址普查。通过实地走访调研,广泛收集干部群众口述史,实现红色遗址普查全覆盖、无遗漏、有依据。全区共摸排上报红色遗址96处,圆满完成市下达目标任务。

【三大作用】 发挥区委党史办公室和区委政研室以史资政作用。利用智力共享优势,整合力量重点围绕工业强区、乡村振兴、基层社会治理、共同富裕等中心大局开展调查研究,形成了《锂电产业应知应会及沿滩区发展锂电产业的可行性分析报告》《沿滩区人口现状及分析》等研究成果,为党委政府决策提供参考。发挥党校主阵地作用。结合沿滩党史,为全区"综合型""专业型"干部就"大美沿滩·多彩画卷"专题授课。开展群众性党史宣教服务活动,配合承办沿滩区全民读书活动,开展党史进校园活动,围绕三线精神、沿滩红色故事深化宣传宣讲,引导广大群众"听党话、感党恩、跟党走"。发挥信息宣传作用。高质量完成党史信息征文工作,撰写《深入实施"两大战略",奋力建设"两区一城"争做再造产业自贡样板区》党史征文。全年上报各类党史信息23条,四川党史文献网采用9条。

【四件实事】 全区开展红色文化立档调查,启动《追寻红色足迹·再现沿滩记忆》编纂工作,追忆革命先辈的光荣事迹、回溯沿滩曾经发生的革命斗争史实,于12月完成该书出版。在区公共图书馆建成全区首个史志驿站,收录党史书籍300余卷。开展抗美援朝老兵资料收集工作,完成卫坪街道宋绍章、仙市镇陈永林两位老同志的口述史记录。打造自贡市沿滩区永安红色文化陈列馆、三线建设在邓关文史文物陈列馆、自贡抗战盐运史绩陈列馆等"家门口"的"传承红色基因,赓续红色血脉"党史主题教育学习阵地。

党校教育

【人才培训】 高质量举办党校主体班次11期,培训782人次;承办区级重点班次16期,培训1063人次。党的理论教育和党性教育比例占83%,将习近平新时代中国特色社会主义思想、中共二十大精神纳入干部培训,在主体班开设相关课程12门。向全区各级领导发出授课邀请函,区委书记带头到党校讲课2次,全年领导干部上讲台比例占32%。创新实施"小班化+云课堂"教学模式,以线下集中+线上直播的形式开展培训。

【科研工作】 全年共完成省

9月19—23日,沿滩区2022年中青年干部培训班暨公务员任职培训班在百胜村开展前期网络培训

级课题1个（《加强和完善未成年社会治理体系建设——强制报告制度落实机制研究》），市级课题2个（《农村居民养老困境研究——以自贡市为例》《乡村振兴示范村案例研究——以沿滩区为例》），1篇咨政建议（《关于解决沿滩区城乡居民饮用水安全问题的咨政建议》）获区委主要领导肯定性批示。《以分类建设为统揽 推动党校高质量发展》文章被《四川党校通讯》采用。

【课程开发】 新开发特色课程1门《以盐抗战 永不"盐"弃——弘扬"以盐抗战"精神用担当实干书写新时代自贡答卷》，微课4门，撰写中共二十大主题理论文章8篇。按照"五个统一"标准新增"三线建设在邓关"展览馆、"自贡抗战盐运史绩陈列馆"和"沿滩区乡村振兴综合服务中心"3个现场教学点位。

【宣讲工作】 选派6名教师进入区委宣讲团，围绕中共二十大精神、中共十九届六中全会精神、习近平总书记来川视察重要指示精神和省第十二次党代会精神开展宣讲30场次，受众达1948人。与区级主流媒体合作，在沿滩融媒体网络平台开展学习贯彻中共二十大精神网络宣讲3次。

【师资建设】 落实领导干部上讲台制度，全年邀请6位县级领导干部到党校授课，各乡镇（街道）、部门领导到校授课12人次，"师资库"人数达到102人。引进四川轻化工大学唐林同志挂职党校副校长，分管教学科研工作。实行"全员教师"制度，组织教师参加"我是党课主讲人"、学习宣讲党代会精神专题党课比赛等练兵活动，锻炼教师从讲"微课"着手，逐步向"大课"过渡。邀请领导、专家教授指导教师说课评课，通过赛课磨课精准整改促提升，建立起全流程的课程打磨机制。2022年全年，党校教师上讲台25人次。

【校院建设】 利用省级高新技术产业园区平台优势，打造全市首个"园区党校"，把党校教育拓展到拼经济、搞建设一线，为园区企业发展添砖加瓦。升级打造"互联网+智慧教室"、开放式学术厅、无纸化研讨室等硬件设施，组建专职师资10人，开设"理论政策十二讲""工匠讲堂·开课啦"等系列课程4个。园区党校已培训党员干部及企业管理人员500余人次。

档案管理

【基本情况】 截至2022年底，馆藏有文书、婚姻、退役军人、国有企业退休人员、会计、土地证存根、普查、林权、地名、户籍、基建、三峡移民、实物、照片等档案，共计98个全宗单位，各门类档案39374卷106809件。

【调研普查】 完成全区50个部门、12个乡镇（街道）档案调研，其中实地调研24个单位，实现调研全覆盖。开展馆（室）藏档案资源普查，普查各单位室藏档案197184卷，馆藏档案35242卷12133件。

【档案接收】 依法接收乡镇（街道）、区级机关、事业单位文书、项目档案5637件；完成全区2777盒（29944件）脱贫攻坚档案的入库整理；收集整理入库抗战老兵赵学武个人红色档案83份。

【服务大局】 抽调1名班子成员全脱产到川南新材料产业基地项目，参与中心工作；会同相关单位整理、归档全区党史学习教育档案944余件并接收进馆；归档整理2021年疫情防控档案目录840条；与区退役军人事务局共享退役军人数字档案7394件，为638名退役军人提供了优质快捷的查档服务；聚焦民生，方便业主办理房产登记，查阅昊华小区1000余户拆迁档案信息。

【档案利用】 优化档案查阅机制，向群众提供高效查档服务，全年共接待查档群众3445人次，查阅档案2065例，为118名群众提供延时服务。

【资源建设】 按照"存量数字化、增量电子化"的发展战略，建立全区档案电子目录体系，录入各类电子档案目录18万条；投入22.8万元实施档案信息化升级建设项目，对数据机房、查阅大厅信息化设备等进行升级，完成387422条档案数字副本数据的迁移；聚焦新馆档案全宗数量多、档案存放规划弱等难题，率先在全市开展档案库房管理系统建设，对传统档案库房管理模式进行创新，提升档案库房管理利用效率。

【馆际交流】 按照全省统一安排部署，积极融入四川省档案综合管理服务平台体系，探索服务成渝地区双城经济圈档案信息资源共享工程，强化档案资源信息馆际共建互通，在民生档案异地查档跨馆服务、馆藏重要电子档案异地备份等方面开展交流合作，满足人民群众对民生档案的便捷利用需求，为831名群众开展省内跨馆查询业务。

【人才培养】 强化档案人才队伍建设，提升档案人员的专业能力，组织召开全区档案业务能力提升培训会，各单位档案负责人共计50人参加培训。组织业务骨干参加省、市举办的各类业务专题网络班，学习先进经验，提升档案专业能力。

【法治宣传】 利用"线上+线下"的宣传模式，开展"6·9"国际档案日系列宣传活动，通过人民网、川观新闻、自贡网等新闻平台发布信息12条，发放档案宣传资料2000份。

沿滩区人大

概 述

2022年，召开常委会会议9次、主任会议20次，听取审议"一府一委两院"工作报告28项，作出决议决定24项，形成相关报告52份、审议意见11份，开展专项视察、工作调研、执法检查50次，对6个单位部门进行工作评议；围绕中心服务大局，专题听取营商环境、招商引资、重大项目建设等情况，推动市人代会"建设川南新材料产业基地打造千亿级绿色化工产业集群"议案办理，开展《四川省粮食安全保障条例》执法检查，视察沿滩新城品质提升、沿滩高铁站建设等工作，推动"两区一城"建设；对财政预决算、地方债务管理、财政收支审计等工作的开展审查监督，听取审议环境状况和指标完成情况、国民经济和社会发展计划执行情况、医保制度改革工作情况等报告；视察调研工业发展资金使用、重精患者管理服务、未成年人保护强制报告制度落实等情况，对促进就业"一法一条例"、社区矫正法等开展执法检查；开展代表履职培训14场，组织代表专项监督、专题视察等活动62次，完成人大代表之家（站）10个示范点位创新升级；启动实施区乡民生实事项目人大代表票决制工作，办理75件代表议案建议，人大代表走访联系群众1800余人次；"第一议题"跟进学习习近平总书记重要讲话、重要指示批示、重要文章精神66篇次，制定并实施中共二十大精神人大系统学习宣传贯彻实施方案；聚焦监督履职、代表工作、基层人大建设等重点方面新建修订规章制度23项；机关干部参与"双报到、双服务""万名党员干部下基层"等志愿服务946人次；组织"弘扬江姐精神，赓续红色血脉"等主题党日活动。

重要会议

【常委会会议】 2月25日，召开区第十九届人大常委会第二次会议。会议审议通过《沿滩区人大常委会2022年工作要点（草案）》《自贡市沿滩区人大常委会关于开展第八个五年法治宣传教育的决议（草案）》《自贡市沿滩区人民代表大会代表建议、批评和意见办理办法（草案）》《自贡市沿滩区人大常委会工作评议办法（修订草案）》；会议通过人事任免决定。

4月26日，召开区第十九届人大常委会第三次会议。会议审议通过《自贡市沿滩区人大常委会关于视察的规定（草案）》《自贡市沿滩区人大常委会关于调查研究的规定（草案）》《自贡市沿滩区人大常委会组成人员联系区人大代表和区人大代表联系人民群众的办法（修订草案）》《自贡市沿滩区人大常委会主任会议关于提请设立沿滩区第十九届人民代表大会常务委员会代表资格审查委员会的议案》；表决通过《自贡市沿滩区人大常委会关于2021年环境状况和指标完成情况报告的审议意见（草案）》《自贡市沿滩区人大常委会关于确定沿滩区人民陪审员名额数的决定（草案）》；会议通过人事任免决定。

6月28日，召开区第十九届人大常委会第四次会议。会议审议通过《自贡市沿滩区人大常委会关于审议意见的办理规定》《自贡市沿滩区人大常委会执法检查工作规程》《自贡市沿滩区人大常委会专题询问工作规程》；听取和审议《自贡市沿滩区人大法制委员会关于2021年度沿滩区人大常委会开展规范性文件备案审查工作情况的报告》《自贡市沿滩区人民政府关于巩固拓展脱贫攻坚成果同乡村振兴有效衔接、推进产业扶持和帮扶政策机制建设情况的报告》《自贡市沿滩区人民政府关于医疗保障制度改革工作推进情况的报告》；会议通过人事任免决定。

8月29日，召开区第十九届人大常委会第五次会议。会议听取和审议《自贡市沿滩区监察委员会关于整治群众反映强烈问题工作情况的报告》《自贡市沿滩区人民政府关于2022年上半年国民经济和社会发展计划执行情况的报告》《自贡市沿滩区人民政府关于2022年上半年财政预算执行情况的报告》；审议通过《自贡市沿滩区第十九届人民代表大会常务委员会代表资格审查委员会关于个别代表的代表资格审查报告（草案）》；通过人事任免决定。

9月29日，召开区第十九届人大常委会第六次会议。会议听取和审议《自贡市沿滩区人民政府关于2021年财政决算草案的报告》，表决通过《自贡市沿滩区人大常委会关于批准自贡市沿滩区2021年财政决算的决议（草案）》；听取和审议《自贡市沿滩区人民政府关于2021年度区级预算执行和其他财政收支的审计工作报告》；表决通过《自贡市沿滩区人大常委会关于自贡市沿滩区2021年财政预算执行情况和其他财政收支审计工作报告的决议（草案）》；听取和审议《自贡市沿滩区人大常委会执法检查组关于检查〈中华人民共和国就业促进法〉〈四川省就业创业促进条例〉实施情况的报告》；听取《自贡市沿滩区人民政府关于办理区第十九届人大一次会议代表议案、建议、批评和意见情况的报告》；表决通过《自贡市沿滩区人大常委会关于实施区民生实事项目人大代表票决制工作的决定（草案）》；通过人事任免决定。

10月26日，召开区第十九届人大常委会第七次会议。会议听取和审议《自贡市沿滩区人民检察院关于未成年人保护强制报告制度落实情况的报告》《自贡市沿滩区人民政府关于开展法治宣传教育第八个五年规划情况的报告》《自贡市沿滩区人民政府关于自贡市沿滩区2021年国有自然资源资产管理情况的专项报告》；听取《自贡市沿滩区人民政府关于自贡市沿滩区2021年国有资产管理情况的综合报告》；通过人事任免决定。

12月22日，召开区第十九届人大常委会第八次会议。会议听取和审议《自贡市沿滩区人民政府关于自贡市沿滩区2021年度区级预算执行和其他财政收支审计查出问题整改情况的报告》《自贡市沿滩区人民政府关于2022年财政预算调整及债务限额情况的报告》《自贡市沿滩区人大常委会执法检查组关于检查〈中华人民共和国社区矫正法〉实施情况的报告》；听取"一府一委两院"关于区人大常委会审议意见研究办理情况的报告并开展满意度测评；对区农业农村局、区自然资源局、区卫生健康局、区医保局、区行政审批局、区公安分局开展工作评议；听取区人民政府工作部门主要负责同志、区监察委员会副主任、区人民法院副院长、区人民检察院副检察长工作报告并开展年度述职测评。

【主任会议】 2月23日，召开区第十九届人大常委会第二次主任会议。会议审议区十九届人大常委会第二次会议相关事项，审议通过《沿滩区人大常委会2022年工作要点》《区人民政府关于第八个五年法治宣传教育工作安排的报告》以及《工作评议办法》《代表建议、批评和意见办理办法》《联系和指导镇街人大工作办法》《关于区人大代表小组和代表专业小组活动办法》《主任接待代表日活动办法》等6个制度办法，并研究部署近期工作。

3月11日，召开区第十九届人大常委会第三次主任会议。会议审议《关于召开自贡市沿滩区乡镇（街道）人大工作会议的方案》《自贡市沿滩区人大常委会办公室关于2022年组织区人大代表开展活动的意见》《区人大常委会人代工委关于区人大常委会督办区十九届人大一次会议代表议案建议办理情况的工作方案》《区人大常委会人代工委关于举办区第十九届人大代表履职培训会的工作方案》，并研究部署近期工作。

3月28日，召开区第十九届人大常委会第四次主任会议。听取区人民政府关于贯彻落实《四川省粮食安全保障条例》情况的报告等事项，并研究部署近期有关工作。

4月18日，召开区第十九届人大常委会第五次主任会议。会议研究区人大常委会机关对上争取相关工作及推进市十八届人大一次会议议案办理工作事宜，审议《沿滩区人大常委会2022年工作要点任务分解表》《关于下达2022年人大理论宣传工作任务的通知》《区人大常委会2022年4月主任接待代表工作方案》《关于2022年组织区乡人大干部和区人大代表参加省人大培训中心专题培训的建议方案》，审议《沿滩区人大常委会关于进一步加强人大代表家、站、点规范化建设的指导意见》《沿滩区人大常委会组成人员联系区人大代表和人大代表联系人民群众的办法》《沿滩区人大常委会关于视察的规定》《沿滩区人大常委会关于调查研究的规定》等制度规定，并研究部署近期有关工作。

4月24日，召开区第十九届人大常委会第六次主任会议。会议听取区人大常委会机关"练内功、强素养"工作安排方案、区十九届人大一次会议代表议案建议督办情况，审议沿滩区第十九届人大常委会主任（副主任）联系委员名单和沿滩区第十九届人大常委会委员联系代表名单、区十九届人大常委会第三次会议相关事宜、区人民政府关于2021年环境状况和指标完成情况的报告、《区人大常委会主任会议关于提请设立沿滩区第十九届人民代表大会常务委员会代表资格审查委员会的议案》《区法院关于提请审议确定人民陪审员名额数的议案》等事项，并研究部署近期有关工作。

5月26日，召开区第十九届人大常委会第七次主任会议。会议听取区人大法制委关于2021年度规范性文件备案审查工作开展情况的汇报、区十九届人大一次会议代表议案建议督办情况，审议《沿滩区人民代表大会代表履职积分量化考核暂行办法》《自贡市沿滩区人大常委会关于进一步加强乡镇人大工作规范化建设的指导意见》《关于许可对区第十九届人大代表郑毅采取取保候审强制措施的决定（草案）》，并研究部署近期有关工作。

5月30日，召开区第十九届人大常委会第八次主任会议。会议听取区人民政府关于义务教育阶段"双减"工作实施情况的汇报和区人民政府关于全省县域经济发展先进县创建工作情况的汇报，并研究部署近期工作。

6月24日，召开区第十九届人大常委会第九次主任会议。会议审议区十九届人大常委会第四次会议相关事宜，听取农委关于巩固拓展脱贫攻坚成果同乡村振兴有效衔接、推进产业扶持和帮扶政策机制建设情况的调查情况报告以及社会建设委关于医疗保障制度改革工作推进情况的调查情况报告，审议《自贡市沿滩区人大常委会关于审议意见的办理规定》《自贡市沿滩区人大常委会执法检查的规定》《自贡市沿滩区人大常委会专题询问工作规程》《自贡市沿滩区人大常委会关于邀请人大代表列席区人大常委会会议办法》《自贡市沿滩区人大常委会关于公民旁听区人大常委会会议的办法》，并研究部署近期工作。

7月20日，召开区第十九届人大常委会第十次主任会议。会议听取区人民检察院关于2022年上半年沿滩区人民检察院工作情况的汇报。

7月22日，召开区第十九届人大常委会第十一次主任会议。会议听取区人民法院关于2022年上半年沿滩区人民法院工作情况的汇报。

7月28日，召开区第十九届人大常委会第十二次主任会议。会议审议通过《区人大常委会关于巩固拓展脱贫攻坚成果同乡村振兴有效衔接、推进产业扶持和帮扶政策机制建设情况报告的审议意见（草案）》《区人大常委会关于区医疗保障制度改革工作推进情况报告的审议意见（草案）》，听取区人民政府关于农村人居环境整治情况的汇报。

8月26日，召开区第十九届人大常委会第十三次主任会议。会议审议区十九届人大常委会第五次会议相关事项，审议关于开展区人民政府贯彻实施《中华人民共和国就业促进法》和《四川省就业创业促进条例》情况执法检查的方案、区人大法制委关于区监察委员会整治群众反映强烈的问题工作情况的调查情况报告、区人大财经委关于区人民政府2022年上半年国民经济和社会发展计划执行情况的调查情况报告、《自贡市沿滩区第十九届人民代表大会常务委员会代表资格审查委员会关于个别代表的代表资格审查报告（草案）》的情况报告等事项，并研究部署近期工作。

9月22日，召开区第十九届人大常委会第十四次主任会议。会议审议《自贡市沿滩区人大常委会关于整治群众反映强烈问题工作情况审议意见（草案）》《自贡市沿滩区人大常委会关于2022年上半年国民经济和社会发展计划执行情况的的审议意见（草案）》《自贡市沿滩区人大常委会关于2022年上半年财政预算执行情况的审议意见（草案）》，审议区十九届人大常委会第六次会议相关事项，听取区人大财经委关于区人民政府2021年财政决算的调查情况报告、区人大财经委关于区人民政府2021年度其他财政收支审计情况的调查情况报告、区人大社会建设委关于"一法一条例"执法检查情况的报告、区人大常委会人代工委关于区人民政府办理区第十九届人大一次会议代表议案、建议、批评和意见情况的调查情况报告等内容，并研究部署近期工作。

9月27日，召开区第十九届人大常委会第十五次主任会议。会议听取区人民政府关于2022年上半年环境状况和指标完成情况的报告、区人民法院关于加强商事审判优化法治化营商环境情况的汇报，审议关于开展区人民政府贯彻实施《中华人民共和国社区矫正法》情况执法检查的方案以及区人大常委会2022年工作评议实施方案、区人大常委会关于区民生实事项目人大代表票决制实施与监督工作方案，并研究部署近期工作。

10月20日，召开区第十九届人大常委会第十六次主任会议。会议听取和审议自贡市沿滩区人大常委会《关于〈中华人民共和国就业促进法〉〈四川省就业创业促进条例〉实施情况的审议意见（草案）》，审议区十九届人大常委会第七次会议相关事项，听取区人大法制委关于区人民政府开展法治宣传教育第八个五年规划的调查情况报告、区人大法制委关于区人民检察院未成年人保护强制报告制度落实情况的调查情况报告、区人大财经委关于区人民政府国有自然资源（资产）管理情况的调查情况报告等报告，听取和审议《沿滩区乡镇（街道）人大工作2022年度考评办法（审议稿）》，并研究部署近期工作。

11月25日，召开了区第十九届人大常委会第十七次主任会议。会议听取区人民政府关于2022年政府隐性债务化解情况的报告、区人民政府关于川南新材料产业基地建设推进情况的报告，听取和审议自贡市沿滩区人大常委会《关于2021年度国有资产管理情况的审议意见（草案）》、自贡市沿滩区人大常委会《关于未成年人保护强制报告制度落实情况的审议意见（草案）》、自贡市沿滩区人大常委会《关于开展法治宣传教育第八个五年规划情况的审议意见（草案）》，并研究部署近期工作。

11月30日，召开区第十九届人大常委会第十八次主任会议。会议听取区社会建设委关于沿滩区医疗保障制度改革工作的审议意见督办情况的报告、区农委关于巩固拓展脱贫攻坚成果同乡村振兴有效衔接、推进产业扶持和帮扶政策机制建设的审议意见督办情况的报告、工作评议调查情况汇报，听取和审议《沿滩区人大代表工作经费管理使用办法》，并研究部署近期工作。

12月12日，召开区第十九届人大常委会第十九次主任会议。会议听取区人大法制委关于区监委整治群众反映强烈问题工作情况的审议意见督办情况的汇报、区人大财经委关于2022年上半年国民经济和社会发展计划执行情况报告的审议意见督办情况的汇报、区人大财经委关于2022年上半年财政预算执行情况报告的审议意见督办情况的汇报、区人大财经委关于区人民政府2021年度审计问题整改情况、2022年财政预算调整及债务限额情况的调查情况汇报、区人大法制委关于《中华人民共和国社区矫正法》执法检查的情况汇报，听取和审议区十九届人大常委会第八次会议相关事项，并研究部署近期工作。

【其他会议】 6月29日，沿滩区第十九届人大代表履职培训会于沿滩区委礼堂召开，会议邀请四川师范大学文理学院客座教授、四川省人大培训中心客座教授吴润贤作专题讲座，200余名区第十九届人大代表参加会议。

主要工作

【产业服务】 调研县域经济发展，专题听取营商环境、招商引资、重大项目建设等情况，推动解决制约发展的矛盾和问题。推动市人代会"建设川南新材料产业基地打造千亿级绿色化工产业集群"议案办理，组织市、区人大代表视察川南新材料产业基地。

【乡村振兴】 组织市、区人大代表围绕撂荒地整治、高标准农田建设、大豆产业发展、现代农业园区建设、乡村人居环境整治、平安乡村建设等内容开展视察调研，开展《四川省粮食安全保障条例》执法检查，收集形成针对性较强的意见建议19条。

【回应群众】 开展促进就业"一法一条例"执法检查，调研就业创业基地、就业技能培训、职业技术教育等情况；听取审议医保制度改革工作情况报告，调研义务教育"双减"工作、人社基层公共服务平台

6月24日，市十八届人大代表沿滩小组开展助力脱贫攻坚与乡村振兴有效衔接集中视察活动

建设运行等情况；视察残疾儿童康复救助、严重精神障碍患者管理服务、民族宗教事务管理等工作；听取审议环境状况和指标完成情况报告，配合市人大开展《中华人民共和国环境保护法》《四川省城镇排水与污水处理条例》执法检查。

【审议评议】 听取审议区监委关于整治群众反映强烈问题工作情况专项报告，调研未成年人保护强制报告制度落实以及加强商事审判优化法治化营商环境等情况；开展《中华人民共和国社区矫正法》执法检查，听取审议法治宣传教育第八个五年规划情况报告，调研并听取区人民法院、区人民检察院重点工作情况；对"一府一委两院"报备的10件规范性文件进行备案审查，向市人大常委会报备规范性文件22件；开展对区自然资源局等6个单位部门的工作评议。

【决议决定】 依法作出"实施区民生实事项目人大代表票决制工作"等决议决定24项。

【人事任免】 依法任免国家机关工作人员31人次（任命19人次、免职12人次）。

【联系代表】 修订完善代表"三联系"办法，常委会主任、副主任全覆盖联系常委会委员，常委会委员重点联系基层代表

4月22日，区人大主任接待代表日活动

140名，区人大代表普遍联系群众872名，进一步实现代表、群众双向沟通。制度化邀请代表列席常委会会议、参加视察调研和执法检查活动，"一府一委两院"邀请代表参加旁听庭审、政务开放日等活动38人次。开展主任接待代表日、"人大代表走访联系月"等活动，交办代表建议9件，各级人大代表走访联系群众1800余人次。

【议案建议】 市十八届人大一次会议期间，沿滩代表团共提出议案建议21件，其中"建设川南新材料产业基地打造千亿级绿色化工产业集群"议案成为大会唯一议案，促进更多资源要素向产业基地聚集。新制定代表建议意见办理办法，区十九届人大一次会议75件代表议案建议全部办理完毕，推动解决了严重精神病患者管护难、城区停车难等一批群众烦心事、基层困难事。

【保障服务】 2022年，开展代表履职培训14场，组建12个代表小组和6个代表专业小组，开展专项监督、专题视察等活动62次，收集建议意见193条。完成恒大绿洲社区基层立法联系点等人大代表之家（站）10个示范点位创新升级，各级代表进"家"入"站"驻"点"，推进全过程人民民主基层实践。启动区乡民生实事项目人大代表票决制工作，制定《区人大常委会关于民生实事项目人大代表票决制的实施与监督工作办法》。

【政治引领】 2022年，强化政治机关建设，开展学原著、学英烈、学先进活动，组织党组理论学习中心组集中研讨学习6次。组织"弘扬江姐精神，赓续红色血脉"等主题党日活动。

【学习研究】 2022年，健全完善第一议题、会前学法、人大讲堂等学习制度，组织各类

学习活动76场次，集中学习中央和省市区重要会议、重要文件精神94篇次，集中学习法律条例、党内法规等32部。全年开展各类调研83次，形成调研报告、视察综述33份。承担"沿滩养老产业发展路径研究"等5个课题研究，咨询报告"培育发展契合沿滩实际的'银发经济'"被区委采纳。

【基层工作】 2022年，常委会领导到村（社区）、项目一线，督促疫情防控、安全生产等工作，协调解决施工用地、公配建设等问题18个；机关干部参与"双报到、双服务""万名党员干部下基层"等志愿服务946人次。持续加强制度体系建设，聚焦监督履职、代表工作、基层人大建设等重点方面，新建修订规章制度23项；对标上级人大工作标准，健全完善视察、调研、执法检查、专题询问等监督工作规程，优化提升监督履职效能；制定审议意见办理规定，健全机制，进一步做好审议意见的落实。

沿滩区人民政府

概 述

2022年，沿滩区辖区面积467平方公里，辖9个镇、1个乡、2个街道。户籍人口39.3万人（含板仓），常住人口29.4万人，比第六次全国人口普查增加21556人，增长7.9%，年平均增长率为0.69%。地区生产总值（GDP）256.99亿元，增长0.3%。三产业结构为10.7∶56.3∶33。区流域面积达50平方公里的河流有10条，总长230.87公里。境内小（一）型水库9座，小（二）型水库35座，总库容5179.21万立方米。森林面积7098.9公顷，森林覆盖率15.15%。旅游资源742个，历史遗迹154处，太源井晒醋、徐氏雕刻非物质文化遗产技艺9项。境内有AAAA级景区1个（仙市古镇）、AAA级景区1个（瑞鑫火箭湖）。

有规模以上工业企业75家，其中：新增7家，净增7家。工业分行业大类营业收入，农副食品加工业33.95亿元，增速75.3%；食品制造业0.67亿元，增速-92.2%；木材加工和木、竹、藤、棕、草制品业0.79亿元，增速-23.6%；化学原料及化学制品制造业6.49亿元，增速-82.1%；非金属矿物制品业36.16亿元，增速4.7%；金属制品业7.57亿元，增速60.5%；通用设备制造业6.51亿元，增速-64.7%；专用设备制造业0.39亿元，增速-51.5%；电气机械和器材制造业43.53亿元，增速69%；燃气生产和供应业0.64亿元，增速-95.5%。

完成第一产业增加值27.55亿元，增长4.4%；农民人均可支配收入21715元，增长6.1%。完成粮食播种面积41.4万亩，同比增长1.1%，产量16.22万吨，同比减少4.1%；生猪全年出栏16.67万头，同比增加6.7%；年末生猪存栏7.81万头，同比减少2.7%。牛全年出栏869头，同比增长3.9%；年末牛存栏1881头，同比减少6.4%。禽全年出栏292.11万头，同比增长1.2%；全年禽蛋产量11202吨，同比增长2.1%。羊全年出栏5.01万头，同比增加2%；年末羊存栏2.82万头，同比减少3.9%。肉兔全年出栏429.17万头，同比增长3.4%。

实现服务业增加值84.72亿元，同比增长2%，占沿滩区地区生产总值32.97%。规模以上服务业企业20户，较上年增长3户。服务业完成税收1.69亿元，同比下降42.95%，税收占比达36.21%，同比减少6.54%。社会消费品零售总额完成67.26亿元，同比增长2.8%。货物进出口完成1.18亿元，同比增长39.09%，增速位居全市第一。辖区内企业引进四川顺隆祥进出口贸易有限公司入驻沿滩建设自贡万物奥特莱斯主题购物中心，打造川南首家奢侈品潮牌购物中心。

先后完成国土空间规划"三区三线"三轮试划和四轮

划定工作。沿滩区共新增规划用地指标8.92平方公里,其中川南新材料产业基地争取自贡市单独下达指标3.52平方公里,化工园区扩至10.01平方公里,新增三类工业用地7000余亩。科学编制三大片区规划,《沿滩区经济片区划分方案》作为全市区县唯一代表到省上交流汇报。先后开展"金银湖农旅融合、釜溪河文旅融合、G348产城融合"等三个经济片区规划编制工作,"釜溪河文旅融合发展片区国土空间规划"被省自然资源厅作为优秀成果通报表扬。

有普通高中1所、初中11所,小学12所,九年制学校3所,独立建制公办幼儿园1所(另有民办幼儿园35所),特殊教育学校1所,教师进修学校1所,村小教学点32所。截至2022年秋季,沿滩区共有中小学生27166人,幼儿7008人,教师1955名。组织2022年沿滩区中小学校大课间体育评比活动、沿滩区第八届"文轩教育杯"中小学生"学、爱、玩"校园足球联赛、沿滩区首届中小学生(幼儿)啦啦操比赛。承办自贡市老年人柔力球(套路)双拍双球培训、自贡市"8·8"全民健身日暨全民健身月启动仪式,组织自贡市沿滩区"百城、千乡、万村、社区"五人制足球比赛,完成沿滩区国民体质监测站建设和样本量采集,开展第二十五届"蓝天下共成长"中小学生现场书画比赛、沿滩区"蓝天下共成长"中小学生艺术节暨"喜迎二十大、永远跟党走、奋进新征程"文艺展演、"永远跟党走·奋进新征程"暨庆祝建团100周年中小学生主题演讲讲故事比赛。

有医疗卫生机构258个,编制床位数1459张,实际床位数1224张,医疗卫生技术人员1158人,乡村医生201人。2022年,法定传染病报告发病率427.09/10万,低于全省平均水平。建成沿滩区社会心理服务分中心1个、各类心理咨询室112个,以村(社区)为单位心理辅导室建成率达100%。成立自贡市沿滩区家庭医生签约服务指导监督中心,组建家庭医生服务团队145个,签约22.88万人。沿滩区基本医疗保险参保人数290874人,养老保险参保人数220991人,工伤保险参保人数16959人,失业保险参保人数12364人。民政社会救助累计支出8085.65万元、增长6%,线下开展行政许可现场踏勘135次,办理行政许可类事项3531件,办结率100%。线上牵头认领政务服务事项7588项。

全年累计优良天数285天;$PM_{2.5}$平均浓度值39.5微克/立方米,同比下降13.8%;PM_{10}平均浓度值57.4微克/立方米,同比下降9.3%。釜溪河沿滩段出境断面(宋渡大桥断面)年平均水质保持Ⅲ类。9个水网格化监测断面中,水质为良好(Ⅲ类)断面7个,水质为轻度污染(Ⅳ类)断面2个。县级饮用水水源地(碾子滩水库)水质稳定达标,4个乡镇集中式饮用水水源地水质达标率100%。降水:全年有效降雨共46次,比2021年减少12次;酸雨频次5,比2021年增加2次。总降水量为379.4mm,较2021年减少了399.2mm,减少了58.77%。全年降水pH在4.39~8.22范围,降水pH年均值为5.96,与2021年平均值(5.95)基本持平;全年降水的电导率范围在0.8~7.0ms/m之间,年均值为1.90ms/m,与2021年(1.86ms/m)基本持平。全年降水主要集中在4、5、6月,5月降雨量最大,11月无有效降水。

获2022年全省认定的首批化工园区之一,认定面积3.13平方公里,近期规划面积10.01平方公里,远期规划面积20平方公里。园区抢抓绿色低碳优势产业高质量发展重大机遇,按照"旗舰领航、园区集聚、数字赋能、低碳转型"总体思路,以打造千亿产业为目标,积极发挥自贡盐化工、氟化工比较优势,以中国中化头部企业为引领,延链发展氟硅新材料、新能源材料等先进材料产业,聚力形成以盐化工为基础,氟硅材料为主线,新能源材料与精细化工为两翼特色的高端化工新材料产业制造基地。目前，已先后引进中国中化旗下中昊晨光、中化蓝天、昊华气体等公司，以及江苏国泰、无锡东恒等国内龙头企业重大项目26个，计划总投资165.12亿元，另有中国中化西南新材料产业园、中国建材自贡光伏产业链项目、和邦集团自贡产业基地等3个50亿元以上项目正在紧追洽谈，力促落地。

新签约重大项目32个，其中工业项目29个、10亿元以上项目7个，中国昊华、江苏国泰、山东得利斯、无锡东恒等三类500强、上市公司、行业龙头企业6户，完成省外引进产业项目新增实际投资48亿元，2022年市督办项目履约率93.8%，开工率84.4%，资金到位率32.7%，高质量举办"江苏国泰年产30万吨锂离子电池电解液和回收2000吨溶剂项目签约仪式"等招商活动11场，开展"园区低效闲置资源盘活行动"，盘活智瑞铸造、虹旭金属等8户企业闲置土地211亩、闲置厂房5.2万余平方米。

重大决策

2月15日，自贡市沿滩区人民政府办公室印发《沿滩区"乡村振兴贷"实施方案（修订稿）》。

11月11日，自贡市沿滩区人民政府印发《自贡市沿滩区扶贫资产管理办法（试行）》。

重要会议

【政府常务会议】 1月15日，区政府第十九届6次常务会议审议同意《关于通报表扬2021年度优秀民兵的请示》《关于报请审议〈沿滩区机关事业单位工作人员调动管理办法（试行）（送审稿）〉的请示》等事项，并研究其他工作。

1月25日，区政府第十九届7次常务会议审议同意《关于报请审议〈关于贯彻落实《四川省市县重大经济事项决策规定（试行）》的实施意见（送审稿）〉的请示》《关于自贡食品工业园基础设施建设项目（一期）变更业主单位的请示》等事项，并研究其他工作。

2月16日，区政府第十九届8次常务会议审议同意《关于报请审议〈沿滩区委区政府法律顾问候选人员名单（含后备人选）〉〈自贡市沿滩区法律顾问管理办法（送审稿）〉〈自贡市沿滩区法律顾问工作经费支出管理办法（送审稿）〉的请示》《关于实施自贡市沿滩区全域土地综合整治省级试点项目的请示》等事项，并研究其他工作。

2月24日，区政府第十九届9次常务会议审议同意《关于报请审议〈2022年沿滩区信访工作要点（送审稿）〉的请示》等事项，并研究其他工作。

3月3日，区政府第十九届10次常务会议审议同意《关于报请审议〈沿滩区抓项目促投资稳增长的八条激励措施（送审稿）〉的请示》《关于实施沿滩区瓦市区域性养老服务中心建设项目（一期）的请示》等事项，并研究其他工作。

3月15日，区政府第十九届11次常务会议审议同意《关于报请审议〈2022年沿滩区20件民生实事实施方案（送审稿）〉的请示》《关于报请审议〈关于进一步做好政府购买服务工作的实施意见（送审稿）〉的请示》等事项，并研究其他工作。

3月30日，区政府第十九届12次常务会议审议同意《关于开展2022年一季度"底线底板"工作先进集体和先进个人评选表扬的请示》等事项，并研究其他工作。

4月4日，区政府第十九届13次常务会议传达学习了国务院安全生产工作"15条硬措施"和省、市安委会会议精神，分析了沿滩区当前安全生产形势，研究了国务院安全生产工作"15条硬措施"贯彻落实意见及下一步重点工作安排，并研究其他工作。

4月16日，区政府第十九届14次常务会议审议同意《关于报请审议〈沿滩区建设全省县域经济先进区2022年工作要点（送审稿）〉的请示》《关于川南新材料产业基地兴盛路等6条道路命名的请示》等事项，并研究其他工作。

5月10日，区政府第十九届15次常务会议审议同意《关于2022年一季度"底线底板"暨抓项目促投资工作先进集体和先进个人予以表扬的请示》《关于实施自贡灯饰照明产业园（电力建设一期项目）的请示》等事项，并研究其他工作。

5月30日，区政府第十九届16次常务会议审议同意《关于报请审议〈2022年自贡市沿滩区重大项目计划草案（送审稿）〉的请示》《关于采购天网监控服务的请示》等事项，并研究其他工作。

6月17日，区政府第十九届17次常务会议审议同意《关于报请审议"年产30万吨锂离子电池电解液和回收2000吨溶剂项目"扶持政策的请示》等事项，并研究其他工作。

6月20日，区政府第十九届18次常务会议审议同意《关于报请审议自贡川南新材料化工园区扩区要件编制费用的请示》《关于报请审议实施自贡灯饰照明产业园基础设施一期项目的请示》等事项，并研究其他工作。

7月19日，区政府第十九届19次常务会议审议同意《关于报请审议自贡市灯饰照明产业园10kV架空线路迁改项目补偿方案的请示》《关于报请审议自贡市灯饰照明产业园王沿线、王铁线110kV架空线路迁改项目补偿方案的请示》等事项，并研究其他工作。

8月2日，区政府第十九届20次常务会议审议同意《关于报请审议〈锂离子电池负极材料一体化生产基地项目意向协议（送审稿）〉的请示》等事项，并研究其他工作。

8月13日，区政府第十九届21次常务会议审议同意《关于表扬2022年二季度统筹发展与安全先进集体和先进个人的请示》《关于安排自贡市公安局警犬基地项目建设经费的请示》等事项，并研究其他工作。

8月29日，区政府第十九届22次常务会议审议同意《关于报请审议"中化蓝天四川基地项目"扶持政策的请示》等事项，并研究其他工作。

9月5日，区政府第十九届23次常务会议审议同意《关于报请审议〈自贡市沿滩区人民政府领导工作分工（送审稿）〉的请示》《关于报请审议〈自贡市沿滩区区级机关培训费管理实施办法（送审稿）〉的请示》等事项，并研究其他工作。

9月28日，区政府第十九届24次常务会议审议同意《关于报请审议〈2021年度目标绩效综合考评结果（送审稿）〉的请示》《关于报请审议〈2022年度沿滩区目标绩效综合考评实施办法（送审稿）〉的请示》等事项，并研究其他工作。

10月13日，区政府第十九届25次常务会议审议同意《关于报请审议成立灯城社区居民委员会的请示》《关于实施自贡市沿滩区保障性租赁住房建设项目（配套体育设施及智慧停车场）的请示》等事项，并研究其他工作。

10月30日，区政府第十九届26次常务会议审议同意《关于表扬2022年三季度先进集体和先进个人的请示》《关于报请审议〈沿滩区评选表扬2022年第四季度先进集体和先进个人工作方案（送审稿）〉的请示》等事项，并研究其他工作。

11月2日，区政府第十九届27次常务会议审议同意《关于购买颗粒物及光化学组分自动监测监控设施运维服务的请示》《关于表扬2022年度沿滩区十强工业企业、十强成长型工业企业的请示》等事项，并研究其他工作。

11月18日，区政府第十九届28次常务会议审议同意《关于报请审议〈自贡市沿滩区全民健身实施计划（2021—2025年）（送审稿）〉的请示》《关于报请审议〈沿滩区行政许可事项清单（2022年版）（送审稿）〉的请示》等事项，并研究其他工作。

11月30日，区政府第十九届29次常务会议审议同意《关于实施自贡市沿滩省级高新技术产业园区基础设施配套项目（一期）的请示》《关于实施自贡食品工业园供水主管一体化泵站项目（国家骨干物流基地）的请示》等事项，并研究其他工作。

12月9日，区政府第十九届30次常务会议审议同意《关于实施自贡市沿滩区狮子山体育公园项目的请示》《关于对2021年年度考核为优秀等次公务员（参公人员）给予记三等功或嘉奖奖励的请示》等事项，并研究其他工作。

12月25日，区政府第十九届31次常务会议审议同意《关于报请审议〈支持沿滩高新技术产业园区高质量发展的意见（送审稿）〉的请示》等事项，并研究其他工作。

【全体（扩大）会议】 8月5日，区委副书记、区长廖东主持召开沿滩区第十九届人民政府第二次全体（扩大）会议，总结上半年政府工作，安排部署下半年重点工作，与会副区长对分管联系工作分别作安排部署。

8月22日，区委副书记、区长廖东主持召开沿滩区第十九届人民政府第三次全体（扩大）会议，回顾总结前期政府工作，对森林防灭火、疫情防控、安全生产等底线底板工作进行再安排、再部署、再落实。

12月31日，区委副书记、区长廖东主持召开沿滩区第十九届人民政府第四次全体（扩大）会议，传达学习自贡市第十八届人民代表大会第二次会议精神，讨论区政府提交区十九届人大二次会议审议的政府工作报告、计划报告、财政报告，通报四季度工作情况，安排部署一季度开门红等工作。

【其他重要会议】 2月7日，沿滩区召开2022年经济工作推进部署会暨争创全省县域经济发展先进区工作推进会，传达学习中央、省市委经济工作会议精神，对2022年具体经济工作进行安排部署，区委副书记、区长廖东出席会议并讲话。

政务协调服务

【政务服务】 2022年，执行"1＋1＋2＋N""约稿直通车"等模式，优化约稿报送制度，编辑区级《政务信息》23期，编辑上报229条信息，市级《政务要情》采用56条，省级直报点采用7条，约稿采用率达72.60%，累计得分814分；完成沿滩区42个部门、12个乡镇（街道）政府信息公开专栏建设，新建政府投资年度计划、政府投资项目审批、医疗卫生等栏目6个，公开各类信息4853条，发布政策解读43条，开展意见征集和网上调查9次，收到和办结依申请公开件24件；完成113个村（社区）电子政务外网接入工作，全区未发生网络安全事件。

【群众路线】 2022年，完成30件省市民生实事，完成自贡市交办7件人大建议和政协提案，3月和11月举办2场行风热线沿滩专场直播活动，处置和转办行风热线问题30个；走访关心困难群众，购买农副产品1万余元，收集并解决实际问题2个；以"传承沿滩记忆，赓续奋斗篇章"为主题，打造自贡市首个"方志驿站"，搭建起藏书、展示、读志、用志的方志阵地，营造学史用志氛围，传播"沿滩声音"。

【效能建设】 2022年，围绕市委、区委"三再"活动，领题开展"沿滩区产城融合发展"等5个课题研究；政协领导为自贡永固建材公司、自贡华砂新材料公司等18户企业，协调解决了企业用电、融资贷款等问题；56名区政协委员、11名区政协机关干部参加川南城际铁路、自泸大件路等重点工程建设；《加快打造新型化工产业集群的建议》在市政协大会发言中得到市委领导关注和认可，《高效推进食品工业园建设考察报告》得到区委主要领导肯定性批示；提出延伸农产品精深加工产业链、丰富乡村旅游业态等建议意见7条；审核各单位采购89批次，累

5月13日,沿滩区政府办会同沿滩区民政局到永安镇鳌头铺社区开展居务公开检查

计同意报废资产442件(套)。

【协调服务】 坚持事不过夜,确保任务无差错、无疏漏、无延误。

机关事务管理

【国有资产管理】 2022年,以《自贡市沿滩区区级行政事业单位办公设施配置标准》(自沿财行〔2018〕46号)为依据,共审核各单位采购89余次、审核同意报废资产442件(套)。

【公务用车管理】 2022年公务出车15000余次,累计行驶里程10万余公里。10月以来,集中安排20余辆公务用车。处置公务用车9辆,购置公务用车7辆,其中新能源车5辆。

【办公用房管理】 按照《关于做好2022年度全省党政机关办公用房信息统计报告工作的通知》,集中开展党政机关办公用房信息统计工作,沿滩区189个机关事业单位共有办公用房8.1万 m²,业务用房1.4万 m²。

【公共机构节能】 2022年,以设立宣传展板、悬挂主题横幅等方式,向群众普及节能低碳知识。通过沿滩宣传、沿滩融媒等APP(手机应用软件)发出《2022年自贡市沿滩区公共机构节能宣传周倡议书》,印发《关于开展2022年度节约型机关创建工作的通知》,累计完成节约型创建任务68家、累计在公共机构区域内建成充电基础设施14个。

信访工作

【基本情况】 2022年,沿滩区受理办理各类信访事项369件445人次,化解国家信访局、四川省信访局交办案件18件,市领导包案2件结案。信访部门和责任单位及时受理率、按期办结率达100%,信访部门参评率、满意率分别为98.04%、100%,对责任单位参评率、满意率分别为98.04%、99%,实现进京零非访、到省赴京零集访、零恶性信访,获自贡市全国、全省"两会"和北京冬奥会冬残奥会期间信访和维护社会稳定工作先进集体、自贡市中共二十大信访维稳安保工作贡献突出集体及沿滩区2022年第四季度先进集体。

【稳控工作】 2022年,针对19名重点人员,成立化解稳控工作专班,对其中6名特高风险人员建立专班。妥善处置进京走访1人次,进京疑似精神病人等特殊人员3人次,万达项目业主、融创业主等特殊利

2月24日,沿滩区政府办公室支部大会

益群体聚集活动4场次,实现"四个不发生"工作目标。

【矛盾化解】 2022年,化解情况实行全覆盖、全过程、系统性督导,累计排查化解信访突出问题15件。化解向某琴等信访老户、沿滩镇原宜民村征地生活费问题、兴元社区安置房地下车库漏水、长达20余年的邓某清交通肇事逃逸案等信访积案,维护人民群众合法权益。

【业务培训】 2022年,共组织3次信访业务培训会、全国信访系统电视电话会、信访业务大讲堂等培训活动,各乡镇街道、区级部门信访工作人员160余人参会。

退役军人事务

【落实优抚政策】 发放抚恤和生活补助1589.51万元,报销重点优抚对象优抚医疗补助37.53万元,为重点优抚对象购买城乡居民基本医疗保险、职工医疗保险44.32万元,为10名退役军人家属申请医疗类帮扶4.34万元,其中为重大疾病退役军人及家属发放医疗补助1.64万元;12个乡镇(街道)以机关干部、村(社区)干部中退役军人先行先试,共申领优待证5277人,目前成功制卡3755人;对沿滩区不同时期牺牲的革命烈士散葬墓进行摸排,共摸排出邓关街道田清明、联络镇陈谋相、永安镇何大海三座烈士墓,完成迁葬工作,完成进度列全市区县第三名。

【保障体系建设】 2022年,通过以奖代补方式保障创建经费37万元,沿滩区13个区乡两级退役军人服务中心(站),已有4个成功创建,9个已接受省级交叉检查验收;申创五星级服务站1个,四星级服务站3个,三星级服务站3个;建立专项工作奖励机制,对成功创建为"三星""四星""五星"服务站的村(社区)分别按照1万元/个、1.5万元/个、2万元/个给予以奖代补建设补助。

【就业创业】 依托市区乡三级培训平台,组织开展网络适应性培训79人,配合市退役军人事务局组织开展线下培训,53人参训;组织30名退役士兵开展技能培训(汽车驾驶、计算机、电工、电子商务、中式烹调师等),发放技能培训补助金11.3万元。联合区人力资源社会保障局开展退役军人专场招聘会4场次,入场企业187个,提供岗位1033个,400余名退役军人参加招聘会,达成就业意愿29人;开发使用退役军人公益性岗位23个(补助标准上浮30%),为其中9名困难退役军人(公益性专岗)发放绩效补贴5.4万元。落实《退役士兵安置条例》,切实做好政策宣传、档案接收、党组织关系转接、就业培训、落户安置等服务工作,2022年共接收安置退役士兵89人(其中符合政府安排工作退役士兵10人,均安置到机关事业单位工作)。

【双拥共建】 2022年,走访慰问9700余人次,发放慰问物资(金)103万余元;帮扶优抚对象250余人次,发放各类帮扶基金140余万元。

【信访维稳】 2022年,动态

沿滩区召开中共二十大信访维稳安保工作会

摸排突出问题3件，突出重点人头4人。

港澳台侨海外工作

【港澳台事务】 2022年，开展港澳台侨工作和两岸婚姻摸底调查，动态更新人员台账。

【外事工作】 2022年，搭建归国留学人员之家。

【侨务工作】 2022年，发挥全省"侨胞之家"典型选树单位成效，组织开展"情暖侨心"等主题活动2场次；定期走访台胞侨胞及其眷属20余次。

地方志

【《沿滩年鉴（2022）》编辑出版】 由自贡市沿滩区人民政府主办，《沿滩年鉴（2022）》编纂委员会编纂的第六卷综合年鉴，2022年11月由开明出版社出版，字数63万字。纸质书籍印刷500余册，发至各乡镇街道、区级部门供以浏览，电子版本上传四川省情网，以供读者了解区情。

【地情材料开发利用】 2022年，依托图书馆打造方志文化传播新平台，打造全市首个"方志驿站"；驿站以"传承沿滩记忆，赓续奋斗篇章"为主题，收录省、市、区地方志、年鉴、党史和其他各类地情书籍近500册，将沿滩建区以来奋斗历程进行集中展示。

沿滩区政协

概 述

2022年，沿滩区政协机关有在岗人员54人，在编43人。政协党组班子有成员4名，有书记1名、副书记2名（其中1名由区委统战部长兼任）。主席会班子设1正4副，目前党员副主席空缺，其中1名党外副主席不驻会。经编制部门批准设立2个办事机构，其中行政机构1个，挂靠于区公共服务中心的事业机构1个即委员服务中心；经区委同意设立10个专门委员会和1个诗书画艺术院。

政协委员设19个委员界别，分别是：中共、民盟、民建、农工党、共青团、工会、妇联、工商联、文化艺术、科学技术、社会科学、经济、农业、教育体育、新闻出版、医药卫生、少数民族、宗教和特邀界。委员规模为217名（常务委员37名），其中非中共委员131名。

围绕教育热点，专题调研落实和推进"双减"工作、高中教育提质增效；围绕就业、养老等难点，开展农民工返乡就业创业、公建民营养老机构建设管理等专题视察、提案办理协商，提出做大做强产业创造更多就业机遇、推动医养结合发展等建议意见14条；围绕未成年人保护痛点，提出增设公交专用道、完善制度化社会帮教体系等意见建议13条。

对区统计局、区审计局、区综合执法局、区卫生健康局、区水务局5个单位的民主评议工作，坦率提出意见建议。

围绕《关于高效推进食品工业园建设，加快形成食品产业集聚效应的调研》《关于沿滩区落实和推进"双减"工作情况的调研》等7个专题开展调研，撰写高质量调研报告；组织开展10个专题视察，并形成视察报告报送区委；十届一次全会以来提出集体提案3件、委员提案95件，反映社情民意信息106篇、省市采用4篇。

重要会议

【常委会议】 3月21日，召开政协自贡市沿滩区第十届委员会第二次常委会议，区政协主席王丽主持会议并讲话。审议通过区政协2022年工作要点（草案）《区政协文化文史专项工作五年规划（2022—2016）》《关于进一步加强人民政协提案办理工作的实施意见》《提案办理协商办法》《提案质量和提案办理质量双向评价办法（试行）》《委员履职工作规则》《委员履职考核办法》（审议稿）（草案），听取关于特色园区建设推进情况的通报。

7月22日，召开政协自贡市沿滩区第十届委员会第三次常委会议，区政协党组书记、主席王丽出席会议并讲话，部分常委、委员围绕经济发展、乡村振兴作交流发言。

10月20日，召开政协自贡市沿滩区第十届委员会第四

3月21日，政协自贡市沿滩区第十届委员会第二次常委会议

7月22日，政协自贡市沿滩区第十届委员会第三次常委会议

10月20日，政协自贡市沿滩区第十届委员会第四次常委会议

次常委会议。区政协常委会组成人员，区委、区人大常委会、区政府领导，区政协第九届主席等70余人参加会议。会议由区政协党组书记、主席王丽主持，审议通过《沿滩区政协民主评议工作规范》（送审稿）。审议区政协对区统计局、区审计局、区综合执法局、区卫生健康局、区水务局民主评议的报告（送审稿）以及《挖掘红色资源 传承红色基因奋力推进"两区一城"建设的调研报告》（送审稿）、《关于沿滩区农药化肥"两减"推进情况的调研报告》（送审稿）、《创新社区矫正工作 推进基层社会治理的调研报告》（送审稿）、《高效推进食品工业园建设 加快形成食品产业集聚效应的调研报告》（送审稿）、《沿滩区未成年人保护工作情况的调研报告》（送审稿）、《关于沿滩区落实和推进"双减"工作情况的调研报告》6个调研报告。审议《邓关釜溪河沿岸文旅融合发展协商成果报告》（送审稿）、《永安镇农业提灌站建设用电难题协商成果报告》（送审稿）、《沿滩区农民工返乡创业就业协商成果报告》（送审稿）。

11月21日，召开政协自贡市沿滩区第十届委员会第五次常委会议，会议由区政协副主席龚贵明主持。会上专题学习中共二十大会议精神，审议

11月21日，政协自贡市沿滩区第十届委员会第五次常委会议

《自贡市沿滩区政协委员联系界别群众制度》（送审稿）和《沿滩新城区二期邻里中心建设情况的报告》（送审稿）。

【其他重要会议】 4月7日，省政协副主席、党组副书记曲木史哈莅区督导中央和省委政协工作会议精神贯彻落实"回头看"和"有事来协商"工作，自贡市委书记范波陪同。

主要工作

【凝聚合力】 联系走访政协委员和各界人士300余人次，增进理解、加深友谊；制定《政协文化文史五年专项工作规划》，开展挖掘和利用本土文化，赓续沿滩文脉；编印《追寻红色足迹，再现沿滩记忆》本土红色书籍，举办《颂伟业喜迎二十大，守初心翰墨绘新篇》书画展等文化艺术系列活动6场，创树"因盐说画""墨香政协""笔尖寻迹""追忆盐道"四个工作品牌；开展"关爱留守儿童，文化助推乡村振兴"等政协委员送文化、送艺术下乡活动；重庆黔江、广西贺州、贵州遵义、乐山犍为等17个异地政协至沿滩区交流；在四川政协报、自贡电视台等省市媒体，刊载政协工作、委员事迹120余篇，传递政协声音、展现委员风采。

【调研工作】 开展基层公共卫生服务提质增效情况课题调研，提出夯实工作基础、建立健全"医卫"融合发展长效机制等建议意见；组织政协委员和政协机关干部600余人次下沉基层一线，开展碳达峰碳中和、河湖流域水体保护等提案协商、专题视察；提出落实"四早"防控措施、加大地质灾害防治统筹施策等建议意见12条，《地质灾害综合整治视察报告》得到区政府主要领导肯定性批示。

【民主监督】 提出提升软环境硬实力、提高政策惠及面等30条工作建议，助力区委区政府安排部署落地落实；健全民主评议政府部门工作机制，对区水务局等5个单位开展民主评议，收集反馈17个问题，提出35条工作建议；16名委员参与行风监督、旁听法检两院案件审理。

纪检监察

概 述

2022年，出台《沿滩区纪检监察工作考核办法》，分类制定乡镇、片区、派驻（出）机构3个考核指标，实行目标进度"周收集+月调度+季小结+年考评"，"一季度一主题"开展"晾晒比拼"、评选"季度之星""年度之星"，互鉴互学、比学赶超氛围日益浓厚；聘请首届特约监察员10名，制定纪检监察干部管理办法，约谈纪检监察干部6人次、通报履职不力纪检监察组织5个。

协助沿滩区委制定《沿滩区县级领导班子成员落实全面从严治党、党风廉政建设责任制清单》，推出"三廉套餐"，向相关县级领导、各乡镇（街道）和区级部门党委（党组）制发《廉情抄告单》《廉情提示函》163份，开展廉情谈话145人次；制定《县级领导同志身边工作人员廉洁谈话制度》《县级领导同志身边工作人员"十二个必须、十二个严禁"纪律规定（试行）》，问责全面从严治党主体责任落实不力党组织2个、党员领导干部13人；协助区委制定《贯彻落实〈激励全市干部在拼经济搞建设中担当作为真抓实干的若干措施〉责任分工方案》，细化具体措施21条，严格落实"三个区分开来"减责免责3人，暖心回访受处分党员干部82名；受理巡察、审计移交问题线索12件、立案12件、处分11人。

重要会议

【纪委全会】 1月18日，召开沿滩区2021年党风廉政建设和反腐败工作情况党外人士通报会，区委常委、区纪委书记、区监委主任宋筱茜向党外人士通报工作情况，听取意见建议。区委常委、统战部部长王揖辉，民盟、民建、农工党沿滩区（总）支部、区工商联、区知联会、区新联会班子成员，无党派代表人士，少数民族、宗教界代表人士，以及相关部门负责人等30余人参加会议。

2月15日，召开中共自贡市沿滩区第十三届纪律检查委员会第二次全体会议。会议传达学习十九届中央纪委六次全会、省纪委十一届六次全会和

1月18日，沿滩区党风廉政建设和反腐败工作情况党外人士通报会

2月15日，中国共产党自贡市沿滩区第十三届纪律检查委员会第二次全体会议召开

6月27日，全市加强县乡基层党风廉政建设现场会

市纪委十三届二次全会精神，通报考核结果、总结党风廉政建设和反腐败工作、安排部署2022年工作。

5月6日，召开沿滩区审查调查工作推进会，安排部署沿滩区纪检监察系统审查调查安全工作。

5月19日，举行沿滩区乡镇（街道）纪检监察干部专题培训班（第一期）开班仪式，各乡镇（街道）纪检监察干部、各乡镇（街道）村（社区）纪检委员代表等84人参加会议。

6月27日，全市加强县乡基层党风廉政建设现场推进会召开，与会人员实地调研沿滩区纪委监委第二办公专区、仙市镇纪委，区委书记刘军做现场交流发言。

6月30日，沿滩区召开监察委员会第一届特约监察员聘任仪式。会议解读《自贡市沿滩区监察委员会特约监察员工作办法》。

11月24日，沿滩区纪委监委召开2023年重点工作谋划专题会。

【其他会议】 1月26日，区委常委、区纪委书记、区监委主任宋筱茜参加沿滩区粮食购销领域腐败问题专项整治暨"纪委书记盯粮库"工作推进会。

2月7日，区委常委、区纪委书记、区监委主任宋筱茜参加市纪委监委研究廖建宇书记莅市调研准备工作会。

3月9日，区委常委、区纪委书记、区监委主任宋筱茜参加区委调研2022年纪检监察及巡察重点工作座谈会。

4月29日，沿滩区召开实施"强基固本·廉润沿滩"行动加强基层党风廉政建设部署推进会。

5月6日，沿滩区召开审

6月30日沿滩区监察委员会第一届特约监察员聘任仪式

查调查工作推进会，区委常委、区纪委书记、区监委主任宋筱茜参加会议。

6月27日，区委常委、区纪委书记、区监委主任宋筱茜参加自贡市纪委监委全市加强县乡基层党风廉政建设现场推进会。

6月28日，区委常委、区纪委书记、区监委主任宋筱茜到德阳市参加全省加强县乡基层党风廉政建设片区推进会。

7月6日，区委常委、区纪委书记、区监委主任宋筱茜参加沿滩区政法系统廉政报告会，并为沿滩区政法干警做廉政报告。

7月19日，区委常委、区纪委书记、区监委主任宋筱茜参加区纪委监委2022年上半年纪检监察工作"晾晒比拼"座谈会。

7月28日，区委常委、区纪委书记、区监委主任宋筱茜参加区纪委监委青年理论学习小组奋斗"清"年之"我的问题我来讲"业务沙龙会。

11月24日，区委常委、区纪委书记、区监委主任宋筱茜组织召开区纪委监委2023年重点工作谋划专题会。

主要工作

【作风建设】 2022年，沿滩区共查处违反中央八项规定精神问题24个、处理63人，其中处分25人，通报曝光5起10人；开展借培训名义搞公款旅游问题排查整治工作，处分3人，清退违规违纪资金3.29万元；收集群众作风评议512条，满意率98.2%，处分2人；加强重点行业领域突出问题系统治理，发现问题217个、处理62人，推动建章立制12个，追缴退赔资金282.69万元；建立"廉通企业"智慧监督平台，推动解决涉企问题90个，兑现惠企政策资金5900余万元，优先处置涉企问题线索23件、处理20人。

【基层建设】 2022年，通过考调、商调、提拔等方式，区级纪检监察干部配备率动态保持90%以上，执纪执法人员占比超过50%，12个乡镇（街道）纪委（纪工委）实现"两专三兼"，选聘村（社区）党风政风监督员138名；培训纪检监察干部1200余人次，区纪委监委青年理论学习小组获评市纪委监委青年理论学习小组"优秀小组"；建成集日常办公、来访接待、监督谈话、智慧监管于一体的片区办公专区4个，乡镇（街道）一类谈话室6间、二类谈话室12间；办结"久办不结"问题线索18件、"久立不决"案件4件，积案化解率88%；开展案件质量集中评查，沿滩区初核成案率79.62%、同比提高25.6%，主动发现问题线索立案占比39.06%、同比提高28.2%，立案数、结案数、处分数同比分别增长24.3%、20.6%、29.5%。

【政治监督】 2022年，建立健全"回头看"和常态化监督机制，定期督查、动态销号，严肃查处行动少落实差、不担当不作为等问题7起23人；开展护航粮食安全专项监督，发现问题线索22件，立案14件、处分12人。

【惩贪治腐】 2022年，沿滩区纪检监察组织接收检举控告类信访举报75件（次），处置问题线索235件、立案128件、处分123人，移送检察机关3人，其中立案乡科级14人；严肃查办杨国禄、何自利等一批有影响力的案件，挽回经济损失592.1万余元，沿滩区共有5人主动投案；制发纪检监察建议书3份、推动建章立制16个；组织实施警示教育184人次，查摆整改问题17个，建立完善制度8个；打造永安镇阁乐祠、沿滩镇詹井村村史馆等廉洁地图"新坐标"3个，组织参加自贡市首届原创廉洁漫画暨动漫短视频大赛，动漫短视频《生命线》荣获一等奖。

【执法监察】 2022年，沿滩区查处群众身边腐败和作风问题39个、处分37人；解决群众"急难愁盼"问题1800余个，发现问题线索64件、处分28

人；针对停车收费、敬老院财务管理、酒驾醉驾等开展点题整治，发现问题186个、处理39人，推动实现1348个公共车位全时段、2360个商业车位限时1小时"免收费"，清理清退物业转供电乱收费46.4万元；推动以瓦市镇为试点开展沿滩区农房办证专项行动，督促各乡镇（街道）多方筹措资金3400余万元解决入学、出行等民生问题；建成"无重复举报乡镇"1个，重复举报同比下降62.5%。常态化开展"打伞破网"，查处涉黑涉恶腐败和"保护伞"问题6个、处分6人。

民主党派·工商联

民盟沿滩区支部

【基本情况】 2022年，有盟员50名，在职盟员35名，其中副县级领导干部1名，副科级领导干部6名，市人大代表2名，市政协委员1名，区人大代表2名，区政协委员9名，高级教师8名，省、市、区级名师、骨干教师、教坛新秀等12名。

【思想建设】 2022年，组织盟员收看二十大开幕式，开展心得体会交流座谈等活动8次；盟员何文廷创作的诗歌《江姐，您是永垂不朽的光辉形象》《太阳颂》在民盟自贡市委公众号发布。

【组织建设】 2022年，共发展盟员3名，储备入盟积极分子3名。

【参政议政】 2022年，围绕建设省级现代农业产业园、"双减"、职业教育、因病返贫等工作开展调研，关于"双减"工作的提案被列为第十届政协第一次会议的3件集体提案之一，徐茂怡参与撰写的产业园区调研报告得到范波书记肯定性批示；林平撰写的区委重点课题《发挥辖区职业技术教育作用，赋能人才振兴路径研究》、王静主笔撰写的民盟省委调研课题《自贡市关于碳达峰碳中和背景下节能环保产业高质量发展的建议》获得领导肯定；撰写社情民意信息33条，其中林平的《关于急需改革和完善农业项目建管体制的建议》、蒲翠联的《关于进一步修订完善我省〈中小学教师职称申报评审基本条件〉的建议》、徐茂怡的《本轮西安疫情的特点、暴露的主要问题、对策建议》等信息被省政协采用，邓小卉的《企业职工医保门诊慢特病报销存在的问题和建议》等9条信息被民盟省委采用；支部集体提案《关于打好"双减"组合拳推动教育新发展的建议》和副主委吴晓玉撰写的《关于沿滩区养老服务人才队伍建设需提速的建议》被评为区政协2022年度优秀提案。

【社会服务】 2022年，推进沿滩区委广场地下车库（人防工程）建设，项目业主单位已完成项目管理单位招标、项目设计等前期工作，计划2023年动工建设；争取市教育基金会捐助资金20万，用于改善自贡十九中办学条件；向兴隆小学留守儿童捐赠图书500本，向沿滩二小、自贡十九中捐赠书法用品、体育用品价值5000元；争取协调项目资金300万元，为农业产业业主建烘房和冷链冻库；发动盟员为瓦市镇平安村邓先丽同学捐款10000多元、协调争取省级帮扶资金9000元，帮助其圆梦大学；协调蜀光中学、26中学，争取减免兴隆镇光辉村黄燕、黄春燕两姊妹读书期间的相关费用；开设志愿服务暑期课堂，为兴隆镇光辉村留守儿童免费开展暑期课外辅导；发动盟员"以购代扶"采购兴隆镇光辉村水果种植园滞销血橙9000余斤，采购农户鸡鸭等农副产品1万余元，获原市委书记范波签批。

民建沿滩区支部

【基本情况】 截至2022年底，民建沿滩总支共有57名会员，会员分布企业、机关、法律、金融等社会各界，其中大专以上学历51人；有副县级领导干部3名（离退休2人），正科1人，副科5人，市人大代表1人、市政协委员1人，区人大代表2人、区政协委员10人；取得中级及以上职称19人，担任企业董事长或总经理职务10人。

【思想建设】 2022年，组织会员、后备干部进行集中学习6次；以"喜迎二十大，携手新征程"为契机，牵头组织"沿滩区统一战线趣味运动会"并荣获一等奖；围绕市委民建举办的"重铸盐都辉煌、彰显民建作为"主题收集论文9篇，并分别获得二、三等次奖项；深入会员企业宣讲6次，开展专题讨论10次，撰写各类主题征文16篇、学习体会22篇。

【组织建设】 2022年，发展会员6人，平均年龄36岁，其中女会员3名，男会员3名，均为大学学历；培养积极分子3人；走访区司法局、区政府办等6位骨干会员所在单位；11名会员参加2022年沿滩区统战干部专题培训班、党外干部能力提升班、党情国情研修班暨高端人才提能班；2名会员参加民建自贡市委2021—2022年新会员培训会；4名会员参加市政协研究室和市委统战部联合举办的社情民意信息和新闻宣传稿件专题培训会；撰写信息58篇，分别被四川统一战线、同心四川、市委统战部、自贡政协等主流媒体采用报道。

【参政议政】 深入乡镇、企业开展走访调研12次，收集问题5个，解决问题5个；完成《推动"信步沿滩·美过周末"旅游活动提档升级》等调研报告2篇；撰写理论研讨文章6篇，其中《狠抓人才队伍建设为自贡超常跨越和高质量发展增添澎湃动力》论文荣获"第五届自贡·民建文化建设理论与实践研讨会"二等奖；撰写社情民意12篇，提交意见建议提案30（件）条，其中《关于繁荣与发展沿滩区文化事业的建议》（第101-001号提案）被沿滩区政协评为"2022年度优秀提案"奖；针对经济发展、社会治理、生态环保等工作提出意见撰写提案建议共计21条。

【社会服务】 开展"扬帆计划""爱心一对一""金秋助学""玫瑰计划"等公益帮扶活动11场，累计为53名学生筹集并发放助学金近9万元；慰问结对帮扶困难群众30余人，送去慰问品100余件；积极参与社区、超市、重点交通卡口疫情防控工作20余人次；开展送文化下乡活动，免费为群众书写春联1500余幅，送出书画作品200余幅，免费培训书法爱好者40余人；对接四川农村商业银行金融资金支持，争取到农村种养殖业项目资金500万元；在九洪乡全乡境内帮扶发展酿酒高粱种植2万余亩，试推行"高粱+大豆"间作模式，为其提供技术支持，助推发展大豆种植3000余亩。

农工党沿滩区支部

【基本情况】 2022年，在册党员46人，设主委1名、副主委3名，委员3名。在职人员32人中，正县级干部1人、正科级干部1人、副科级干部2人；中高级职称16人，占50%；医卫行业19人，占59%；环境、科技行业13人，占40.6%；市政协委员2人，市人大代表1人；区政协委员11人，区人大代表1人。

【组织建设】 2022年，培养优秀年轻党员，通过区委统战部推荐4名党员作为拟任科级领导干部重点培养；培训在职党员，沿滩支部有30余人次参加省、市、区组织的各类培训；发展新党员2名。打造农工党沿滩支部党员之家，2022年6月17日，代表农工党市委接受市委统战部副部长丁琴带队视察2022年各民主党派基层组织现场拉练会的检查。

【参政议政】 2022年，围绕热点难点问题撰写提案，提交提案16件；参加区委、区人大、区政府、区政协、区委统战部组织的各类协商会、座谈会、情况通报会等活动，提出意见建议40余条；完成调研课题5篇，其中《加快自贡市花卉园艺家庭普及推动产业发展的探索》文章，获市委范波书记亲自批示好评；撰写社情民意13条，其中《关于加大石油地震勘探损害补偿专业鉴定工作》被省政协采用。

【社会服务】 2022年，联合区疾控中心、区人民医院、沿滩镇卫生院等单位在沿滩区委广场开展健康义诊活动3次，发放健康知识和疫情防控资料2000余份，服务人群达1300余人次；走访企业11家，开展政策和技术服务近20场次；赠送米、油、棉被衣物等共计5千余元。

沿滩区工商联

【政治引领】 2022年，组织非公经济人士深入学习中共二十大精神、省市区委系列全会精神和相关经济工作会议精神10余次；开展"喜迎二十大，永远跟党走"等理想信念教育实践活动2次，团结教育引导非公经济人士听党话、跟党走。

【企业服务】 2022年，搭建银企对接、法律维权、政策服务、沟通交流4大平台；开展"政企银法"对接会、送法进企业、惠企政策宣讲会10余场次，为企业解决贷款3000万元，为10余户会员企业化解纠纷、涉案金额达2000万元；牵头主办"万企兴万村"行动启动仪式暨招商引资推介会、农业产业专场招商引资推介会，大力开展以企招商、以商招商，提供招商引资有效线索9条。

【光彩事业】 2022年，引导非公经济人士积极参与金秋助学活动，累计投入爱心帮扶资金200万元；开展"万企兴万村"行动，建立万企兴万村市级联系点1个，引导43余家民营企业累计投入资金4800余万元；实现全社会固定资产投资增长12.6%，地方一般公共预算收入（同口径）增长20.9%，城乡居民人均可支配收入分别增长4.2%和6.1%；致力园区平台、交通、城市公共服务等基础设施项目建设，109个重大项目完成投资130亿元，19个省市重大项目如期竣工；对上争取资金18.56亿元，同比增长82.5%，其中争取政策性基金6.93亿元，争取中省预算内资金连续两年超2亿元；组织开展各类促销活动483场次，组织企业参加中国国际消费品博览会、第七届中国—亚欧博览会等活动，社会消费品零售总额增长2.7%；打造"政策保姆"服务品牌，全年兑现企业奖补资金超1.6亿元，帮助企业解决问题100余个、协调融资4700万元，工业用电量2.99亿千瓦时，同比增长11.8%，新增市场主体1870户。

【特色亮点】 2022年，牵头召开"沿商座谈会""沿商面对面"等政企座谈会7场次；选聘十四名营商环境监督员，维护了市场主体权益，营造公开透明的良好营商环境，在全市率先与区检察院等7个区级相关职能部门联合建立健全涉案企业合规第三方监督评估机制；出让6宗工业项目"标准地"；增减挂钩试点盘活土地1315亩，村集体经济收入同比增长6%，詹井村入选全省新型农村集体经济发展十大优秀案例；聚焦500余家靶向清单企业，常态化开展叩门招商、视频招商等活动，新招引产业链项目38个，其中中国中化氟材料项目为2022年度全市唯一投资超50亿元项目。

群众团体

沿滩区总工会

【思想引领】 2022年，开展党的创新理论成果宣传宣讲2场，覆盖职工200余人；以"喜迎二十大 建功新时代"等为主题，沿滩区组织开展"尚品生活·陶艺制作沙龙"及"我运动我快乐·健步走"三八节活动、喜迎二十大文艺汇演等文体活动3场，组织参与全国职工线上法律知识竞赛、市职工诵读比赛、"玫瑰书香"读书征文等活动，参与职工1500余人次；共走访企业37家，排查出不稳定苗头风险2个并及时化解。

【廉政建设】 2022年，专题研究党风廉政建设工作2次，累计开展廉政谈话5次；推进正风肃纪"1+X+3"常态化监督检查，开展业务指导3批次，覆盖29个基层工会；完成对27个基层工会财务审计工作。

【企业服务】 2022年，通过用人单位"单独建"、龙头企业"带头建"、行业协会"推动建"、乡镇（街道）"兜底建"等方式，累计吸纳新就业形态劳动者会员5300人；巩固沿滩区25人以上企业建会专项行动成效，新建工会58个，其中社会组织工会26个、新就业形态企业工会3个、区域性新就业形态劳动者联合工会12个、行业性新就业形态劳动者工会联合会1个，新增会员3800余人；推进"植根基层办实事 蹲点服务开新局"机关干部赴基层蹲点活动，安排蹲点工作专项经费6万元，4名工会干部赴基层蹲点，解决问题10余件；推进工会干部教育培训工作，沿滩区工会举办各类培训班3期，覆盖工会干部400余人；为沿滩区27余家小微企业返还工会经费64.49万元，撬动社会消费69.96万元；对49名市级劳模，先进工作者开展全覆盖走访慰问和免费健康体检。

【职工维权】 2022年，学习宣传贯彻新修订的《工会法》，

"尚品生活·陶艺制作沙龙"活动现场

沿滩区各级工会以培训班、学习讲座等方式，开展学习宣传活动20余场、发放宣传资料1.2万份，覆盖职工8400余人；开展"尊法守法·携手筑梦"等活动，做好劳动用工法律风险排查进百企活动；组织"安康杯"竞赛活动，2个单位获"安康杯"竞赛优秀组织，2个单位获优胜单位；开展劳动争议纠纷调解工作，入驻人民法院特邀调解员队伍，配合区人民法院调解9例农民工讨薪案例，追回薪资5万余元；组织集体协商要约行动，签订集体合同291份、覆盖职工4508人次。

【帮扶服务】 2022年，沿滩区开展线上就业招聘活动5场，发布用工岗位信息2000余个，参与职工达5000余人；投入"夏送清凉"资金5.4万余元，慰问重点项目、重大工程高温一线职工500人；筹措"金秋助学""圆梦工程"助学资金9.35万元，资助困难职工（农民工）家庭子女98人；筹集"冬送温暖"资金52.6万余元，对沿滩区751名困难职工（农民工）、疫情防控一线等职工开展慰问；拓展服务阵地，累计建成16个工会户外劳动者站点，1个站点被评为市级最美站点；投入资金6万余元，推进"中秋国庆"普惠购物活动，服务职工会员2000余人，带动消费45万余元；向新就业形态劳动者赠送意外伤害保险200份，组织职工参加心理健康线上讲座3场，服务职工300余人；联合开展"两癌"免费活动1场，组织参加市总妇女常见病免费筛查活动2场，覆盖女职工700余名；推进农民工服务，城镇新增就业3786人，城镇登记失业率控制在3.74%，医保、社保参保人数分别达29万人和22.1万人；发放各项困难群众救助资金6696万元，民生兜底保障更有力度。新改建农村公路83.9公里，改造农村户厕3800户、燃气管网47公里、城乡供水一体化管网180公里，建成5G基站点86个，邓关、富全2所幼儿园完成主体建设，新增国家和省级特色学校（幼儿园）5所，新建养老服务综合体2个；区公共图书馆建成开放，区中西医结合医院、区妇幼保健院新院区顺利投用。

团区委

【基本情况】 2022年，沿滩区有团员6120人，团组织623个，其中14—28岁团员男性占比38.4%、女性占比61.6%；汉族团员占比99.6%、少数民族占比0.4%；硕士团员占比0.5%、普通本科团员占比30.3%、普通专科团员占比36.9%、普通高中团员占比9.7%、中等职业教育团员占比9.6%、初中团员占比6.4%、初中以下团员占比6.7%。

【共青团改革】 2022年，《沿滩区远达·龙湖郡小区探索"三抓三强"团建模式》入选全省城市住宅小区团建案例集；完善育人链条，加强团教协作，开展"红领巾奖章"争章、推广落实"积分入团""推优入党"制度，推动党团队育人链条相衔接、相融通；新选派4名大学生兼任社区团支部副书记，制定《沿滩区"党建带团建"巡察内容清单》。

【基层团建】 2022年，组建"沿滩青年马克思主义宣讲分团"，开展"青马工程"第二期培训班，依托"青年大学习""红领巾爱学习"，打造"线上线下联动"学习综合体，覆盖团员青年、少先队员24000余人；组织团员青年学习贯彻习近平总书记在建团100周年座谈会上的重要讲话精神，开展"喜迎二十大、永远跟党走、奋进新征程"——"一百年的追随、一百年的故事、一百年的奋斗"系列活动，征集绘画、书法等作品225件，召开书记与优秀青年代表座谈会，举办沿滩区2022年第一期道德讲堂等；推出《百年长青》沿滩青年形象宣传片，引导和动员广大青少年向榜样学习。

【乡村振兴】 2022年，开展"西部计划·沿滩区乡村振兴青年人才专项行动"，新招募志愿者10人，指导"四眼青穗"

·群众团体·

1月17日，团区委与西南交通大学智慧城市与交通学院签约共建大学生实践基地

青年团队转型升级；建立西南交通大学"大学生乡村振兴实践基地"3个，先后开展"美丽乡村·绘梦青春"主题实践活动、留守人群心理调研等。

【关爱帮扶】 2022年，新建"童伴之家"10个，结合春节、六一等节点，开展慰问活动11场，关爱帮扶青少年儿童近800人次；开展"亮眼护瞳"工程，免费为2万余名学生开展视力检测筛查，并在27所学校确定护瞳员约2000人。

【志愿服务】 2022年，吸引100余名大学生到沿滩区参加暑期社会实践活动，140余名大学生向居住地团组织报到；与中国建设银行沿滩支行、西南交通大学智慧城市与交通学院团委、市国投集团团委签订战略合作协议，打造"共建沿滩·圆学梦"等9个青字号品牌工程、"六联"服务模式，为青年上学、就业、创业等提供服务；培塑"青荟沿滩"品牌，举行活动30余场，拓宽青年学习圈、生活圈、朋友圈，指导沿滩中学、龙湖中学建立"校园流动医生工作站"。

区妇联

【基本情况】 2022年，沿滩区基层妇联组织123个，其中乡镇（街道）妇联12个，村（社区）妇联111个，在两新组织中建妇女组织146个，妇女儿童之家123个，社区家长学校67个，妇女微家27个，储备巾帼志愿者500余人，服务妇女儿童5万余人次。

【党建引领】 2022年，启动完成沿滩区新一轮妇女儿童十年"两纲"规划编制，被市妇儿工委办推选创建省级两纲示范区；推选的联络镇高滩村妇联荣获2021年全国妇联系统先进集体，建成妇联组织146个，成立自贡市首个驾校妇联——四川省自贡加林汽车驾驶培训有限公司妇联，被四川妇联网、四川新闻网等媒体报道。

【弘扬文明新风】 2022年，开展"好风传家·盐都好家风""安全宣传进家庭"等活动，发放宣传单5000余份；开展寻找省最美家庭、市级最美乡村女能人等评先评优活动，获评省家风家教创新实践基地1个、实施妇女儿童发展纲要优秀个人1名、省三八红旗手1名，创市级巾帼文明岗7个、

7月28日，共青团沿滩区委在沿滩镇釜溪河流域组织开展"'河'我一起，保护母亲河"净滩行动

获评市级乡村女能人10人、市第二届"十家军嫂"荣誉称号1名，通过"沿滩巾帼"发布妇女优秀事迹典型20条。

【普法维权】 2022年，选派111名妇联干部入驻沿滩区各公安派出所任调解员，参与沿滩区涉及妇女家庭维权调解工作，全年无婚姻家庭越级上访和民转刑案件发生；接待处置信访15件，办结率100%；依托村（社区）儿童之家、家长学校等阵地，在"三八"维权宣传月、禁毒防艾宣传日等节点，组织法律专家、志愿者、妇联干部等1000余名；开展"紫薇花开·巾帼维权大讲堂"讲座和宣传100余场，受益妇儿30000余人次；参与承办全市安全宣传"五进"现场会，充分展示安全宣传"进家庭"的经验和做法，受到与会人员好评；参与省第二届"民法典走进乡村（社区）""三个一百"主题宣讲活动，完成在黄市镇开展现场会的工作任务。

【家庭教育】 2022年，开展首个全国家庭教育宣传周活动，发挥儿童之家、妇女之家（微家）平台作用，发放《家庭教育促进法》宣传单、宣传袋等4000余份，宣传咨询5000余人；主动对接区教体局，协调推进覆盖城乡的家庭教育指导服务体系建设，开展《家庭教育促进法》走进校园讲座10场，受众学生1100余人次，用行动践行习近平总书记关于注重家庭家教家风建设的重要论述。

【服务阵地】 2022年，争取"红梅花开·和美之家"婚调项目资金10万元，打造沿滩区家事纠纷预防化解品牌阵地1个，整合公、检、法、司等部门力量，建立"一个中心12个站点111个工作室"的全覆盖维权网格阵地。

【聚焦妇儿】 2022年，调动妇联干部和巾帼志愿者力量，关心关爱妇女儿童，建立900余名精神障碍妇女关爱台账，落实落细精神疾患家庭帮扶措施；承办由北京大学第六医院、自贡市委政法委等9部门发起的自贡市2022年"爱伴同行 益路向暖"CAFF花园主题营会活动，关爱慰问重精家庭未成年人150人，在川报观察、自贡电视台等媒体报道；开展庆"三八"系列活动，召开沿滩区优秀女职工代表座谈会，带队慰问一线女职工120余人，各级妇联组织发放礼包及慰问信10000余份，收集并解决困难问题70个；争取"春蕾计划"助学金和冬春慰问物资等约20万元，受助妇儿1000余人；联动教体局组织青少年观看近视防控视频30000余人次；开展农村妇女"两癌"筛查和救助，完成妇女两癌筛查11000余人，"两癌"救助35人。

【公益品牌】 2022年，发挥"联"字优势，通过教体局、民政局、区残联、乡镇（街道）等部门多渠道收集信息，用好区、镇（街）、村（社区）三级春苗志愿者力量投身公益活动，入户核实困境儿童情况，完成春苗志愿者招募和注册256名，摸排困境儿童资料2555份，信息采集83人，完成结对帮扶51人；争取旺旺集团和刘坤德等爱心捐助，关爱折翼天使和贫困少年儿童2000余人，发放救助资金10万余元。

3月17日，副区长沈楚婷关爱折翼天使和贫困儿童

【妇女就业】 2022年,开展"让爱回家守护成长"就业招聘会,招聘会现场咨询女性群众500余名,达成就业意向138人;建成中国彩灯之乡居家灵活就业省级基地,开展彩灯制作、实用种养技术、直播带货等系列培训,增进妇女居家就近就业,依托基地承办自贡市妇联系统推动女性参与乡村振兴暨2022年上半年工作总结会议,受到全市妇联干部好评。

区科协

【基本情况】 2022年,沿滩区科协有编制3人,实有3人,设主席1名,副主席1名;无独立党组织,与区总工会、团委、妇联、残联成立群团党支部。

【平台搭建】 2022年,依托第三方机构全面宣传落实天府科技云"保姆式"服务和永不落幕的"科创会",新增平台注册用户9295人,提供天府科技云服务635单,达成交易订单403单,订单金额累计5500余万元,人均科普服务量124.668%,科普员覆盖率100%;通过深入产业园区、企事业、学校院所等单位开展走访调研活动,梳理挖掘出74项创新项目参加第二届全省科创大会;建立基层智慧科普传播员队伍,112个村(社区)智慧科普传播员已全部通过线上平台认证,通过QQ群、微信群、科普e站等宣传媒介在线开展科普宣传活动,精准科普服务群众30000余人次;积极创建自贡市院士(专家)工作站,通过不断加大培育力度、加强对接服务、提高建站质量,川越农业开发有限公司成功申报全市第十批院士(专家)工作站,让院士(专家)工作站成为沿滩创新发展的"新引擎",人才培养的"加速器"。

【科普活动】 2022年,组织沿滩区28所中小学校2.3万余名学生参加青少年科技创新大赛,在669件参赛作品中,获市一等奖24件、二等奖27件、三等奖37件,其中《"疫情背景下口罩是否'罩'住了风险"科技实践活动方案》和《剥玉米"好手"》两件作品获得省级三等奖;围绕乡村振兴产业项目,在九洪乡、仙市镇开展果蔬种植、水产养殖实用技术培训20场次,发放宣传资料2800余份,服务群众4000余人次,帮扶180余户贫困户巩固脱贫成果;以科技人才周、科技工作者日、全国科普日等活动为契机,围绕食品安全、防灾减灾、低碳环保、反对邪教等主题,开展科普活动18场次,发放宣传资料9000余份,服务群众18000余人次;对沿滩区现已设立运行13个科普画廊和科普e站进行逐一走访摸排整理,针对科普画廊进行清洗、修复、重建工作,并对科普e站运行不流畅的村(社区)进行更新维护。

【人才关爱】 2022年,联动"科普中国"和"科创中国"双平台,共享科技工作者和科技活动资源,与人才部门、科经部门一道强化对劳动模范、产业工人等搭建科普平台;以"全国科技工作者日"为契机,走访慰问科技工作者,为科技工作者献上诚挚的节日祝福,营造"尊重知识、尊重人才、尊重劳动、尊重创造"的氛围。

5月30日,沿滩区科技工作者座谈会

区文联

【区乡村文化艺术家协会】 2022年，开展庆三八节调研蜀江水产专合社乡村文旅采风、沿滩区农民版画创作动员及第二期培训活动、沿滩区"农民文学创作第二期交流研讨"活动，对诗歌《沿滩之歌》《彩灯沿滩》《乡村晨曲》及长篇文学《自贡方言》《坳口风情》进行分析和研讨；召开协会理事会暨《乡村文化艺术》编辑整理工作会，开展"学党史、颂党恩、跟党走"主题学习活动；开展非遗文化进校园活动等5次，乡村文化创作采风活动1次，召开理事或常务理事会2次，召开年会1次，开展各类文旅交流活动1次，编辑《乡村文化艺术》第四期等。

【区版画家协会】 2022年，会员开展写生创作，分别于4月、10月在詹井村和仙市镇开展2次写生创作交流活动；由版画家协会承办的"画笔绘梦想、培训促提升"水彩、国画培训在国网自贡电力公司职工绘画活动室开班，会员创作版画作品100余件。

【区故事作家协会】 2022年，创作作品参加全国各级各类征文比赛，分别获国家级奖4次，省级20次，市级50余次；会员文学作品发表在国家级期刊

乡村文化艺术家协会开展"美丽新村"2022新春采风创作活动

沿滩区版画家协会理事会暨工作发展会议

沿滩区故事作家协会"成都新津-自贡沿滩"携手共进文化走亲活动

14篇、省级83篇、市级146篇，获得文学创作以外的荣誉30人次；会员李捷创作《小伙计救大酒坊》入围中国民间文

艺家协会举办的"2022年度中国好故事"（全国仅8篇）；在"讲好炎帝故事 传承炎帝精神"作品征集活动中，协会参赛会员16名，其中8名会员获奖，获奖率50%；在四川省委宣传部主办的"永远跟党走·书香伴小康"农民读书网上征文活动中，3名会员分获一等奖、三等奖及优秀奖；20余篇作品入选《故事会》"细节"栏目；发展宋越、陈兰熙、袁鹏等10人为会员，蒋碧秋加入中国民间文艺家协会，陈立华加入四川省民间文艺家协会；黄世清、曾丛莲、李艳萍、杨琴、黄潇潇、何秋等加入自贡市作家协会。

【区作家协会】 3月、10月组织会员到九洪乡徐氏文化产业园、兴隆镇今梦缘家庭农场开展采风与乡村文化艺术振兴参观交流；会员积极创作，作品发表在报纸、杂志和新媒体计60余篇，郭同星小说《我不是残疾人》《火热的夏天》《风雨太阳》获自贡市文联蜀南文学年度优秀作品奖，舒仕明小说、故事发表在《民间文学》等国家省级刊物，林元亨散文集《青龙镇》被列入成都市重点文艺作品，王明亮长篇小说《奔赴红军队伍的盐场儿女们》（又名《红盐花》）获2022年自贡市重大文艺创作题材奖励，调研报告《王德谦，自流井盐场首富坚守的仁义公善准则》获2022年度四川省文艺评论成果优秀奖，王明亮、王秀敏合著报告文学《爱心阳光的照耀》获共青团中央、中国作家协会第四届志愿文学三等奖。

区社科联

【理论学习】 2022年，集中学习中共二十大精神、习近平总书记来川视察重要指示精神等重点内容，开展专题学习研讨11次，其中调研观摩学习1次，邀请专家作辅导报告2次，指导督促沿滩区二级党委（党组）理论学习中心组学习300余次；通过"学习强国"APP和党委（党组）网络学习平台，增强沿滩区党员干部理论能力水平。

【课堂悟透】 2022年，组织沿滩区党员干部、群众学习《习近平谈治国理政》第四卷等理论读物，受众人群达1万余人，在思想上政治上行动上同以习近平同志为核心的中共中央保持高度一致。

【成果转化】 2022年，申报川南新材料化工园区为全省首批化工园区，推动中国中化氟材料项目落地沿滩，招引江苏国泰、无锡东恒等头部企业入驻；10月以来，规上工业增加值等主要经济指标止滑回升。

沿滩区作家协会瓦市镇沙溪乡村振兴采风

7月1日，区委理论学习中心组学习贯彻习近平总书记来川视察重要指示精神和省第十二次党代会精神专题学习（扩大）会

区残联

【扶贫帮困】 2022年，投入资金24万元，为400名智力残疾人、稳定期精神残疾人和重度肢体残疾人提供居家托养服务；开展农村残疾人实用技术培训5次，参与培训的残疾人数达221人次；区残联领导干部深入基层开展帮村扶贫工作，为仙市镇八斗村累计送出慰问物资8820元，结合实际情况开展走访慰问10余次，调研3次。

【民生工程】 2022年，发放残疾人"两项补贴"9.01万人次，发放资金740.42万元，其中困难残疾人生活补贴3.96万人次，396.1万元，重度残疾人补贴5.05万人次，344.32万元。为11679名残疾人购买人身意外伤害险共计35.03万元；为27名持有C5驾照的残疾人，发放城乡残疾人机动车燃油补贴0.98万元。

【残疾人就业】 2022年，沿滩区机关企事业等用人单位全年共安置残疾人就业83人，为100名残疾人提供居家灵活就业服务；投入资金2万元，帮扶400名农村贫困残疾人发展生产，实现助残增收；为21名残疾人高中生、残疾人大学生、困难残疾人的大学生子女，提供资助6万元，为167名特校学生特供生活补助66.7万元。

【残疾人康复】 2022年，为160名精神病残疾人提供精神病服药救助；为1名残疾人适配假肢，免费发放轮椅、拐杖等基本型辅助器具1609台（件）；投入康复资金266万元，为133名贫困家庭脑瘫、智力、孤独症、听力残疾儿童提供康复救助。

【宣传与文体活动】 2022年，挑选34名优秀运动员参加四川省第十届残疾人运动会暨第五届特殊奥林匹克运动会，获4金3银2铜；组织参加自贡市第六届"点亮心灯，共享资源"残疾人演讲比赛，获第二名；承办2022年省残疾人艺术团"'您'是我的眼"特殊艺术主题巡演活动，吸引上千群众观赏；开展"爱耳日"系列活动——健康知识讲座、义诊以及"全国助残日"系列活动——公益观影、社会捐赠等活动。

【走访慰问】 2022年元旦、春节期间，慰问贫困残疾人445户，发放慰问金和慰问品共计10.6万元。

区红十字会

【红十字会改革】 3月11日，中共自贡市沿滩区委经研究决定设立中国共产党自贡市沿滩区红十字会党组，设党组成员3名，其中书记1名；截至3月31日，完成换届工作并选举理事会和监事会，聘请区委、区政府主要领导为名誉会长，审议通过《沿滩区红十字事业发展规划纲要（2021—2025年）》，制定完善"三定"方案，从卫健部门独立出来纳入群团部门单独运行管理，完成四个方面10项具体改革任务，获市委改革办肯定"沿滩区改革推进工作走在全市前列"。

【应急救护培训】 2022年，开办应急救护员培训班9期，累计培训持证急救员1548人；开展应急救护普及培训进社

11月9日，四川省残疾人艺术团"'您'是我的眼"特殊艺术主题巡演

3月21日，沿滩区红十字会第五次会员代表大会开幕式

区、进乡村、进学校、进机关"四进活动"10余场次，完成普及培训7377人次。获评全市优秀红十字救护师资4名。

【"三献"工作】 2022年，开展"造血干细胞""遗体和人体器官捐献""无偿献血"的"三献"宣传活动；累计实现遗体、眼角膜和人体器官捐献志愿报名登记240人，全年完成造血干细胞血样（人）采集30人。

【人道救助活动】 2022年，落实国家彩票公益金大病儿童救助项目，成功上报申请先心病天使阳光基金5人，其中3人获得救助7万元。到仙市镇助养助学中心和九洪乡困难村小开展"情暖中秋、温暖被至"助学捐赠等活动，为少数民族困难学生等困难群体落实人道捐赠9200元；争取实施"春蕾计划"，为九洪乡6所乡村小学女童183人捐赠成长书籍套装、暖心礼包等价值24808.14元；实施应急救护志愿服务"企航"计划，依托腾讯"99公益日"募集社会资金8374.42元；发动为"9·5"泸定地震捐款3万元，组织区红十字会理事单位为灾区捐赠棉被、帐篷等救灾物资价值10余万元。

【志愿服务与青少年工作】 2022年，发动基层组织和志愿服务队开展夏季"防溺水"宣传、"救在身边"社区志愿服务等活动29场次；注册志愿者72人，获评全国优秀志愿者1名、全市先进红十字志愿服务组织1个、最美红十字志愿者5名；依托四川卫生康复职业学院等基层组织开展"2022年红十字生命教育防灾避险知识竞赛"和红十字生命教育知识普及宣传活动，发放《中国红十字报》等资料400余份。

法 治

概 述

2022年，召开区委依法治区委员会第三次会议、区委依法治区工作会，完成司法、执法、普法3个协调小组会议；开展习近平法治思想大学习、大讨论、大宣讲活动，1780名领导干部参与四川省学法考法平台学法考试，优秀率91.79%。

2022年，区检察院提起公诉142件210人，办理罗某包庇、纵容黑社会性质组织案获评全市检察机关打击黑恶势力"保护伞"典型案例，推动存在重大公共安全隐患的沿滩新城大众液化气供应站迅速搬迁，高标准推进检察"一站式服务窗口"建设，获评"第十届全国检察机关文明接待室"荣誉称号；区法院审、执结各类案件5060件，人均结案241件，结案率98%，为彩灯之乡养老诈骗系列案集资参与人追回赃款300余万元，获评四川法院打击整治养老诈骗专项行动先进集体。

扎实推进"多网合一"，强化社会治安整体防控，打造"平安沿滩综合治理中心"，建立区域性人民调解品牌——"老沿茶馆"，纵深推进常态化扫黑除恶、禁毒等工作，严厉打击各类违法犯罪活动；加大普法力度，整合"沿娃·滩妹""老沿·茶馆""青荟沿滩"等本土品牌，创新"法保姆""环保管家"等法治服务模式，成功承办四川省第二届民法典走进乡村（社区）"三个一百"主题宣讲集中示范活动，并入选中国普法集锦。

四川省第二届民法典走进乡村（社区）

政法及综治工作

【维护社会稳定】 2022年，化解沿滩镇黄某琴、黄市镇张某群等涉稳重点个案10个，妥善处理彩灯之乡案审理、工业园区110kV迁改、恒大地下车库收费等群体涉稳风险，被市挂牌的2个风险问题全部化解；打击违法犯罪行为，开展打击整治养老诈骗、"磐石"系列等专项行动，共立各类刑事案件761起，破案272起，移送起诉刑事案件134件，起诉173人，受理治安案件872件，查处459件，抓获各类违法犯罪嫌疑人947人。

【平安沿滩建设】 2022年，投入300余万元建立"最小单元"正向激励机制，发挥村（居）民小组长末端治理、服务群众前沿作用；试点开展"多网合一"建设，沿滩区新增112个网、380个格，配备专兼职网格员492名（其中专职112名），构建基层服务管理"一张网"新格局；探索建立以"审调"服务为主的沿滩区平安建设综合治理中心，推动城市治理"碎片化"向"系统化"集成；在沿滩区试点设立"红梅法官工作室""未办成事项"窗口，不断夯实基层专业调解力量，解决群众急难愁盼问题。举行创建全省禁毒工作示范区（县）启动仪式，召开全市现场会，打造了沿滩镇禁毒工作站，成功取消黄牌预警；申报"六无"平安村（社区）3个，联合妇联评选平安示范家庭100户。排查矛盾纠纷5900件，化解5836件，调解成功率98.92%；推动扫黑除恶斗争常态化，共立九类刑事案件35起，破案29起，对113名犯罪嫌疑人采取刑事强制措施，侦办恶势力犯罪集团1件，组织实施追捕"漏网之鱼"行动，追捕境外逃犯、网上逃犯8名。

【基层治理创新】 2022年，组建法治宣传、纠纷化解等7支"护企安商"队伍，开展送法进企130余场次，组织法律服务团走访企业107家，提供法律服务150余次，接待省、市各级调研督导14次；聚力快办、快审、快执，平均审理时间下降至29天，缩短23.7%；聚焦企业应收账款清收难问题，开展拖欠中小企业账款清收专项司法行动，全年为辖区28家企业收回账款3800万元，累计盘活闲置土地300余亩，闲置厂房4.8万平方米；依法为釜溪电力公司、百味斋等企业变更查、冻、扣强制措施40余次，协调申请人撤回对企业银行账户冻结申请达200余次；坚持"强制执行"与"放水养鱼"相结合，修复企业关系，累计执行和解24件，涉案标的4000余万元。

【政法领域改革】 2022年，制定《沿滩区执法监督联席会议制度》等相关制度19个，对公检法司2021年373件办结案件进行专项检查，向法院、交警大队、司法局发出社区矫正等检察建议34件，向检察机关反馈法律文书质量问题16个，政法部门整改率100%；建立"首席法律咨询专家库"4个，积极开展"重大决策论证、重大风险防控、重大矛盾化解、重大信访积案化解"等工作，经验做法在《民主与法治时报》《四川省法学会》《自贡政法声音》等报刊和公众号刊载。

【政法队伍建设】 2022年利用三会一课、"政法讲堂"等载体组织开展政治轮训70余场次，受训干警1500余人次；开展"千名政法干警进网格"活动，沿滩区干警为民办实事2300余件；抓实党风廉政建设、反腐败工作，聘请政法系统作风监督员10名；落实新时代政法干警"十个严禁"、防止干预司法"三个规定"，联合区纪委监委、区委组织部，对政法单位开展政治督察和纪律作风巡查，反馈整改问题14个。

4月24日，沿滩区召开平安建设领导小组第一次会议

法治政府建设

【强化法治引领】 2022年，印发《自贡市沿滩区法治政府建设工作方案（2021—2025年）》《自贡市沿滩区法治政府建设2022年度重点工作安排》，组织召开沿滩区法治政府建设领导小组会议、法治政府建设工作会议和执法协调小组会议，明确法治建设中长期规划和年度目标任务；区政府受理行政复议申请20件，审结17件（上期结转1件）；办结以区政府为被告或共同被告的行政应诉案件5件（上期结转1件），胜诉率为100%，行政负责人出庭应诉率达100%；建立沿滩区党委政府部门（单位）法律顾问统一管理模式，形成"政府法制机构+党委政府法律顾问+律师事务所+X名法律专家"的工作机制，采取"统一聘任、条块结合、自行选择、精准服务"运作方式。

【严格依法行政】 2022年，区政府法制机构共审查涉及招商引资、重大项目、重大决策、政府信息公开等各类政策文件、合同文书及法律事务195件（次），出具合法性审查意见书97份，提出意见建议126条；审核以区政府或区政府办公室名义印发规范性文件2件，分别向市政府和区人大进行备案。

【行政执法改革】 2022年，印发《自贡市沿滩区深化市场监管等领域综合行政执法改革的实施意见》等文件，组建市场监管、生态环境保护、文化市场、交通运输、农业、应急管理6支综合行政执法大队，集中划转执法人员152名，坚持定期轮训，严格落实"持证上岗、亮证执法"；推行企业设立登记3个小时办结制度，2022年新增市场主体1800余户，办理食品经营许可190余户；推进企业开办"极简审批"服务，编制行政审批"一证一照办"事项清单30个，推行证明事项告知承诺制，累计办理700余件；推进政务服务"一网通办"平台向基层延伸，实现区、乡、村三级全覆盖，乡、村两级政务服务事项网上可办率达到100%；区政府门户网站共公开政府信息4853条，发布政策解读46条，视频解读14个，开展意见征集和网上调查9次，回复区长信箱留言56件，办理麻辣社区群众留言97件，按时办结率100%。

【行政执法监督】 2022年，健全沿滩区乡两级全覆盖执法协调监督工作体系，赋予乡镇法定事项114项，街道法定事项47项，乡镇（街道）行政权力事项116项（均为行政处罚）；持续开展行政执法队伍"大学习大练兵大比武""人民群众最不满意行政执法突出问题承诺整改"等活动，激发行政执法单位内驱力，发现人民群众最不满意行政执法问题5个，对发现问题均已落实整改；对辖区内718家食品销售单位进行风险动态评级，其中风险评级为A级17家，B级131家，C级565家，D级5家；在食品药品、医疗卫生公共场所等重点领域推进分级分类监管，沿滩区85家公共场所，评定为B级1家、C级84家；"双

2022年沿滩区法治政府建设工作会议

随机、一公开"平台共录入抽查方案522个，抽查对象1606户，完成抽取对象1213个。

公　安

【基本情况】 2022年，沿滩区总户数128114户，总人口390377人，男197441人、女192936人，常住人口390377，总人口比上年减少2372人，下降0.61%。非农业人口54415户135983人（其中农村纳入非农业13602户46187人），比上年增加330人，上升0.24%；农业人口73699户254394人，比去年减少2702人，下降1.06%；出生2183人比去年减少363人，下降0.9‰；死亡3858人比去年增加1884人，上升4.82‰；出生死亡相抵减少1675人，下降5.74‰；迁入2638人，比上年减少827人，下降2.08‰；迁出3112人，比上年减少438人，下降1.09‰；迁入迁出相抵比去年减少474人，下降0.99‰；出生死亡迁入迁出相抵后比去年减少2149人。60岁以上人口85992人，占22.03%。

【机构建设】 2022年，九洪派出所、永安派出所、仙市派出所建成投入使用。九洪派出所占地4354.48平方米，建筑面积907.96平方米，投资479.37万元，2020年11月开工建设，2022年4月投入使用；永安派出所占地4043.27平方米，建筑面积1585平方米，投资1020万元，2020年8月开工建设，2022年4月投入使用；仙市派出所占地3011.51平方米，建筑面积1130平方米，投资547.45万元，2020年5月开工建设，2022年4月投入使用。

【打击违法犯罪】 2022年，全年共立各类刑事案件874起，破案309起，破案率35.35%，移送起诉刑事案件134件，起诉173人，受理治安案件894件，查处495件，抓获各类违法犯罪嫌疑人1161人；破获"1206"特大制毒案、"612"涉黑专案，抓获犯罪嫌疑人25人，查扣、冻结涉案资金200余万元。

【案件侦破】 5月5日，沿滩分局抓获犯罪嫌疑人宋德华，破获1起故意伤害致人死亡案，宋德华于5月6日被刑事拘留，26日被依法逮捕，判处有期徒刑11年。

6月2日，沿滩分局抓获犯罪嫌疑人陈豪、蒋荣登，破获1起盗窃车内物品案，犯罪嫌疑人被刑事拘留。

8月17日，沿滩分局抓获犯罪嫌疑人陈谷、文敏、贾青青，破获1起省厅挂牌督办侵犯著作权案，犯罪嫌疑人陈谷于8月18日被刑事拘留，犯罪嫌疑人文敏、贾青青于8月18日被取保候审。

11月21日，沿滩分局先后抓获犯罪嫌疑人高源、万家美、杨宗艳、蒋先平、曾超，破获1起假冒注册商标案；犯罪嫌疑人万家美于11月22日被监视居住，犯罪嫌疑人高源、杨宗艳、蒋先平、曾超于11月23日被取保候审。

【打掉犯罪团伙】 6月，分局打掉一恶势力犯罪团伙，共抓获倪海洪、印小宇等28名犯罪嫌疑人，缴获改装射钉枪散件（3支），实心子弹12发，火药1包，弹珠200余粒，子弹壳500余颗，查封、冻结涉案资金24.2万元，扣押汽车2辆、房产1处。

【平安沿滩建设】 2022年，破获各类经济案件6件，抓获嫌疑人9人，移送起诉8人，收缴假币4.62万余元，挽回经济损失400余万元；整治治安乱象，开展集中清查行动10次，破获黄赌毒刑事案件24件、查处166件，抓获犯罪嫌疑人36人，行政处罚406人，缴获各类毒品29.87千克；强化街面防控，盘查人员71202人，车辆19790辆，抓获在逃人员5人，吸贩毒前科人员13人；对沿滩区从事学校保卫工作的60余名保安进行背景审查，组织能力培训28次，整改防冲撞设施12处；开展检查整改114次，针对沿滩区6个乡镇

72家商户存在烟花爆竹封存安全隐患风险的情况进行预警11次；借力"E"治采平台，组织发动群众排查各类风险隐患1127起，矛盾纠纷1738起；通过三色预警机制调度，成功化解绿色矛盾纠纷2060起，黄色矛盾纠纷282起，沿滩区未发生民转刑个人极端暴力案件；开展全民参与全民反诈，组织反诈集中宣传20余次，推送微信微博反诈小课堂150余期，劝返滞留缅北窝点人员9人，劝阻预警600余人次，劝阻电诈案件10余起，避免经济损失50余万元。

【保障工作】 2022年，力量保障上，警力万人比（户籍人口比）万分之四点五，派出所民警占总警力47.1%，分局机关民警占总警力52.9%，辅警157名，村辅警全额配备；经费保障上，区委区政府加大分局经费保障力度，区财政保障民警人均公用经费每年3万余元（不含工资待遇），与市局持平，在区县处于前列，区财政人均保障辅警经费每年6.5万元，在全市最高；对重点事（二十大安保）、重点案件（636跨境赌博）、专项工作（禁燃禁放）等方面一事一报告、一事一保障。区财政保障人均村辅警经费每年3.3万元；车辆装备上，车辆编制实现全额配备；基础设施上，投入2200余万元建设九洪所、永安所、仙市所，于4月投入使用。

【创新改革】 2022年，开发"1＋N"执法办案管理系统，通过升级赋能，打造闭环式执法管理监督体系，公安执法规范化建设和队伍执法公信力明显提升；推动派出所警务运行机制改革，调整辖区派出所警力，使7个派出所警力达81人，占总警力的47.1%，同时按照"两队一室"标准规范派出所勤务运行模式，调整充实社区民警，21个社区按"1+2"标准配备1名民警和2名辅警，92个村全部落实"一村一辅警"，持续提升基层社会治理能力；推进全省禁毒工作示范区创建，落实区禁毒办实体化运行，投入50余万元升级改造沿滩区乡镇、街道社区戒毒康复工作站；按照"三色码"分级管控要求，将沿滩区758名实有吸毒人员纳入网格化管理；建成十四中全国禁毒教育基地、青少年宫禁毒教育园地、龙湖公园禁毒公园、梨园路禁毒示范街和27所中小学禁毒教育微基地等。

【执纪监督】 2022年，开展正风肃纪监督检查34次，检查基层所队52个次，检查发现问题6个，发送廉政短信1300余条；开展警营关爱行动、激发民警活力，启动表彰激励机制，有13个集体、101名民警职工、33名辅警（村辅警）受到分局表彰奖励，另有13个集体、11名个人受到上级表彰奖励，进一步凝聚了警心；开展心理测试、心理健康大讲堂、心理健康知识讲座、心理健康宣传活动等心理健康服务25余次，落实家访活动4场次，谈心谈话380余人次，有力提高队伍身心健康水平；开展警务技能练训等实战大练兵，开展政治轮训暨传承盐运精神"七种能力提升班"。

【举行中国人民警察节】 1月10日，沿滩分局举行迎警旗宣誓仪式、主题宣讲会、

2月17日沿滩公安工作会议在沿滩分局召开

党员集体政治生日会等系列庆祝活动庆祝第二个中国人民警察节。

【公安工作会议】 2月17日，沿滩公安工作会议在沿滩分局召开。传达学习全市公安局长会议精神，总结2021沿滩区公安工作，分析当前公安工作面临的形势，提出今后五年沿滩公安工作总体规划，就2022年沿滩区公安工作作安排部署。

【创建"全省禁毒工作示范区（县）"】 6月2日，沿滩区创建"全省禁毒工作示范区（县）"启动仪式在沿滩区委广场举行。仪式上，邓勇副区长做创建"全省禁毒工作示范区（县）"动员讲话，林兵副局长做重要讲话。

检 察

【队伍建设】 2022年，执行《中国共产党政法工作条例》等党内法规，向市检察院、区委和区委政法委请示报告重大事项、疑难敏感案件12次；开展"忠诚铸魂·铁纪担当"专题活动，紧盯违反防止干预司法"三个规定"问题，填报、报送重大事项11件；推进业务部门负责人和党支部书记"一肩挑"；修订完善预算管理、收支管理、公务卡管理、采购管理、资产管理等13项制度，确保改革落地见效；完善《干警个人考核细则》，形成客观、精准、公正的考核管理体系；启动数字检察改革，升级跨部门办案平台和智慧检务系统，完善中心机房、档案数字化配套设施等。主动接受人大监督和政协民主监督，向区人大、区政协报告重点工作、重要部署8次，邀请人大代表、政协委员参加视察调研、案件听证等40余人次；主动邀请人民监督员参与拟不起诉案件监督评议、办案情况通报18人次；提升检察工作透明度，发布案件程序性信息295条、法律文书10份、检察动态信息200余条，在省级以上媒体刊发稿件48篇。

【中心大局服务】 2022年，审查公安机关提请逮捕各类刑事案件61件86人，批准逮捕44件60人，审查公安机关移送起诉242件306人，提起公诉142件210人；持续保持打击黑恶势力违法犯罪高压态势，批捕涉黑涉恶性质案件5件9人，审查起诉2件9人，办理市检察院交办的罗某包庇、纵容黑社会性质组织案获评全市检察机关打击黑恶势力"保护伞"典型案例。办理省、市监委交办职务犯罪案件2件2人、区监委移送职务犯罪案件4件4人，发出相关检察建议3件，组建专班办理省检察院交办的省能投文旅集团周某双贪污受贿案等有重大社会影响案件；起诉非法集资、洗钱、传销等涉金融领域犯罪5件23人，办理涉知识产权案件4件4人。督促2家涉案企业作出合规承诺并积极整改，向行政主管部门和企业发出检察建议6件；办结来信来访来电200余件，召开信访案件公开听证7场次，实现涉检赴省进京零上访、涉检信访零积案。办理饮用水水源地保护、居民小区二次供水安全、建筑施工企业规范管理、城乡文明治理等方面公益诉讼案件9件，督促整改问题12个；针对校园周边安全、母婴店特殊食品经营规范等问题发出检察建议9件。

【社会民生服务】 2022年，推进"断卡"行动，起诉9件23人，斩断电信网络诈骗链条；开展"打击整治养老诈骗"专项活动，办理"彩灯之乡"非法吸收公众存款系列案件9件27人，发出相关检察建议2件；办理制售有毒有害食品、假药劣药等案件6件6人；办理公共安全领域案件6件。联合区农业农村局出台《国家司法救助助力巩固拓展脱贫攻坚成果同乡村振兴有效衔接的实施办法》，对16名因案造成生活困难的群众发放救助金8.2万元；落实"千名政法干警进网格"要求，检察干警下沉村社化解邻里矛盾、民事纠纷等10

余件；参与"集中整治拖欠农民工工资问题专项行动"和根治欠薪"飓风"行动，联合区人力资源社会保障局会签《关于在农民工工资支付领域加强协作配合的意见》，依法支持80名农民工维权讨回210余万"血汗钱"。严惩侵害未成年人权益犯罪，依法批捕6人，起诉13人；开展帮教、心理疏导11人，对涉轻罪未成年人附条件不起诉3人，以检察温情唤回误入迷途的孩子；以最高检"一号检察建议"为指引促进社会治理，开展强制报告制度"进学校、进医院、进机关、进村社"四进活动；推动法治副校长制度落地，联合政法各部门实现沿滩区28所中小学法治副校长全覆盖，组织200余名师生参与法治研学活动。

【检察监督】 2022年，落实《中共中央关于加强新时代检察机关法律监督工作的意见》，以省委《若干措施》和市委《责任分工方案》为指引，建立沿滩区法律监督工作联席会议制度，推动开展执法监督与法律监督联合专项检查，评查各类案件262件，形成4个专项监督报告，促成建章立制3个。监督立案、撤案20件，纠正漏捕、漏诉20人，同比分别上升66.67%、17.65%；纠正侦查活动违法21件，提前介入疑难复杂案件35次；贯彻宽严相济、"少捕慎诉慎押"刑事司法政策，适用认罪认罚从宽制度247人，适用率89.2%，依法不批准逮捕26人，不起诉75人，办理羁押必要性审查22人，审前羁押率降至22.1%；与区司法局共建社区矫正检察室，纠正刑事执行和监管活动违法7件。办理各类民事监督案件44件，依法提出再审检察建议1件，提请市检察院向市中院提出再审检察建议1件获采纳，发出检察建议24件；坚决维护司法权威，对5件法院裁判正确的申诉案件作出不予支持决定。办理行政裁判结果监督案件2件、行政非诉执行监督案件18件、审判活动违法监督案件1件、行政违法监督案件2件；与区法院、区司法局建立行政争议多元化解协调机制，参与化解冯某某与某镇政府多年未解决的土地征收补偿款争议案等行政争议诉讼案件5件。与12345政务热线建立衔接机制，办理各类公益诉讼案件57件，发出诉前检察建议47份，整改率100%；通过行政公益诉讼推动相关部门整治环境、保护文物，为9处不可移动古建筑落实管辖归属，守护城市文脉。

法　院

【基本情况】 2022年，受理各类案件5162件，新收案件同比增长11.13%，审、执结各类案件5060件，人均结案241件，结案率98%，同比上升0.36%。

【维护社会正义】 2022年，受理刑事案件144件，审结138件，判处罪犯179人。全力维护群众生命财产安全，审结盗窃、危险驾驶等侵财、多发犯罪66件74人。审结制造、贩卖等毒品犯罪案件9件10人；审结贪污贿赂、滥用职权等职务犯罪案件3件3人；

4月1日，沿滩区召开法律监督联席会议暨未成年人保护联席会议

对李金勇等涉黑恶案深入开展"打伞破网""打财断血",以受贿罪,包庇、纵容黑社会性质组织罪判处该案保护伞罗某有期徒刑七年,并处罚金25万元,涉黑资产处置变现380余万元。审结电信网络诈骗、养老诈骗等犯罪案件14件25人,其中涉"彩灯之乡"养老诈骗案,一审判处该案主犯钟某某有期徒刑五年六个月,并处罚金18万元,诉讼中为集资参与人追回赃款300余万元。依法适用认罪认罚107件141人,对102名被告人依法判处非监禁刑。受理民商事案件3126件,审结3062件,结案标的23.31亿元;审结买卖、定作、加工承揽、租赁等合同纠纷案件911件,依法维护诚信交易秩序;审理建设工程施工、分包等建筑工程领域纠纷103件;审结物权确认、共有物分割、用益物权等权属争议纠纷28件;审理追索劳动报酬、确认劳动关系等劳动争议案件200件,审理人格权、健康权、道交人损等侵权案件153件。为生活困难当事人减免缓交诉讼费230余万元,受理行政诉讼案件23件,审结22件,行政机关负责人出庭应诉率100%。依法监督行政机关依法履职,判决撤销或责令重新作出具体行政行为3件。依法支持行政机关依法行政,对蒋某诉区市场监督管理局关于其投诉百佳超市销售不符合食品标准市场管理行为一案,依法驳回其"碰瓷式"维权诉求。参与政府拆迁工作相关会议23次,指导解决行政执法疑难问题9个,为区级部门及乡镇政府提供法律咨询27次。推进行政争议实质性化解,牵头制定《沿滩区行政争议多元化解工作协调机制》,依托多元协调机制,实质性化解行政争议9件,行政案件调撤率达45.45%。古某诉沿滩新城管委会行政纠纷一案,通过"审判+协调"。受理执行案件1885件,执结1838件,执行到位金额3.2亿元。查封成套住房及车库691套、土地29宗、车辆340辆,纳入失信联合惩戒279人,发出拘留决定书66份,与公安机关联合临控到案12人,向公安机关移送涉虚假诉讼2件3人,判处拒不履行生效判决、裁定罪1人,52人慑于司法强制措施主动履行850余万元。执行到位540余万元,为困难群众发放司法救助金20.52万元;开展"六必查""四必谈"工作机制,执行到位1300余万元,坚决杜绝犯罪分子因犯罪获利。

【护航经济发展】 2022年,审理涉企案件879件,涉案标的8.65亿元;审理金融借款、房地产等领域案件293件,其中审结涉自贡银行及关联股东案件100件,有效维护金融债权近5亿元;通过诉讼调解及时为云帆锦绣、腾达彩灯公司等企业收回应收账款3600余万元。接受投资商、园区企业相关咨询100余次,调处企业用工等矛盾纠纷200余件。与区投促局签署《关于构建破产处置与招商引资对接机制的实施意见》,与区自然资源局、区住建局签署《关于破产企业不动产登记容缺办理的实施意见》。永安、瓦市人民法庭审结各类案件631件;审理涉农

5月13日,四川省高院党组书记、院长王树江调研沿滩法院高新技术产业园区企业法治服务中心

产品、农业生产资料等买卖合同纠纷37件；审结涉彩灯之乡、中铁建工公司等农村经营权流转、农民劳务合同纠纷98件；审结涉高标农田建设项目纠纷13件。积极发挥巡回审判职能作用，在瓦市镇大雁湖村对不赡养八旬母亲的4名子女依法判令承担赡养责任并予以训诫，维护和弘扬中华民族爱老敬老的传统美德。

6月13日，沿滩法院公开审理钟某某等人集资诈骗一案庭审现场

【司法为民】 审理教育、医疗、养老等领域纠纷109件；开展农民工工资治欠保支和根治欠薪专项行动，审结劳务纠纷215件，为农民工追讨欠薪600余万元。贯彻实施《家庭教育促进法》，审理婚姻家庭、赡养、抚养等家事案件432件；注重特殊人群权益保护，联合区公安分局、区妇联等部门建立妇女儿童权益保护工作合作机制，打击侵害儿童权益犯罪行为，审结性侵未成年人案件11件13人。审理"父母遗弃双胞胎女婴被撤销监护人资格案"入选自贡市第二届维护妇女儿童合法权益暨家事矛盾化解十大典型案例。开展"为群众办实事示范法院"创建活动，当场办理司法鉴定146件次，接待法律咨询1431人次；突出线上便捷服务，配备自主立案、自主缴费终端，积极运用"微法院""远程接访"、调解平台及12368诉讼服务热线，为当事人提供便捷司法服务300余人次。设立"未办成事受理窗口"，当场立案率达99%，助力群众办成急难事、烦心事60余件。以"沿滩区法理情公益服务中心、金银湖社会治理中心、企业法治服务中心"三个解纷中心为支撑，以"法院+工商联""法院+人社局""法院+消协"等为补充的"1+3+N"多元解纷新模式，多元化解物业、相邻关系等矛盾纠纷743件。

【体制改革】 2022年，完善员额法官常态化增补、退出和考核机制，遴选员额法官3名，员额法官等级晋升7名；院庭长带头办案4274件，占84.4%，明晰院庭长案件监管责任，"四类案件"监管率100%。召开专业法官会议13次，意见采纳率98%。完善绩效考评制度，业绩考核"指挥棒"作用进一步彰显。推进四级法院审级职能定位改革试点，推进以审判为中心的刑事诉讼制度改革，刑事案件律师辩护率达100%，关键证人出庭作证率100%。推进案件繁简分流、快慢分道，小额诉讼程序和简易程序适用率81.48%，简案团队平均审理天数缩短至22.43天。通过移动微法院等平台畅通网上诉讼服务渠道，全年网上远程立案381件，网上开庭397件，电子送达2588件。

【政治建设】 2022年，开展"两个确立""忠诚铸魂 铁纪担当"主题教育，积极肃清沈德咏、傅政华等流毒影响；执行重大事项请示报告制度，向区委、区委政法委和市中院请示汇报17次；提升舆情防范和应对处置能力，处置一般舆情2起。引导党员干警勇担当、善作为，党员干警主动参与"万名党员下基层""千名政法干警进网格"等活动200余人次。党组书记带头讲党课2次，组织干警前往江姐故里、仙市家风馆、川南新材料产业基地等开展现场教学活动17次。开展司法作风突出问题集中整治，设立"司法作风突出问题"督察窗口，整治突出问题6项33个。实施"青蓝工程"，举办"司法政务能力提升""裁判决断能力提升"等培训班6期，全覆盖培训干警200余人次，承办《自贡审判》"沿滩杯"征文评选暨全市法院调研工作会；完成省法院重点课题1个，调研文章获市级以上刊物采用、表彰13篇。

【社会监督】 主动接受人大监督和政协民主监督，主动向区人大常委会专题报告优化法治化营商环境等重点工作开展情况，主动接受区人大常委会专题视察调研1次。主动邀请代表、委员参与"五年百佳"案例评选，见证"专项执行行动"等专题活动4次22人次，旁听庭审3件18人次；听取代表、委员对法院工作的意见建议6条；接受社会监督，邀请媒体记者参加新闻发布会、通气会3次，被《四川法制报》《四川长安网》等采用宣传稿件127条，通过"两微一端"发布工作信息192篇。

司法行政

【队伍建设】 2022年，制定队伍建设与人才培养的制度25个，拥有区级调解能手17名，市级调解能手7名，省调解能手2名，全国级人民调解能手1名。坚持基层法务工作姓"党"的原则，出台《自贡市龙都公证处员工培训制度》《自贡市沿滩区司法局律师执业监督管理制度》等22个制度。截至目前，无一例违规执业情况发生，保持行业的专业性与政治性的高度统一。

【法律服务】 2022年，沿滩区公共法律服务站（点）共接待法律咨询6490余人次，同比增长186.4%；受理法律援助364件，同比增长123.3%；提供公证服务1023人次，同比增长24.7%，为群众挽回或避免经济损失3000余万元。印发《自贡市沿滩区"十四五"公共法律服务体系建设规划》，为仙市镇、瓦市镇、王井镇、川南新材料产业基地等征地、占地拆迁项目提供证据保全公证服务10余次。在沿滩高新技术产业园区"企业法治服务中心"挂牌成立律师工作室和外来企业（民营经济）投诉办公室，派驻律师进驻为企业提供普惠高效的法律服务。走访民营企业、在建工地项目500余家，收集企业反馈问题200余件，现场提供法律咨询和意见建议800余条。

【普法与依法治理】 2022年，印发《法治沿滩建设规划（2021—2025年）》《沿滩区法治宣传教育第八个五年规划（2021—2025）》《自贡市沿滩区"十四五"公共法律服务体系建设规划》《沿滩区法治政府建设五年工作方案（2021—2025年）》，开展遴选、使用、培训、管理等环节工作遴选出565名优秀法治人才，每个行政村配备5名"法律明白人"。承办四川省第二届民法典走进乡村（社区）"三个一百"主题宣讲集中示范活动，入选中国普法集锦；开展沿娃·滩妹普法列车集中法治宣传活动220余场，法治讲座60余场次，宣传覆盖人数达30万余人次；创作普法宣传作品120余件，在"沿滩融媒"专栏刊载普法文章400余篇。

【法治示范创建】 2022年，黄市镇红旗村、卫坪街道龙湖远达社区为评为省级民主法治示范村（社区），以基层法治示范创建助推基层依法治理和基层民主法治建设。

【法治政府建设】 2022年，共审查涉及招商引资、重大项目、重大决策、行政复议应诉、政府信息公开等各类政策文件、合同协议法律文件及事务500余件（次），同比增长316%；出具合法性审查意见书97份，同比增长470%；提出意见建议800余条，同比增长100%。办理行政复议案件20件，已办结17件，纠错1件，协调办理省级行政复议案件2件，实现复议案件满意率"双百"目标。

【人民参与和促进法治】 2022年，印发《2022年开展矛盾纠纷排查化解工作方案》《调解促稳定 喜迎二十大"四查四化四优"专项行动的实施方案》等文件。发扬新时代"枫桥经验"，打造全市首个区域性人民调解品牌——"老沿茶馆"，在重大工程、重大项目上设立"解纷驿站"，建成个人调解工作室1个。各级人民调解委员会共排查矛盾纠纷5582次，调处矛盾纠纷4689件，同比增长220%，调解成功4651件，调解成功率达99.2%，"民转刑"案件0起。

【社区矫正】 2022年，建成集"刑事执行、监督管理、教育矫正、社会化帮扶"为一体、四级网络互通、政法各家互联、矫务办理智能的智慧化社区矫正中心，实现沿滩区社区矫正工作数据一体化、管理智能化、移动互联化、指挥可视化。共接受委托调查评估100件，出调查评估93件；沿滩区累计接收社区矫正对象171人，解除矫正122人，在矫171人，无矫正对象脱管漏管、参与非法集会、参与重特大刑事案件。

【安置帮教】 2022年，定期对刑满释放人员身份信息开展核查，成立安置帮教小组；沿滩区共衔接刑满释放295人，一般帮教人员280人，重点帮教对象15人，联系落实"必接必送"17人，接回率100%，沿滩区刑满释放人员876名，无重新犯罪。

2022年，沿滩区司法行政工作会议

军 事

人民武装

【政治教育】 2022年，加强学网用网，强化新闻宣传，发挥军队网络平台的作用功能，主官坚持带头学网用网，引导机关人人写稿撰稿，在军地投稿共计300余篇，并被军分区评选为全面建设先进人武部、2022年度新闻报道先进单位。

【军事训练】 2022年，加强战备值班，规范作战值班室设置，按计划落实安全隐患排查整治；完成兵器室、弹药室、战备图库、营区消防设施、民兵训练基地卫生间改造建设；推进推动乡镇、街道民兵消防能力建设，配齐防烟面罩、灭火毯、逃生绳、手提式灭火器等应急装备；开展练兵备战训练活动，人武部机关科学制定年度训练方案，坚持"每周一测""每月一练"和"军情研究"活动，严格落实体能、技能和专业能力训练考核制度，提升全员综合能力素质和应急应战能力；开展基干民兵军事训练大比武活动，选拔2名尖子，参加省军区"天府精兵-2022"比武竞赛荣获优秀组织奖。

【国防动员】 2022年，全年征集兵员99名，大学毕业生比例达50.5%，同比增长28.2%。

【参建参治】 2022年，开展国防教育"开学第一课"，持续推进国防教育进基层、进校园、进乡村；军地共建，开展儿童节、教师节、中秋节走访慰问；投入20万元扶持联系村重点项目，推动扶贫联系村公共停车场项目和"跑山鸡"散养点升级改造建设；组织民兵常态参与灯会安保、疫情防控等维稳执勤任务。

武 警

【组织建设】 2022年，压实党风廉政建设，在涉及官兵利益等敏感问题上，坚持公正、

11月15日，滕建军部长到兴隆镇花椒产业园调研指导

公平、公开原则,严格按照法定程序进行评议评选;中队发展党员1名、推荐预提指挥士官2名、特战集训1名、驾驶学兵2名、炊事员集训2人、转改晋升士官8名,全程公开透明,问题公开脱敏,官兵满意服气。

【维稳备战】 2022年,中队圆满完成各类临时勤务,其中城区武装巡逻150余天,里程4800余公里,在"春节""五一""3·14""6·4""7·5"以及全国"两会"等敏感时间节点,开展两警联勤武装巡逻,维护社会稳定。

【拥政爱民】 2022年,主动向沿滩区委、区政府汇报部队建设和工作开展情况,支持和配合地方党委、政府的工作,对地方党委、政府倡导发出的扶贫济困、扶残助残、援建希望工程等号召,积极响应,搞好配合;对区委、区政府组织的全民性义务植树、义务劳动等活动,在不影响"中心"工作的情况下,积极参与,全力以赴抓好落实。端正对人民群众的根本态度,教育官兵牢固树立群众观念,加深对人民群众的阶级情谊和思想感情,在与群众的接触中,要文明礼貌,尊老爱幼,尊重人民群众,虚心向人民群众学习。

自贡灯会期间武装巡逻

人民防空

【人防宣传教育】 2022年,结合"3·1"国际民防日、"5·12"防震减灾日、"9·18"防空警报日"等重要时间节点,在沿滩城区广场和乡镇开展形式多样的宣传活动,共悬挂标语12余幅、移动展板巡回宣传3场次,发放《民防知识读本》《防空防灾知识手册》2000余册,散发人防(民防)宣传单9000余张。

【通信警报建设】 2022年,沿滩区有防空警报器18台和1台车载警报器,实现沿滩区所有乡镇、街道防空警报器全覆盖,沿滩区人防警报预警报知系统运行正常,警报器处于良好状态。在2022年"9·18"警报鸣放行动中,按规定信号统一鸣响,参试率和鸣响率均达100%。

【机动指挥所建设】 2022年,在做好人防机动指挥所设备设施日常维护保养的同时,保证人防机动指挥所通信设备正常

沿滩区中队到敬老院慰问老人

运行，积极开展人防机动通信分队训练和应急演练；沿滩区人防机动通信分队开展日常训练2次、野外宿营训练1次，参加市人防办组织各种人防机动通信应急训练、演练3次，跨区域拉练1次。

【战时人口疏散地域建设】 2022年，按照全市疏散地域建设规划以及沿滩区战时城市人口疏散的需要，严格按照（川民防局〔2012〕1号）文件建设标准，沿滩区建成永安镇、九洪乡、黄市镇、联络镇、富全镇、王井镇6个人防疏散地域，主要接收沿滩城区和自流井区战时城市疏散人口，接收安置能力达到4.9万人，同时建立健全相关组织，保障了人防疏散地域常态化运行。

【人防工程管理】 2022年，沿滩区有早期人防工程17处，其中公共工程4处、单位工程13处，早期人防工程主要分布在沿滩城区和邓关片区。

【专业队伍建设】 2022年，对沿滩区现有人防专业队伍的人员进行适当调整和补充，沿滩区共整组人防专业队伍178人，其中：抢险抢修专业分队72人；医疗救护专业分队42人；通信保障专业分队7人；防化防疫专业分队17人（防化专业队13人，防疫专业队4人）；交通运输专业队11人；治安专业队29人。专业对口人员占90%以上。组训人防专业骨干队伍40人（医疗救护专业队15人、抢险抢修专业队20人、通信保障专业队5人）参加6月6—7日区武装部组织的训练和综合汇报演示。

【国防潜力调查】 2022年，按照区武装部工作部署，积极配合区武装部开展了国防潜力（人防部分）调查，按时完成国防动员潜力调查（人防部分）涉及所有数据资料的采集、汇总、整理备案和上报工作。

【保障建设】 2022年，专款专用。财务管理严格执行《人防财务管理规定》《人防会计制度》的有关规定，加强人防财务管理；落实"三项"制度，行政行为规范，全年无失泄密，无行政责任事故和安全稳定问题发生。

环境保护

概 述

制定《沿滩区生态文明体制改革2022年工作要点》及工作任务清单，加快绿色低碳发展，重点推进大气污染、水质达标攻坚及生态环境保护工作，及时发布减污降碳协同增效、科学精准依法治污，以问题整改为导向，积极推动生态文明体制改革，以项目建设为抓手，力促重点问题标本兼治。

开展重点涉水企业执法专项行动、在线监控企业专项检查行动、排污许可专项行动、涉VOCs企业专项执法行动等各项检查，检查企业163家，整改问题102个。依法严厉打击企业环境违法行为，全年立案10起，发出责令改正违法判决书10份，下达行政处罚决定书7份，查封2起，移送公安1起，处罚金额58.7万元。

聚焦水生态修复、大气超级站建设、土壤污染地块综合整治、农村生活污水治理等方面，开展对上争取，累计包装项目10个，包装总投资14.2亿元。全年争取国家、省生态项目到位资金3870.2万元，其中釜溪河流域（邓太段）水污染防治综合整治项目资金3019万元、羊叉河入釜溪河综合整治项目资金462万元、千村示范资金389.2万元，争取到位铁钱溪流域综合整治项目债券资金3400万元。争取到位釜溪河流域（邓太段）治理项目中国农业发展银行贷款1.45亿元。

把好项目准入关，从源头上把牢产业的绿色空间和准入门槛，强化"三线一单"刚性约束，严格"三个一批"正面清单管理，对环境影响总体可控，就业密集型行业共23个大类60个小类，实行环评文件告知承诺制，审批项目30个。

通过"5·22"生物多样日、"6·5"世界环境日等节点，开展环保政策法规进校园、进社区、进企业、进机关活动。开展"环保设施开放日"，组织党政干部、环保志愿者、学生代表实地体验，增强环保合力。在国家省市等主流媒体宣

6月5日，沿滩区2022年"6·5"世界环境日宣传

传报道 9 篇 / 次，保护群众知情权。与移动公司建立战略合作，推送环保知识短信 10 万条 / 次。

全年累计达标天数 285 天，PM_{10} 平均浓度值一立方米 57.4 微克，$PM_{2.5}$ 平均浓度值一立方米 39.5 微克，臭氧平均浓度值为一立方米 162.8 微克。釜溪河宋渡大桥断面年平均水质达地表水 Ⅲ 类水质标准，碾子滩水库和 4 个乡镇集中式饮用水水源地水质达标率 100%。

沿滩区大气污染防治 2022 年重点工作调研座谈会

大气环境保护

【基本情况】 全年环境空气自动站实际监测天数 365 天，有效监测天数 365 天。其中：优良天数 285 天，较去年（295 天）同比减少 10 天，PM_{10} 浓度均值 57.4 微克每一立方米，较去年（64.8 微克每一立方米）同比下降 11.4%，$PM_{2.5}$ 浓度均值 39.5 微克每一立方米，较去年（45.1 微克每一立方米）同比下降 12.4%，臭氧浓度均值为 132.0 微克每一立方米，较去年（162.8 微克每一立方米）同比下降 18.9%。主要污染物为 PM_{10}（18 天）、$PM_{2.5}$（115 天）、臭氧（143 天）。其中：空气质量优级天数 89 天（较去年减少 25 天），占统计天数的 24.4%。良级天数 196 天（较去年增加 15 天），占统计天数的 53.7%。轻度污染天数 70 天（较去年增加 15 天），占统计天数的 19.2%；中度污染天数 10 天（较去年减少 1 天），占统计天数的 2.7%；重度污染天数 0 天（较去年减少 4 天）。

【打响大气污染防治"第一战"】 严格落实 2022 年春节期间禁止燃放烟花爆竹工作要求，以严标准、硬举措、实作风，全面打响烟花爆竹禁燃禁放攻坚战，沿滩区共查处烟花爆竹类违法案件 17 起，行政处罚 16 人，教育训诫 36 人，收缴烟花爆竹 743 件，其他各类烟花 111 盘 1326 小盒。封存烟花爆竹 6750 件、零散鞭炮 1204 炳、烟花 2179 个、火炮 3495 炳。2 月沿滩区在全市环境空气质量综合评比排名中名列第一，实现环境空气质量管控开门红。

【露天焚烧污染治理】 为全面落实秸秆禁烧工作要求，确保大气环境质量持续向好，春秋两季分别印发了《自贡市沿滩区 2022 年春季秸秆禁烧专项巡查行动方案》及《自贡市沿滩区 2022 年秋季秸秆禁烧专项巡查行动方案》，组建沿滩区生态环境局、区综合行政执法局、区农业农村局三个区级督导组，按照"分片负责、交叉巡查"的方式，对沿滩各辖区开展全覆盖巡查。

【挥发性有机物治理】 制定低 VOCs 含量原辅材料源头替代实施计划，按照《自贡市加快实施 VOCs 含量低于 10% 原辅材料替代工作办法（试行）》要求，加强政策引导，鼓励涉 VOCs 企业使用挥发性有机物含量低于 10% 的环保材料（以质检报告为准），从源头减少 VOCs 产生，积极推广使用低 VOCs 含量原辅材料、生产工艺和设备。全年，共有 8 家涉 VOCs 企业完成低 VOCs 原辅材料替代，2 家企业积极探索申报低 VOCs 原辅材料。

【重型柴油货车尾气治理】 道路现场设点，车辆靠边，环保部门检测，交警现场处罚，开展重型柴油货车尾气抽测，全年检测车辆601辆，超标车3辆，共计处罚款450元。

【非道路移动机械管控】 对沿滩区在用非道路移动机械开展编码工作，现有190台非道路移动机械，经监管平台审核通过，领取环保编码号牌；定期开展执法检测，全年随机抽测建筑工地在用非道路移动机械100辆，均达到环保标准。

【臭氧污染防治】 印发《沿滩区2022年臭氧污染防控攻坚行动方案》《自贡市沿滩区2022年深入打好蓝天保卫战攻坚方案》等工作方案，确定重点管控企业33家、夏季臭氧错峰生产企业26家。全年发布臭氧污染应急管控预警7次，检查企业74家/次，督促涉气企业落实各项管控措施，整改问题12家/次。

【重污染天气应急响应】 制定《自贡市沿滩区2022—2023年秋冬季大气攻坚行动方案》，严格冬季雾霾治理，针对重污染天气应急管控，梳理制定"一厂一策"应急管控清单，60家企业纳入管控。区生态环境保护委员会办公室牵头，与各区级部门协调配合，精准发力，全面打响应急响应措施落实攻坚战。区生态环境保护委员会办公室联合目标绩效办、住建、交通、城管、经信等部门持续开展大气污染治理巡查督导。应急响应期间实行每日督导通报、次日回复整改，并对应急响应措施落实情况进行跟踪督查，以督促改，控污减排，确保应急响应措施落实到位。

水环境保护

【国考断面水质状况】 宋渡大桥（国家采测分离数据）：总体水质为Ⅲ类（水质优良），氨氮浓度均值0.32毫克每升，同比下降12.5%。总磷浓度均值0.14毫克每升，同比下降7.9%。化学需氧量20.0毫克每升，同比上升7.5%。其余指标无明显变化。

【网格化站点水质状况】 宋渡大桥（自动站数据）：总体水质为Ⅲ类（水质优良），高锰酸盐浓度均值4.0毫克每升，同比下降18.4%，氨氮浓度均值0.14毫克每升，同比下降41.6%，总磷浓度均值0.128毫克每升，同比下降11.7%，其余指标无明显变化。7条小流域入河口网格化监测水质达标率85.7%，同比下降14.3%。其中李白河、长滩河、杨柳溪、舒滩河、望子河、羊叉河为Ⅲ类，铁钱溪为Ⅳ类。

【推进流域治理】 制定《沿滩区深入打好碧水保卫战2022年度攻坚方案》，明确基础设施建设、农业农村污染整治等5个方面24项攻坚任务，统筹推进水环境综合治理。开展釜溪河水质达标攻坚行动，印发《沿滩区釜溪河流域水质达标攻坚监测工作方案》《釜溪河沿滩段水质短期达标攻坚方案》《沿滩区2022—2023年枯水期水质攻坚方案》等系列工作方案，全面压实乡镇（街道）、部门责任。积极协同高新、富顺等区县开展区域联防联控，共同推进水质改善。建立问题清单、整改台账，通过日调度、不定期暗访等方式现场督导问题整改。摸排78个重点涉水污染问题已全面完成治理，整改完成率100%。

【入河排污口排查整治】 制定《自贡市沿滩区入河排污口排查整治方案》，按照"查、测、溯、治"工作步骤和要求，对釜溪河沿滩段入河排污口开展全面排查，针对排查的釜溪河流域入河排污口开展溯源整治。强化排污监管，加强入河湖排污口和污染源监测能力建设，优化取、排水口布局，减少江河湖库水环境安全隐患。全面清查入河排污口45个，建立入河排污口清单，实行动态管理。

【河长联络部门履职情况】 严格按照《自贡市河（湖）长巡

3月，刘军书记带队督导水质达标工作

河制度》巡河频次要求，协助舒滩河河长开展巡河工作，充分利用信息化手段，强化运用巡河APP开展巡河，发现问题后对问题进行及时处理并上报区河长制办公室。全年区、乡两级巡河1824次，发现问题71个，立即交办整改，整改完成率100%。

【饮用水水源地保护】 联合区水务局、相关乡镇及派出所等多个部门开展饮用水水源地禁钓联合执法行动，出动执法人员180人次，收缴钓鱼工具19套，劝返钓鱼人员183人。相关乡镇坚持常态化开展饮用水水源地保护行动，不定期组织禁钓巡查及宣传，实行专人驻守制度，累计清理泡沫垃圾、塑料袋等2900公斤，向群众发放宣传资料12500份。

【水环境治理项目】 2022年，投资1500万元，实施碾子滩水库饮用水源水污染防治行动计划项目（望子河流域），已完成水生植物70亩，人工湿地18亩，完成工程总量50%。投资744.77万元，实施羊叉河综合整治项目（一期），生态河道1000米，生态涵养林1200平方米，人工湿地5000平方米。投资4000万元，实施金银桥水库综合整治项目（一期）工程，已完成财政招标评审。完成釜溪河沿滩城区段流域综合治理项目，建设资金来自中央预算内投资及业主自筹，项目出资比例为100%，项目估算总投资为5200万元。杨柳溪入河口段、釜溪河—舒滩河口段沿线生态修复约50000平方米；河道底泥疏浚（河底清淤）约10000立方米；新建生态涵养林约30000平方米；新建流域监测站一座，安装小流域普适化监测设备；仙市镇、王井镇、沿滩镇釜溪河沿岸新建截污管网，并建设相关配套基础设施5200米。在项目治理过程中，区发展改革局、区水务局积极履行项目监督管理职能，坚持月调度机制，组织实施了项目日常调度、在线监测、现场检查和监督问责，及时协调解决项目推进的问题和困难，促进项目有序高效地完成，解决污水溢流、流域水质不稳定等问题，提高城镇污水接入率，推进流域水环境质量改善。

土壤环境保护

【基本情况】 2022年，区内无电子废物、废轮胎、废塑料等再生利用污染严重且造成不良社会影响的情况，因耕地土壤污染导致农产品超标且造成不良社会影响的情况，以及因疑似污染地块或污染地块再开发利用不当且造成不良社会影响的情况。沿滩区土壤环境质量总体保持稳定，土壤环境风险总体得到管控。

【开展污染地块调查】 根据《自贡市生态环境局关于开展土壤污染状况详细调查及风险评估的通知》相关要求，区自贡炭黑厂地块确定为土壤环境质量超过《土壤环境质量建设用地土壤污染风险管控标准（试行）》一类（或二类）用地筛选值的污染地块，纳入污染地块名录管理。截至3月，已完成炭黑厂地块土壤污染状况详细调查及风险评估报告。炭黑厂地块土壤污染状况详细调查和风险评估结果为人体健康风险不可接受，且地块周边紧靠国家级水产种质资源保护区核心区，存在较大生态环境风险隐患，故实施炭黑厂地块土壤污染治理与修复项目，项目已于2022年4月入省级生态环保专项资金库，7月入中央生态环保专项资金库。

【开展涉镉等重金属企业排查整治】 根据"开展涉镉等重金属企业排查整治""涉铊、涉锰、涉重点重金属企业和电镀行业污染排查整治"工作要求，重点对存在冶炼工艺、有色金属等行业进行排查，全年共开展两次排查梳理涉镉、涉铊、涉锰等重金属企业。经调查，沿滩区无上述重金属排放企业。

【重点单位监管】 依据自贡市生态环境局《关于做好2022年度土壤污染重点监管单位管理工作的通知》（自环发〔2022〕10号）要求，有序推进土壤环境重点监管企业环境监管，涉及区内5家重点监管企业（自贡市城乡垃圾处理中心、自贡川能环保发电有限公司、自贡城矿再生资源开发有限公司、自贡市天龙化工有限公司、自贡市中皓化工有限公司），督促企业开展土壤污染防隐患排查工作，要求企业制定土壤污染隐患排查报告。同时督促5家企业编制土壤环境自行监测方案，按照要求完成2022年度土壤环境自行监测报告。

声环境保护

【功能区噪声】 沿滩区功能区噪声共4个测点，分别为区委、工业园区、区医院和区妇幼保健院，其中区委和工业园区为省控测点，区医院和区妇幼保健院为区控测点。根据全年监测数据统计分析，区保健院、区委各监测点昼间和夜间等效声级值达到了《声环境质量标准》GB 3096—2008 2类标准，沿滩区医院一、二季度夜间等效声级值未达到《声环境质量标准》GB 3096—2008 2类标准，沿滩工业园区监测点昼间和夜间等效声级值达到了《声环境质量标准》GB 3096-2008 3类标准。

【区域环境和交通噪声】 沿滩区区域声环境质量监测点均达到GB 3096—2008 2类标准，平均等效声级值51.4分贝（加权声），区域环境噪声总体水平等级为二级，评价结论为较好。

【噪声污染治理】 沿滩区加强对社会生活噪声、道路交通噪声的治理工作，严格控制建筑工地、工业企业和娱乐场所产生的环境噪声，确保了声环境质量。

环境管理

【开展全域执法行动】 开展重点涉水企业执法专项行动、在线监控企业专项检查行动、排污许可专项行动、涉VOCs企业专项执法行动等各项检查，检查企业163家，发现环境问题116个，整改完成102个，14个问题整改中。联合相关部门对碾子滩水库、金银湖水库开展饮用水源专项执法，严厉打击非法垂钓，没收钓鱼工具19套（根）。

【移动执法系统应用】 将沿滩区污染源共计185个纳入移动执法系统监管，完善污染源信息达95.53%。开展"双随机"抽查58家，开展"测管协同"采样监测9次，监测比例为15.52%。开展自发任务检查，共计检查237家。所有案件办理和现场检查均通过移动执法系统完成。

【行政处罚案件办理】 区生态环境局共立案10件，下达行政处罚决定书7件，不予处罚2件，销案2件，其中查封扣押2件，移送拘留2件，处罚金额58.7万元，均已在市生态环境局网站公示。

【自动监控执法应用】 重点排污单位自动监控数据有效传输率为99.51%，未触发"事后处理"

电子督办，未发生生态环境部通报的严重环境违法行为。

【网格化环境监管】 按照行政区划调整情况，对网格重新划分，其中分设12个三级网格，98个四级网格，共设网格员374人。目前实行"村（社区）—乡镇—区级"三级网格制度，通过加强对各乡镇和村（社区）环保负责专员的监管，督促其对本网格区域范围内的污染源进行日常巡查，并通过"巡查—发现—上报—处理"的监管机制，尽快发现问题，解决问题。本年度各级网格共上报污染源线索526条。此外，组织开展2次网格化专项培训，对沿滩区各乡镇环保负责人、村（社区）党组织书记和重点企业环保负责人进行环保专题培训，有效推动沿滩区生态环境保护向纵深发展。

【积极回应社会关切】 坚持快办、实办，重大信访件由局领导牵头负责，全年办理各类环境信访件22件，均按期办结，回访满意率100%。牵头承办区人大代表《俞冲街场镇污水治理的建议》，已办结，为A类件。

【第三轮省环保督察】 11月23日至12月20日，四川省生态环境保护督察组进驻自贡市开展为期一个月的例行督察。期间，省督察组累计交办沿滩区21起现场点位问题及信访举报件，其中有5件交高新区办理，1件交市住建局办理，实际交办沿滩区信访件15件（含两件重复信访件）。经核查，15件信访件均属实或部分属实。截至2022年底，15个信访件已全部程序性办结。

环境监测

【基本情况】 在编人员共12人，在岗7人（含1名外聘人员），大专以上学历100%，各类仪器设备53台/套，固定资产244.6万元。现有实验室20间，实验用房面积823平方米。本年度，监测站全面开展了地表水、噪声等环境质量监测，污染源执法监测，污染纠纷监测，累计提供数据6000余个，出具监测报告74份。监测站对沿滩区启用的集中隔离场所污水开展余氯监测，全年出动1942人次，提供监测数据1272个，为管理部门掌握废水中余氯含量提供基础数据；完成釜溪河流域水质加密监测，全年开展宋渡大桥断面水质监测110次，提供原始数据476个；开展新大桥断面水质监测77次，提供原始数据306个。完成辖区3个釜溪河流域涉水重点工业企业化学需氧量优化排放管控专项监测；完成工业园区、城镇生活污水处理设施进出口水质监测，累计提供原始数据403个。监测结果表明，13个污水处理设施出口水质均达到规定排放标准；配合完成釜溪河（沿滩段）及其支流104个排污口排查，对符合监测条件的20个入河排污口开展监测，累计提供监测数据100个。完成釜溪河流域水质达标攻坚排名监测，每月开展一次5个断面（镇溪河入河口、朱公河青杠桥、中溪河入河口、石梯河入河口、李白河大桥堰上）釜溪河流域攻坚监测，提供原始数据180个。完成日处理能力20吨及以上农村生活污水处理设施出水水质监测。监测站狠抓质量管理，不断提高监测能力。参加省市场监督管理局和环境监测总站组织的能力验证和实验室间的比对考核，考核结果合格率为100%；组织6人参加上岗考试并取得上岗证书。

【降水监测】 全年有效降雨共46次，较2021年减少12次；酸雨频次5次，较2021年增加2次。总降水量为379.4毫米，较2021年减少了399.2毫米，减少了58.77%。全年降水pH在4.39～8.22，降水pH年均值为5.96，与2021年平均值（5.95）基本持平；全年降水电导率范围在0.8～7.0毫西/米，年均值为1.90毫西/米，与2021年（1.86毫西/米）基本持平。全年降水主要集中在4、5、6月，5月降雨量最大，11月无有效降水，2021年降水主要集中在5、

6、7、8、9月，7月降雨量最大，2月无有效降水。

【地表水监测】 本辖区地表水质监测主要在釜溪河沿滩镇段，共设2个断面，分别为大河坝断面（入镇断面）和黄巅坝断面（出镇断面），均为控制断面，监测项目22项。从监测结果来看，出、入镇断面实际监测水质类别均为Ⅳ类。

【集中式饮用水源水质监测】 沿滩区饮用水源包括县级饮用水水源地和乡镇集中式饮用水源。其中县级饮用水水源地为碾子滩水库。碾子滩水库四个季度均达到了《地表水环境质量标准》GB 3838—2002 Ⅲ类标准（总氮不作为评价标准），全年达标率100%。区乡镇饮用水水源地分别为永安金银桥水库、联络镇高滩水库、兴隆舒滩水库、富全镇解放堰水库。永安金银桥水库、联络镇高滩水库每季度监测1次，共监测4次；兴隆舒滩水库、富全镇解放堰水库每半年监测1次，共监测2次。监测项目共30项，乡镇饮用水水源地水质全年达标率100%。

【重点污染源监督性监测】 对辖区5个水环境重点排污单位（沿滩区生活污水处理厂、沿滩工业园区污水处理厂、自贡中皓化工有限公司、沿滩区仙市镇污水处理厂、沿滩区永安镇污水处理厂）开展了1次监测。按照"测管协同"的要求，做到了监测与监察同步实施、同步联动。加强对企业污染物治理设施、设备运行情况等的监督管理。共计开展监测6次，其中废水监测3次，提供原始数据22个；噪声监测3次，提供原始数据30个，为环境执法和信访处理提供数据支撑。

【环境监测数据发布】 沿滩区省控环境空气自动监测站实行24小时连续监测，空气质量小时值通过环境部门官网向社会发布；城镇饮用水源季报通过市生态环境局网站、微信公众号等进行发布。

环保督察

【加强环境监督】 依法开展涉VOCs排放企业专项行动、排污许可专项行动、涉水企业专项行动、生活污泥处置专项行动，共检查企业63家，发现问题22个并责令整改。开展"双随机、一公开"检查工作。根据省生态环境厅的统一要求，建立了"双随机、一公开"制度，共开展检查48家次，并定期对检查结果进行公示。依法严厉打击环境违法行为，加强环境监管，依法行政能力得到提升。

【强化环保排查整改】 以区生态环境保护委员会办公室，区河长制办公室，大气、水质量提升及环保督察整改工作专班为抓手，在沿滩区各行业、各领域开展环保问题大排查，将突出环境问题以"发点球"的形式"点对点"交办给相关行业部门及属地乡镇，全年共计排查整改环保问题100余个，有效减少了信访举报数量。特别是釜溪河邓关断面通过攻坚整治最终达标、岸滩坝水产养殖提前开展规范治理，有力化解了成为省督负面典型案例的风险。

【省督期间】 11月23—12月20日，沿滩区接受了四川省生态环境保护督察组例行督察。省督期间，沿滩区对督察发现问题主动认领、照单全收。对交办的现场点位问题及信访举报件，立即整改。针对省级生态环境保护例行督察组交办的群众反映的"联络镇玉荷街背后，镇上生活污水朝中心村7组鱼塘排放，鱼塘臭气熏天，污染很大"问题，沿滩区立即确定由副区长包案，牵头组织联络镇人民政府、区水务局成立工作专班，开展调查办理工作，仅用两天时间，就从接访、办理，最终完成了整改。沿滩区结合省督察组正式反馈意见，切实制定整改实施方案。同时，紧盯本轮省督期间产生的15件信访件，督促牵头办理部门按调查报告的整改措施、整改时限，保质保量完成问题整改及销号工作。

自然资源管理

自然资源与功能区规划

【自然资源保护规划】 完成《沿滩区"十四五"自然资源保护和利用规划》编制，严守耕地和基本农田保护红线，耕地质量不断提高。"三区三线"已获自然资源部自然资办函批准启用，耕地保护面积30.8892万亩，永久基本农田面积26.5881万亩，生态保护红线0.0699万亩。

【自然资源利用规划】 完成《沿滩区国土空间总体规划（2020—2035）》《沿滩区釜溪河文旅融合发展片区国土空间总体规划》等三大镇级片区国土空间规划、《仙市镇百胜村级片区国土空间规划》编制，待通过省级审查后，积极完善各区域内控制性详细规划，保障重大项目用地落实。

【主体功能区规划】 为持续推进两项改革"后半篇章"工作，打造规划样板，沿滩区结合各乡镇各区域特点特色，将沿滩区划分为3大发展片区，即金银湖农旅融合发展片区、釜溪河文旅融合发展片区、沿G348产城融合发展片区，其中包含沿滩区现代农业园区规划、永安镇全域土地整治"镇村合一"国土空间规划、沿滩区城乡消防等专项规划，并分期分批启动各片区国土空间规划编制，促进沿滩区乡村国土空间合理布局。

土地资源管理

【建设用地】 经四川省人民政府依法批准农用地转用土地征收批次建设用地8个，总面积89.809公顷，新增建设用地80.4168公顷，满足了自贡市川南新材料化工园区、自贡食品工业园区、江姐故居等项目用地需求。

【耕地保护】 四川省下达沿滩区耕地保护目标：耕地保有量任务30.63万亩；永久基本农田保护任务25.75万亩。2022年末变更调查数据：耕地

沿滩区耕地保护暨耕地恢复整治座谈会

32.59万亩，林地9.75万亩，园地2.20万亩，坑塘水面2.89万亩，建设用地14.74万亩，其他农用地6.59万亩，未利用地1.61万亩。2022年沿滩区累计恢复耕地7772亩。2022年12月，沿滩区成立区田长制办公室，设立区级田长14名、乡级田长120名、村级田长186名、网格员1028名。

【土地市场】 沿滩区共挂牌出让工业及公用用地12宗，出让土地面积894.4825亩，实现土地价款9839.3079万元。

地籍管理

【调查统计】 完成沿滩区2022年度国土变更调查工作，实现成果信息化管理。汇总主要地类规模、结构与分布，分析沿滩区土地利用现状特征。根据2022年度国土变更调查数据统计，沿滩区耕地面积为32.31万亩，园地面积为2.52万亩，林地面积为9.90万亩，草地面积为0.21万亩，城镇村及工矿用地13.33万亩，交通运输用地面积为1.57万亩，水域及水利设施用地面积为5.05万亩，沿滩区其他土地面积为5.46万亩。2022年12月，完成四川省市县级"三调"沿滩区耕地资源质量分类工作。

【确权登记】 沿滩区农村宅基地和集体建设用地总数约为75174宗。2022年全年完成农房不动产测绘75174宗（包含增减挂钩项目房屋测绘571宗），现场村组公示74603宗。根据作业单位现场收集房屋产权登记证书情况显示：已办理集体土地证、房屋所有权证或不动产登记证的房屋约59415宗。

【权属管理】 沿滩区多措并举加强土地出让管理工作，规范土地出让行为，健全土地出让管理长效机制。对拟出让地块控制性详细规划做到全覆盖，并依据经批准的控制性详细规划和节约集约用地要求，明确拟出让地块的空间范围、用途、容积率、建筑密度、绿地率等规划条件，明确各用途范围和比例。拟出让地块必须是征收（拆迁）安置补偿落实到位、没有法律经济纠纷、土地权属清晰，具备动工开发基本条件的"净地"。不具备"净地"条件的宗地，不得出让。编制好土地出让方案，土地出让方案应包括拟出让地块的位置、用途、面积、年限、出让方式、土地使用条件、出让起始价等内容，并组织好拟出让宗地的地价评估。完善土地出让合同内容，土地出让成交后，在10个工作日内签订出让合同。土地出让合同应严格约定交地时间、开竣工时间、容积率等规划条件、价款及缴纳方式、违约责任等内容。

矿产资源管理

【资源勘查】 辖区内矿藏主要有黄（黑）卤、天然气、砂岩、页岩、石灰岩、河沙等。天然气主要分布于兴隆、永安、富全、邓关、瓦市等地，其他非金属矿主要分布在永安、卫坪、九洪、黄市、联络、富全、仙市、瓦市等乡镇，资源储量1686.75万吨。建筑用砂主要储聚于釜溪河河床，资源储量6万立方米，实行限制开采。

【开发管理】 沿滩区有非煤矿山企业5个，涉及砖瓦用页岩矿2个，盐矿2个，砂岩矿1家。按照矿业权管理相关规定，严格要求新办和办理延续登记手续的矿山企业编制《矿山地质环境与土地复垦方案》并依法缴纳相关费用。坚持预防为主、防治结合，谁开发谁保护，加强矿产资源开发过程中的环境保护，加大对采矿权人履行矿山地质环境与土地复垦方案情况的监督检查。加大监督管理力度，督促在建矿山履行法定义务，边开采、边保护、边复垦，全面复垦矿区损毁土地。监督采矿权人严格按照批准的开发利用方案、矿山地质环境与土地复垦方案要求进行生产，开展采掘活动的同时采取地质环境保护措施，对非开采作业面的开采区进行保护，加强矿山地质灾害监测与治理，对矿山废水、粉尘、固体废弃物等污染物进行综合防治，全力整洁美化矿貌，最大程度地减轻开发利用活动对矿山地质环境的影响和破坏。严格落实《矿山地质环境与土地复垦方案》，持续推进矿区损毁土地复垦。

【地质灾害防治】 沿滩区开展多轮核排查和已销号隐患点"回头看"工作，突出靠山靠崖、高陡边坡、工程开挖边坡等重点区域，累计排查点位335处次。沿滩区开展培训及避险演练共计20余场次，发放宣传单3000余份。自2021年11月以来，按照自贡市部署，实施避险搬迁59户，治理排危项目30处，销号省级地灾点45处。

自然生态保护

【造林绿化】 持续推进大规模绿化沿滩行动，全年累计完成造林绿化1.57万亩。3月11日，以"共促绿色发展，共建生态沿滩"为主题的沿滩区2022义务植树活动在黄市镇霞光村碾子滩水库顺利开展。区委、区政府、区政协、区人大及区级相关部门干部职工共50余人参加了植树活动，共植树180株，栽植面积7亩；组织干部群众参加植树30.7万人次，植树40.1万株，带动社会造林3200余亩；继续巩固"一江两河"绿色长廊工程、集中式饮用水水源地涵养林建设成果、釜溪河流域植绿补绿建设成果3130.6亩。

【森林防火】 开展队伍建设，组建一支15人的区级森林防灭火专业队伍，对各乡镇综合应急救援队伍开展森林防火知识培训12次，组织开展应急演练15次。将25处100亩以上重点区域、94处15亩以上重点区域的巡护责任落实到人头，形成森林防火重点区域管控分布图。强化硬件设施建设，新建防火蓄水池3个，新购置森林防灭火物资500余件。开展隐患排查整改，共排查、整改森林防灭火隐患61处，清理林下和林缘枯枝落叶、杂草等易燃物10吨。设立宣传劝导卡口，按照"十个一"标准，设立森林防火宣传劝导点38处。建立"三级联动机制"，建立县级领导包乡镇（街道），乡镇（街道）领导包村、组，村、组干部包山头的三级包干联动机制，将防控责任层层压紧压实。2022年，辖区未发生森林火灾，森林火灾受害率低于0.08‰。

【森林资源保护管理】 使用林地坚持不占或少占原则，严格限额管理制度，全年累计办理征占用林地20宗，使用林地80.838公顷；林木采伐规范有序，坚持做到限额管理、凭证采伐，全年共办理林木采伐许可证132份，采伐林木蓄积800.21立方米。林业有害生物防治有效开展，控制在省成灾控制率指标3‰以内，加强调查监测和检疫，至今未发生松材线虫病；依法严肃查处破坏森林资源行为。2022年共查处破坏森林资源的案件26起，其中违规采伐林木2起，违规使用林地24起，查处违规采伐林木蓄积1.6立方米，违规

3月12日，沿滩区"3·12"义务植树暨林长制宣传活动

2022年自贡市沿滩区林长制工会会议

使用林地面积49640平方米，处以罚金101.5055万元。有效地震慑和打击破坏森林资源的违法犯罪行为。

【古树名木管理】 沿滩区古树名木17株，均为三级古树，已挂牌入库。其中黄葛树9株，龙眼树6株，银杏树2株。

【邓太片区釜溪河生态修复项目】 邓太片区釜溪河生态修复项目位于自贡市沿滩区邓关街道，总投资1.108亿元，沿釜溪河南岸全长2.7公里，总绿化面积10万平方米，新建骑游道2.5公里、人行道6.2公里。项目在宋渡大桥及胡家半岛、盐运文化广场和观音阁等重要节点进行保护开发、景观打造，同时配套建设步行道、沿途风貌改造、杆管线收整、排污管、排雨管、照明等基础设施。

执法与监察

【执 法】 坚持定期与不定期、日常与专项相结合的巡查制度，把新增职能纳入巡查范围大力开展自然资源执法监察动态巡查。全年共计开展巡查190个工作日，出勤515人次，一级巡查区域覆盖率100%，巡查发现违法用地行为12件。制发《责令停止违法行为通知书》12份，共立案查处违法案件38件，其中违规占用土地案件7起、非法开采矿产资源案件3起、违规使用林地案件24起、违规采伐林木案件2起，终止调查案件2起；查处非法占用土地53.92亩、越界开采矿产资源12.5万吨、违规使用林地面积74.46亩、违规采伐林木蓄积1.6立方米、没收非法建筑物和构筑物22380平方米，收缴罚款1542450.00元整。

【监 察】 依法注销1家非煤矿山企业采矿许可证，为1家非煤矿山企业办理采矿许可证延续登记。开展"护安2022"监管执法专项行动，重点分析研判露天矿山的风险隐患，并就隐患问题进行闭环整改，开展各类巡查30次，督促4家非煤矿山企业完成矿山年度储量核实工作。

城乡建设与管理

市政建设

【基本情况】 2022年，沿滩区城建类固定资产投资完成0.22亿元；完成建筑业产值65.29亿元；完成房地产销售面积14.38万平方米，2022年末，城市建成区绿地率38.6%，绿化覆盖率43.9%，人均公园绿地面积14.93平方米。

【项目建设】 新建邓关街道半坡头口袋公园、仙市镇仙市口袋公园、九洪乡社区小广场3处。

【整治修复】 完成永安8条、邓关街道4条背街小巷和沿滩城区竹林湾路人行道整治任务，共整治背街小巷12条、整治路面2830平方米、整治排水设施1440米、新建路灯60盏、人行道整治1622平方米；完成沿滩镇、沿滩新城区、仙市镇病害井盖整治工作，修复、更换井盖326个。全年共处治因道路施工、自然灾害等因素造成的路灯故障296起，维修路灯六百余盏。修复沿滩城区、工业区、S305线故障线路，更换电缆线1千余米，拆除因建设需要取消及车辆肇事受损路灯9杆。

【城镇燃气安全】 5月起，以燃气公司为主体，乡镇、街道配合，实施城镇燃气专项行动二阶段工作，结合城镇燃气百日安全行动，到年底共计复查用户4万余户，查出经营环节隐患数量12个，整改12个；查出使用环节隐患数量1359个，整改1204个；通过设点咨询、媒体、张贴标语等方式进行宣传1750次。

村镇建设与管理

【中心镇申报】 永安镇争创"省级百强中心镇"工作写入区政府工作报告，纳入沿滩区全年重点工作任务，成立由区委书记、区长任组长，区委组织部部长、区政府分管副区长任副组长，区级相关部门、永安镇主要负责人为成员的区级"四川省百强中心镇"创建工作领导小组。建立月调度制，推动创建工作高效高质完成。通过座谈和实地走访成佳镇、赵化镇，相关领导释疑解惑，汲取经验；制定《考核指标任务分解表》，明确各部门职责；认真梳理短板问题，积极对上争取项目、资金，针对性制定整改措施，分批次制定项目建设计划实施整改；整合部门资源，争取资金、项目落到永安，协助永安镇完成创建补短工作。

【危房改造】 农村危房改造任务为26户，按照任务要求，2022年年底实现开工率100%，竣工率80%，2023年3月底前全部竣工。2022年底，完成开工26户，开工率100%，竣工23户，竣工率88%。

【自建房安全隐患排查】 沿

沿滩区农村危房改造

9月，沿滩镇开展自建房安全排查

启动保租房项目（一期）前期工作，拟新建保租房807套，总投资2.7亿元。2022年9月完成项目一期工程施工总承包招标，并于当月开工建设，设计新建保租房4栋共808套。2022年底，完成土石方平场和基础工程，预计2023年7月主体完工，2023年12月基本完工。

【既有电梯加装】 沿滩区既有住宅电梯计划增设共15部，其中邓关街道1部，沿滩镇5部，卫坪街道9部。2022年底，邓关街道已完成1部、沿滩镇已完成4部、卫坪街道已开工5部。

房地产开发与管理

【市场监管】 沿滩区持续强化房地产市场秩序监督，营造良好营商环境，推进房地产企业复工复产工作，严格落实《自贡市促进房地产健康平稳发展实施意见》，确保沿滩区房地产市场健康稳定。

【地产发展】 沿滩区在售房地产项目4个，受房地产市场大环境影响，2022年沿滩区房地产销售、投资总量下滑，全年房地产开发投资完成19.76亿元，商品房屋施工面积18万平方米，商品房销售14.38万平方米。

滩区排查自建房74254栋，排查率100%，其中存在安全隐患的自建房1966栋，已发出隐患整治告知书1966份，采取管理措施1761栋，采取工程措施205栋。

棚户区改造

【老旧小区改造】 开展沿滩新城安居苑、古盐新村老旧小区改造，涉及群众888户，争取上级补助资金549万元；创新建立党建清单、机制清单、心愿清单、建设清单、治理清单等5张清单。2022年底，沿滩新城安居苑、古盐新村老旧小区改造项目竣工。

【保障性住房建设】 5月，

建筑业

【经济指标数据】 2022年，沿滩区完成建筑业产值65.29亿元。2022年底，有办公用房面积7700余平方米，已完成装修。目前已完成招商入驻15户建筑企业。

1月25日，沿滩区建筑业总部经济招商招才座谈会

园林绿化

【绿地管护】 2022年，沿滩区加强对绿化植物管理维护力度，做到专人专管，定期维护，实施G348、S305线、沿滩城区、工业集中区绿化带及人口景观绿化带管养工作；提升园林绿地管护品质，对辖区内社区文体广场、公共绿化带的花草树木进行补种、更换。

城市管理

【基础设施建设】 第四批340个垃圾分类收集点建设项目全面完成，新改建城乡公厕6座，新增城区停车位440个；积极对上争取，沿滩区生活垃圾分类设施项目获国家发改委下达污染治理和节能减碳专项中央基建预算资金支持2000万元；开展城区停车位智慧停车引导系统建设试点，沿滩新城区免费公共停车位"指示引导牌+二维码小程序"智慧停车引导系统投入运行；循环经济产业园渗滤液处理厂配套设施建设项目开工建设，餐厨垃圾处置和医疗废物处置项目正式运行，工业危险废物处置及资源化利用项目投入试运行，中石化油基钻屑项目进入设备联动调试阶段。

【智慧环卫】 沿滩区安装清扫保洁及垃圾收集运输车辆、垃圾压缩站等前期硬件监管设备184套，垃圾末端处置监管设备6套，垃圾桶RFID电子标签2750个，指挥中心监管设备6套，配备环卫员工电子工作卡430个，完成智慧环卫组网接入市级指挥中心。依托物联网与移动互联网技术，实时采集清扫保洁、垃圾收运、洒水降尘的路线、点位、次数、工作量等信息，通过分析处理掌握清扫保洁区域覆盖情况、垃圾收运数量、垃圾数量增减趋势等，及时整合人员及设备资源，高效精确调度环卫作业，实现环卫作业人员和设施、垃圾分类与治理、巡查考核全过程闭环管理。

【灯会环境保障】 组建灯会环境保障工作专班，制定工作预案，妥善承接东环线沿滩段、江姐大道及彩灯大世界周边部分道路环境卫生和灯会秩序维护工作，落实"点、线、面"网格化管理责任，稳步推进管辖范围内的城市管理工作。设立环卫作业灯会专线班组，落实清扫保洁人员12名、环卫车辆4台，对管辖道路开展巡回保洁及洒水冲洗降尘，日均清运处置生活垃圾约0.8吨。设立灯会秩序管控特勤中队，落实执法队员及秩序维护人员每天开展不间断巡查，规范彩灯大世界周边座商经营秩序，及时劝离流动游商，依法取缔非法占道经营、乱摆摊点等影响市容市貌的行为。

【一支队伍管执法】 结合基层承接能力实际，优化城市管理领域下放乡镇（街道）的法定、赋权、委托等79项行政执法事项，配合制定出台《乡镇（街道）行政执法清单》，细化自由裁量基准；强化专业培训，采取跟班学习方式培训乡镇（街道）执法人员24人次，开展基层执法人员执法专业知识、业务技能、承接执法事项等集中培训40余人次；加强执法指导，督促基层执法中队配齐配强执法力量，指导执法中队办理案件12件，5个执法中队开展标准化创建并经市级主管部门验收合格，1个执法中队纳入2022年创建计划并获得市级资金补助15万元。

城乡环境综合治理

【"六乱"治理】 坚持落实区、乡镇（街道）、村（社区）、组、户五级联动责任链条和层级负责制度，常态化开展"环境卫生大扫除、容貌秩序大整治""洁净城市""洁美乡村""节日假日五清行动"等专项治理，全面清理卫生死角、违规户外广告及"牛皮癣"，整治座商越门经营、游摊占道经营1500余起，开展道路扬尘、餐饮油烟、夜宵摊点、建筑工地、脏车入城等执法检查200余次，立案查处案件13件，督促整改环境卫生、容貌秩序等方面存在的问题188个，城市道路机械化清扫率保持在97%以上，城乡生活垃圾无害化处理率保持100%，圆满完成创文复评迎检工作，沿滩区政府在全市城市管理暨生活垃圾分类工作会议上作了经验交流发言。

【生活垃圾分类】 成立区政府主要领导任组长、分管领导具体抓的生活垃圾分类工作领导小组，制定出台区级部门、镇街、村社责任清单；推进沿滩区2个街道和5个乡镇的生活垃圾分类试点片区建设，城区居民小区生活垃圾分类投放设施覆盖率100%，乡镇分类收集点覆盖80%以上行政村，按照新国家标准制作更换垃圾收集桶、果皮箱分类标识13000套；推动垃圾分类进社区、进村组、进校园，以"示范引领千户万人共同促进垃圾减量"为主题开展宣传和志愿服务40余次，上门开展"一对一"宣传指导1600余户；推广"大数据+物联网"智慧垃圾分类试点，恒大绿洲小区、龙湖中学垃圾分类环保服务站及九洪乡、黄市镇、永安镇智能分类箱体建成投运；推进餐厨垃圾集中收运工作，开展专题培训5次，餐厨垃圾集中收运处理率达65.4%。

【大气污染防治】 以环境空气监测数据为导向，精准调度城市道路提级管控措施，实行扬尘精细化管控，重污染天气应急预警期间对主要街道、重点区域实施雾炮降尘循环作业，路面全天保湿；常态化开展建筑工地、渣土运输执法检查，统筹抓好项目推进与环境保护；"线下巡查+线上监测"实施油烟常态化管控，餐饮油烟在线监测系统安装点位54个，委托第三方机构对重点区域餐饮油烟排放情况开展监测和动态分析，督促落实油烟净化装置改造及规范清洗；采取"白+黑"模式，按照"分片负责、交叉巡查"方式，出动巡查人员1000余人次、车辆500余辆次，实行秸秆禁烧全天候巡查。

【铁路沿线安全环境治理】 召开路地联席会议4次，强化"双段长+"工作机制，整合铁路安全环境卫生治理和铁路护路工作，加强协同联动，在辖区范围内3.57千米普速铁路、16.15千米高速铁路沿线常态化开展部门、属地、铁路段三方联合巡查12次，铁路沿线硬漂浮物等16个安全隐患问题全面完成整改。

住房公积金管理

【党建引领】 坚持把党建引领作为各项工作"牵引力"和"助推器"，深入学习贯彻中共二十大精神，结合具体工作实际研究贯彻落实举措；严格按照"一岗双责"制度要求，在抓好业务工作的同时，抓好党风廉政建设，全年开展党史学习教育20余次，开展集体廉政谈话4次，"一对一"廉政谈话10余次，组织学习廉洁四川、廉洁自贡警示案例10余次。

【归集管理】 全年累计归集总额13941.74万元，同比增长12.05%；新建制单位20个，同比下降9.09%；建制人数1073人，同比增长54.83%。

【住房消费】 全年累计提取总额9301.82万元，同比增长4.02%，其中购房、租房提取699.87万元，还贷提取6102.17万元，住房消费类提取占总提取额的73.13%。截至2022年12月，全年累计为120户职工发放贷款4200万元，同比下降23.8%，全年累计回收贷款本息4253.83万元。

【宣传活动】 为更好推进"商转公"贷款等一系列惠民政策落地落实，市公积金沿滩管理部不断在公积金政策宣传上创新举措、精准发力，缴存职工满意度和获得感显著提升。借力"我为群众办实事""服务提升三年行动"等活动开展契机，线上通过官方网站、微信自媒体、经办人QQ群宣传，线下深入乡镇街道、基层学校、王井镇卫生院等基层单位，提供全面准确的政策宣传指导，让宣传触角更加广泛深入。全年开展宣传活动6次，引导缴存职工现场注册微信公积金账号30余个，发放宣传资料300余份，政策宣传活动取得良好成效。

【"互联网＋公积金"工作】 实现31个对外公共服务事项"一网通办、全程网办"，职工通过网上业务大厅及微信公众号线上业务办理功能即可足不出户办理住房公积金业务，切实提升办理效率，解决群众"上班时间没空办、下班时间没处办"的困扰。

【巡查制度】 严格落实中心《合作楼盘项目巡查制度》要求，积极开展楼盘巡查工作，对辖区内"阳关大院""嘉悦龙湖"楼盘施工情况、销售情况、政策落实等情况进行巡查。全年开展合作楼盘项目巡查6次，未发现楼盘存在隐患。

【提质增效】 高度重视"商转公"惠民服务，2022年9月1日政策实施后，多次开展专题会，围绕商转公政策、审批流程、对外政策解释口径等进行学习讨论。2022年，沿滩管理部完成商转公放款40笔，发放贷款总金额1230万元。进一步细化扩面要求，动员管理部全体职工统一思想认识，强化分工协同，有序推进扩面工作；不断拓宽"线上＋线下"宣传渠道，多种形式与辖区内企业"点对点"对接，为缴存单位提供精准的政策宣传辅导，全年累计归集总额15177.28万元，同比增长15.96%；建制人数1127人，同比增长62.63%。针对窗口服务的特性，推行工作"四统一"：统一服务思想，端正服务态度；统一服务形象，开展微笑服务；统一服务用语，对服务对象做到"来有迎声，问有答声"；统一服务内容，严格依规办理业务，加强对服务大厅的现场管理，通过一次性告知、首问责任制、"最多跑一次"等服务形式促进服务质效提升，实现公积金业务工作"零投诉"。坚持做到每笔汇缴、补缴资金及时匹配，资金应分尽分到职工个人公积金账户，以保障缴存职工权益；对长期挂账的单位，多措并举开展清理工作；每月对单位挂账进行清理，及时与单位经办人沟通联系，督促整改；积极指导经办人汇缴、补缴业务，以确保业务及时提交、资金汇补缴数额正确。一次性告知预防逾期措施，严格履行一次性告知义务，针对公积金贷款职工，重点告知预防还款逾期的相关措施，引导贷款职工主动关注银行扣款日、还贷卡余额等信息，及时做好预存；多方式告知贷款逾期危害，围绕"防范逾期风险"目标，全方位、多渠道开展线上线下政策宣传活动,积极利用自媒体、经办人工作群、楼盘业务培训等载体和方式,全面讲解贷款逾期的危害,营造良好信用氛围;严格贷前、贷中、贷后审查,把好"准入""放贷""清逾"三关,通过规范准入办理流程、落实银行初审,管理部复审和终审的三级贷款审批制度、加强逾期催收管理等措施,严控逾期风险。

交通运输

概述

2022年,沿滩区交通运输工作紧紧围绕区委、区政府决策部署,大力实施路网升级改造、农村公路和桥梁建设,积极构建乡镇区域客运网络,加快城乡公交客运一体化发展,优化交通运输资源,提升交通服务质量,继续实施农村公路生命安全防护设施工程,解决群众出行难和出行不安全等问题,各项目标任务均超进度完成。

基础设施建设

【资金争取】 积极争取省厅支持,加大省道提升改造工程、农村公路撤并建制村畅通工程、省道436邓关过境段改造项目、自贡至泸州港大件路规划调整、乡村旅游路、产业路、幸福美丽乡村路、危病桥改造等交通建设补助资金争取力度,全年争取省补资金10500万元。

【交通项目建设】 配合自贡市交通局做好自永高速和自贡至泸州港公路的前期工作,完成自贡至泸州港公路勘界放线和青苗附着物清点套价工作,筹备全市开工典礼;省道213项目瓦市段建成通车,仙市段完成非基本农田段的路基土石方工程,完成涵洞14道,杨柳溪大桥主体工程完工,累计完成2.63亿元;省道436项目已完成可研批复等前期工作;民生实事超额完成,省下民生实事完成新改建农村公路27.6公里,超任务16%;市下民生实事完成新改建农村公路57公里,超任务14%;区下民生实事完成农村公路安保工程33.5公里,超任务11.7%;完成乡村旅游产业道路23公里,超任务15%;完成撤并建制村村道38公里,超任务26.7%。

中共自贡市沿滩区交通运输行业委员会成立大会

客货运输

【道路里程】 沿滩区管养县道7条里程116.156公里，管养县道桥梁13座。通航里程67公里，渡口9道，码头4个，水路运输及生产作业船舶45艘。有客运车辆113辆，货运车辆1055（含危化品车辆2辆）。有客运公司2个、货运业户189户，有机动车维修企业（1、2、3类和摩托车维修）38户。境内客运线路7条，跨县客运线路7条。

【水上运输】 完成客运量12.09万人、旅客周转量32.24万人公里。

【道路运输】 完成客运量532万人、旅客周转量6087万人公里，完成货运量509万吨、货物周转量59515万吨公里。

【道路交通安全】 守牢稳定基础，做好中共二十大信访维稳督查等工作，印发《中共二十大交通运输领域信访维稳安保突发事件应急处置工作预案》，开展交通运输行业信访涉稳问题排查研判，及时协调处置S213阻工等问题，整个系统大局稳定；守牢安全底线，认真开展"安全生产大检查"等整治行动，投入整治资金近100万元，及时整治安全隐患16个，确保各重要时间节点等安全生产零事故。修订完善相关交通运输专项应急预案，落实防汛抢险车辆、船舶和应急救援队伍，应急值班值守得到进一步加强；守牢环保底线，强化重污染天气预警交通运输系统管控措施，落实环保执法检查，强化管养道路清扫保洁管护和通航水域清漂保洁，加强交通项目扬尘管控，没有被环保通报的情况。

8月10日，交通运输局严打黑车维护客运市场

水 务

概 述

实施沿滩区2022年小型水库安全运行项目、兴隆镇污水管网项目等，继续推进自贡市沿滩区城乡供水一体化项目。完成固定资产投资96860万元；对上争取资金21097万元，其中：中央资金983万元，省级资金403万元，债券资金19711万元。沿滩区流域面积达50平方公里的河流有10条，总长230.87公里，分别是：沱江、釜溪河、望子河、舒滩河、羊叉河、长滩河、铁钱溪、杨柳溪、镇溪河、李白河。沿滩区现有水利工程4292处，其中：小（一）型水库9座、小（二）型水库35座、石河堰100道、山坪塘3170口、蓄水池978口，水利工程常年蓄水4121万立方米。沿滩区有中型灌区5个，骨干灌溉渠系设计长度242千米、已衬砌146千米，末级灌溉渠系设计长度80千米、已衬砌36千米，渠系建筑物设计130座、现有102座。沿滩区共有14座城镇污水处理厂（站），污水处理能力14100立方米每日，3座规模1000立方米每日以上的污水处理厂（站）执行《四川省岷江、沱江流域污染物排放标准》（DB51/2311—2016），其余执行《城市污水处理厂污染物排放标准》（GB 18918—2002）一级A标，城区、乡镇污水收集处理率达到98%、88%。沿滩区共有饮用水源地5个，供水企业7个，自来水入村覆盖率95%，供水人口35.3万人，自来水普及率87.9%，饮用水源地水质达标率达到100%。

水利工程

【沿滩区老蛮桥水库扩建项目】 老蛮桥水库扩建工程的移民安置规划大纲获省政府正式批复，并完成对老蛮桥水库扩建工程《移民安置规划大纲》的审查工作，四川省水利厅正在开展批复公文程序，另外水利厅已对《可行性研究报告》批复意见，正在走省发展和改革委员会审批程序。

【病险水库整治】 完成沙丘、

沿滩区老蛮桥水库扩建项目效果图

龙凼沟、蔡家洞、大河桥、龙凼、堰洞口等6座病险水库除险加固工程扫尾工作，并完成蓄水验收。

【小型水库安全运行项目】 黄桶岩、八斗丘等2座病险水库除险加固工程主体工程已完工，32座小型水库维修养护已基本完成，小型水库雨水情测报设施建设项目正在开展政府采购，小型水库安全监测设项目正在建设。

城乡供水

【城乡供水一体化项目】 沿滩自来水厂至食品工业园段管网建设已竣工验收并投入运行；沿滩水厂至联络段、沿滩水厂至瓦市段、G348至富全段主管网已铺设完成并达到通水条件。

【极端天气供水保障】 采取送水方式缓解黄市镇群英村、回龙村，霞光水井沟村，永安镇柏祥村等居民饮水困难问题；应急改造黄市群英村、回龙村和霞光水井沟村沿线供水支管22千米，同时改造黄市水厂取水泵房和水厂设施设备，缓解水厂供需矛盾，降低漏损率。

沿滩区极端天气应急供水保障

水务管理

【组织领导】 建立"河长＋段长＋点长"责任制，实行辖区全流域河道网格化管理，协同上下游、左右岸开展交叉检查、联防联控，制定印发《2022年沿滩区全面强化河湖长制工作要点》《关于强化河长巡河履职的通知》《自贡市沿滩区2022年釜溪河流域国省控断面水质达标管控方案》《自贡市沿滩区决战2022年四季度水质达标攻坚工作任务清单》等。

【水质管控】 完成望子河、羊叉河、舒滩河、长滩河、镇溪河5条河流河湖健康评价工作，制定杨柳溪小流域生态修复方案，完成长滩河、杨柳溪、舒滩河、望子河、羊叉河及干滩子河等6条小流域应急蓄水工程修筑，建有6道临时土围堰，制定决战四季度水质达标攻坚工作方案，组建水质达标攻坚工作专班，全力开展釜溪河宋渡大桥断面水质达标管控，釜溪河宋渡大桥国控断面水质全年均值达Ⅲ类。

【群防群治】 继续开展河湖长制"七进"宣传活动；及时根据人员变动和最新政策情

沿滩区城乡供水一体化项目施工现场

况，对河长制公示牌内容进行更新，在公示牌上显要位置处设置监督举报电话和二维码，接受群众监督。

水土保持

【监督管理】 加强巡查，对生产建设项目进行不定期抽查，严厉打击水土保持违法行为。

【水土流失治理】 超额完成水土保持治理任务，综合治理水土流失面积7.2平方公里，完成投资3000万元，水土流失面积、强度呈现逐年下降态势。

水资源管理

【水资源调查】 沿滩区水资源总量为27961万立方米，人均占有水资源量941立方米，人均水资源量仅占全省人均水资源量3495立方米26.92%，属水资源严重贫乏地区。沿滩区地表水资源总量为27961万立方米，折合径流深596.1毫米，地下水资源量2880万立方米。

【水资源确权登记】 沿滩区所属主要河流/段有10处，分别是：沱江沿滩段，流长度5.65千米，流经瓦市镇，区级河长曾义刚、沈楚婷，联络单位是区交通运输局；釜溪河沿滩段，流长度51.52千米，流经仙市镇、瓦市镇、沿滩镇、王井镇、邓关街道，区级河长刘军、王红军，联络单位是区水务局；乌龙河（长滩河）沿滩段，流长度9.6千米，流经仙市镇，区级河长宋筱茜、邓勇，联络单位区综合执法局；李白河，流长度4.7千米，流经仙市镇，区级河长邹家柱、周永利，联络单位是区科技和经信局；杨柳溪，流长度11.1千米，流经仙市镇、沿滩镇，区级河长王揖辉、漆智勇，联络单位区自然资源局；舒滩河（含支流幸福河），流长度37.4千米，流经沿滩镇、永安镇、兴隆镇、黄市镇、卫坪街道，区级河长杨兵、覃建波，联络单位是沿滩生态环境局；望子河，流长度34.5千米，流经永安镇、黄市镇、王井镇、沿滩镇，区级河长廖东、杨文，联络单位是区农业农村局；羊叉河，流长度40.2千米，流经联络镇、永安镇、九洪乡、黄市镇、王井镇，区级河长陈永航、滕建军，联络单位区财政局；铁钱溪，流长度27.59千米，流经九洪乡、王井镇、邓关街道，区级河长曾柯、何勇，联络单位是区发展改革局；镇溪河，流长度19.4千米，流经富全镇、邓关街道，区级河长王丽、林平，联络单位是区住房城乡建设局。

污水处理设施

【运行监管】 对14座城镇污水处理厂（站）开展定期和不定期监督检查，发现问题及时分析原因，现场指导整改；督促各乡镇（街道）根据《沿滩区乡镇污水处理厂（站）"副厂长"和"第一副厂长"工作职责》，对乡镇污水处理厂（站）开展日常巡查；对沿滩老城区管网开展每日巡查，发现破损现象，及时维修，减少"跑冒滴漏"现象发生。

【设施建设】 实施兴隆镇污水管网项目，已完成管网建设任务并投入使用；加快推进沿滩城区污水处理厂2期及完善管网建设项目（一期）前期工作，目前已完成项目立项、可研编制、环评批复，正在开展勘察设计；沿滩区乡镇管网建设项目正在开展施工招标工作。

水旱灾害防御

【资金争取】 争取省2022年山洪灾害非工程措施建设项目资金66万元，开展山洪灾害危险区调查评价、设施维修养护、群测群防体系建设任务，修改完善区、乡、村《山洪灾害防御应急预案》63个，开展山洪灾害抢险应急演练和培训，完成18个自动雨量、水位监测站和5个视频点维修养护任务；争取中央财政资金1423万元，用于水利工程设施建设、渠系整治，城乡饮用水设施设备改造，防汛抗旱减灾等，为解决工农业生产和人民群众生产生活用水需要发挥效益。

【行业管理】 深入开展安全生产大排查大整治、"护安2022"专项监督执法行动等，共出动检查组47次172人次，检查水利工程、污水处理厂等116家次，查出一般隐患10处，已全部完成整改。

水利移民安置

【向家坝灌区工程移民征地工作】 累计移交征占地1764.03亩（永久占地272.3亩、临时占地1491.73亩）；拆迁房屋48户，房屋拆迁面积7143.82平方米；迁坟765个；水电气通信迁改173处。土地移交、房屋拆迁、迁坟和水电气通信迁改完成率分别达92%、98%、99%和100%。

【移民后扶工作】 做好移民后扶直发直补资金的发放，共计发放337人移民直发直补资金20.22万元；实施仙市镇鱼洞村、芭茅村、狮吼村2022年度中央大中型水库移民后期扶持基金及资金项目，黄市镇凤凰村山坪塘整治项目以及永安镇刘山村山坪塘整治项目。

邮电·通信

邮政业务

【基本情况】 中国邮政集团有限公司自贡市沿滩区分公司设综合办公室（安全与保卫部）、市场营销部、金融业务部（中邮保险中心）、集邮与文化传媒部、渠道平台部，寄递业务中心，下辖13个代理金融网点、5个纯邮政业务网点、1个投递营业部。2022年年底，共有在岗员工95名。其中，合同用工A类14人、B类47人，劳务用工27人，劳务承揽7人。服务面积约为468平方公里，服务人口37.6万人。2022年完成业务收入6223.14万元，规模列全市区县公司第三位。

【业务发展】 总收入首次迈进6000万元关口，余额发展持续增速，全年新增38342万元，2022年余额规模3亿元网点新增2个，2亿元以上网点增加2个。全年实现寄递业务收入405.20万元，业务结构得到进一步优化。其中，特快业务全年实现收入222.88万元，特快业务增幅37.82%；快包全年实现收入177.16万元，增幅27.37%。

信息化建设

【基本情况】 沿滩区2022年5G基站建成118个，累计建成开通5G基站455个，覆盖沿滩区12个乡镇街道，5G网络覆盖超过20万机/户，实现主城区和乡镇街道区域有效覆盖。沿滩区完成宽带乡村/光网工程村组全覆盖。2022年，以电信、移动公司为主推进实施百兆光纤改造提升千兆网速工程，持续完善沿滩区域城市和农村千兆光纤网络覆盖，已建设千兆网络超过600个小区，覆盖12个乡镇，服务70%以上网络用户。

【信息化与工业化深度融合】 把工业化和信息化有机结合起来，加速信息技术对整个产业的渗透和融合，用信息技术改造传统产业，以信息化带动和促进工业化，以工业化培育和推动信息化。加快推动新一代信息技术与制造技术融合发展，把智能制造作为两化深度融合的主攻方向；着力发展智能装备和智能产品，推进生产过程智能化，培育新型生产方式，全面提升企业研发、生产、管理和服务的智能化水平。鼓励行业内企业联合建设服务全行业的共性信息技术应用平台，构建公共技术服务能力体系和信息技术支持中心。借助"天府云商"电子商务平台，引导建立企业门户网站；组织实施"数字企业工程"等一批智慧产业项目，提升企业信息化水平与核心竞争力。

电 信

【基本情况】 中国电信股份公司沿滩分公司是中国电信集团公司分支机构之一，是一家提供互联网、视联网、移动电话、固定电话、IPTV 高清电视、企业信息化解决方案等综合信息服务的通信运营商；公司下设 7 个服务机构，26 个服务网点，员工及外包从业人员 165 人，服务用户规模超 14 万，为 600 余家企业提供信息化服务，业务收入超 9000 万元。

【5G 基建】 中国电信是国家网络强国、数字中国建设主力军，截至 2022 年已累计投资 4500 余万元用于 5G 基站和光网建设，建设 5G 基站 125 个，在沿滩区已实现城区及 12 个乡镇 5G 全域覆盖；推进沿滩三大园区 5G 基建专项工作，为企业提供 5G 定制网、数字化转型服务，助力沿滩打造千亿级新型化工产业集群。实施千兆光纤网络建设，2022 年千兆光纤已覆盖城区，行政村覆盖率达 95%。全面推进沿滩区社会综合治理"视联网"建设，中国电信依托具有独立知识产权的"魔系平台"，在沿滩区已建设慧眼工程、有限空间检测、乡镇人脸识别等视联网平台 6 个，视联网监控点位超 2 万个，为区域治理智慧化做出贡献。

【客户服务】 沿滩电信秉承中国电信"用户至上、用心服务"理念，2022 年通过开通总经理服务热线、公司负责人到营业厅值班等服务举措，倾听用户反映问题，并及时落实解决，严格落实故障限时处理及回访制度，为企业提供专属客户经理服务，全面提升服务能力及服务水平。

移动通信

【基本情况】 中国移动通信集团四川有限公司沿滩分公司是中国移动通信集团四川有限公司自贡分公司的分支机构之一，是一家提供互联网、移动电话、固定电话和多媒体业务的基础通信运营商。公司下设 4 个生产职能管理部门、6 个服务中心以及 1 个自建自营厅，现有员工 47 人。2022 年，业务收入超 1.08 亿元，服务客户规模超 17 万户，为 200 余家集团单位提供信息化支撑服务，现有渠道营业网点 40 余家，农村乡镇覆盖率达到 100%。公司多次荣获市公司"优秀党员突击队""先进区县""青年文明号"等荣誉称号。

【5G 建设】 作为沿滩区主导通信的运营商，公司引领 5G 网络建设，着力打造精品网络。2022 年，公司坚持以"客户感知和需求"为导向，向上争取计划投资 4500 万元，新建 5G 基站 85 个，实现沿滩老城、新城城区 5G 深度覆盖，瓦市、仙市等 13 个乡镇以及重点村组连续覆盖，实现板仓工业园区、新材料工业园、化工园等区域 5G 专项覆盖，同时积极推进 5G 示范基地建设，以 5G 新基础设施建设助力沿滩区快速融入"成渝地区双城经济圈"和老工业城市转型。

【千兆宽带】 作为数字化信息化的主要运营商和全市农村信息化普服牵头单位，中国移动沿滩分公司始终坚持宽带高质量、高起点，全面推进有线宽带网络建设，不断提升城镇上网质量和农村覆盖水平，全力提升沿滩区城市信息化水平。分公司投资 650 万元，新建端口 0.9 万线，沿滩区老城、新城城区千兆宽带 100% 覆盖，实现"出门 5G 千兆、回家宽带千兆"无缝连接。同时，投资 500 万元，重点针对新城区域、老城区域、重点村组，实施千兆改造工作，惠及居民 3 万户。

【客户服务】 坚持"以人民为中心"发展思想，秉持"客户为根，服务为本"服务理念，坚守客户权益底线。狠抓通信信息诈骗与不良信息综合治理工作，严格按照国家法律法规及工信部有关政策要求，加强企业内部管理和对委托代理渠道监督管理，对涉黄、涉黑、危害国家安全的采取短信、语音关停。为进一步提升业务办理便捷性和客户满意度，中国移动沿滩分公司重点开展"归零行动、阳光行动、灭灯行动"等活动，不知情、不规范外呼投诉新增为零。

联合通信

【基本情况】 中国联合网络通信有限公司沿滩区分公司（简称"沿滩联通"）是中国联合网络通信有限公司自贡市分公司下属子公司之一，共3个营服中心。2022年主营收入超千万元，用户发展超6000户，用户数达3万。

【5G建设】 2022年沿滩区域基站建设投资960万元，新建L900基站175个，共建共享5G小区167个，累计基站数达到287个，网络实现区域内城市覆盖率100%，农村覆盖率100%。

【网络覆盖】 2022年沿滩区域宽带投资260万元，新建宽带端口13000个，宽带端口数达34000个，宽带端口占用率达到52.33%，比年初端口占用率22.1%提升30.23%。

【安全保障】 围绕平安沿滩建设工作，组织沿滩辖区所有合作厅开展网络信息诈骗宣传活动10余次，发送公益短信，提升群众防范电信诈骗能力。

【数字乡村与乡村振兴】 持续加快推进沿滩区"数字乡村"建设，2022年建设数字化乡村治理平台3个，新建基站5个，宽带建设端口1232个，总投资55.6万元。为乡村干部和农民提供门户管理、组织管理、标签管理、沟通管理、流程管理、党建引领、美丽乡村、三务公开、领导班子、乡村治理、机关管理、信息发布、惠农补贴、大喇叭、大数据看板、文明实践、书记信箱、民情上报、矛盾调解、劳务用工、供销服务、邻里互助、我要办事、惠农政策、民生服务、电商、直播、积分等28大功能模块，利用信息化手段推进乡村信息化建设，全面提升乡村治理智能化、精细化、专业化水平。充分发挥数字信息基础设施运营服务国家队、网络强国数字中国智慧社会建设主力军、数字技术融合创新排头兵作用。

【社会服务】 开展"智慧科技助老、关心关爱银龄老人"活动。多次为徐家苑老年公寓送去温暖及慰问，并获得老年人一致认可及感谢。联合田蒲村开展"慰问贫困户"活动。积极响应创建文明城市行动，整治10余处蜘蛛网通信线路。

广电网络

【基本情况】 中国广电四川网络股份有限公司自贡市沿滩分公司属国有大型文化信息企业，是自贡市沿滩区有线广播电视业务唯一合法经营主体。分公司设党支部一个，在册合同制员工10人，注册用户总数达3.49万余户，数字化率达100%。

【经营范围】 广播电视综合信息传输网络的设计、投资、建设、经营和管理，广播电视的频道集成和节目收转传输，广播电视网络技术开发，网络音视频和数据信息服务，视频点播业务；信息发布；电信基础业务；电子产品制造；商务服务业；商品批发与零售等。

【机构设置】 内设三个职能部门，即综合部、市场客户部、建设维护部；13个经营网格，即邓关网格、王井网格、老城网格、新城网格、沙坪网格、兴隆网格、富全网格、刘山网格、九洪网格、联络网格、黄市网格、仙市网格、瓦市网格。

【网络功能】 传送广播电视节目，开通直播电视节目133套，其中高清直播节目63套，开通4K节目2套；开通双向互动（可时移、回放等）数字电视节目；开通宽带上网；开展数据专网租赁业务；提供电子政务、新闻资讯、社会教育、文化娱乐、交通旅游、生活信息等公共信息服务；开通移动电话。6月27日，中国广电192号卡正式放号。

综合经济管理

概 述

【经济恢复持续稳定】 沿滩区前三季度地区生产总值同比下降4%，四季度止跌回稳，由负转正，全年恢复正增长。根据地区生产总值统一核算结果，2022年沿滩区实现地区生产总值256.99亿元（4+2核算，下同），按可比价格计算，比上年增长0.3%。分产业看，第一产业增加值27.65亿元，比上年增长4.4%；第二产业增加值144.61亿元，比上年下降1.5%；第三产业增加值84.72亿元，比上年增长2%。

【农业生产稳步运行】 全年农业增加值同比增长4.4%。沿滩区粮食作物总播种面积27608公顷，比上年增长1.1%；粮食总产量16.22万吨，减产0.51吨，比上年下降3%。其中，稻谷产量9.19万吨，下降1%；玉米产量2.03万吨，下降4.3%；大豆产量0.86万吨，下降15.9%。生猪生产持续恢复，全年出栏生猪16.67万头，比上年增长6.7%。

【工业经济加速恢复】 全年规模以上工业增加值同比下降8.4%，比全市高2.9%，位居全市第三；完成工业投资83亿元，同比增长56.7%，其中工业技改投资39.76亿元，同比增长82.1%，发展后劲进一步夯实。

【服务业持续增长】 全年第三产业增加值同比增长2%。批发和零售业增加值增长5.7%，交通运输、仓储和邮政业增长4.9%，住宿和餐饮业增长0.4%，金融业增长5.4%，房地产业下降8.6%，信息传输、软件和信息技术服务业增长8.4%，租赁和商务服务业增长1.6%，其他服务业增长2.6%。

【投资保持较快增长】 沿滩区完成全社会固定资产投资233.5亿元，同比增长11.1%，增速比全市高2.3%，在全市位居前列。全年民间投资完成84.35亿元，同比下降12.3%。房地产开发投资19.76亿元，同比下降25.5%，实现商品房

12月29日，自贡市目标绩效综合考评群众满意度沿滩区测评现场

销售面积31.78万平方米，同比下降26.3%。

【消费呈收缩态势】 消费全年呈收缩态势，增幅自2月增长13.8%，逐步收缩至个位数。全年社会消费品零售总额67.26亿元，比上年增长2.8%。其中，城镇消费品零售额42.1亿元，增长2.2%；乡村消费品零售额25.16亿元，增长2.4%；按行业分，批发业零售额10.02亿元，比上年增长9.1%；零售业零售额8亿元，比上年增长2.2%；住宿业零售额0.14亿元，比上年增长7.3%；餐饮业零售额2.17亿元，基本与上年持平。

发展和改革

【价格管理】 认真开展公示公开，及时公布沿滩区2022年政府定价的经营服务性收费目录清单、区政府定价涉企经营服务性收费目录清单、涉农收费和价格公示表；开展关于城市道路占用、挖掘修复收费情况，旅游和教育收费领域价格收费标准调整情况，市场主体用水用气成本等专题调研；全面完成农业水价综合改革工作；配合完成投放政府冻猪肉储备及价格临时补贴工作；修订完善新城龙湖幼儿园收费、沿滩中学生公寓收费，规范瓦市中心卫生院停车场收费、仙市古镇停车场收费、仙市古镇景区门票价格、沿滩区公共资源停车位收费；牵头完成涉企违规收费专项整治、教育收费专项整治，进一步推进转供电环节价格管理工作。推行水电气行业收费项目"清单制"管理；完成各项价格监测报表及价格运行分析110余期。

【铁路建设】 抓自宜线补征地和房屋拆迁扫尾，强化舆论宣传，及时完成补征地98亩，共拆迁房屋18户，红线内房屋全部拆除。加快自宜线工程建设，路基工程全面完成，附属工程完成76%，正在进行无砟轨道铺设和四电安装；沿滩站房主体工程建设全面完工，正在进行配套设施建设。加快还建项目实施，顺昌美新村配套基础设施建设项目、统规代建安置房项目、大雁湖村配套基础设施建设项目等还建项目顺利推进。全年共协调解决各类矛盾纠纷120余件，确保全年未发生一起群体性事件。

【对上争取】 2022年下达中省预算内资金项目14个，项目总投资4.3亿元，下达资金22249万元，其中，"三农"建设类（含以工代赈）项目4个、到位5036万元，保障性安居工程类项目5个、到位9763万元，社发项目2个、到位5200万元，环境保护类项目1个、到位资金2000万元，前期工作激励资金共250万元。发行地方政府专项债券项目20个（含市本级项目），总投资120.43亿元，发行债券9.41亿元。发行政策性开发性金融工具（基金）项目3个，总投资22亿元，发行基金2.2亿元。

【重大项目】 发挥县级领导联系项目机制作用，定期开展拉练活动、调度会等活动，持续落实"周监测、月调度、季盘点"机制，强化项目监督检查和即时调度，确保项目有序推进。2022年沿滩区109个重大项目完成投资130亿元，超年度计划1.4%。其中68个市级重点项目完成投资109.5亿元，超年度计划2.5%，20个续建项目加快建设，完成投资51.6亿元，40个计划开工项目全部开工，完成投资57.9亿元。8个省级重点项目完成投资26.7亿元，超年度计划44%，省道S213线沿滩段改线项目、沿滩新城多功能体育中心项目等17个重点项目相继竣工投产投用。

【项目审批】 牵头完成沿滩区固定资产项目能耗清理工作，共清理项目241个。完成年10万吨页岩气钻井油基岩屑资源化综合利用项目、年产5000吨特种工程塑料项目区级节能审查工作，成功取得四川信乙化工项目省级节能审查批

沿滩区2022年项目投资工作专题推进会

复、组织申报江苏国泰项目省级节能审查，完成凯盛一期项目节能审查验收工作。

【地区生产总值】 2022年，沿滩区GDP完成256.99亿元，增速0.3%。

【政策研究】 定期开展宏观形势研判，呈报县域经济发展报告等专题报告4篇；及时开展沿滩区经济运行情况分析，形成分析报告10余篇，认真筹备召开区委财经委员会会议15次，为区委区政府决策提供参考。

【发展改革】 创新建立抓项目促投资激励机制。突出"以奖为主、以奖代补"原则，出台《沿滩区抓项目促投资稳增长的八条激励措施》，安排财政专项激励资金，分三大类、八个方面鼓励沿滩区上下齐抓项目、共促投资，始终牵好项目"牛鼻子"，筑牢投资"基本盘"，该做法获省抓项目促投资稳增长工作督查组肯定，2022年累计兑现各类激励资金638万余元。推广村庄建设项目简易审批，研究制定《沿滩区推进村庄建设工程项目建议审批的实施方案（暂行）》，实施简易审批项目4个。

【粮食物资储备管理】 持续开展粮食购销领域腐败问题专项整治自查自纠"回头看"工作，严查"转圈粮"等企业违法违规行为。开展"护安2022"专项执法行动，做好小包装粮油储备及轮换监管，开展涉粮企业监督检查50余次，出动检查人员120人次，检查企业60余家次。持续加强粮食流通和救灾物资储备管理，完成2022年度粮食安全责任制考核、社会粮油供需平衡调查，组织实施沿滩区政策性粮食库存数量和质量大清查工作。不断健全粮食物资储备管理制度。制定《沿滩区区级储备粮轮换管理暂行办法》等相关级储备粮油管理制度，修订《沿滩区粮食应急预案（试行）》，健全粮油物资保障工作机制。

【双圈建设】 积极融入成渝双城经济圈建设体系，编制并印发《自贡市沿滩区融入成渝地区双城经济圈建设发展规划》。加强项目包装储备，结合沿滩区"十四五"规划重大项目库资源，建立《沿滩区融入成渝双城经济圈建设项目储备表》，收录项目251个、计划投资1200亿元，并根据项目实施推进情况动态更新。积极推进川南渝西融合发展示范区、川南经济区、内自同城发展、成自合作等各项工作，其中川南新材料基地项目纳入川南渝西示范区共建项目。2022年目标任务完成投资5亿元，实际完成投资超过10亿元。积极推进区域合作发展，持续深化与昆山高新区、长寿经开区、铜梁高新区战略合作关系，强化人才交流、协同招商工作成效。积极推进与四川大学、四川省农业科学研究院、西南交通大学智慧城市与交通学院战略合作，在人才引进、专家指导、院企合作等方面取得突出成效。社会事业互联互通，不断完善"川渝通办""跨省通办"服务。设立"川渝通办"

窗口9个，区级"川渝通办"事项99项，办理"川渝通办"事项355件。

国有资产监管

【企业国有资产管理】 截至2022年末，沿滩区企业国有资产总额108.49亿元，同比增长22.16%；负债总额38.61亿元，同比增长37.84%；净资产总额69.88亿元，同比增长14.93%；资产负债率35.59%，上升4.05%。实现营业收入2.46亿元，同比下降28.90%；实现利润总额0.51亿元，同比增长34.21%。

【行政事业性国有资产管理】 截至2022年末，沿滩区行政事业性国有资产合计40.84亿元，分别为行政事业单位占有使用资产合计19.81亿元，行政事业单位经管资产合计21.03亿元。行政事业单位使用资产包括流动资产10.01亿元、占50.53%，固定资产5.83亿元、占29.43%，在建工程2.26亿元、占11.41%，无形资产0.05亿元、占0.25%，其他资产1.66亿元、占8.38%。行政事业单位经管资产含政府储备物资，粮、油、糖、肉、药等储备物资，主要集中于沿滩区发改、卫健等职能部门，资产总计0.02亿元；公共基础设施主要集中于沿滩区交通、城管、水务、文广新、住建等职能部门，资产总计20.71亿元；保障性住房主要集中于沿滩区住建等职能部门，资产总计0.30亿元。

【土地资源】 根据沿滩区"2022年度国土变更调查数据"，土地总面积46688.18公顷（合466.88平方公里），其中：农用地面积35822.77公顷（占比76.73%）；建设

沿滩区政府采购加大支持中小企业力度培训会

用地面积9908.08公顷（占比21.22%）；未利用地面积957.33公顷（占比2.05%）。农用地中耕地面积21415.31公顷（旱地面积10783.54公顷，水浇地面积18.15公顷，水田面积10613.62公顷），园地面积1679.67公顷，林地面积6573.34公顷，水域面积2546.23公顷；田土坎面积3047.18公顷，农村道路用地面积461.43公顷，其他农业用地面积99.61公顷。建设用地中城市面积1737.95公顷，建制镇面积770.11公顷，村庄面积6314.02公顷，采矿用地面积22.23公顷，风景名胜及特殊用地面积13.23公顷，交通运输用地面积1039.14公顷，水工建筑用地面积11.40公顷。未利用地中草地面积138.49公顷，河流水面面积818.65公顷，其他未利用地面积0.19公顷。与"二调"数据相比，耕地面积减少5181.23公顷，园地面积增加138.62公顷，林地面积增加2295.41公顷，坑塘水面面积增加1004.71公顷，建设用地面积增加2664.96公顷。

【矿产资源】 查明矿产资源主要有黄（黑）卤、天然气、砂岩、页岩、石灰岩等，主要分布于兴隆、邓关、永安、九洪、黄市、联络等乡镇，累计查明矿产资源量约2600万吨。

【森林资源】 林地面积

6313.18公顷。按森林类别分：公益林面积435.38公顷、商品林面积5877.80公顷；沿滩区活立木蓄积71971立方米。森林覆盖率15.15%。

【湿地资源】 辖区内湿地面积933.33公顷，按类型划分，永久性河流湿地617.64公顷、人工库塘湿地315.69公顷。

【资源经营情况】 土地资源经营情况：沿滩区共招拍挂出让土地19宗面积1309.25亩，出让价款5.11亿元。其中，经营用地2宗面积179.98亩，总价款3.57亿元；工业用地17宗面积1129.27亩，总价款1.54亿元。办理划拨供地8宗，面积3727.33亩。矿产资源经营情况：新设采矿权1处，注销采矿权2处。至2022年底有效矿权共5个，其中砖瓦用页岩2个，建筑用砂岩1个，矿盐2个。

【企业国有资产】 健全完善管理制度，2022年区属国有企业长远谋划，积极落实国企改革攻坚三年行动计划，同时按照年度工作计划，积极健全法人治理结构，为促进公司转型打牢基础。

【行政事业性国有资产】 以《自贡市沿滩区区级行政事业单位办公设施配置标准》（自沿财行〔2018〕46号）为依据，严格审批各单位新采购的办公设备，推进资产管理和预算管理相结合，以增量调控存量，全年共审核各单位采购150余次；加强对处置环节的监管，着力构建规范化、精细化的处置流程，资产处置严格履行审批手续，未经区财政局、区机关事务管理局或主管部门审批，单位不得自行处置，全年共审核、核销60余次；为加强和规范沿滩区行政事业单位资产管理，全面摸清家底现状，合理配置国有资产，提高国有资产使用效益，推动平台公司转型发展，先后经过3次摸排清理，共清理出涉及25家主管单位资产299个，其中完成证件补办5个，经区委财经委员会、区政府常务会、区委常委会审核通过后批复处置92个，待处置15个，动态监管192个；共清理封存物资103件，由区纪委机关、区财政局、区审计局集中销毁46件，移交22件，回购10件，待处置25件。按照"依法依规、相对集中"原则，推进办公用房资源合理配置，降低运行成本，原公安分局办公用房调配给区妇联、区总工会，原环保局办公用房调配给区委组织部、区科协，原司法局办公用房调配给综合执法局，原档案馆办公用房调配给区委政法委，实现了办公资源的优化配置；按照《关于做好2022年度全省党政机关办公用房信息统计报告工作的通知》，集中开展党政机关办公用房信息统计工作，沿滩区189个机关事业单位共有办公用房8.1万平方米，业务用房1.4万平方米。按照自贡市要求，到2023年12月31日前，完成区级党政机关房屋权属统一登记在区机关事务管理局名下，正在启动实施阶段。坚持日常巡查，对个别单位办公用房使用不规范情况立即纠正，坚决杜绝违规使用和管理。严格把关，确保公车的使用、维修、租赁等各个环节合理合规，严防公车私用、未批先用、过度维修等违规违纪行为出现，出台加强公务用车管理类文件2个，QQ群、微信群发送加强公务用车管理类消息50余条，使用公务用车管理平台抽查乡镇用车情况12次，开展公车管理领域专项行动2次；克服车辆不足、车况不佳等困难，科学合理统筹调度安排，确保沿滩区各项公务活动用车需求得到满足，全年累计派车15000次，累计行程80万公里。全年累计审批车辆报废20台，其中党政机关公务用车（含乡镇、街道）15台，事业单位用车（含新城、街道）5台，全年市机关事务管理局批复沿滩区车辆更新指标8台，其中新能源3台，新能源占比远超35%。

【国有自然资源资产】 率先完成"三调"工作，沿滩区面积466.88平方公里，是全市首个、全省首批上报国调办的区县；成都督察局在 9 月对自贡开展耕地保护专项督察，共反馈沿滩问题图斑 26 个，均整改到位。开展农村乱占耕地建房专项整治，核查图斑 6998 个，整改违法图斑 7 个，面积 1.306 公顷，耕地违法比为 1.05%。开展耕地后备资源调查，调查图斑 59535 个，面积 17348.57 公顷，建成耕地潜力数据库。积极盘活存量化解闲置，通过创新收购收储方式，盘活百味斋等两宗土地，面积 178.891 亩，增创效益 7160 余万元；采取划拨划转至区平台公司等方式，处置闲置土地 10 宗，面积 1532.98 亩，在全市区县第一个完成供地率超 60% 目标。加强森林资源保护，坚持林地审核审批和定额管理制度，全年涉及使用林地项目 13 个，审核审批林地面积 31.9540 公顷；坚持林木凭证采伐和限额采伐制度，全年共发放林木采伐许可证 85 份，采伐林木蓄积 835 立方米。开展增减挂钩试点，实施永安、联络等 4 个乡镇项目，共复垦耕地 133 公顷，产生指标 93 公顷，并结合循环产业园避让搬迁、易地扶贫等，实施挂钩试点，增加群众收益，解决用地指标。在全市率先开展标准地改革，资料减少 6 项，环节减少 3 个；开展全域土地整治试点，制定试点方案，并成为全省第一个通过省农发行贷款审批的试点项目。在全市率先推进林长制，建立区镇村三级林长体系，开展森林防灭火工作，编制 15 亩以上林区 94 处；开展松材线虫病防控，无重大有害生物疫病发生；推进生态文明建设，完成釜溪河植绿补绿 28.6 公里，植树造林 17.4 公顷，超过下达任务 200%。坚持依法行政，牢固树立法治意识，严格执行《中华人民共和国土地管理法》《中华人民共和国土地管理法实施条例》《中华人民共和国矿产资源法》《中华人民共和国矿产资源法实施细则》《中华人民共和国森林法》《中华人民共和国行政处罚法》《基本农田保护条例》《中华人民共和国行政强制法》等法律法规，结合工作实际，制定相应措施，进一步规范土地使用权和矿业权市场交易行为，有效地增强沿滩区资源性国有资源管理和经营；加大执法力度，开展动态巡查 200 个工作日，参加人员 560 人次，重点区域巡查覆盖率 100%，制发《责令停止违法行为通知书》14 份，立案查处自然资源违法案件 68 件，限期拆除 4.75 亩建筑物和构筑物，没收非法建筑物和构筑物 377335 平方米，收缴罚款 528.19 万元，有效打击自然资源违法行为，维护沿滩区自然资源的良好秩序。

【自然灾害隐患排查】 开展地灾"清零行动"，分类施策，搬迁 59 户，销号 8 处地灾点；委托市平台公司垫资治理，销号 24 处地灾点；其余较稳定的 13 处，降为镇级监测点，实现 45 个省级地灾点动态清零。严格"三查三清"，坚持 24 小时值班值守，落实包点责任人，全年成功避险 2 起，无人员伤亡，其中 1 起被省厅通报为避险典型案例。开展森林防火专项行动，完成森林防火隐患排查，编制 100 亩以上的林地防火一张图。

价格管理

【基本情况】 认真开展公示公开，及时公布区 2022 年政府定价经营服务性收费目录清单、区政府定价涉企经营服务性收费目录清单、涉农收费和价格公示表；开展关于城市道路占用、挖掘修复收费情况，旅游和教育收费领域价格收费标准调整情况，市场主体用水用气成本等专题调研；全面完成农业水价综合改革工作；配合完成投放政府冻猪肉储备及价格临时补贴工作；修订完善新城龙湖幼儿园收费、沿滩中学学生公寓收费，规范瓦市镇中心卫生院停车场收费、仙市古镇停车场收费、仙市古镇景区门票价格、沿滩区公共资源停车位收费；牵头完成涉企违规收费专项整治、教育收费专项整治，进一步推进转供电环节价格管理工作。推行水电气行业收费项目"清单制"管理；完成各项价格监测报表及价格运行分析110余期。

市场监督管理

【常规监督】 全面配合建设全市集中监管仓，严格落实集中监管仓和库长责任制，对辖区37家冷库开展全覆盖联合检查。推进"川冷链"平台备案登记，累计入仓冷链食品4611.71吨；提高应急处突能力，加强农贸市场、药店重点场所市场监管，在全市率先开展冷链食品监管桌面推演，该举措信息被省冷链物流快报采纳；对沿滩区医疗机构及各接种点进行全覆盖检查，确保医药市场质量安全。

【营商环境持续优化】 开展证照办理业务指导，个体证照登记注册职能全部移交乡镇（街道）后，区市场监管局安排专人到各乡镇（街道）进行业务培训和专项指导，全面落实行政审批"预服务""一业一证"制度，不断提高证照办理的效率；积极推进部门联合"双随机、一公开"工作，制定抽检计划和抽查事项清单，建立联席会议制度，抽查对象1617户，抽查结果公示1289条，先后开展校外培训机构收费指导价、转供电主体价格等行业价格检查，清退违规收取转供电商业服务费金额12.2万元；加强《市场监督管理信用修复管理办法》宣贯，为39户企业实现信用修复，开展"万人进万企 纾困助发展"活动，帮助解决问题30余个。

【质量强区】 注重品牌建设和技术支撑，深挖地方特色产业潜力，激发发展活力，提升"沿滩造"影响力。2022年，指导四川海天文化有限公司入选第四届市政府质量奖，同时指导其主导完成制定DB51/T 2875—2022《彩灯（自贡）工艺灯规范》、DB51/T 2938—2022《彩灯（自贡）布展规范》、DB51/T 2937—2022《彩灯（自贡）展览展示服务基本要求》等三项省级地方标准，助力沿滩区地方标准实现质的飞跃。

【深耕监管主业】 深入推进食品安全风险分级管理，完成食品药品抽样660批次，全覆盖开展"守底线、查隐患、保安全"、肉制品专项整治等专项行动，发现问题334个，已督促整改；开展中小学（含托幼机构）学校食堂和养老机构食品安全管理成员食品安全知识考核，合格率100%；建立沿滩区食品安全"两个责任"工作方案，完善机构组织，开展重大活动保障10余次；开展4家化妆品规范经营示范店创建工作，建立药品安全暨集中打击整治危害药品安全违法犯罪专项工作组，完成药械化不良反应/事件及药物滥用690例；组织特种设备应急演练，持续推进特种设备安全风险分级防控和隐患排查系统建设，开展"燃气具和燃气领域特种设备安全"、电梯、危化品等特种设备安全专项整治13次，检查经营使用单位300余家次，下达安全监察指令书26份，整改完成24份。扎实开展"春雷行动2022""铁拳行动

12月6日，廖东区长调研龙湖实验学校食堂食品安全

2022""长江禁捕 打非断链"等专项行动,立案查处162件,罚款57.74万元,集中销毁假冒伪劣商品近10吨,货值约3万元。加快推进12315各部门协同调节,深入开展ODR(线上纠纷调解)企业建设、"线下七日无理由退货"等工作,有序推进消费纠纷诉源治理暨诉调对接工作,累计处理消费投诉939件,挽回经济损失30余万元。

审 计

【基本情况】 完成审计项目14个,查出待规范问题102个,涉及不规范资金60251.08万元,提出审计建议42条,向纪检监察及有关部门移送问题线索7条,给予党纪政纪处分2人,组织处理3人,促进建章立制6项。向区委审计委员会报送审计专报4篇,情况报告5篇,获区委区政府主要领导肯定性批示6件次;向区政府提交审计结果报告1个,代区政府向区人大常委会报告审计工作情况2次。完成区委区政府主要领导交办事项6件,提出审计建议17条。抽调11人次参与省市审计项目和区委巡察、财政专项检查等工作。

【重大政策措施落实情况跟踪审计】 完成沿滩区重大政策措施落实情况跟踪审计1个。

【财政预算管理审计】 开展严肃财经纪律整治突出问题专项行动,完成区级财政预算执行及决算草案编制审计,区水务局、瓦市镇卫生院2022年度预算执行情况审计,九洪乡人民政府决算草案情况审计和区综合执法局等6个部门预算执行情况审计等。

【经济责任审计和自然资源资产审计】 完成沿滩区水务局党组书记、局长陈利经济责任审计,九洪乡党委书记陈胜利、九洪乡人民政府镇长廖静雅自然资源资产任中审计2个。

【固定资产投资审计】 完成投资审计依法依规履职专项整治,完成沿滩区公共租赁房三期工程、沿滩区公共租赁房四期一标段工程、沿滩区龙湖实验学校工程等政府投资项目竣工决算审计3个。

【民生审计】 完成沿滩区困难群众基本生活救助补助资金审计和农村人居环境整治相关政策和资金审计2个。

【审计整改】 扎实推进深化审计整改工作专项行动,印发《沿滩区审计查出问题整改长效机制责任分工方案》,审计整改纳入目标绩效考核。督促市级审计查出问题完成整改11项;区级审计查出问题完成整改92项,整改不规范资金45089.63万元。

【改革创新】 树立研究型审计思维,建立"探究30分"研讨机制和周五碰头会制度,开展审计质量提升大讨论2次,提炼形成审计质量提升八举措。首次探索"巡审联动"工作模式,对区水务局同步开展经济责任审计和政治巡察,推动出台《沿滩区关于建立完善

沿滩区审计局审计人员在沿滩区沿滩新城书香路项目结算审核工程现场勘查取芯

巡察与审计工作协作机制的意见》。有关审计成果和经验做法被各级媒体刊载52件次，仙市镇卫生院2020年预算执行情况审计被评为2022年度全市优秀审计项目。

行政审批管理

【基本情况】 持续深化"放管服"改革，推进"一网通办"前提下"最多跑一次"改革，开展镇村便民服务"三化"建设，全力打造优质政务服务环境，被市委、市政府表彰为2022年度优化营商环境先进集体，被市政府办公室通报表扬为2022年全市政务服务工作先进单位，成功创建省级"示范交易中心"，被市局通报表扬为全市"示范交易中心"创建先进单位、四川省首届政务服务和公共资源交易服务技能大赛（自贡市）初赛优秀单位。

【行政审批管理】 推进企业开办"极简审批"服务，编制行政审批30个事项"一证一照办"清单，探索"一业一证"改革，更大程度实现准入即准营；编制许可事项实行告知承诺制清单，印发告知承诺书范本，提高市场主体开办效率；沿滩区新开办市场主体1921户，实有市场主体16963户，同比增长7.90%。大力推广工程建设项目审批管理系统运用，在线受理办结281个工程项目中335个审批事项，在线选取441个中介服务事项，辅助模块运用率达100%。优化企业手续领（代）办服务，为33个项目开展领（代）办服务，提高项目审批服务质效。推进惠企政策"一张清单"发布政策，通过"多窗受理、一窗兜底""一个池子"极速兑现，务实打通惠企"最后一公里"，推行惠企政策"免申即享"，2022年"一窗兑现"惠企资金1303余万元，涉及162余家企业。

【政务服务提升】 持续推进"一网通办"前提下"最多跑一次"改革，牵头认领政务服务事项7599项，实现依申请事项2575项，网上可办率100%，"最多跑一次"事项占比100%，考核类电子证照生成率100%，电子印章加盖率100%。2022年全年线上办件90000余件，办结率100%。整合高频事项办理流程、办理环节和办理情形等，设置综合窗口10个，实现企业、群众办理高频事项"一号申请、一窗受理"；同时依托省一体化政务服务平台，认领发布区级权限46项国家级和省级重点"一件事"事项，可用性均为100%，切实提升企业和群众获得感。统筹编制完成2个中心乡镇片区便民服务设施专项规划，完成8个乡镇便民中心和100个村社区便民服务站"三化"建设，建成省、市级示范便民中心各2个，市级示范便民服务站8个；推动村级"政务+金融"融合服务新模式，建立农村金融服务站试点5个，提供金融交易服务1900笔，涉及金额47.36万元，服务1728人次。建立12345政务服务热线满意度回访制度、联办协办制度、回访督办制度三项制度，强化省级及以上各类平台等重

自流井区-沿滩区行政审批局"放管服"改革优化营商环境座谈会

沿滩区行政审批局热情便民服务

点件回复,提升群众满意度;受理"12345"政务服务热线中心交办群众来电10080件,同比增加46.36%,满意度为99.96%。成功创建省级"示范交易中心",被市局通报表扬为全市"示范交易中心"创建先进单位;全面推行全流程电子化采购,实施政府集中采购项目39个,预算金额8833.22万元,成交金额8132.15万元,节约预算资金701.07万元,预算资金节约率达7.94%。

【亮点工作清单】 持续开展"零成本"服务,免费为392户新开办企业提供首套光敏印章,免费为办事企业和群众提供证照寄递143份和打字复印40余万张,为企业和群众节约办事成本50余万元;积极推行"预服务",实行首席预服务员制度,在申请人准备创业阶段提前介入指导登记注册、行政许可等相关工作,并实施全流程跟踪服务,避免办事群众"跑来回路、花冤枉钱",行政审批"预服务"工作经验,被省中心辑选刊发在全省推广;探索自主采购项目进场交易,持续拓展交易平台应用,探索承接机关事业单位政府集中采购目录以外和限额以下项目进场交易,帮助提高资金使用效益,有效降低廉政风险,开展限额标准以下采购项目79个,涉及金额1231.61万元,工作经验被四川省政务服务和公共资源交易中心辑选刊发。

工 业

概 述

2022年沿滩区规模工业增加值（4+2）为111.43亿元，增速为-3.6%，规模工业增加值（5+2）为49.84亿元，增速为-5.8%。实现规模以上工业总产值143（5+2）亿元，同比增长-17.3%；全年新增规模工业企业7户。

实施并完成入统国泰华荣、东恒新能源、力天电碳、花语化工、华砂新材料等80个项目，推动新材料、节能环保装备制造等优势产业再提升，累计完成永汇食品、鸿耀轻钢、德康农牧二期、莲香食品等12个项目，全年累计完成工业投资48.2亿元，同比增长62.5%，超市下目标任务47.5%（全市5+2绝对值第2，增速第2）。

特色园区（基地）

【沿滩高新技术产业园区】 承载能力近7平方公里，截至2022年，建成20多公里主次干道，配套日供气30万立方米的供气站和日处理1万吨的污水处理厂，建成投用110kV变电站。园区先后获批为国家产业转型升级示范区、全省"51025"重点产业园区、省级高新技术产业园区、省级绿色园区，省级科技企业孵化器、省级创业孵化基地和四川省"先进基层党组织"。园区重点发展装备制造、食品加工、化工及新材料等产业，已形成以化工新材料为主，以食品加工、装备制造为辅的"一主两辅"产业格局，园内布局有自贡川南新材料化工园区、自贡食品产业园、自贡机械装备制造园三个特色"园中园"。

【川南新材料产业基地】 全省首批认定的6个化工园区之一，认定面积3.13平方公里，本轮"三区三线"划定面积10.01平方公里，依托自贡丰富的盐卤资源，打造以盐化工为基础，氟硅材料为主线，新能源材料与精细化工为两翼的特色高端化工新材料产业基地。截至2022年，已签约重大项目26个，计划总投资160.92亿元，另有中国中化西南新材料产业园、中国建材自贡光伏产业链项目、和邦集团自贡产业基地等5个50亿元以上项目正在洽谈。

【西南自贡食品产业园】 截至2022年底，已签约落户广东鼎一、山东得利斯、自贡城

投集团等企业37户（计划总投资25.56亿元），其中17户企业已投产（规上工业企业1户、规上服务业企业2户）。

【**自贡循环经济产业园**】 产业园位于沿滩区九洪乡莲花村和王井镇鱼塘村部分村组，距自贡市中心城区约28公里。2022年，建设用地面积1.04平方公里，远景规划控制面积1.54平方公里，环境影响区域面积5.87平方公里，总投资估算30亿元。按照"1+5+N"模式，共计规划生活垃圾环保发电项目（二期）、生活垃圾渗滤液处理站项目（二期）、医疗废物处置项目（二期）、餐厨垃圾处理项目、市政污泥干化预处理项目、大件垃圾破碎分选项目、工业危险废物处置及资源化项目（一期、二期）、页岩气油基钻屑处理项目、生活垃圾填埋场项目、飞灰填埋场项目、炉渣处理项目、工业危险废物填埋场项目、工业固体废物填埋场项目、工业固体废物处置项目、电子废弃物处置项目、城区建筑垃圾回收处理项目、环保宣教基地、园区污水处理厂、园区配套服务中心等20个子项目。按照"全域统筹规划、全市统一打包、投建运营一体"和"指挥部+公司"的模式，采取特许经营、政府购买服务、市场化等方式实施，引入社会资本

自贡食品产业园全景图

自贡循环经济产业园全景图

负责产业园入园项目的投资、设计、建设、运营、管理。

【机械装备制造园】 总规划面积7.5平方公里,本轮"三区三线"划定面积3.52平方公里,依托自贡装备制造产业集群优势,主要发展硬质合金、电力设备、精密仪器件、能源设备等产业。截至2022年,已投产企业87户,其中规上企业37户(工业34户、服务业3户)。推动产业转型升级、腾笼换鸟,盘活闲置厂房约7万㎡(耀泰幕墙、丽鹰鞋业、鑫光管业)、闲置土地约530亩(天非尼迪300亩、电力130亩、德马约100亩)。

电力生产和供应

【供电范围】 截至2022年,供电服务区域涵盖沿滩区、富顺县以及自流井区部分地区共19个乡镇、街道办,直供地区总面积722平方公里,供电人口约57万人,供电户数19万余户,其中城市5.5万户,农村13.5万户。

【供电售电】 2022年全年售电量实现11.18亿千瓦时,同比增加13.46%。供电可靠率市区99.99%、农村99.82%。截至2022年12月31日,实现连续安全生产7919天。

【农网建设】 2022年度农网工程项目51个,总投资3548.94万元,35个村、2760余户村民受益。通过农网项目实施,辖区内新增配变55台,新建及改造高压线路36.92公里、低压线路174.51公里。

【维护管理】 截至2022年,沿滩区供电中心负责运行维护管理的10千伏配电线路共有84条,总长度1323.88千米。其中城网线路45条,长度257.41千米,农网线路39条,长度1072.47千米。配电变压器4109台,总容量97.7万千伏安。其中公变2713台,容量55.9万千伏安;专变1396台,容量41.8万千伏安。

自贡机械装备制造园全景图

农业与农村

概述

2022年完成对上争取1.638亿元，农业固定资产投资6.2624亿元。第一产业增加值27.55亿元，增长4.4%，并列全市第一；农民人均可支配收入21715元，增长6.1%。坚持园区引领、示范带动，推进花椒、高粱特色主导产业发展，推动花椒大豆、高粱大豆现代农业园区建设工作。打造永安金银湖花椒现代农业园区，编制"一核一环两片区"种业发展规划，与川种集团、市农科院签订战略合作协议，实施项目9个，完成投资2000万元以上，高标准建成优势大豆种源核心基地600亩，成功创建省三星级现代农业产业园区1个，市级1个。推进农业"接二连三"发展，产地仓储保鲜冷藏设施项目开工建设。

开展垃圾处理、污水治理、厕所革命、畜禽粪污资源化利用、村庄清洁行动"五大行动"，

建设中的沿滩农业产业园区

新改建垃圾收集点340个，实施厕所革命、千村示范工程、联户粪污处理设施建设等推进污水治理，其中生活污水得到有效处理的村达65.2%。完成19个村3800户农村户厕无害化改造，农村卫生厕所普及率达94.95%。新改建规模化养殖场6个，沿滩区畜禽粪污资源化利用率达88.23%，大型规模养殖场粪污设施装备配套率100%，专业户及以上养殖场粪污设施装备配套率97.65%。2022年创建省级乡村治理示范镇1个、示范村2个。

推进农村产权制度改革国家级试点工作，抓牢村集体经济、产权抵押融资等4项省级改革试点任务。2022年，全区实现农业增加值28.25亿元，同比增长4.4%；农村居民人均可支配收入达21715元，同比增长6.1%。

全区注册成立农民专业合作社223家，家庭农场492家，新培育省级龙头企业3个，新增农民专业合作社、家庭农场等新型农业经营主体21个。申报成功省级示范合作社2家。申报省级示范家庭农场3家。

农村综合配套改革

【清产核资】 理清各村资源资产和资金，建立三资管理平台，强化农村集体资产管理。截至2022年，全区村集体资产总计33684.35万元，其中货币资金、短期投资、应收款项、存货等流动资产6207.65万元，固定资产26271.92万元，其他资产552.48万元。集体土地总面积59.19万亩，其中农用地51.87万亩，建设用地7.31万亩，未利用地37.35亩。推进农村集体产权制度改革"回头看"，对村集体组织成员开展去重工作。

【农村集体经济发展】 推进全区农村集体经济组织规范化运行，90个行政村成立村经济（股份经济合作）联合社，联合社完善了"三会"、内部管理、收益分配等系列制度，实现与村委会账务分设、单独核算，并于5月在全市率先完成挂牌，规范挂牌率达100%；沿滩区92个村集体经济组织村均收入25.29万元，沿滩镇詹井村集体经济发展经验入选全省新型农村集体经济发展十大优秀案例。

农村人居环境建设

【基本情况】 2022年沿滩区紧盯生活垃圾、生活污水、厕所、村庄清洁、畜禽粪污资源化利用等重点整治领域，制定《沿滩区2022年农村户厕无害化改造实施方案》，投入厕所革命专项资金、美丽乡村建设资金、千村示范等项目资金2000余万元。

【农村生活垃圾】 2022年，投入1500万元地方资金，至今共清运农村生活垃圾3万余吨，治理河岸周边垃圾280余吨，清理农村道路沿线、房前屋后、竹林边角垃圾400余吨；新建340余个垃圾收集点，配备分类垃圾桶1000余个，拆除垃圾池（库）340座。健全完善农村生活垃圾集中清运处理体系，运行城乡环卫一体化第三方服务，实现农村生活垃

瓦市镇农村生活垃圾分类

垃分类投放、密闭化收集、压缩化运输、无害化处理。沿滩区农村生活垃圾无害化处理率达100%。

【生活污水治理】 2022年，实施厕所革命、千村示范工程等推进污水治理，购买社会化服务运营管护农村生活污水处理设施，实施8个村"千村示范工程"，新建一体化污水处理设施1座，确保农村生活污水排放达标。

【农村厕所】 科学制定农户无害化厕所改建标准，以政府分项补助材料费、农户酬劳方式进行改造和补助。2022年累计投入780万元，完成19个村3800户农村户厕无害化改造，农村卫生厕所普及率达94.95%。

【村庄清洁行动】 2022年，以新村聚居点、农家大院、自然村落为单位，常态化开展每月一次卫生大扫除行动，动员农民群众3万余人次，保持公路沿线、农村房前屋后、入户道路整洁，及时清运垃圾。累计清理房前屋后卫生死角和沟渠垃圾2300余处，约600吨，清理水塘（井）、河沟、污（臭）水沟400余处，清理公厕65处、户厕1万余户。

【畜禽粪污及秸秆资源化利用率】 2022年，推进畜禽规模养殖场环评备案工作，发展种养循环农业，建立健全畜禽粪污废弃物收集、转化、利用体系，科学有效处置畜禽粪污，新改建规模化养殖场6个。沿滩区畜禽粪污资源化利用率达88.23%，大型规模养殖场粪污设施装备配套率100%，专业户及以上养殖场粪污设施装备配套率97.65%。推进秸秆还田、企业利用秸秆加工成有机肥等肥料化利用，推广秸秆食用菌栽培和秸秆青贮、氨化技术，沿滩区秸秆综合利用率达90.32%。

项目建设与管理

【基本情况】 实施2022年高标准农田建设项目，新建高标准农田3.5万亩，高效节水灌溉0.3万亩。

【中央预算项目】 分为两个标段实施，其中自贡市沿滩区2022年中央预算内高标准农田建设项目（瓦市片区）建设高标准农田2万亩（高效节水灌溉面积0.075万亩），项目涉及瓦市镇双塘村、方湾村、卫家村、永乐村、新堂村、沱湾村、黄市镇水井沟村。

【转移支付项目】 沿滩区2022年转移支付投资高标准农田建设项目（九洪片区）建设高标准农田1.5万亩（高效节水灌溉面积0.225万亩），项目涉及九洪乡白罗村、骑龙村、永安镇瓦市村。

乡村振兴

【定点帮扶】 2022年，申报确定省级乡村振兴重点帮扶村4个、市级乡村振兴重点村1个，坚持和完善过渡期驻村工作制度，继续向脱贫村、省级乡村振兴帮扶村、集体经济薄弱村和软弱涣散村选派驻村工作队，共选派第一书记28人、驻村工作队成员55人。

【政策落实】 2022年，针对省市出台的衔接政策，配套制定住房安全、医疗卫生等领域政策文件32个。制定沿滩区《关于实现巩固拓展脱贫攻坚成果同乡村振兴有效衔接的实施意见》，资助低收入人口参保25344人（其中低保人员11109人，特困3084人，脱贫户11093人，监测户58人），资助参保率100%，发放低保、临时救助、残疾人补贴等帮扶资金7358.86万元，教育资助2843人次、161.91万元。

【工作落实】 2022年，制定印发《自贡市沿滩区防止返贫动态监测集中排查工作方案》，对沿滩区农村居民开展集中排查，新增监测对象70户191人。发展柑桔、花椒两大特色优势产业，引导贫困劳动力聚集在产业链上，开展"春风行动"，组织院坝扶贫专场招聘会30余场次，落实公益性岗位905个，8931名脱贫劳动力实现务工就业，保证有劳动能力的家庭基本有人在外务工和就地就近就业。完善易地搬迁集中安置点的水、电、路、通信等基础设施建设和教育、医疗、文化、便民服务等公共服务设施建设，推进搬迁安置住房不动产登记。对沿滩区2014年以来各级安排的财政专项扶贫资金、行业扶贫资金、社会扶贫资金和其他扶贫资金进行清理，清理项目792个，形成扶贫资产39032.5427万元，共确权项目424个。2022年安排财政衔接推进乡村振兴补助资金6122万元，实施项目33个，涉及集体经济发展、优势农业产业发展等。

【巩固成果】 每季度监测脱贫人群收入支出状况、"两不愁三保障"及饮水安全状况，分类分层跟进"补、扶、引"措施，沿滩区脱贫人口人均收入从2021年10972元增长到2022年12406元，同比增长13.1%；引进湖南仁仁洁、四川创兴田源环保等公司，实现生活垃圾、污水处理一体化运营管护，截至目前沿滩区已建成垃圾分类收集点1723个、建成日处理60吨的垃圾压缩中转站5座，农村生活垃圾转运设施覆盖沿滩区所有行政村。

现代农业产业园区建设

【园区情况】 园区紧邻内宜高速金银湖出入口，涉及永安镇、联络镇、九洪乡等3个乡镇6个村48个村民小组，涉及农户4887户，农业人口16688人，辖区面积33032亩，耕地面积17229.16亩。2022年，园区以花椒、大豆为主导产业，规划布局"一环"（沿滩区花椒现代农业园区农耕文化艺术旅游环线），"一中心"（沿滩区优质农产品加工中心），"三基地"（粮经复合豆椒套作示范基地、种养循环绿色农业示范基地、数字农业示范基地）以及"两平台"（沿滩区现代农业园区数字化管理平台、沿滩区现代农业园区社会化服务平台），建成花椒产业基地8900亩，核心区集中连片种植面积5300亩。园区建成大型花椒烘干及初加工基地1座，引进西南区域日处理能力最大的循环式带枝烘干设备1台，拥有花椒油及花椒复合调味品生产线。

【基地建设】 园区主导产业为花椒、大豆，2022年园区鲜花椒产量5241.83吨。园区主要涉及永安镇、联络镇、九洪乡等3个乡镇6个村（村级建制调整后的村名）。在园区范围内推行种养循环建设。园区家庭农场、专业合作社、种植大户与生猪养殖场签订供肥合作协议，基地年消纳猪粪、鸡粪等有机肥20766.98吨，园区内种养循环覆盖面积达到100%。园区推广主导产业科学施肥，有效控制园区化肥施用总量（尤其是氮肥），氮磷钾肥施用比例合理。园区推广科学用药技术及高效植保器械使用，开展病虫害绿色防控和专业化统防统治有机融合，持续减少园区农药使用量。

【设施设备】 2022年，园区通过现代农业园区培育、乡村振兴衔接资金、农田水利、交通、农机等项目建设，使水、电、路、讯等基础设施配套完善。水：实施农田水利建设，修建蓄水塘（池）100余个，新建、提升改造提灌站13座，各类排灌渠道80余公里。电：通过农网改造和电力升级，实现园区电力全覆盖。路：实施农村公路建设，建成园区产业干道21公里，延伸带动通村、通组道路以及生产便道等路网末梢升级72公里。讯：通信网络园区无死角全覆盖。园区现有公共服务平台1个。能排能灌、旱涝保收、宜机作业、环境友好、高质高效的基地达到园区种植面积的83.44%。园区建有农业水土资源观测体系，配套田间环境物联网监测设备，建立农田气象监测、耕地质量监测、土壤墒情监测和虫情监测站（点），安装长势监测系统、土壤墒情监测系统、病虫害监测系统、远程信息接收系统，搭建信息发布平台。购置农机自动监测终端设备，实现播种栽插、用水管理、施肥管理等关键环节智能化操作、数字化分析和综合化服务。园区依托专项债券项目、现代农业园区培育项目等的实施，投资800万元，已建成冷藏库、通风库等设施，冷藏库冷藏容量达到3000立方米。

胡桥村脱贫产业园

【产品加工】 2022年，建成大型花椒烘干初加工基地，配套花椒筛选分级、包装等设备，年烘干及初加工处理能力5000余吨。园区花椒基地鲜花椒总产量5241.83吨，花椒初加工量为5049.63吨，花椒产地初加工量占总产量的96.3%。

【农业新业态】 2022年园区发展休闲农业，改善生态、业态和文态。与四川中益电子商务有限公司深度合作，在拼多多开设"柯柯农家粗粮店"官方旗舰店，实现交易数据化。扶持和引导自贡胥机农业开发有限公司、四川鳌头酒业有限公司等十余家电商企业开展以花椒为主的农产品线上销售。园区有四川中益电子商务有限公司电商平台入驻共1家。园区培育有农民专业合作社15家，家庭农场50家，乡镇农业服务中心1个、各类益农信息社10家，及时向农民提供农业新技术、新品种、新产品培训，提供信息技术和产品体验，帮助农民解决生产中的产前、产中、产后等技术和销售问题，促进小农户与大市场有效对接。

【品牌建设】 园区新型农业经营主体已规范建立并落实农产品生产档案制度、产地准出制度、产品质量安全制度、食用农产品承诺达标合格证制度等相关制度4个，记录农业投入品采购和使用、病虫害发生和防治等情况。沿滩区申报获得"沿滩花椒"地理标志证明商标。沿滩区"二品一标"认证产品达7个。园区花椒等农产品已获得绿色食品认证3个，今年新申报绿色食品认证1个。获得森林食品基地认定1个。"清芷源"融入自贡市农产品区域公用品牌"自然贡品"，列入用标单位名录。园区内新型经营主体73家，获得品牌认证登记或品牌授权企业61家，占比83.6%。2022年，园区组织企业、合作社等参加四川农博会、云南食博会等各类推介会和展销会2次以上，宣传推广沿滩花椒等农产品品牌。组织沿滩区及园区花椒生产加工和销售企业、大型专合社参加西瓜节活动、"自然贡品"展销等活动5次以上，组织召开四川青花椒产业科技创新大会1次。

【科技支撑】 2022年园区与四川省农科院、自贡市农科院（农业农村部大豆良种繁育基地）等科研院所建立科技合作。在四川农业大学花椒专家叶萌教授指导下合作开展"青花椒品种选育基地建设"。园区建有专家工作站，设置办公场所，开展花椒丰产栽培管理、良种选育、产品加工、科技咨询、科技培训和园区建设等科技研究应用工作。

【组织方式】 2022年园区内培育有市级龙头企业4家：自贡清芷源农业开发有限公司、四川丰大种业有限公司、自贡市金银湖生态农业有限公司、自贡彩灯之乡文化产业集团有限公司。引进省级龙头企业德康集团在园区建成种猪场及区内饲料厂。有省级农民示范专合社3家（自贡市沿滩区立丰花椒专业合作社、自贡市沿滩区金银湖农民蛋鸡养殖专业合作社、自贡市沿滩区刘山乡红丰密柚专业合作社），市级农民示范专合社2家。组建自贡市沿滩区立丰农村资金互助专业合作社，为社员发展产业提供技术、资金互助支持。联农带农，探索"园区+"利益联结机制，建立"园区+龙头企业+专业合作社+农户""园区+龙头企业+农户"等联农带农机制，通过技术服务、农机服务、产品销售、土地流转、就业务工、资金互助等多种形式带动农民增收，建立健全与农户分享全产业链增值收益的利益联结机制。

【辐射带动】 2022年，有花椒基地面积8900亩，集中连片基地5300亩。通过园区带动，辐射黄市镇、九洪乡等乡镇花椒提质增效发展1万亩以上。园区培育有农民专业合作社15家，家庭农场50家，乡镇农业服务中心1个、各类益农信息社10家，及时向农民提供农业新技术、新品种、新产品培训，提供信息技术和产品体验，帮助农民解决生产中的产前、产中、产后等技术和销售问题。通过高素质农民培训、乡村集中培训等形式，开展内容和层次不一样的培训2次，培训人次达到123人次。园区内龙头企业吸引园区外农户参观，学习其先进管理、技术经验，提高花椒、大豆种植管理和技术水平，带动花椒、大豆提质增效。

【保障措施】 编制出台《自贡市沿滩区现代农业园区建设总体规划（2019—2022年）》，编制完成《沿滩区现代农业（花椒）园区建设规划设计》，引领现代农业园区建设。编制完成《自贡市沿滩区花椒现代农业园区规划（2022—2024年）》。成立自贡市沿滩区创建省级现代农业园区推进工作领导小组。成立自贡市沿滩区现代农业产业园管理委员会，区现代农业产业园管委会办公室设在区农业农村局。制定《自贡市沿滩区花椒现代农业园区管理运营机制》，在实际运营中形成长效管理机制。制定并出台《自贡市沿滩区现代农业园区建设实施方案（2019—2022年）》《中共自贡市沿滩区委农村工作领导小组关于印发〈自贡市沿滩区区级现代农业园区认定管理办法（修订稿）〉的通知》，对区级园区的建设标准、支持政策、认定办法等作出规定。

种植业

【基本情况】 2022年，沿滩区小春粮食和油菜产量分别达0.91万吨、1.96万吨，同比增长1.67%、5.36%；大春粮食播种面积同比增长9.7%，其中大豆播面8.68万亩，同比增长52.8%。出台撂荒地整治"八条硬措施"，累计完成高标准农田建设项目1.49万亩，撂荒地实现全部清零，千方百计稳定粮食生产。

【粮食产量】 2022年粮食作物播种面积41.4125万亩，粮食总产量16.2193万吨。

【作物种植】 2022年，完成小春粮食播栽面积3.9246万亩，总产0.9096万吨；大春粮食播栽面积37.4879万亩，总产量15.3096万吨。

【科技提升】 2022年建成"中稻+再生稻""优质高粱规范栽植""高粱/大豆""玉米-大豆"带状复合种植和秋冬马铃薯粮食特色产业基地20.5万亩。建成旱地西瓜套小红椒+秋红薯+冬季叶片菜模式1.5万亩，早春菜玉米+夏玉米套夏大豆+冬春季叶片菜0.8万亩。

畜牧业

【基本情况】 2022年，生猪出栏16.67万头、肉羊出栏5.01万只、肉牛出栏869头、家禽出栏292.11万只、肉兔出栏429.17万只。肉类总产量2.18万吨，禽蛋产量1.12万吨。畜牧业产值11.77亿元，以生猪、蛋鸡为主的畜禽规模化养殖比重分别为63%、91%，畜牧业已经成为农业和农村经济的支柱产业和农民增收的重要来源。

【规模养殖】 2022年新增省级畜禽养殖标准化示范场2个，新增市级畜禽养殖标准化示范场4个。沿滩区出栏生猪50头以上养殖场（户）231户，其中1000头以上生猪标准化养殖场27个；年出栏100头以上肉牛场6个；年出栏300只以上肉羊场8个；年出栏3.5万只以上肉鸡场1个；存栏蛋鸡1000只以上135户，其中存栏1万只以上50户；存栏母兔400只以上5户。

【疫病防控】 2022年，官方兽医54人，所有网点均实现电子联网出证，出证率为100%。组织猪瘟疫苗14万头份、猪口蹄疫疫苗14万毫升、牛羊口蹄疫疫苗6万毫升、H5+H7苗150万毫升、小反刍兽疫3万毫升、狂犬病疫苗1.8万头份、消毒药4.5吨，做到沿滩区市场、屠场、畜禽圈舍消毒面达100%，免疫率100%，畜禽抗体合格率95%以上。组织监测畜禽流行病，组织样品180份、血清910份、拭子500份，常年抗体合格率达95.7%；抽检非洲猪瘟920份，检测结果均为阴性。

【定点屠宰】 有B类生猪定点屠宰企业6个（停产2个），2022年屠宰生猪5.6696万头，驻场官方兽医屠宰同步检疫率100%、出证率100%，屠宰企业肉品品质检验开展面达100%，生猪定点屠宰场无害化处理病死生猪2头，病害腺体、组织和脏器4315.3公斤，无害化处理率100%。

【生猪保险】 2022年共投保能繁母猪5988头，育肥猪88048头，保费441.3万元；理赔能繁母猪377头，育肥猪5374头，赔付金额299万元，赔付率67.75%。

林 业

【基本概况】 实现林业总产值5.7940亿元，其中林业生态旅游收入2.555亿元，农民人均林业收入1941元。截至2022年底，沿滩区林地面积6304.1824公顷，森林面积4515.5388公顷，森林覆盖率15.15%（不含四旁）。活立木蓄积71971立方米。巩固退耕还林成果2676.5333公顷。

【造林绿化】 2022年累计完成造林绿化1.57万亩。3月11日，沿滩区2022义务植树活动在黄市镇霞光村碾子滩水库开展。区委、区政府、区政协、区人大及区级相关部门干部职工共50余人参加本次植树活动，共植树180株，栽植面积7亩；组织干部群众参加植树30.7万人次，植树40.1万株，带动社会造林3200余亩；继续巩固"一江两河"绿色长廊工程、集中式饮用水水源地涵养林建设成果、釜溪河流域植绿补绿建设成果3130.6亩。

【森林防火】 组建了一支15人的区级森林防灭火专业队伍，对各乡镇综合应急救援队伍开展森林防火知识培训12次，组织开展应急演练15次。将25处100亩以上重点区域、94处15亩以上重点区域的巡护责任落实到人头，形成森林防火重点区域管控分布图。新建防火蓄水池3个，新购置森林防灭火物资500余件。开展隐患排查整改，共排查、整改森林防灭火隐患61处，清理林下和林缘枯枝落叶、杂草等易燃物10吨。设立宣传劝导卡口，设立森林防火宣传劝导点38处。建立"三级联动机制"，建立县级领导包乡镇（街道），乡镇（街道）领导包村、组，村组干部包山头的三级包干联动机制。

【森林资源保护管理】 2022年全年累计办理征占用林地20宗，使用林地80.838公顷；全年共办理林木采伐许可证132份，采伐林木蓄积800.21立方米。林业有害生物防治有效开展，控制在省下达成灾控制率指标3‰以内，加强调查监测和检疫。2022年共查处破坏森林资源的案件26起，其中违规采伐林木2起，违规使用林地24起，查处违规采伐林木蓄积1.6立方米，违规使用林地面积49640平方米，处以罚金101.5055万元。

水产业

【基本情况】 截至2022年，辖区范围内有沱江河段6.4公里，沱江一级支流釜溪河59.9公里，大小江河13条，水库49座，山坪塘4003口，石河堰108处，沿滩区水域总面积11.02万亩，占辖区面积的15.6%。沿滩区宜渔可养水面10.02万亩，其中池塘2.09万亩，水库8687亩，河堰1650亩，稻田6.90万亩。江河天然水面近1.0万亩。沿滩区有鱼类11科47种，其中土著鱼类35种，引进养殖鱼类12种，水产养殖食用品种24种。

【水产养殖】 2022年，沿滩区养殖面积52665亩，其中池塘12915亩，水库3600亩，河堰780亩，稻田35370亩，完成水产品总产量15546吨，其中名特优4571吨，占总产量的29.4%，完成渔业经济总产值4.91亿元。推行水产健康养殖技术，推广稻鱼稻虾综合种养8205亩，其中新增南美白对虾健康养殖面积467亩，巩固大闸蟹生态健康养殖面积300亩、小龙虾生态健康养殖面积2580亩，示范带动沿滩区生态健康养殖及稻渔综合种养发展；提升打造九洪乡"火箭湖"休闲渔业基地为国家AAA级旅游景区，示范推动渔业一、三产业融合发展；加强渔业环保及水产养殖污染防治，巩固创建农业农村部水产健康养殖示范场8个、省级水产健康养殖示范场32家，依法取缔禁止养殖区水产养殖，严格监管限制养殖区水产养殖。

【质量安全】 加强水产品质量安全，2022年完成17个省市快速检测和6个市级执法监督抽检，开展沿滩区50亩以下水产养殖场（户）水产品质量安全1936批次快速抽检，合格率均为100%。

农村经营管理

【农村专业大户】 截至2022年底，沿滩区种粮专业大户数量为23户，经营面积1726.16亩，花椒种植专业大户103户，经营面积达40653.05亩；柑橘种植专业大户62户，经营面积达19178亩；水产养殖专业大户3560户，经营总面积达3万亩；畜禽养殖专业大户312户，实际出栏249777头（只、羽）。

【家庭农场稳步发展】 2022年沿滩区注册有家庭农场492个，经营面积1.5万亩，申报为省市级示范家庭农场有30个，其中省级示范家庭农场12个，市级示范家庭农场18个。在30个省市级示范家庭农场中，以西瓜、柑橘、花椒、苗木种植业为主的有19个，以水产养殖业为主的有8个，以生猪、肉兔养殖业为主的有3个。

【农民合作社有序推进】 2022年沿滩区有农民合作社223个，经营面积3.5万亩，申报为国家和省市级示范社的有32个，其中国家级示范社2个，省级示范社17个，市级示范社13个。在32个国家和省市级示范社中，以水果种植业为主的合作社有10个，以花椒、苗木种植为主的合作社有5个，以粮油种植为主的合作社有2个，以蔬菜种植为主的合作社有2个，以生猪、肉兔和蛋鸡养殖业为主的合作社有8个，以水产养殖业为主的合作社有5个。

【农业生产企业平稳发展】 2022年沿滩区注册农业生产企业171家，申报为省市级龙头企业的21家，其中省级5家（全市38家），占比为13%；市级16家（全市110家），占比为14.5%，数量在四区两县中排位第三。在21家省市级龙头企业中，涉及农产品加工企业仅有四川太源井醋业有限公司、自贡市博宏丝绸有限公司等7家公司，涉及文化创意的公司仅有自贡天香园林有限公司、自贡永安观音湖农业开发有限公司等3家公司，1家种业公司（四川丰大种业有限公司），剩余的四川平扬农业科技有限公司等10家公司均为发展种（养）殖农产品的生产企业。

【农业服务组织功能初显】 如自贡沿粮农机专业合作社、大丰收农民合作社为仙市镇、瓦市镇、永安镇及周边乡镇粮食种植农户、种粮大户提供从土地耕整、育秧、栽插、病虫防治到产品收割全过程的"一条龙"服务，极大地提高农业生产效率。2022年实现机收机播面积2.6万亩，植保统防面积3万亩，代耕面积2万亩，技术指导2万人次，畜禽防疫23万头（只）。

农业行政管理

【农业行政审批】 2022年，清理审批事项3项，移交行政审批1项。健全行政权力运行平台，简化流程，提高效率，全年开展执法宣传12次，组织执法人员培训4次，培训人员500余人次。

农业科技

【科技推广】 2022年遴选符合条件的基层农技人员参加业务培训，实现5天以上脱产业务培训的基层农技人员达到148人，其中市级调训145人，省级调训3人；推广农业绿色高质高效主推技术模式4个，实现农业主推技术到位率超过95%；在沿滩区优选2个专合社作为农业科技示范主体培育；持续建设2个农业科技示范基地，以基地为载体开展新品种、新技术示范推广；强化农技人员应用中国农技推广信息平台开展在线指导和服务。

农产品质量建设

【质量安全】 2022年建立县、乡、村三级监管网格体系；开展"农资打假保春耕"及"治违禁、控药残、促提升"三年行动；健全完善农业投入品监管机制，沿滩区农业投入品经营主体建立和完善农业投入品安全使用、索证索票、经营台账等制度；强化安全执法监管工作，完成3件次农产品质量安全案件。

【品牌建设】 截至2022年沿滩区共有花椒、葡萄、柑橘、草莓等34个无公害农产品，兴贵西瓜、甜瓜、九台山瓜椒专合社西瓜、九叶青花椒、小红椒及绿泉九叶青花椒等6个绿色食品。

【质量检测】 2022年开展农产品质量安全风险监测，省级农产品质量安全例行监测完成76批次，一批次鲤鱼产品不合格；完成市级各项风险监测142批次，除粮食外其他农产品合格率均为100%；完成区本级1批次/千人风险监测182批次，对1批次粮食产品不合格进行溯源；乡镇农残快速检测室按省级农产品监管示范县考评指标完成300批次/年快速检测；重点企业、专合社及大型生产主体建有农残快速检测室，配备有快速检测设备，完成批次自检。沿滩区新型生产主体入驻国家、省级农产品质量安全追溯信息网开展业务；实行信息网入驻"四挂钩"，承诺达标合格证使用"三挂钩"。

农业机械

【农机购置补贴】 2022年，沿滩区办理农机购置补贴和报废补贴中央资金58.7592万元，申请农户667户，申请补贴农机具788台套，按程序结算补贴中央资金47.3036万元（补贴个人的通过财政一卡通平台兑付，补贴生产经营组织的通过银行转账拨付），补贴机具712台，受益农户603户。其中办理拖拉机报废7台，补贴资金7万元。

【农机安全】 2022年印发农机安全宣传材料20000余份，签订农机安全责任书、告知书750份，开展农机安全检查和隐患排查，现场纠正农机作业违法违规行为14起，协助区行政审批局年检拖拉机1台、核发拖拉机驾驶证1份，登记收割机3台，配合区公安交警等部门开展变型拖拉机综合治理，查处假牌套牌，保障变型拖拉机道路交通安全。全年开展变型拖拉机排查清理4次，与区公安交警开展联合执法4次。沿滩区农村机电灌设备维修312台4488千瓦（其中电力提灌站维修74台3034千瓦）。

【农机灌溉】 2022年春灌和抗旱投入机电提灌机械2365台次7435千瓦，机电灌提水1280万方，灌面16万亩（其中提灌站灌面10.4万亩），灌溉水稻面积13万亩。

农村新能源

【用气安全隐患摸排】 2022年开展沿滩区农村户用沼气池、集中供气沼气工程安全隐患摸排工作，理清沿滩区沼气使用情况，建立基础台账，沿滩区共排查农村沼气池4000余口，集中供气沼气工程4处，发现安全隐患73处，已经全部完成整改工作。

【用气安全责任管理】 2022年，从区、乡镇、村都安排沼气安全管理员及信息员，通过微信APP填报相关沼气安全信息。定期开展沼气安全检查，每月安排工作人员到乡镇开展沼气安全检查2次，乡镇每月开展沼气安全检查2~3次，对发现的安全隐患立即安排整改。

【用气安全宣传教育】 通过会议、培训，下村到户宣传，发放《沼气安全使用十不准》和《沼气安全使用挂图》超过3000张，乡镇在沼气池旁制作警示标识超2000户，组织收看沼气宣传视频150余人次。2022年为沼气池农户免费更换灶具31套。通过区、乡镇、村各级工作人员的努力，全年无一例沼气安全事故发生。

商贸与经济合作

概述

2022年，沿滩区实现服务业增加值84.72亿元，同比增长2%，占沿滩区地区生产总值32.97%。规模以上服务业企业20户，较上年增长3户。服务业完成税收1.69亿元，同比下降42.95%，税收占比达36.21%，同比减少6.54%。社会消费品零售总额完成67.26亿元，同比增长2.8%。货物进出口完成1.18亿元，同比增长39.09%，增速位居全市第一。

2月17日，沿滩区企业自贡中皓化工有限公司获得自贡市首份RCEP原产地证书

招商引资

【基本情况】 2022年，沿滩区新签约重大项目32个，其中工业项目29个，10亿元以上项目7个，分别占市下全年目标任务的126%、145%、116%；完成省外引进产业项目新增实际投资43.78亿元，占市下全年目标任务118%；高质量举办江苏国泰年产30万吨锂离子电池电解液和回收2000吨溶剂项目签约仪式等招商活动11场，完成市下全年目标任务157%；为市委、市政府主要领导推荐外出考察点位5个，党、政领导外出招商28次。

【招商质效】 2022年，制定沿滩区招商引资协议标准文本，梳理氟化工、锂电材料、肉制品"产业链全景图"和"龙头企业和配套企业目录表"。建立"招商资讯库"，借助第三方专业力量了解产业发展规律，自主梳理《企业调查报告》13篇，编辑《谈判参考资料》20余篇，撰写《招商专报》22期，深挖有根企业，针对中国中化、中国建材、广州鼎一梳理3份具有参考性企业研究报告，沿滩区招商引资工作得到市委、市政府主要领导肯定性批示3次，分管领导肯定性批示3次，《谈判参考资料》作为全市招商系统工作模板推广。

【招商模式】 2022年，在全市首推"园局合一"改革。创新印发招商"英雄帖"150余份，吸引中化蓝天、水富云天化等优质企业莅区考察对接，收集有效项目线索30余条。创新开展招商引资"揭榜挂帅"，紧扣重点招引的疑难项目印发榜单，发动各方干部投身招商引资。

【招大引强实现突破】 2022年围绕中昊晨光等链主企业"建圈强链"，带动产业链上下游核心企业聚集，依托江苏国泰、无锡东恒等领军企业，对接四川发展、福建永晶等企业，向中国蓝星、昊华海化院、西北院、昊华北方等中国中化旗下公司发送招商英雄帖10余份，组织小分队赴上海、苏州、杭州开展招商工作，持续跟进2022年第一批重点在谈项目，促进全市最大外资项目——德国梅塞尔工业气体项目在上海举行的跨国公司投资四川恳谈会上实现签约。重点引进云天化等基地型项目，构建以天然气为原料的氟化工、新能源全产业链条，接续打通产业断点。招引预制菜产业龙头企业，鼓励太源井等"老字号"传统美食、特色名吃进行预制菜工业化改造，成功引进中国昊华、江苏国泰、山东得利斯等行业龙头，成功签约全市唯一超50亿元项目——中国昊华氟材料基地项目。

【项目审批便捷高效】 2022年，创新建立第三方机构"白名单"，与企业一道加强与第三方机构对接，最大限度压缩专业报告编制时间。区委、区政府创新出具《前期施工免予行政处罚的函》，创造了"从立项起45个工作日完成化工企业环评"等极简审批速度和"拿地3天即开工"等快速落地样板，成功经验在全市宣传推广，成功获评全省4个县域民营经济改革试点区县。

【区域协作增效提质】 2022年，深化与重庆长寿经开区、铜梁高新区等区域合作；与重庆荣昌区、宜宾南溪区、筠连县等区域开展招商协作；与省农科院、四川轻化工大学等科研院校深化合作；推动沿滩区成为全市唯一在"知名企业四川行""跨国公司投资四川恳谈会"和"四川省农业博览会"上均有签约项目的区县。瞄准化工新材料、食品加工等特色产业，对接江苏、浙江、广东、福建等重点区域，借力"浙川合作""进博会"等平台，持续开展区域推介和项目对接，推动在新材料、食品加工等产业上拓展合作，累计引进承接东部产业转移工业项目25个。

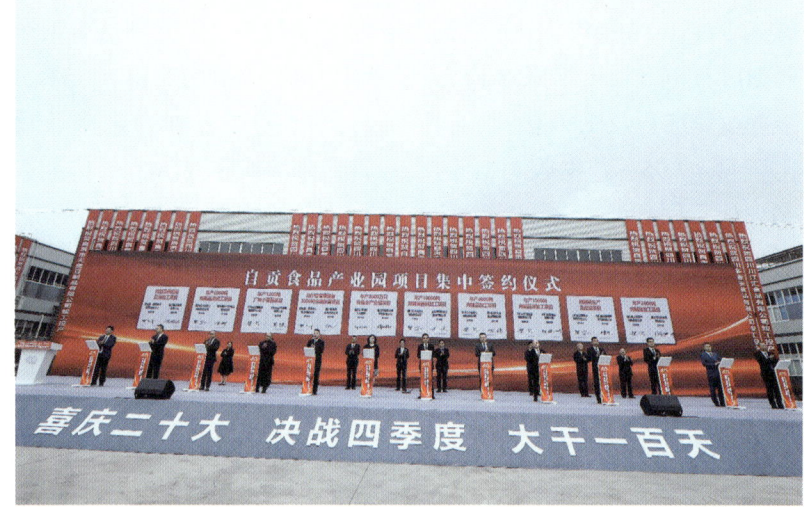

自贡食品产业园项目集中签约仪式

2022中外知名企业四川行投资推介会项目合作协议签署仪式

【营商环境优化升级】 2022年,沿滩区抢抓被纳入全省5个优化营商环境监督试点机遇,出台《支持沿滩高新技术产业园区高质量发展的意见》,筹措资金兑现招商扶持政策9000余万元。组织"畅聊早餐会"12期,选聘"营商环境监督员"14名,畅通政企沟通和问题收集解决渠道,组建项目"服务专班",实施招商项目"全周期服务"派单制,提前帮助企业梳理"全流程时间表",及时研究解决项目落地过程中遇到的问题。

服务业管理

【规划以上服务企业】 2022年,新增规模以上服务业企业3户,净增服务业企业3户。

【限额以上商贸单位】 2022年,新增限额以上商贸单位21户,净增17户。

商贸网点

【农贸市场】 2022年,继续特定区域小家禽"白条上市"工作,持续宣传引导广大市民和小家禽经营户逐渐适应新交易模式,整体实行情况逐步规范。继续农贸市场创文攻坚工作,制度、宣传海报、各种证照上墙,整治市场卫生,基本做到摊担归区、座商归店、车辆归线。

【物流园区】 2022年持续鼎一冷链物流中心项目建设,3号库已完成投产,与鼎一公司签订总部经济合作,鼓励企业逐步将分子公司整合并入项目公司,实现项目公司成为西南区域总部,将其打造为具有区域影响力的冷链物流中心。

批发零售贸易业

【基本情况】 截至2022年年底,沿滩区有限额以上批发零售单位38户,其中法人企业19户,个体19户。

【产业经营】 2022年,沿滩区批发业实现零售额6.18亿元,同比增长0.6%;零售业实现零售额41.64亿元,增长1.6%。

【激发市场消费潜能】 指导百佳、好乐宜等重点商贸企业开展各类展销促销活动,2022年全年促销活动432场次。对购买电视、冰箱冰柜等产品的个人消费者给予50~500元优惠补贴。个人消费者在本市注册汽车、家电销售企业购买燃油汽车、新能源汽车的可按销售价格区间分别获得800~2500元、1000~3000元的购车补贴,借此推动创城汽车探索新能源汽车市场。

【夜间经济业态】 2022年,打造5条夜间美食特色街区,配齐火锅、烧烤、特色小吃等各类美食,吸引阿郎饼市、郑宫菜、威尼斯庄园等13家知名商家入驻,发展"24小时"营业餐饮20余家,划定夜间临时摊区5个,设置摊位190个。引导恒大电影城举办露天电影放映、公益电影放映等活动7场,多方位满足夜间生活娱乐需求。

12月31日,组织辖区企业参展"四川新春年货节"

餐饮和住宿业

【基本情况】 截至2022年年底，沿滩区有限额以上餐饮住宿单位50户，其中法人企业21户，个体29户。

【产业经营】 2022年，沿滩区住宿业实现零售额1258.5万元，同比增长5.4%；餐饮业实现零售额12.03亿元，同比增长7.8%。

电子商务

【助推电商发展】 2022年，与西南食品产业园、自贡在线、四川轻化工大学等多次洽谈对接。梳理特色农产品清单，完成选品和策划，推荐太源井晒醋、酱油申报《2022年自贡市名优产品推广应用目录》，并上架西秦优选等电商平台，共计举办全网直播2场、社区团购12场，涉及太源井晒醋、花椒等15余种产品。

【探索线上消费模式】 2022年，依托美团、抖音等电商平台，引导沿滩区特色餐饮商家拓展提供网定店取、外卖到家等服务，利用消费券发放、设置团购优惠套餐等促销手段提高门店销量、提升用户黏性。发掘特色商户、优质小店，引导百姓餐饮、盐味小镇等特色餐饮通过短视频、直播等方式充分展示店内情况。

6月15日，组织沿滩区特色产品直播销售

供销合作

【基本情况】 被省供销社表彰为2022年度"供销社综合改革成绩突出单位""财会工作成绩突出单位"。在市供销社2022年度综合业绩考核中获得一等次的第一名。

【从严治党】 2022年，研究安排全面从严治党、党风廉政建设和反腐败工作5次，意识形态和宣传思想工作2次，中心组理论学习13次，为供销社工作高质量发展奠定坚实的思想政治基础。

【守住底线底板】 2022年，组织基层供销社、企业每月对供销系统内房屋开展安全排查，并建立安全检查台账。强化节假日和防汛期间值班值守。联系应急管理相关部门解决供销系统内部3处潜在安全隐患问题。通过联系相关部门和监督基层企业进行危房整改，解决了2处供销社社有资产潜在安全隐患问题。对2处存在安全隐患的房屋进行维修，清除隐患，力争不发生安全问题。

【基层建设】 2022年，申报仙市镇供销社、黄市镇供销社、兴隆光辉村供销社作为省级基层社示范社，经过点位打造和项目验收，获得省级供销综合改革及发展专项资金31万元。

【发展农民专合社】 2022年，新增领办协办专合社7个，累计达到34个。申报推荐自贡市兴贵种养殖专业合作社、自贡市九台山水果专业合作社作为国家级示范社候选单位。

【开展"三社"融合】 2022年，申报仙市镇百胜村供销社、永安镇前进村供销社、九洪乡三河村供销社等7家基层供销社作为"三社"融合试点单位。

【推进品牌建设】 2022年，成功申报四川鳌头酒业有限公司作为自贡市区域品牌"自然贡品"商标使用企业，同时申报自贡市兴贵种养殖专合社为"自然贡品"商标使用企业。协助沿滩区14家申报"四川扶贫"商标使用企业完成"天府乡村"换证工作。

粮油购销

【专项执法】 开展"护安2022"专项执法行动,做好小包装粮油储备及轮换监管,开展涉粮企业监督检查50余次,出动检查人员120人次,检查企业60余家次。

【流通储备管理】 完成2022年度粮食安全责任制考核、社会粮油供需平衡调查,组织实施沿滩区政策性粮食库存数量和质量大清查工作。

【健全制度】 制定《沿滩区区级储备粮轮换管理暂行办法》等相关区级储备粮油管理制度,修订《沿滩区粮食应急预案(试行)》,健全粮油物资保障工作机制。

文化·旅游

概 述

2022年，区文化广播电视旅游局有下属事业单位1个，在编干部职工9人，沿滩区故事作家协会、沿滩区乡村文化艺术家协会合计有会员187人。沿滩区有全国重点文物保护单位1个，省级文物保护单位3个，市级文物保护单位2个，县级文物保护单位1个；省级非遗1个，市级非遗2个，区级非遗2个；四川省"民间文化艺术之乡"1个；自贡市第一批井盐历史文化遗迹6处；省级革命文物1处；全省公共文化服务"四个一批"优秀服务站点1个；有旅游景区景点28处，有中国历史文化名镇1个，全国休闲农业与乡村旅游示范点1个，天府旅游名镇1个，四川省乡村旅游精品村寨1个，天府旅游名村1个，四川省乡村旅游重点村4个。全年接待游客510.46万人次，实现旅游综合收入41.57亿元。

文 化

【文化设施】 目前，沿滩区有乡镇综合文化站11个，街道综合文化中心2个，村级综合性文化服务中心90个，社区综合性文化服务中心22个。2022年公共文化服务体系资金234.92万元，打造第二批市级乡村文化振兴样板村2个、第二批区级乡村文化振兴样板镇1个、第二批区级乡村文化振兴样板村（社区）6个。

沿滩区全民阅读活动启动暨区公共图书馆"方志驿站"升馆

【文化活动】 举办端午诗会、中秋诗会、"送文化下乡"等文化活动10场，举办文学创作、书法摄影、曲艺小品等创作培训20期，指导乡镇（街道）开展各类公益培训14期，受训人数近1200人次。在自贡市第八届经典诵读比赛中，沿滩二小的《千年梦圆在今朝》夺得儿童组三等奖，恒大美之韵团队的《毛慈影家书》夺得成人组二等奖；原创情景舞蹈《编灯草》作为优秀节目在"奋进新时代·共筑中国梦"中共

·文化·旅游·

2月15日，区委文体广场"我们的节日——2022年沿滩区禁燃放·猜灯谜·赏民俗·庆元宵"活动

"诗写丰收·美话桃缘"桃花观赏季乡村旅游活动

二十大精神文艺宣传活动暨自贡市第九届社区艺术节展演。

【文艺创作】 2022年，沿滩区美术馆组织作者创作"加强对'一把手'和领导班子的监督"漫画作品一套共28张，创作"跟随沿娃滩妹的脚步、防诈不迷路"防诈漫画48张。承办"喜庆二十大，永远跟党走"美术摄影书法作品展，分别在沿滩区文体广场、沿滩区新城市民广场、沿滩区美术馆共展出120余幅作品。区文化馆主办《龙湖》出版四期，出版"喜迎二十大·颂歌新时代"征文专辑一本；完成《追寻红色足迹·再现沿滩记忆》书籍采编出版。《我和学生拾废品》获省司法厅"我的环保故事"征文三等奖；散文《伴我成长的梦想》获四川省工委、省教育厅、团省委、四川日报社"百年荣光，百年辉煌——庆祝中国共产党成立100周年"联合征文优秀奖；《我的"书香之家"》在四川省委宣传部主办的"永远跟党走·书香伴小康"农民读书网上征文活动中获得优秀奖；《盐巴白，盐巴咸》获四川省文联、四川省作协等联合举办的四川省优秀童谣作品征集二等奖。

【文化遗产保护】 2022年，对文保单位、重点文保点加强巡查，配合省考古研究院完成老蛮桥水库重大项目文物勘测。仙市古镇AAAA级景区盐文化博物馆及配套设施建设专项债券项目成功入库。完成自贡抗战盐运史绩陈列馆建设。开展首批区级非遗申报工作，评选非遗项目2个。沿滩区陈文静、李芳荣获自贡第一届最美文化遗产守护者与文化遗产保护志愿者。

【文化产业】 2022年，争取到仙市古镇旅游配套基础设施建设项目资金3200万元，自贡抗战盐运史绩陈列馆争取到陈列展示补助资金20万元、免费开放补助资金50万元。王家大院盐文化旅游基础设施建设一期项目被评为2022年度四川省文化旅游融合示范项目，并获得800万元补助。文旅·时代昇平项目完成主体工程建设。仙市古镇旅游基础设施项目完成前期工作，项目工程已挂网招标。永安镇云丰村、王井镇桂花村拟命为自贡市第二批乡村文化振兴样板镇村。区公共图书馆（升坪街）于4月正式开馆。加快推进图书馆新馆建设项目（沿滩新城）前期工作。落实"三馆一站"免开资金125万元。沿滩区徐光华、文燕等5人被评为四川省乡村文化和旅游能人，纳入四川省乡村文旅能人库。

【文化市场监管】 2022年加强市场巡查，对检查中发现的违规经营行为，依据相关法律法规分别给予批评教育、责令立即整改和行政处罚。开展汛期、安全生产大排查大整治，安全生产集中整治，不合理低价游、两考禁噪等专项检查15次。加强对网吧、印刷企业、书摊市场和音像制品市场的监管，收缴各种非法出版物。加强对娱乐场所、网络市场、演出市场等行业乱象治理。区文化市场综合行政执法大队被市文化广电旅游局评为文化市场综合执法办案优胜单位、"扫黑除恶"常态化有功单位、执法信息化建设先进单位。

【报　刊】 围绕工业强区、招商引资、项目建设、乡村振兴等重大主题、重要活动、重要会议，做好正面宣传，在各级各类主流媒体上稿达4000余条，其中，中省传统媒体上稿170余条。加强与中省主流媒体的战略合作，在《人民日报》推出《携手构建人类命运共同体（奋进新征程　建功新时代·伟大变革）》《四川推动党员教育机制创新——好典型示范带来好风气》《全国消防宣传月活动深入开展抓消防安全　保高质量发展》，在新华社推出《自贡沿滩兴隆镇：田间地头涌动文化热潮》，在《中国青年报》推出《这个寒假，2.8万余名返乡大学生在四川"深潜基层"》，在《国防时报》推出《双拥花盛开　鱼水情愈浓——四川省自贡市沿滩区积极推进双拥工作综述》；报道沿滩区学习贯彻落实中共二十大精神、习近平总书记来川视察重要指示精神、省十二次党代会精神，在中央电视台、四川电视台等中省传统媒体推出《中央台焦点访谈｜党旗在基层一线飘扬　四川自贡的书记龙门阵主题坝坝会！》等稿件10余条。围绕工业强区方面，在四川卫视等省级传统媒体推出《拼经济　搞建设——总投资约238亿　自贡推进43个重大项目》等稿件20余条。围绕乡村振兴方面，在中央电视台、四川卫视等中省级传统媒体推出《四川自贡　稻丰鱼肥迎丰收多种合作模式促增收》等稿件20余条；在信息专版策划、推送上下功夫，在《四川日报》推出《3月起自贡沿滩新城300个车位免费停》《西南（自贡）食品产业技术研究院成立　研究提升"盐帮味道"》《自贡沿滩：奋力打造千亿级示范化工园区》《沿滩区开展产业链精准招商》《结对帮带促年轻干部成长》，在《四川经济日报》上推出《自贡沿滩区："政策保姆"助力民营企业健康发展》《自贡沿滩区　校企合作助推工业高质量发展》《自贡沿滩区启动"万企兴万村"行动》《自贡沿滩区"春风行动"送岗位515个》《自贡沿滩区　吹响抓项目促投资"冲锋号"》，与《自贡日报》合作，每周三推出专题专版，传播沿滩声音，塑造沿滩形象。

广播电视

【安全播出】 2022年在重点保障期间，安排专人24小时值班值守，单位主要领导亲临一线带班、指挥。每日按要求向市局报平安，实现沿滩区安全播出工作"零事故"。

【村村响】 2022年督促指导乡镇对"村村响"加强日常排查、运行维护，落实好安全、环保等方面宣传，充分发挥"村村响"宣传作用。

精神文明建设

【道德建设】 走进行业部门，新时代文明实践中心、所、站，邀请道德模范、四川好人到基层宣讲，截至2022年已举办4期。评选出第四届沿滩区十大道德模范10名，道德模范提名奖10名，评选五星级文明户117名，推荐报送"四川好人"候选人31名。推送第七届自贡市十大道德模范候选人10名。推送新时代好少年评选活动24名。获市"童心向未来·奋进新时代"童谣作品奖12首，其中一等奖1首，二等奖4首，三等奖1首，优秀奖6首。开展中共二十大精神在基层"中国好人"线上分享会"道德模范基层宣讲""道德讲堂宣讲"系列活动90余场次。

【文明实践】 2022年沿滩区已建区级中心1个，乡镇街道新时代文明实践所12个，村社区新时代文明实践站113个，新时代文明实践基地7个。配置"1+8+N"志愿服务队伍，建立志愿服务总队1支，建立理论政策宣讲、文化文艺服务等常备队伍8支，专业特色志愿服务队27支，乡镇街道村社区、所、站专业志愿服务队800余支，党群团综合志愿服务队5支，建立专业应急队伍1支、乡镇应急队伍12支，村应急分队133支。启动第一届"沿滩志愿之星"评选活动。向新时代文明实践中心、所、站和各志愿服务组织发放志愿者衣帽1000套。为一线志愿者购买意外保险300份。志愿者骨干培训实现全覆盖，举行志愿者骨干培训开班仪式，先后开展5期区级层面志愿者骨干集中培训，12场次村社区志愿者骨干培训。组织12个乡镇街道对123个实践站开展交叉检查和交流学习。与区政协联合，组织政协委员到詹井村、留永村、三河村等文明实践所站开展新时代文明实践建设小微协商会。在全市各区县中出台首个《沿滩区志愿服务激励嘉许管理办法（试行）》。获评自贡市第五届盐都十佳志愿服务社区1个、十大最美志愿者1名。创建自贡市新时代文明实践中心、所、站示范点7个。沿滩区已注册志愿者5.68万余人，注册志愿者占常住人口的19.45%。开展"盐都志愿·有你更精彩"系列主题活动，开展洁美家园，"美丽沱江·守护有我"扶贫帮困、扶贫扶志模范宣讲，自贡灯会文明引导，"'沿·兴'讲堂：中共二十大精神在沿滩"、中共二十大文艺宣传进校园宣传宣讲等形式多样志愿服务活动3500余次，服务群众10.5万余人次。

【文明创建】 对申创2021—2023届的文明村镇、单位、校园加强创建指导，申创国家级文明单位1个、文明村镇1个、文明校园1个；省级文明村镇2个、省级文明校园6个；市级文明单位20个、市级文明村镇16个、市级文明校园3个；区级文明单位8个、区级文明村镇3个、区级文明家庭20个、区级文明校园1个。承办全市《自贡市文明行为促进条例》现场会。建立"文明实践"网上阵地，所有文明单位、文明村镇、文明校园实行网上挂牌。

【未成年人思想道德建设】 2022年建立首批乡村"复兴少年宫"。建立兴隆镇中心小学校、王井镇王井街社区新时代文明实践站2个。市级乡村"复兴少年宫"，挂牌区级"乡村复兴少年宫"115个。积极争取市气象局、市市场监管局、沿滩第二小学校、自贡市解放路中学、市燃气公司等5个全国、省级文明单位结对沿滩区乡村"复兴少年宫"建设。为乡村复兴少年宫的孩子送去文体用具，组织志愿者帮助开设气象知识科普、书法培训、小主持培训、美术拓展课程，举办夏令营活动周、乡村"复兴少年宫"暑期活动等，帮助农村孩子提升文明素质和文化科技水平。

旅游景区

【基本情况】 截至2022年有仙市古镇国家AAAA级旅游景区和瑞鑫火箭湖国家AAA级旅游景区2处。

【景区建设】 仙市古镇建有300平方米游客中心、学雷锋服务站、卫生院等；设置有导游全景图、景物介绍牌等标识标牌200余块，旅游休憩设施

45处；配备讲解员12名，停车场5个，共有大小车位500余个；加油站1个、购物场所40余个、A级旅游公厕4座；实施智慧旅游工程，实现Wi-Fi全覆盖。景区内及周边有大小餐饮店130余家，农家乐50余家，三星级以上农家乐（乡村酒店）8家，其中五星级2家，可同时满足1万余人就餐；景区内有民宿客栈、民宿酒店、星级农家乐等20余家，能够满足2000余人住宿；古镇内有20公里的观光车道、骑游道等，设施设备较为完善，能够有效满足景区内游客出行；2022年，景区接待游客54.69万人次，实现旅游综合收入4.56亿元。

瑞鑫火箭湖旅游景区距九洪乡5分钟车程，目前已开通自贡客运总站旅游集散中心到九洪的班车，交通十分便利。景区建有100平方米游客中心、学雷锋服务站，设置有导游全景图、景物介绍牌等标识标牌70余块，旅游休憩设施10余处；配备讲解员1名，停车场3个，共有大小车位100余个；连接道路黑化4公里、环湖道路黑化1公里，黑化停车场1个。购物场所3个、旅游公厕2座；实现了Wi-Fi全覆盖。2022年，景区打造体育与旅游相结合的综合性体验景区。旗下瑞鑫拓训联盟基地引进自贡市青少年户外活动营地项目，项目占地约500亩，设施完善，配有营房宿舍、露营区、教学区，功能区分别设有训练场、食堂、餐饮自助区、洗浴间、采摘体验区、山地越野基地等。

【主要景区简介】 仙市古镇原名仙滩，始建于1400多年前隋代开皇年间，位于国家级历史文化名城自贡市东南11公里的釜溪河畔。截至2022年，景区内有全国重点文物保护单位茶马古道、省级文物保护单位陈家祠，被评为中国历史文化名镇、全国特色景观旅游名镇、国家AAAA级旅游景区、天府旅游名镇。

旅游项目

【创建示范】 2022年，沿滩区被列为省级全域旅游示范区创建单位名单。釜溪河文旅融合发展片区列入全省乡镇级片区旅游专项规划试点。

【项目资金】 2022年沿滩区争取到仙市古镇旅游配套基础设施建设项目资金3200万元，自贡抗战盐运史绩陈列馆争取到陈列展示补助资金20万元、免费开放补助资金50万元。

王家大院盐文化旅游基础设施建设一期项目被评为2022年度四川省文化旅游融合示范项目，并获得800万元补助。

【场馆建设】 2022年，完成邓关济运闸（自贡抗战盐运史绩陈列馆）建设，纳入四川省第二批不可移动革命文物名录（自贡市共5处）。文旅·时代昇平项目完成主体工程建设。仙市古镇旅游基础设施项目完成前期工作，项目工程已挂网招标。仙市古镇入选2021年全省两项改革"后半篇"文章乡村旅游典型案例。永安镇云龙村、仙市镇箭口村被评为第三批省级乡村旅游重点村（全市4个，沿滩区2个）。

【研学旅行】 沿滩区安全教育研学旅行实践基地、职业技能研学旅行实践营地2家成功入选"2022年度省级研学旅行实践基地（营地）创建单位名单"（全市5个，沿滩区2个）。

旅游活动

2022年，举办第十届九洪

第十九届九洪西瓜节

6月25日，瑞鑫火箭湖旅游景区"信步沿滩乡村露营季"活动

仙市古镇金桥寺，第九届仙市古镇金秋旅游节，游客正在看川剧

西瓜节、"诗写丰收·美话桃缘"桃花观赏季、"信步沿滩 乡村露营季""信步沿滩·美过周末"乡村旅游系列活动12场，系列活动接待游客113.41万人次，实现旅游综合收入8.86亿元。

旅游行业管理

【旅游市场管理】 推出"迎新春、送温暖"系列活动，"信步沿滩 乡村露营季"系列活动等；擦亮"信步沿滩 美过周末"乡村旅游品牌。开展汛期、安全生产大排查大整治，安全生产集中整治，旅游景区安全风险点隐患排查，不合理低价游、两考禁噪等专项检查15次，严厉整治打击欺客、不合理低价游等扰乱市场秩序的行为，对检查中发现的违规经营行为，依据相关法律法规给予批评教育、责令立即整改，对查出的隐患及时处置，沿滩区各涉旅场所没有发生一例旅游安全事故。

【旅游标准化建设】 截至2022年有熙园山院、盐帮客栈等星级农家乐（乡村酒店）16家，国家AAAA级景区1个，国家AAA级景区1个，天府旅游名镇1个，天府旅游名村1个。

【旅游宣传】 2022年，推出盐商盐运文化、美食采摘、乡村亲子旅游观光线等6条精品线路，并推广海天·启明星文创灯笼、"太源井"晒醋、汇龙堂仿真恐龙、永安草雕4件自贡旅游名品，太源井晒醋、鳌头铺酒、玫瑰花茶等10类特色旅游商品和太源井晒醋、富全贡米、仙滩酒、外婆坊4种"盐都礼物"。发布乡村旅游手绘地图和采摘地图。开展"文旅局长说文旅"宣传。通过CCTV（中国中央电视台）、人民网等多种平台强化"信步沿滩·美过周末"乡村旅游活动宣传。

财税·金融

财 政

【预算执行】 沿滩区地方一般公共预算收入完成63232万元，同口径增长20.86%。其中税收收入15301万元、非税收入47920万元。可供安排的收入总量为256387万元。沿滩区一般公共预算支出实现198176万元，为调整预算的89.72%，同比增长3.11%。沿滩区结存资金为25921万元。结存资金按规定清理后，补充预算稳定调节基金3221万元，因项目跨年实施需要结转下年继续使用22700万元，沿滩区实现收支平衡。沿滩区政府性基金收入5579万元，全部为富全增减挂钩土地指标出让款。政府性基金预算上级补助收入29961万元（其中国土方面收入28748万元），可供安排的收入总量为214702万元。沿滩区政府性基金预算支出实现126216万元，主要用于征地和拆迁补偿、城市基础设施等方面。收入总量减当年支出、调出资金、债务还本支出等149632万元后，沿滩区结存为65070万元，按政策规定结转下年继续使用。沿滩区国有资本经营预算收入为0万元，上级补助收入42万元，收入总量为42万元。全年国有资本经营预算支出6万元。年终结余36万元，按政策规定结转下年继续安排使用。沿滩区城乡居民基本养老保险基金预算收入完成17708万元，为调整预算的173.94%。沿滩区城乡居民基本养老保险基金预算支出实现8528万元，为调整预算的100%。沿滩区城乡居民基本养老保险基金累计结余26797万元（其中当年收支结余9180万元）。

【财政收入】 2022年沿滩区财税部门先后盘活了仙市古镇AAAA级景区经营权、沿滩城区停车场经营权等政府闲置资产，全年一般公共预算收入完成6.32亿元，同口径增长20.86%，连续两年保持两位数的高速增长。全年共计对上争取上级转移性支付资金15.50亿元，其中一次性财力资金0.85亿元，四区第一；专项转移支付2.98亿元，创历史新高。全年包装入库项目14个，争取专项债券额度9.41亿元，争取额度创历史新高。开展政策性资金争取，争取到位政策性开发性金融工具项目7个，争取额度6.93亿元，全市最高，全省领先。动态收回部门和单位在预算执行中各类闲置沉淀资金、低效无效资金、预算结余资金，共计收回资金0.35亿元，补充财力缺口。

【经济建设】 2022年沿滩区财税部门共计减税降费3.28亿元，其中增值税留抵退税0.47亿元。盘活存量资金，收回统筹使用结余资金和连续两年未用完的结转资金用于经济社会发展急需支持的领域。全年一般公共预算支出19.80亿元，同比增长3.11%。完成川南新材料产业园、灯饰照明产业园、第二批棚户区改造等项目的方案调整，全年共计支付债券资金9.56亿元，有力保障川南新材料产业基地拓区等重大项目建设。发放消费券等活动，及时兑现各类财政奖补资金1.60亿元，有效地为沿滩区市场主体纾困解难。

【支出结构】 2022年沿滩区民生支出占一般公共预算支出的比重达68%。财政投入2.04亿元，提升基本公共卫生服务支付，加快基本药物制度建设。财政投入3.61亿元，支持农田水利基础设施和乡村振兴建设，支持花椒产业园、大豆产业园等产业园区建设。财政投入3.57亿元，完善城乡义务教育保障机制，完善家庭经济困难学生资助体系，推动各类教育事业发展。财政投入社会保障和就业资金2.97亿元，确保基本养老保险待遇足额发放，保障社会救助和社会福利。财政投入环境保护资金0.32亿元，推进央督巡查整改，城镇污水、城乡垃圾处理设施建设，保障沿滩区生态环境建设。财政投入2.49亿元，大力实施棚户区改造和农村危房改造，加快老旧小区改造。

【财政改革】 提高采购预付款比例，取消投标保证金、免费提供采购文件等方式，减轻企业负担。开展应付未付款项清理整改行动，支付应付未付款项187.91万元。开展政府计划备案工作，完成采购预算1.97亿元，成交金额1.70亿元，节约财政资金0.28亿元。推动财政绩效管理。2022年度选取16个乡镇与部门开展整体支出绩效评价，选取16个项目开展项目支出绩效评价，确保财政资金发挥效益。选取13家单位开展节假日期间正风肃纪和会计信息质量检查，完成问题整改23个。开展2020年、2021年度地方预决算公开检查回头看，对在政府门户网站公开的政府预算和部门预算进行自查，补齐公开单位，完善公开内容。

税 务

【党的建设】 执行《税务系统党建工作规范》，打造"盐运首城·兴税强区"党建品牌，细化制定党员发展5阶段43项资料清单，补选机关党委委员。常态化走访区纪委监委、区委宣传部等部门，成功入选自贡市机关党建示范单位创建名单。制发《2022年全面从严治党工作要点》，细化6方面、18项工作任务。开展"窗口腐败"专项整治、节假日期间纪律作风明察暗访行动。举办"喜迎二十大·书廉扬清风"作品征集等活动。实施年轻干部廉洁从政"疫苗计划"，与青年干部职工签订《廉洁从政承诺书》。

【队伍建设】 创新建立"关键少数期谈"制度，对中层副职以上干部开展集体谈心谈话54人次。完善考勤方案，开展作风纪律检查20余次。实施"青蓝税务"计划，成立"银青结对"志愿服务队，举办"银龄讲堂"和"50税官"讨论活动。开展青年理论学习小组活动10次，持续通过"轮岗、跟班、上挂、练兵"等方式培养年轻干部，新选拔任用年轻干部5人、轮岗交流干部15人、晋升职务职级21人。启动精神

4月10日，沿滩区税务局走访四川西蜀电力金具集团有限公司

家园建设行动计划,多元化开展主题摄影比赛、"家庭助廉"等系列活动,帮助5名异地职工解决住宿问题。设立局长接待日,悉心听取意见建议,完成2022年干部职工思想状况调查。全年新增自贡市五四红旗团支部、自贡市工人先锋号等集体荣誉3项;自贡市优化营商环境先进个人、最美自贡税务人、优秀共青团干部等个人荣誉7人次。

【组织收入】 2022年全年累计组织税费收入148752万元,同比增收20882万元、增长16.33%。其中税收收入46688万元,同比减收22617万元,下降32.63%;区级完成16031万元,同比减收6724万元,下降29.55%。从税收来源看,主要集中于第二、第三产业中的工业、建筑业和房地产业,三大产业税收占总税收的73.24%。中央级完成18048万元,同比减收9179万元,下降33.71%;省级完成5739万元,同比减收3833万元,下降40.04%;市级完成6870万元,同比减收2882万元,下降29.55%;区级完成16031万元,同比减收6724万元,下降29.55%。从全市税收完成情况来看:税收占全市比重为13.73%,占比位居全市五区两县第四(五城区第二),增速排名全市五区两县第四(五城区第二)。扣除留抵退税后,累计组织税收收入51427万元,同比减收17886万元。累计组织非税收入42835万元,同比增收39411万元,增长1151.01%。累计组织工会经费689万元,同比减收79万元,下降10.23%;累计组织社会保险基金收入58540万元,同比增收4169万元,增长7.67%。

【税收征管】 2022年承接沿滩区53户房地产、建安企业税收征管权限划转,推进房地产税收"一体式"管理。运用5C、5R征管质量指标体系实时监控管理,推进个体工商户定期定额管理改革试点和社保费、非税收入征管廉政风险试点。推进行政执法"三项制度",自制小工具推进落实《川渝地区税务行政处罚自由裁量权基准》《税务行政处罚"首违不罚"事项清单》。组建税收风险专业应对团队,自主开展留抵退税、代开发票、企业所得税等专项风险应对,累计冲减留抵税款170.6万元、辅导纳税人查补税款及滞纳金555.3万元。

【纳税服务】 2022年纳税人满意度综合测评跃居全省第35位,较2021年上升136位,位居全市第2位。开展"我为纳税人缴费人办实事暨便民办税春风行动",统筹推出5大类18项34条便民举措,邀请区政协代表、企业财务负责人等担任税务体验师,进行"暗访—体验—提意见"。推行"首违不罚""容缺办理"等服务,优化"办+问+访+寄"四位一体"非接触式"服务举措,非接触式办税缴费比例达85%以上。举办新组合式税费政策直播讲解,覆盖纳税人缴费人8600余人次,其中环保税申报操作培训课件获国家税务总局推广,并获纳税人赠送锦旗、手写感谢信。完成2338户企业纳税信用等级评定,A、B级纳税人占比达49%,帮助企业获得"税银贷"授信1.3亿元。派驻税企专员、网格管理员13人跟进服务川南新材料产业基地、自贡食品工业园等项目落地。打造"税邮驿站"14个,构建"代开发票+发票寄递+代收社保+政策宣传+文书送达"服务机制,免费邮寄发票5649笔,为企业节约办税成本5%。

【税收改革】 2022年建立跨部门协调联动税收分析机制,以留抵退税效应分析、提升地方财力建设等为题报送高质量分析报告6篇,其中3篇获区政府主要领导肯定性批示。制定领导分片包干退税减税政策落实方案,运用税收大数据提前筛选符合优惠政策企业名单,采取上门走访、电话联系等方式分类分级"点对点"推送政策、"一对一"宣传辅导。开设"退税减税"专窗,提供全流程服务。2022年兑现全量减税降费及退税缓税缓费合计33622万元，惠及纳税人6000余户次。打造矛盾就地化解"枫桥式"税务分局。通过"定点办、驻点办、上门办"等方式妥善化解金釜名都"办证难"问题，惠及业主336户，调解及时率、满意率均达100%。

【惠企助产】 开展"便民办税春风行动""税务体验师""税收营商环境观察员"活动，举办"可视答疑""直播讲解"等普法活动。建立领导班子带队调研专业团队，开展"下企业、访税情、解企忧"活动，为沿滩区近1900户纳税人上门辅导税费政策，收集解决企业难题196个。收集问题和意见建议211条，现场解决201条，后期解决10条。2022年兑现全量税费优惠33622万元，其中减税降费金额22376万元、缓税缓费金额6502万元、留抵退税金额4745万元。累计办理制造业中小微企业延缓缴纳税费5475万元，办理缓缴户数995户（次）。沿滩区有4082户纳税人享受"六税两费"申报减免1564.40万元。

金融

【基本情况】 截至2022年末，沿滩区聚集了中国银行、工商银行、建设银行、农业银行、农业发展银行、邮政储蓄银行、自贡银行、自贡农商银行、天府银行等9家银行的支行和营业网点；中国平安财产保险股份有限公司自贡中心支公司、中国人民财产保险股份有限公司自贡市沿滩支公司、中国太平洋财产保险股份有限公司自贡市沿滩支公司3家保险机构；自贡市沿滩区元佑小额贷款有限公司。沿滩区设有银行营业网点41个，保险公司营业网点11个，小额贷款公司营业网点1个。

【农发行沿滩支行】 2022年年末，农发行沿滩区支行共有正式职工18人，1个营业网点；全年累计投放各类支农资金7.90亿元，其中投放贷款5.70亿元，农发基础设施基金2.20亿元；年末贷款余额25.65亿元，存款余额4.67亿元，存贷比549.25%。2022年成功申报固定资产贷款项目3个，金额14.8亿元，获批固定资产贷款项目2个，金额8亿元；累计投放1.45亿元水利建设项目贷款用于支持金溪河流域（邓关）水污染防治综合整治项目；成功获批垦造水田土地综合整治项目贷款6.4亿元，续投农村土地流转和土地规模经营贷款1.21亿元，累计投放全域土地综合整治项目贷款1.56亿元；支行全年累计申报基础设施基金项目8个，申报金额7.27亿元，获批3个，已投放3笔，金额2.20亿元，在推动"工业强区"中起到示范带头作用，受到上级部门、区委区政府和人民群众的一致认可。

【工行沿滩支行】 中国工商银行自贡沿滩支行所辖对外营业网点3个，离行式自助银行2个，支行从业人员23人，内设小微企业和贵宾服务客户经理室。设有附行式自助银行3个，离行式自助银行2个，ATM及其他电子银行自助设备20台。设有支行行长、支行营销副行长、支行内部管理副行长、运营主管、对公及个人客户经理、大堂经理、综合柜员等岗位。代理中国人民银行国家金库沿滩支库，全年实现无抢劫、盗窃及诈骗案件发生，达成年初制定的零事故、零案件、零风险安全运营总体目标。截至2022年末，各项存款余额7.56亿元，其中储蓄存款4.21亿元，对公存款3.35亿元；各项贷款余额9.19亿元，较年初增加1.51亿元，与沿滩高新技术产业园区内多家企业建立合作关系，解决企业缺少抵押物的实际问题。从个人住房贷款、居民消费贷款等领域对当地发展做出一定贡献；同时工商银行自贡沿滩支行与沿滩区医院合作的"电子票据系统"，充分发挥互联网科技优势就医便民；在做好稳健经营的同时，积极投身于园区建设发展中，服务园区企业近50家，配合园区做好招商引资工作，对入驻园区企业一户一策，专人专班服务，受到中昊晨光、国泰、盛禾等企业客户的认可。

【农行沿滩支行】 2022年，全行所辖对外营业网点4个，从业人员25人。发放贷款2.38亿元，年末各项贷款余额6.47亿元，其中惠农E贷5800万元，粮油、水利、专项等贷款1.8亿元，隆祥杆塔有限公司授信300万元，宇盛和运盛2亿元，支持养老、粮油收购销售、国家重点水利项目；通过投放项目、中小企业、个人住房贷款，支持沿滩区经济社会稳定发展，全年信贷计划执行率100%，未发生无计划、超计划放款情况。全年实现账面利润3353.33万元，年末各项存款余额25.91亿元，较年初增加5.24亿元，同比增加3.41亿元；年末个人存款21.43亿元，较年初增加3.39亿元，同比增量1.91亿元；年末对公存款4.48亿元，较年初增加1.86亿元，同比增量1.5亿元，其中公对公存款年末1.59亿元，较年初增加797万元。不良贷款余额0元，银行机构资产总额21.28亿元，资产利润率1.58%，资产利润率增长17.94%；各项贷款年末余额6.47亿元，较年初增加2.38亿元，同比增量2亿元；法人客户存款年末贷款余额4.78亿元，较年初增加1.86亿元，同比增量1.99亿元；个人贷款年末余额1.69亿元，较年初增加5195万元，同比增量102万元。各项存款余额25.91亿元，5.24亿元，同比增加3.41亿元，全年实现中间业务收入800万元，实现拨备前利润4400万元，实现拨备后利润1500万元，比2021年多增300万元。

【平安产险沿滩支公司】 平安产险沿滩支公司成立于2022年，员工及各级协办人员110人，设有12个乡镇街道农村保险服务站、90个村级农村保险服务点，有镇级农保员12人，村农保员90人，配备4名专业养殖险查勘员。2022年总保费规模956.71万元，同比增加25.61%，实现对沿滩区12个乡镇街道区域全险种覆盖。2022年种植业承保水稻、玉米、油菜、马铃薯和高粱5个保险品种，保费收入443.01万元，保费同比增加16.34%；养殖业保险承保能繁母猪、育肥猪2个品种。种植业（水稻、玉米、油菜、马铃薯、高粱），保费收入441.3万元，保费同比增加38.68%。在种植业保险中，承保水稻12.04万亩，保费收入216.74万元，同比增加45.55%；承保玉米5.14万亩，保费收入92.62万元，同比减少9.17%；承保油菜8.99万亩，保费收入91.67万元，同比减少24.78%；承保马铃薯0.57万亩，保费收入11.12万元，同比增加146.56%；承保高粱5.74万亩，保费收入103.25万元，同比增加57.03%。在养殖业保险中，承保育肥猪8.8万头，保费收入387.41万元，同比增加37.47%；承保能繁母猪0.6万头，保费收入53.98万元，同比增加46.64%。2022年沿滩区政策性农业保险赔款516.48万元。其中种植业赔款217.49万元；养殖业保险赔款为298.99万元。在种植业保险中水稻保险理赔面积0.42万亩，赔款64.37万元；玉米保险理赔面积0.38万亩，赔款56.25万元；高粱保险理赔面积0.4万亩，赔款57.54万元；油菜保险理赔面积0.36万亩，赔款39.33万元；在养殖业保险中能繁母猪保险理赔头数0.04万头，赔款53.99万元；育肥猪保险理赔头数0.54万头，赔款245万元。

应急管理

概述

组建应急工作专班和安全工作专班，对标对表落实国务院安全生产"十五条硬措施"，高质量完成《沿滩区金银湖农旅融合发展片区应急体系专项规划（2021—2035年）》等3个乡镇级片区应急体系专项规划编制；高配置完成综合行政执法大队改革，实现"局队合一"；有效应对15次灾害性天气和异常高温天气；成功创建全省安全示范社区等5个项目，争取资金901万元，同比增长297%；成功举办全市安全宣传"五进"现场会暨消防安全百日攻坚行动工作推进会，九洪"消防知识三进乡"成为四川省消防月"云启动"八个连线点之一；促成自贡川南新材料化工园区快速认定为"四川省首批化工园区"。获全省地震灾害防治工作先进单位，被表扬为区级先进集体4次，全市通报表扬6次，做交流发言5次，获市领导肯定性批示3次；获得表彰奖励8人，5人实现职级晋升。2022年沿滩区发生生产安全事故1起，同比减少5起，下降83.3%；死亡1人，同比减少4人，下降80%；受伤0人，同比减少2人，下降100%。实现生产安全事故起数、伤亡人数"双下降"，绝对值和同比值均达到历年最佳水平，也是全市下降数值最多的区县。森林火灾"零发生"、自然灾害"零伤亡"。截至2022年12月底，沿滩区连续101个月未发生较大及以上生产安全事故。

体系建设

【组织体系】 2022年组建以沿滩区政府主要领导为负责人的区应急管理委员会，办公室设在区应急管理局。应急委员会下设19个专项指挥部，负责做好风险防范、指挥各类突发事件应急处置工作。

【信息沟通体系】 2022年，以应急管理业务系统、"天通一号"卫星电话和互联网平台为载体，坚持每日3次森林火情"零报告"，汛期每日灾情"零报告"和节假日等重要时间节点每日突发事件"零报告"。

【调度指挥体系】 2022年，组建应急工作专班，建立完善协调联动、预警发布等多项工作机制，落实每周"四个一"工作机制（即每周一次总结、一次调度、一次工作报告、一期简报），有力推动安全应急各项工作。

【风险防范体系】 2022年来，制定沿滩区突发事件总体应急预案和31个子预案；会同区自然资源局、区水务局等开展会商研判10次，发布森林火险黄色预警6期、橙色预警2期、红色预警2期；转发高温黄色预警4期、红色预警17期；转发灾害性天气预警信息195条。

【应急保障体系】 2022年来，完成3个乡镇级片区应急体系专项规划编制，印发《沿滩区关于加强基层消防力量建设的实施方案》，推进中心消防救援站建设，优化充实乡镇应急队伍12支404人、村级应急队伍94支1180人，充实区级应急救灾物资4400件、乡镇（街道）应急救灾物资3762件。

应急演练

【应急处置水平】 2022年，举办全市安全宣传"五进"现场会暨消防安全百日攻坚行动工作推进会，九洪"消防知识三进乡"成为四川省消防月"云启动"八个连线点之一，九洪中学安全宣传"五进"工作经验做法在省应急厅、国家应急部刊登。

【应急演练活动】 2022年来，全覆盖组织开展防汛救灾暨山洪地质灾害应急演练、森林火灾应急演练等51场次，发放资料2万余份，开展集中宣传活动15场次。

安全生产监管

【安全生产职责】 印发《自贡市沿滩区安全生产工作职责分工》《自贡市沿滩区安全生产工作手册》。2022年，开展沿滩区安全生产风险分析研判，编写安全生产风险防控预警分析14份，向区委常委会、政府常务会报告工作15次，召开安委会会议7次、党委会议41次、安全生产专题工作会26次，形成工作动态92期。印发实施方案，开展工作督导13次。接受国务院和省、市安全工作专项巡察、督导检查19次，存在问题数均低于全市平均数的20%，问题整改率100%，在接受国务院安委会专项督查和省、市安委会安全巡查中成效特别明显。

【安全生产专项整治】 2022年，开展安全生产三年专项整治专项行动，针对危险化学品、城镇燃气、建筑工地施工安全、消防安全等领域，动态"拉网式"检查各类企事业单位6731家，发现排查各类问题隐患2936处，现已整改2933处，整改率99.9%，其余3个问题已制定"五落实"措施。推进安全生产大检查、检查各类单位、场所818家，排查问题隐患1277处，已整改1263处，整改率98.9%。发出提醒敦促函14份，挂牌整改3起，约谈7人次。化解大众液化气供应站、代营店等安全历史遗留问题11起，为近年之最。其中，四川飞球集团原址宿舍楼燃气等重大安全隐患成功化解，得到市委常委、常务副市长肖冰东肯定性批示，由市安办发文在全市推广，作为优秀案例编入省住建厅第28期专辑，在中国网、人民网正面宣传报道。提前4个月完成卫坪安全社区创建，永安安全社区复评，得到市安委会通报表扬。推行"安全隐患随手拍"，办理举报442条，办结率100%。全市安全宣传"五进"现场会在沿滩区召开，九洪中学经验做法在省应急厅、国家应急部刊登。率先完成80个有限空间在线监测系统安装。及时制定沿滩区工作方案。

开展安全知识"五进"宣传活动

【安全隐患排查整治】 开展安全生产"护安2022"监管、危险化学品安全风险集中治理、工贸行业安全专项整治"百日清零行动"等专项整治行动，开展安全检查240余次，排查问题隐患680条，整改率100%。

【安全生产监管执法】 2022年，安全生产执法检查103次，排查安全隐患328条，整改率100%，下达责令限期整改指令书87份，立案查处10起，处罚金8.8万元。为36个拟入驻园区招引项目反馈安全方面意见，促成园区与13个企业签订招商协议。积极争取市、省应急管理部门支持，以74.4分等级复评成绩作为第一个完成化工园区认定任务的部门，促成自贡川南新材料化工园区快速认定为"四川省首批化工园区"。推进扩区认定工作，高标准完成整体安全风险评价、选址安全评估等7项编制规划。

消防管理

【消防安全隐患消除】 2022年，先后向区委、区政府汇报工作13次，畅通同区级部门工作协调机制，解决经费保障、装备建设、队站建设等难题8项；主动站位沿滩区消防救援事业发展研究和开展工作，主动承担的示范创建、达标创建等4项任务均取得实效，先后分领域召开专题党委会6次，召开党委会25次，议决并执行议题累计128个，召开安全形势分析会22次，沿滩区消防救援事业蹄疾步稳。

【职责使命胜任能力】 2022年，修订完善区级灭火和抢险救援处置预案，深化同公安、民政、自然资源、交通运输、环保、水务等部门战时信息共享和联动机制，与6个单位签订战勤保障、联勤保障协议，出台《作战训练奖惩实施细则》，高规格召开作战训练专题党委会，常态化议训议战议作战安全，分领域分类型开展大练兵，选送7批次10人参加专业培训全部通过考核，队伍基础体技能优秀率较去年提升30%；修订完善灭火救援预案30份，道路、水源和重点单位档案全部更新，队伍先后5次作为核心单位参与辖区主要灾害事故联合处置演练；动态整改问题隐患21个。制定《车辆器材装备规范管理细则》和《车辆和防护装备日常体检表》，圆满完成中共二十大、灯会等安保任务13场，驻守巡防累计124天，成功处置火灾243起、抢险救援56起，纾忧解困300余次，送水218吨。

【消防安全治理水平】 2022年，协调政府主要领导带队开展消防安全检查6次，召开消防工作部署会议4次；开展行业主管部门联席会议4次，开展联合检查12次。推进三年整治行动，铺开二十大集中攻坚、百日攻坚行动及燃气、高层建筑等15项消防安全专项行动，完成国务院督导农村自建房消防安全检查。共检查社会单位699家，临时查封8处，责令"三停"3家，督促整改隐患653处，政府挂牌重大火灾隐患3个、摘牌1个，畅通26个消防通道。打造九洪乡为农村消防安全示范镇；投入30万元，为沿滩区4505户"四类家庭"和15个公办养老服务机构的379个房间配发安装感烟探测报警器，向12个乡镇（街道）赠送灭火器3万具。同时，面对面开展各类社会化消防培训16次，开放消防站30余次，全民消防学习平台注册人数增长到2.3万人、增幅260%，全省"119消防宣传月"启动仪式连线大队乡村宣传现场，消防安全"三进乡"活动被人民日报宣传报道，消防宣传深入31个小区，广泛开展灭火器使用培训，流动宣传车跑遍城乡大街小巷，超6万群众通过线上、线下多种方式接受消防安全教育。

防震减灾

【提高防震减灾能力】 2022年新设立"沿滩区应急管理中心"，组建区应急和安全两个专班，召开防震减灾工作专题会议，安排部署防震减灾工作。及时调整充实区抗震救灾指挥部成员单位，明确各成员单位责任分工，制定《沿滩区2022年震情监视跟踪和应急准备工作方案》《沿滩区2022年加强地震灾害防范应对工作方案》并建立防震减灾知识教育长效机制，将防震减灾工作纳入基层干部教育培训内容，开展以"自然灾害灾情管理及防灾减灾工作"为主题的培训课程。

【夯实震灾风险防治基础】 配合自贡市应急局开展房屋结构抽样调查工作，高质量完成沿滩区186户房屋、40个公用点位、9个工业点位，共计235个现场点位调查任务，3道"加法"工作法获市主管部门肯定，在全市地震灾害风险普查会上交流。制定《沿滩区房屋设施抗震设防信息采集和动态更新机制工作方案》，建立健全组织机构和工作机制，集中力量对沿滩区2022年完成加固和新建、改建、扩建的居民小区、学校、医院等房屋设施进行信息采集，共采集抗震设防信息500余条。同时，按照省地震局的统一部署，目前已与2个乡镇签订意向书，为国家项目落实落地打好基础。

【提升监测预警能力】 实施《四川省应急救援能力提升行动计划》，持续推进基层应急救援队伍"一主两辅"建设。更新完善专业队伍1支13人，镇级应急救援队伍12支400余人，村级应急救援队伍94支1000余人。建立应急指挥专网和视频会商指挥双调度系统，持续巩固"区乡村组点"五级群测群防体系。修订完善《沿滩区2022年地质灾害防治方案》《突发地质灾害应急预案》《自然资源领域地震应急预案》等预案。开展泸定6.8级地震后次生地质灾害防范工作，开展隐患排查，共排查重点企业8家、水库44座、水电站1座，地质灾害隐患点77处。2022年，共争取2个国家级和1个省级地震监测站点建设项目，沿滩龙湖中学成功创建省防震减灾科普示范学校。

地质灾害防治

【地质灾害隐患排查】 及时调整完善区地灾防治指挥部领导及成员单位，与辖区12个乡镇（街道）签订地质灾害防治责任和任务承诺书。印发《沿滩区2022年地质灾害方案》，修订《沿滩区地质灾害突发应急预案（试行）》。整合地灾驻守技术单位、乡镇干部、群众等各方力量，开展多轮核排查和已销号隐患点"回头看"工作，突出靠山靠崖、高陡边坡、工程开挖边坡等重点区域，累计排查点位335处次，发出整改提醒函4份，实施避险搬迁59户，治理排危项目30处，销号省级地灾点45处。

【地质灾害宣传培训】 组织专业地勘驻守技术支撑人员对乡镇村组干部、地灾中—高易发区群众、化工园区、在建工程人员开展地质灾害预防知识宣传培训工作，同时指导乡镇村组、群众、在建工程人员等开展针对性避险演练。2022年共开展培训及避险演练20余场次，发放宣传单3000余份。

开展地质灾害培训

防汛抗旱

【责任体系】 2022年，及时调整完善区防汛抗旱指挥部领导及成员；及时更新"三单一书"；建立防汛"一对一"包保责任清单，明确包保县级领导24人、乡镇（街道）领导干部99人、村（社区）干部247人，包保户头1375户。更新并公示辖区内防汛抗旱行政责任人和江河堤防、水库等防洪工程及城市内涝、山洪灾害等风险区以及重要工程设施的行政、技术、巡查责任人及其具体职责；更新明确97处山洪灾害危险区行政、监测、预警责任人和相应的预警措施。

【隐患检查】 2022年对水库、河道、山洪灾害点、污水处理厂、自来水厂、堤防工程、在建水利工程和应急避难场所等186余处重点隐患点进行防汛安全隐患排查；组织各部门开展汛期防汛安全隐患动态排查，对山洪地质灾害易发区、在建工地营地、城镇易涝区、旅游景区、水利工程、道路桥梁、城乡住房、治理工程、险工险段、险点险村等点位沿滩区开展隐患排查，共排查点位5145处，发现隐患227处，整改227处，整改率100%。

【能力提升】 2022年，对沿滩区97处山洪灾害危险区进行复核，对辖区所有山洪沟开展风险调查和隐患排查，并初步进行风险等级划分。经过初步排查，沿滩区现有山洪灾害危险区38处。

沿滩区抗旱救灾

【抗旱救灾】 2022年，面对旱情及时启动区级抗旱Ⅳ级响应；及时摸排群众饮水现状，调动队伍16支、100余人，为1960名饮水困难群众送去175车次、825吨生活用水；累计投入抗旱救灾人数14905人、抗旱资金1950万元，完成抗旱浇灌面积3427公顷，解决因旱影响供水人口3873人；对已成熟粮食农作物采取应收尽收、应收快收，对夏大豆、迟播水稻等农作物，创造条件抽水、放水、抗旱保苗。

森林防火

【健全机制】 2022年，修订完善《沿滩区森林防灭火指挥部工作规则（试行）》，2次制定并印发防火禁火令，签订三级森林防火责任和任务承诺书138份。合理设置卡点45处，落实管护人员230人；购置灭火器材装备2300件套，清理林下可燃物35吨。

【专项督导】 2022年，开展森林防灭火专项督导109场次，检查发现问题143处次，约谈乡镇1个，印发提醒督促函2期，并形成通报5篇，整改率100%。

救灾救援

【应急准备】 2022年来，更新区-乡-村三级灾害信息员127名，同步更新信息员数据库系统，开展灾害信息员业务培训2次。及时整改沿滩区救灾物资储备库存在问题。先后开展"5·12"全国防灾减灾日、防灾减灾宣传月、"10·13"

国际减灾日宣传活动，累计发放各类宣传资料2.5万余份，覆盖群众2.28万余人；组织开展森林防灭火、防汛抢险、抗震救灾、地质灾害等应急演练60余次。

【灾情应对】 及时转发强降雨、大风及地质灾害预警信息220余条，督促乡镇（街道）和有关部门落实"三查三避让"和"三个紧急撤离"刚性要求，有效应对15次灾害性天气，出动救援力量693人次，提前转移避险群众665户、1123人，恢复受阻道路253处，处置落石、塌方隐患96处，实现自然灾害"零伤亡"，防灾减灾工作多次被中国网正面报道。"7·16"邓关成功转移避险案例得到省、市通报表扬。及时收集灾情信息、开展灾情核查报送。2022年沿滩区共发生风暴灾害2起、干旱灾害1起、洪涝灾害1起，累计呈报受灾群众32938人、因旱需救助1960人、受灾农作物2188.14公顷、一般损坏房屋116间，直接经济损失5428.38万元。

【灾后救助】 先后发放2021—2022年冬春救助资金、2021年受灾人员紧急转移（避险）安置和过渡性生活救助资金212.6万元，共救助6225户/10506人。按要求及时向235名受灾困难群众发放棉被200床、棉大衣60件，保障受灾困难群众安全温暖越冬。并汇总统计2022—2023年冬春需救助人口7686户、15581人，联合财政局向上级申请冬春救助资金240.7万元。

【能力提升】 加强对区委广场、沿滩中学、逸夫小学、自贡十四中、岱山公园、职业技术学校6处避难场所开展定期排查，持续完善基础设施、标识标牌和环境卫生。对上半年推荐呈报的卫坪街道梁家坝社区进行创建指导，协助完善资料和硬件设施，高质量建成卫坪减灾示范社区。

科技与知识产权

科技产业

【平台建设】 指导金成硬合、中天胜成功申报市级企业技术中心，指导西蜀电力成功申报市级中小企业研发机构。2022年成功创建科技创新平台3个，沿滩区市级企业技术中心达9个，市级中小企业研发机构达16个。

【高新技术企业引进与培育】 引进一批科技含量高的高新技术企业，培育高新技术产业链，带动吸引上下游企业聚集。2022年新培育高新技术企业4户，沿滩区高新技术企业达11户，成功入库科技型中小企业33户。

科技创新与成果

【研发投入】 研发投入总量突破1亿元、同比增长30.6%，增速列全市第1名，研发投入总量占GDP比重达0.65%。2022年对上争取省市科技项目26项，获得支持资金228.5万元，同比增长26.17%。

【科技成果】 金成硬合的"碳化钨靶材的新型制备方法"项目获2022年度自贡市科学技术进步奖二等奖。

科技活动

【技术培训】 2022年来，开展沿滩区科技特派员服务团科技服务乡村工作，8名科技特派员服务柑橘、水稻、花椒、大豆等产业，开展实用技术培训8场次，培训人次300余人。

【技术指导】 2022年，开展现场技术指导13次，解决农户种养殖难题12个。

【科技宣传】 2022年，开展"世界知识产权日"宣传周活动，为群众发放防范邪教、防震减灾、知识产权保护好等宣传资料500余份，展示宣传展板3张，接受群众咨询20余次。开展科技下乡活动3次，为群众送技术、送服务、送政

沿滩区科技下乡活动

开展"世界知识产权日"宣传周活动

策,发放宣传资料2000余份,服务群众800余人次。

科技人才

程大军被评为2022年度"盐都百千万英才计划"盐都创业领军人才,何昶熙被评为2022年度"盐都百千万英才计划"盐都农业领军人才。

知识产权

【商标专利】 2022年,沿滩区新增专利授权370件、注册商标422件,协助2户企业通过专利、商标质押,融资900万元,获省级评估补助资金2万元。

【"国家知识产权强县工程试点区"建设】 高质量通过国家知识产权强县工程试点区创建验收,建成知识产权指导中心1个、维权工作站7个,累计实施一般专利项目133项,重大专利项目4项。2022年天龙化工获省级高价值专利转换项目资金20万元。

【知识产权保护】 沿滩区4家部门获2021年自贡市知识产权保护工作成绩突出集体,区市场监管局获得2022年四川省知识产权保护工作成绩突出集体。

教育体育

概述

2022年,沿滩区有普通高中1所、初级中学11所、九年制学校3所、小学12所、村级小学教学点32所、特殊教育学校1所、幼儿园57所(民办幼儿园34所、公办幼儿园14所、村小附属幼儿园9所);普通高中在校学生1698人、初中在校学生9174人、小学16379人、在园幼儿7820人(其中公办园4037人、民办园3747人);幼儿园教职工人数951人(公办园教职工人数294人、民办园教职工人数657人);民办培训机构21所,全部为艺术类培训机构。截至2022年底,全系统共有在编事业人员1976人,其中专任教师1928人。专任教师中,义务段中小学教师1728人,非义务段教师200人;高级职称教师585人,中级职称教师671人,初级职称及以下教师672人。

2022年,沿滩区教育系统实施"学习科学 友善用脑"课堂教学改革,北京专家到区各中小学校进行指导2次,沿滩区部分教学管理干部、教研员到北京参加培训1次,课堂教学改革进入常态化。规划创建的4所义务教育优质发展共同体领航学校中,自贡市沿滩区沿滩第二小学校、自贡市沿滩区沿滩中学校已于5月份接受区教体局的初步评审。推进中小学校党组织领导的校长负责制,18所学校配备党组织专职副书记,25所学校独立设置党建办公室并配备党务干部;开展学校领导班子集中调整,提拔干部21人,交流干部19人,优化学校干部队伍。举行沿滩区中小学生研学实践地图发布活动。依托沿滩永安—仙市二十千米休闲农业示范长廊,以永安—黄市—沿滩—仙市为主线,卫坪、兴隆为左翼,九洪、联络为右翼,现已规划出"一线两翼多点"中小学研学旅行路线(共计5条线路21个点位),命名授牌沿滩区第一批研学旅行实践基地8个。实施美育进中考。

2022年,一般公共财政预算安排的教育经费42617万元,其中一般公共预算教育经费35739万元,分别为教育事业费35739万元、基本建设经费0万元、教育费附加0万元;其他一般公共财政预算安排的教育经费6878万元,分别为社会保障和就业经费3063万元,卫生健康经费1515万元,住房保障经费2207万元,其他93万元。政府性基金拨款2036万元。一般公共财政预算教育经费35739万元,较上年35012万元增长2.08%;一般公共财政预算教育事业费35739万元,较上年34124万元增长4.52%;生均一般公共预算教育经费普通高中增长9.85%,普通初中增长0.09%,普通小学增长9.30%,幼儿园增长0.52%,教育投入"两个只增不减"全面实现。

2022年,沿滩区教体系

统通过沿滩区教育服务平台对"作业、学生课堂活动积分、课后服务"进行三个闭环管理，落实国家"双减""五项管理"政策，实行小学一、二年级期末无纸笔化考试，减轻中小学学生学业负担。

2022年，沿滩区有64项被立项为省市级课题，其中省级课题立项2项，自贡市第二十一中学课题《"双减"背景下农村初中作业管理实践研究》被四川省教育厅2022年立为乡村教育专项课题，沿滩中学《指向责任意识培育的道德与法治课项目式学习》被立为四川省思想政治教育研究专项课题。沿滩区有两项课题被自贡市教育和体育局立项。它们分别是沿滩二小的《基于二十四节气的小学经典诵读课程资源开发与应用研究》和自贡十四中学的《红色资源融入高中英语课堂教学的实践研究》。沿滩区有60项被立为自贡市第六届微型课题，涵盖幼儿园、小学各学科各学段、初中各学科和高中各学科以及特殊教育，内容涉及德智体美劳。沿滩区兴隆小学《优质均衡视域下乡村学校教师队伍优质化策略研究》阶段成果报告参加2022年四川省教科院教育科研成果阶段成果评比三等奖。在自贡市第五届微型课题成果评比中，沿滩区有35个课题获奖。沿滩区微型课题成果参加市评，有35个课题获奖，获奖人次达105人，其中一等奖5项，15人获奖；二等奖12项，36人获奖；三等奖18项，54人获奖。在自贡市第二届"教育叙事"评比中，沿滩区有47篇"教育叙事"获奖。在全市"教育叙事"评比中，有47篇获奖，其中一等奖7篇，二等奖16篇，三等奖24篇。

2022年，沿滩区体育工作实施《全民健身计划纲要》，落实中共中央、国务院《关于加强青少年体育增强青少年体质的意见》，开展群众体育活动，组织和参与竞技体育比赛。

综合改革

【教育改革】 2022年，沿滩区教育系统推行"学习科学 友善用脑"课堂教学改革，通过完善、印发《沿滩区2023年小升初、初升高送生考核办法》《沿滩区初中学校为自贡市第十四中学校输送优质学生考核奖励办法》《沿滩区中小学教学质量考核奖励办法》等文件，各学校完成校内方案相应修改，通过完善考核方案促进沿滩区教育教学质量升位。印发《关于修订完善学校人事考核方案的指导意见》，督促指导学校修订完善年度考核方案、职称评聘方案、奖励性绩效工资考核分配方案等人事考核方案，加大教学质量考核力度，健全激励约束机制，激发广大教职工工作活力。发挥学校特色，打造"一校一品"与精品化社团，提升沿滩区艺术节目质量。

【体育改革】 2022年，推进初中毕业生升学体育考试改革工作。通过组织中考体考项群赛、田径运动会等赛事活动，在丰富学生体育文化生活的同时，提高身体素质。

综合管理

【德 育】 2022年，落实《中小学德育工作指南》，推进德育活动课程化建设，开展社会实践锻炼、劳动教育，注重家校社共育，关爱留守儿童，未成年人健康成长的氛围更加和谐。

【教 学】 2022年，通过教学常规检查，"双减""五项管理"专项督查，出台"作业、学生课堂活动积分、课后服务"三个闭环管理方案，关于开展校外培训"黑机构"违法违规行为专项整治行动方案，建立自贡市沿滩区规范校外培训机构工作联系会议制度等，规范各级各类学校（园）、民办培训机构办学（园）行为。

【后 勤】 2022年，强化后勤"保障""服务""育人"功能。构筑风险屏障，完善校（园）方责任保险、城居保和学生家长自愿参保的学生平安保险"三位一体"的保障体系。做好学生伤害事故的协调处理工作，与保险公司联系，咨询相关政策及理赔程序，主动配合学校、学生家长做好理赔的各项工作，争取最理想的赔付。强化制度建设，责任体系条块结合，建立以区教体局计财股负责学校财务、物资采购、工程项目建设管理指导，进修校电教站负责学校教仪、电教设备管理使用指导，政教股负责文化建设、食品安全管理指导等后勤管理责任体系，各条块分工合作。先后修订出台加强学校财务、食堂、采购、维修方面的系列制度并汇编成册。强化技能培训，实行后勤工作QQ平台在线监管模式；不定期组织学校后勤人员在线交流、调度工作、推广经验、学习新规范、新要求；定期组织辖区内中小学（幼儿园）分管校长、首席食品安全员、伙食团团长等开展食堂食品安全专题培训；不定期联合区市场监督管理局、区卫计局等部门深入学校食堂开展食品安全检查，对从业人员进行现场指导和培训；以职业素养、应急处置、操作规程为主要内容对后勤从业人员进行校本培训，通过专家讲座、现场观摩学习、以会代训、征文比赛、知识竞赛、厨艺竞赛等形式每年培训1800人次以上。

基础建设

【设施建设】 2022年，投入6000万元建成邓关、富全幼儿园，启动仙市幼儿园建设，提升沿滩镇中心幼儿园、瓦市幼儿园等幼儿园的硬件条件。实施义务教育优质均衡发展项目，投入1500万元建设自贡二十五中食堂、瓦市小学运动场，改造中小学326间教室灯光，补充计算机412台，新建和改扩建沿滩中学、富全学校、逸夫小学食堂并投入使用，启动自贡市第二十五中学校食堂建设。龙湖实验学校投入使用，新增学位3000余个。推进高中教育质量提升和新高考改革，启动自贡十四中迁建工作。

【队伍建设】 2022年，通过公招、考调、商调、引进等方式多渠道补充教职工85名（其中补充引进区外优秀教师和硕士研究生18名），充实学校师资力量，优化学科结构和年龄结构。全系统共有在编事业人员1976人，其中专任教师1928人。专任教师中，义务段中小学教师1728人，非义务段教师200人；高级职称教师585人，中级职称教师671人，初级职称及以下教师672人。举办"身边的好老师"优秀事迹宣传活动、师德师风"大学习大宣传大排查"主题活动、警示教育大会等。执行《自贡市教师荣誉规则》《自贡市中小学教师师德负面清单二十二条》。结合第38个教师节庆祝活动，选树表扬区级以上"四有"好老师35名、"盐都名师"3名。提升队伍专业素质，组织沿滩区中小学校领导干部开展"党组织领导的校长负责制暨校长任职资格培训"和"校长治校能力提升培训"，提高干部治校能力和管理水平。组织全系统教师参加信息技术应用能力提升2.0培训、"义务教育教师在线研修"，开展新教师"入职资格培训"，遴选120余名干部教师参加"国培""省培"，推选58名干部教师加入市级名师名班主任名校长工作室。成功申报1个省级"卓越校长工作室"、2个市级"名师工作室"和3个"国培计划"培训项目。组织教师参加"课堂教学大比武""川渝青年教师风采大赛"等技能比赛和各学科专题研修培训，全年培训教师达10000余人次。落实教师待遇保障，落实义务教育教师工资收入"两项机制"，兑现规范性绩效和奖励性绩效工资，确保教师工资收入不低于公务员水平。用活农村教师"20年""30年""双定向"等政策，134名教师通过中、高级职称评审，469名教师获得岗位晋升。

【信息化建设】 2022年，沿滩区投入资金500余万元更换部分薄弱学校的班班通设备、师生电脑。完成智慧教室灯光改造326间、安装学校食品安全智能化管理系统20个，建成"沿滩区学习科学友善用脑课改资源平台"，推进校园"明厨亮灶"全覆盖，各中小学食堂智能监控系统接入市、省级平台达100%。

【队伍建设】 实施"雪亮工程"，沿滩区所有学校门卫、操场、食堂、公共通道的监控视频与政法、公安的视频监控实现联网。建设校宣系统、办公系统、会议系统、录播系统、监控系统等。强化培训，建设一支适应未来教育发展的专业化教师队伍。各校配备教育信息化管理专、兼职教师，提升教师信息技术应用能力。做好外派培训、网络培训工作。发挥沿滩区创客名师工作室的作用，组织相关人员参加国家和省、市电教部门组织的相关培训。注重自主培训，将培训内容纳入教师继续教育体系，组织开展录播技术、网络管理员和学科骨干信息技术等培训10余场次，培训学员近500人次，组织沿滩区教师参加信息技术应用能力提升工程2.0培训，培训教师1735人，省级抽检合格率达100%，提升学校信息化设施设备的管理维护和教学运用水平。推进教育公共服务平台建设，形成"以教育城域网为依托、以校园网为骨干、以多媒体等现代教育技术设备设施为辅助"的现代教育新格局，教育信息化进展信息系统、校产管理系统、学籍管理系统、图书管理系统、学校安全教育平台系统等得到广泛运用，提高工作效率。推进优质资源"班班通"建设，将各种优质数字化资源引入学校，把"名师课堂""名校课堂""专家讲堂"等引入教学，把"慕课""微课"等引入教研。依托24个名师工作室实现数字化教学资源的建设与利用，提高教学效率与教学质量，方便沿滩区教师借助网络平台开展教学研讨和学习进修。推进网络学习空间"人人通"，所有师生可通过身份证进行实名认证登录到"数字学校"、国家和省智慧教育平台获取优质教育教学资源。沿滩区开通师生实名制网络学习空间的教师达100%，学生达80%以上。教师参加信息化素养大赛获省级奖13个；教师教玩具大赛省级奖2人；省实验教学说课省二等奖1人；教学大比武获国家级优课2节、省级奖12节，区教体局荣获省教育厅"基础教育精品课遴选活动"优秀组织奖。信息化大赛、影视作品赛、实验教学说课竞赛、读书活动均获市教体局"优秀组织奖"。

基础教育

【学前教育】 2022年，沿滩区现有各类幼儿园57所，其中民办幼儿园34所、公办幼儿园14所、村小附属幼儿园9所；省级示范园3所，市一级示范园4所，市二级示范园5所；市三级示范园1所；普惠性幼儿园52所，占比91.23%；在园幼儿7820人，其中公办园4037人、民办园3747人，公办园在园人数占比52.08%。

【九年义务教育】 2022年，沿滩区义务教育现有学校59所（点），其中初级中学11所、九年制学校3所、小学12所、村级小学教学点32所、特殊教育学校1所，在校学生25553人。

【普通高中教育】 2022年，沿滩区现有普通高中1所，在校学生1698人。

职业教育

【教育理念】 2022年，沿滩区职业教育落实《职业教育法》、国务院《关于大力推进职业教育改革与发展的决定》。坚持"普、职"并重，职教优先的教育发展理念。

【联合办学】 2022年，永安职业中学与市职业技术学校双方本着"平等自愿、合作办学、优势互补、共促发展"的原则，实现永安职业中学和自贡市职业技术学校联合办学，建立区职业教育中心，共同建立战略合作关系，实现学科专业整合，师资力量整合，职业培训整合，招生任务整合。联合办学的市职业技术学校位于沿滩新城区，学校占地586余亩，建筑面积14.1万平方米，设备近6000万。现有教职工368名，其中正高级讲师3人，高级讲师107人，中级职称78人，省特级教师1人，省、市专业学科带头人8名，省、市、校骨干教师87名，"双师型"教师119名；在校学生7541人。

【教研成果】 2022年，学校先后12项职教科研课题获国家省市奖励；建有李浩平市名校长工作室、李浩平省卓越校长工作室，毛建力、叶桂珍中职名师工作室；坚持"一路一桥一校一院"发展思路，形成校企合作、产教融合、工学交替的办学特色。

特殊教育

【基本情况】 2022年，沿滩区现有特殊教育中心1个，特殊教育学校1所，学生131人，其中小学76人、初中55人。

【特殊教育学校】 自贡市沿滩区特殊教育学校是一所九年制义务教育寄宿制学校，面向沿滩区招收中重度智力残疾、精神残疾、孤独症和多重残疾学生；学校占地面积5000多

自贡市沿滩区特殊教育学校

平方米，建筑面积4900多平方米；教职工33人，其中专任教师26人（其中临聘教师7人），市、区级骨干教师4人；8个班级，在校学生123人。

学校体育

【校园联赛】 2022年，沿滩区举办中小学校大课间体育评比活动、沿滩区第八届"文轩教育杯"中小学生"学、爱、玩"校园足球联赛、沿滩区首届中小学生（幼儿）啦啦操比赛等。项目覆盖沿滩区所有义务段学

校，将村级小学单设组别进行评比。

【参赛成绩】 2022年，富全学校参加全国啦啦操联赛（成都站）公开赛获得少年乙组冠军；黄市小学、逸夫小学参加全国青少年航空航天模型锦标赛获得金牌1枚、铜牌1枚。来自沿滩区的选手在省十四届运动会田径比赛和省十届残运会获得金牌5枚、银牌3枚、铜牌4枚，区教体局荣获四川省第十四届运动会先进集体称号；九洪小学、沿滩二小大课

沿滩区第八届"文轩教育杯"中小学生"学、爱、玩"校园足球联赛

间视频录制获四川省第二届中小学校大课间体育活动视频评选二等奖；沿滩区选手参加自贡市体考项群赛中学组和小学组均获得第一名；沿滩区选手参加市篮球、足球、啦啦操、气排球、游泳等项目锦标赛，共获成绩120余项。

群众体育

【体育场地】 2022年，对辖区内12个乡镇（街道）、92个行政村、21个社区公共场所全民健身器材进行全面检查，按时完成82个公共场所492件器材的录入工作。指导各乡镇街道完成2023年四川省体育发展专项资金项目申报。沿滩区共申报项目15个，其中申报大中型体育场地设施设备采购维修项目2个，全民健身活动场地13个。

【人才队伍】 2022年，沿滩区共有社会体育指导员931人，群众体育引领员7639人。

【体育产业】 2022年，沿滩区体育场地面积91.46666万平方米，人均体育场地面积3.08平方米。

【参加赛事】 参加第十四届省运会群众体育项目柔力球比赛，首次派出青年组队员参赛，取得1个第二名、2个第四名、2个第五名、2个第七名、2个第八名；参加自贡市第十一届老年人运动会，共选派166名运动员参加17个项目的比赛，同时承办自贡市第十一届老年人运动会柔力球项目比赛任务，实现精神文明和运动成绩的双丰收；参加全国第十套柔力球规定套路《四川欢迎你》暨四川省"百城千乡万村·社区"柔力球网络赛，获集体赛一等奖；参加市"百城千乡万村·社区"五人制足球比赛获第一名；参加2022年四川省《国家体育锻炼标准》达标赛自贡市分站赛，获区县组第二名。

【承办赛事】 5月，承办2022年自贡市老年人柔力球（套路）培训，来自全市的100余名柔力球爱好者参与；8月7日在沿滩新城多功能体育中心承办自贡市"8.8"全民健身日暨全民健身月启动仪式。7月18日至8月4日在自贡市职业技术学校组织2022年自贡市沿滩区"百城千乡万村·社区"五人制足球比赛，共计18支球队、200余名运动员参赛。10月15日在龙湖中学组织2022年四川省《国家体育锻炼标准》达标赛自贡市沿滩区分站赛，共计31支队伍、260余名运动员参赛。

【体质监测】 2022年，完成沿滩区国民体质监测站建设和样本量采集任务。与新美健身签订合作协议，依托其场地和教练资源，成立沿滩区国民体质监测站，常态化开展国民体质监测和全民健身活动状况问卷调查，截至12月26日已完成国民体质样本量采集3042份，全民健身活动状况问卷调查样本量2290份。

老年体育

【成绩优异】 2022年，参加第十四届省运会群众体育项目柔力球比赛，取得1个第二名、2个第四名、2个第五名、2个第七名、2个第八名；参加自贡市第十一届老年人运动会，共选派166名运动员参加17个项目的比赛；参加全国第

自贡市"百城千乡万村·社区"五人制足球比赛

十套柔力球规定套路《四川欢迎你》暨四川省"百城千乡万村·社区"柔力球网络赛,获集体赛一等奖。8月,组队参加自贡市"8·8"全民健身日暨全民健身月启动仪式,表演节目长绸柔力球《没有共产党就没有新中国》。

【承办活动】 5月,承办2022年自贡市老年人柔力球(套路)培训,来自全市的100余名柔力球爱好者参与。承办自贡市第十一届老年人运动会柔力球项目比赛。

承办并组队参加"远达杯"自贡市第十一届老年人运动会

卫生与健康

概 述

2022年,开展理论宣讲6场,开展干部履职能力培训7场。培养入党积极分子15名,发展、转正党员27人。创建市级党建示范医院1个。开展医师节、护士节表彰慰问活动,树立先进典范。建强干部人才队伍,选拔任用党员干部5人。开展党史学习教育,推进"我为群众办实事""万名党员下基层"活动,解决基层实际问题86个。加强作风建设,开展突出问题整治、行业领域突出问题等专项整治行动4次,专项债券资金使用等集体廉政谈话6次,提醒谈话26人次,树立清正廉洁的卫生行风政风。

根据2022年医改工作重点任务,定期调度105项医改重点指标,推进"一干一新,三级多点"医疗资源布局调整,《沿滩区公立医院、基层医疗卫生机构绩效改革办法》《沿滩区卫生专业技术人才引进暂行办法》取得重大突破,基层医疗卫生机构领导干部管理能力培训取得效果。沿滩区与市中医院建成紧密型医联体,建立健全"七项机制",医联体合作单位实现全覆盖,市中医院派出17名专家到医联体单位协助医院管理,开展业务讲座、坐诊和专家查房,开展17项中医新技术新业务。落实分级诊疗制度,2022年上转病人数较2020年相比增长135%,下转病人数从2020年的12人次增长到292人次。

2022年,公招考试、考核引进卫生专业技术人员17名。落实本科医学专业毕业免试申请注册乡村医生政策,推动乡村基本医疗和公共卫生服务能力双提升。仙市镇卫生院通过省级基层临床特色科室验收。做实家庭医生签约服务,城乡居民健康档案电子建档率达96%。开展免费孕前优生健康检查937对,完成全年目标任务的104.11%。健康扶贫核心指标等民生实事全面完成。

2022年,提拔副院长2名,

9月11日,市委组织部常务副部长陈金洪、沿滩区委组织部部长陈永航到九洪乡卫生院慰问医务工作人员

选派区"薪火工程"培养对象、优秀党员干部、业务骨干4名到市卫健委、区级部门重点岗位实践锻炼。3名卫健系统后干部到局机关职业化培训。通过公招考试、考核引进方式，补充卫生专业技术人员17名。

6月15日，区中西医结合医院正式投入使用，与市中医院达成中医康复合作协议；10月31日，区妇幼保健院新院区正式开诊，与市妇幼保健院签订战略合作协议。投资1800万元新建区人民医院感染科大楼，现主体已封顶，2022年年底前可完工。争取专项债券资金1.5亿元新建沿滩新城分院，已完成可行性研究批复，正在进行方案调整、设计和土地划拨，办理开工前的各项手续。投资100万元打造刘山医养结合中心，探索医疗养老新模式，促进医养融合发展。投资850万元打造沿滩新城公共卫生服务中心。

2022年，落实医疗质量管理18项核心制度培训、督查和定期考核评价，提升医疗服务质量。区疾控中心积极创建二级甲等疾控中心，区妇幼保健院创建二级乙等妇幼保健院，兴隆镇卫生院达到国家"优质服务基层行"基本标准。推进中医药传承创新。邀请成都体育学院附属体育医院"中医专家团队"开展巡诊指导、坐诊带教，选派辖区医疗卫生机构中医医师49名下沉村卫生室、社区卫生服务站开展"中医医师"联村帮扶行动。强化风险防范。组织医疗机构购买"医责险"，妥善化解医疗纠纷，医患纠纷发生率在全市区县最低。

2022年，推进艾滋、重精、老年病管理服务，建设社会心理服务体系，居民健康档案电子建档率达96%；打卡兑现奖励帮扶对象8203人1454.74万元，无计生特殊家庭进京上省到自贡市访事件发生；推进普惠托位申报，沿滩区获批普惠托位30个，已通过省上验收，获省市专项资金18万元；推进公共卫生服务能力提升，开展基本公共卫生服务能力提升培训，推进残疾人家医签约示范服务；沿滩区省级健康促进区创建通过省上专家组验收，6月正式获得省上发文命名。

2022年，到位卫生扶贫救助基金155万元，累计筹集卫生扶贫救助基金1018.23万元，基金使用957.64万元，救助困难群众12247人，基金使用率达94.05%，防止贫困患者因病致贫、因病返贫。

2022年，累计监测人、物、环境核酸样本494778份，累计评估中高风险地区和境外到返人员182451人，集中隔离"援外医务人员"70人；严把高铁站、辖区内高速路口疫情防控关口，参与沿滩区重大会议、化工园区招商引资等重大活动疫情防控，防止输入性疫情发生；安全有序推进新冠疫苗接种，新冠疫苗全程接种率102.9%，居全市区县第一；60岁以上人群第一剂接种率91.2%，加强针接种率93.5%；18岁以上人群加强针接种率94.6%；强化核酸检测能力提升，购置移动PCR方舱实验室，新增2万管/日的核酸检测能力，开展核酸采样人员培训8场次，培训合格采样人员857人，组建4支应急后备支援力

廖东区长在区人民医院瓦市院区进行项目拉练

2月4日，自贡市政协副主席刘端芬等领导在黄市镇卫生院督导检查疫情防控工作

量，大规模核酸检测能力大幅提升；强化医疗机构院感管理，5月10日精准处置一起新冠阳性病例。

医疗卫生服务

【医疗卫生机构】 2022年，兴隆镇卫生院创建优质服务基层基本标准达标单位；6月15日，区中西医结合医院正式投入使用，与市中医院达成中医康复合作协议；10月31日，区妇幼保健院新院区正式开诊，与自贡市妇幼保健院签订战略合作协议。

【人才培训】 2022年，送培线上、线下乡村医生12名，送培3名卫生院骨干到自贡市第一人民医院进行为期6个月的脱产培训。

【完善机制与专项治理】 2022年，完善危急重症病人、孕产妇、儿童等重点人群救治机制，强化医疗卫生服务质量监管，开展沿滩区医疗卫生行业专项治理行动5次。

医疗技术及设备

【内科技术】 2022年，开展血液透析、血液透析滤过、血液灌流及腹水浓缩回输治疗。开展消化系统疾病治疗，包括急性胃炎、胃溃疡、十二指肠球部溃疡、消化道出血等疾病治疗，开展电子胃镜、碳13尿素呼气试验；内分泌系统疾病包括糖尿病、甲状腺功能亢进症等疾病治疗；老年性疾病包括冠心病、脑血管意外等疾病治疗；心血管系统疾病包括风湿性心脏病、高血压病、心肌炎等疾病治疗；呼吸系统疾病包括慢性阻塞性肺部疾病、慢性支气管、急性呼吸道感染等疾病治疗，开展肺功能检测；儿科疾病包括小儿肺炎、小儿支气管炎、小儿肠炎等疾病治疗。

【妇产科技术】 2022年，开展围产期保健、顺产接生、胎吸、剖宫产等产科手术。开展新生儿游泳、新生儿抚触、无痛人流等特需服务。在妇科方面，拥有宫腔镜、腹腔镜、Leep刀、数码电子阴道镜等先进设备，能规范治疗各类急慢性妇科炎症、月经不调、更年期综合征等疑难病症，能开展宫腔镜检查，开展腹式全子宫切除术、筋膜内全子宫切除术、良性卵巢肿瘤的各式手术、宫外孕手术等手术。

【口腔科技术】 2022年，开展龋病及牙髓病的治疗、光固化树脂充填术、牙周牙髓联合治疗、牙周病治疗、普通烤瓷牙固定修复等，贵金属烤瓷牙固定修复、全瓷冠美容修复、不碎胶全口义齿修复、进口钴铬合金整铸支架可摘义齿修复、隐形义齿修复；开展恒牙方丝弓矫治技术、直丝弓矫治技术、儿童乳牙期反颌矫治技术等口腔正畸；开展牙周洁治、口腔预防宣教，年轻恒牙窝沟封闭等口腔预防保健；开展各种复杂牙齿的拔除术、牙槽部手术、黏液腺囊肿切除术、舌下腺导管结石取出术等口外。

【外科骨科技术】 2022年，开展微创手术、肠镜（腹腔镜阑尾切除术、腹腔镜胆囊切除术、腹腔镜疝修补术、内镜下黏膜切除术、内镜下黏膜剥离术、内镜下氩离子束凝固术等）及普外科常见疾病和多发疾病的诊断及治疗。开展四肢、关节骨折、髋关节（半髋+全髋）置换、肋骨胸内固定术；颈腰椎疾病中医正骨、牵引，中医传统康复结合现代康复等多种治疗手段。

【中医科医疗】 2022年，开展中医药适宜技术，包括推拿按摩、手指点穴、中药塌渍治疗、电磁波治疗、颈腰椎牵引、穴位注射、熏蒸治疗、放血疗法、小儿捏脊、皮针治疗等三十余项。

【眼耳鼻咽喉科技术】 2022年，开展各类眼耳鼻咽喉的常见病多发病的诊治与手术。

【检验科技术】 2022年，开展甲状腺功能的异常诊断和了解垂体功能是否紊乱等检测，开展甲状腺功能检测。

医疗管理

【核心制度】 2022年，执行首诊医师负责制度、三级医师查房制度、疑难病例讨论制度、会诊制度等十八项医疗质量管理核心制度，组织区内各质控小组专家对各医疗机构开展医疗、护理、院感质量、医疗安全等各个环节检查12次，并现场对医疗机构医务人员进行面对面的讲解和培训。

【疫情防控】 2022年，落实疫情防控相关工作，对医疗机构开展预检分诊、发热门诊（诊室、哨点）、过渡病房、核酸采集点设置，人员核酸检测频次、人员防护、人员培训、应急演练、消毒管理、医疗废物管理、院感管理等检查指导。每月对各医疗机构开展疫情防控监督检查，确保医疗机构无交叉感染事件发生和实现医务人员"零"感染。安排部署自贡高铁站、集中医学观察点医务人员值班值守，现场指导设置自贡高铁站红黄码观察区、体温异常监测区、便民核酸采样点、集中医学观察点三区两通道，规范相关行为，无一例交叉感染事件发生。

【培训工作】 2022年，开展疫情防控方案政策、三基知识、《医疗质量管理办法》《中华人民共和国中医药法》《医院感染管理办法》、抗菌药物临床应用等知识的培训。

【诊所卫生室建设】 2022年，对所有个体诊所和部分村卫生室开展功能布局、医疗文书、处方、临床用药、药品、急救物品、医用耗材等检查指导。对所有个体诊所和部分村卫生室开展预检分诊设置、人员防护、人员培训、消毒管理、医疗废物管理、院感管理、人员核酸检测频次、每日健康监测等指导。落实个体诊所、村卫生室不得收治、截留发热、咳嗽等新冠十大症状患者，规范报告流程。

疾病防治

【宣传工作】 2022年，依托卫健、疾控、各医疗机构等宣传平台推送新冠病毒、甲型流感病毒、诺如病毒等健康科普

4月21日，省卫健委、省疾控中心领导调研自贡高铁站监测工作

知识1200余条，重点讲解春季传染病的特点、症状及预防措施。组织医务人员针对不同人群开展"妈妈课堂""防治知识进校园、进养老机构"等活动28场次，累计向居民发放《预防诺如病毒、甲型流感宣传手册》等宣传资料10万余份。

【防控能力】 2022年，完善传染病疫情监测网络，强化疫情监测预警，对辖区学校、商超等重点场所实行传染病"日报告、零报告"。建立与学校等聚集性场所联系机制，开展医务人员诊疗水平培训18场次，指导辖区学校开展"校园防控人员"预防处置能力提升36人次，规范处置聚集性疫情1起，快速高效把疫情控制在最小范围。

【疫苗接种】 2022年，建成信息化预防接种门诊3家，依托微信"约苗"小程序开通线上流感疫苗预约接种服务，简化接种流程。执行新生入学查验预防接种证制度，督促各接种门诊、学校加大宣传力度，动员学生、家长等群体接种流感、水痘等疫苗，提高人群接种率。

【重疾防治】 2022年，强化结核病筛查、治疗和宣传教育，肺结核患者规范管理率94.7%，治疗成功率92.8%。加强重点人群、重点场所等艾滋病防治措施，筛查覆盖率达35.22%、治疗覆盖率96.91%、病载检测率96.85%、治疗成功率98.37%。

公共卫生

【基本公共卫生服务】 2022年，居民电子健康档案建档率96.37%；传染病疫情报告率100%；严重精神障碍患者规范管理率97.62%，结核病管理率100%；高血压规范管理率79.11%，糖尿病规范管理率80.21%。

【家庭医生】 2022年，成立自贡市沿滩区家庭医生签约服务指导监督中心，负责本辖区内的家庭医生签约服务工作的业务管理和监督评估。成立家庭医生团队145个，签约213238人，签约率71.71%，重点人群签约106440人，签约率86.64%。

妇幼保健

【建立台账】 2022年，调动妇联干部和巾帼志愿者力量，关心关爱妇女儿童，建立900余名精神障碍妇女关爱台账，落实落细精神疾患家庭帮扶措施。

【妇幼关爱活动】 2022年，承办由北京大学第六医院、自贡市委政法委等9部门发起的自贡市2022年"爱伴同行·益路向暖"CAFF花园主题营会活动，关爱慰问重精家庭未成年人150人，在川报观察、自贡电视台等媒体报道。

【庆"三八"系列】 2022年，开展庆"三八"系列活动，召开沿滩区优秀女职工代表座谈会，区四大班子主要领导参加，带队慰问一线女职工120余人，各级妇联组织发放礼包及慰问信10000余份，收集并解决困难问题70个。

【春蕾计划】 2022年，争取"春蕾计划"助学金和冬春慰问物资等约20万元，受助妇儿1000余人；联动教体局组织青少年观看近视防控视频30000余人次。

【"两癌"筛查和救助】 2022年，开展农村妇女"两癌"筛查和救助，完成妇女两癌筛查11000余人，"两癌"救助35人。

中 医

【中医医联体】 2022年，建立紧密型医联体，区人民医院、永安镇中心卫生院、黄市镇卫生院、九洪乡卫生院等4家医疗卫生机构与自贡市中医医院组建紧密型医疗联合体，开展中药穴位贴敷、耳穴压丸、中药热熨等新技术新业务17项，巡回义诊活动20场，"中医文化六进"活动62场。

【队伍建设】 2022年，推进中医强基层"百千万"行动，借助省级"中医专家团队"开展巡诊指导、坐诊带教，选派辖区医疗卫生机构中医医师49名下沉94个村卫生室、4个社区卫生服务站，开展"中医医师"联村帮扶行动。

【中医技术】 2022年，投入27万余元建设中医阁、10万余元对兴隆镇卫生院进行中医馆提档升级建设、800余万元建成沿滩镇卫生院中医馆，各乡镇（中心）卫生院、街道社区卫生服务中心均建成中医馆，100%能规范开展6类以上的中医药适宜技术服务。

职业安全健康

【职业病防治】 2022年，开展职业病防治工作，完成职业病危害项目申报，用人单位主要负责人、职业健康管理人员和接触职业病危害因素的劳动者培训率达97%。

【职业病专项治理】 2022年，开展职业病危害专项治理监督检查，深入企业221余次，区执法大队开展企业职业卫生监督检查86家次，出动监督人员258人次，出动执法车辆86辆次，制发卫生监督意见书86份，落实问题整改31个。对1家用人单位给予警告，责令限期改正，开具行政处罚决定书1份。

项目与设施建设

【项目建设】 6月15日，沿滩区中西医结合医院正式投入使用，与市中医院达成中医康复合作协议；10月31日，沿滩区妇幼保健院新院区正式开诊，与市妇幼保健院签订战略合作协议。

【项目投资】 2022年，投资1800万元新建区人民医院感染科大楼；专项债券资金1.5亿元新建沿滩新城分院，正进行方案调整、设计和土地划拨；投资100万元打造刘山医养结合中心，探索医疗养老新模式，促进医养融合发展；投资850万元打造沿滩新城公共卫生服务中心。

医疗卫生体制改革

【联动改革】 2022年，融入省、市医疗、医保、医药三监管平台建设，实现信息互通共享，推动医疗卫生行业实现"互联网+监管"，强化监管结果公开和责任追究，保障药械质量安全。

【医联体建设】 2022年，拟定《沿滩区紧密型医疗联合体章程》及配套文件。选派16名中医专家下沉成员单位，开展技术培训讲座20余次。落实分级诊疗制度，医疗资源实现共享。

【综合改革】 2022年，制定《公立医院章程》，建立党委领导下的院长负责制，完善公立医院党组织设置和工作机制。健全公立医院和医务人员绩效考核机制。提高中医绩效考核分值比例，完善考核评价指标体系。

【药物制度】 2022年，落实省组织药品和医用耗材集中带量采购中选结果，参与省际联盟药品和医用耗材集中带量采购。加强医疗机构采购和库存管理，降低群众用药负担。

【社会办医】 2022年，落实支持社会力量提供多层次多样化医疗服务有关文件要求，支持社会办医5家诊所，推动非公医疗机构数量占比、诊疗量占比达到规划要求，鼓励医师发展多点执业30人，促进医疗资源合理配置。

【医养融合】 2022年，搭建合作平台，沿滩区15家养老机构、49家日间照料中心与基层医疗卫生机构签订合作协议，定期为老年人提供医疗、护理和健康检查等服务，沿滩区一级以上医疗机构均建立老年人就诊服务绿色通道；落实健康保障，组建145个家庭医生服务团队，为辖区内65岁以上老年人开展家庭医生签约服务，制定"1+3"服务模式，即1名老人落实1名村（社区）干部、1名家庭医生和1名志愿者服务进行健康管理，完成辖区内老年人健康档案管理率达96.52%；提升服务能力，对上争取省级资金100万元，实施永安中心卫生院刘山分院医养结合服务能力提升项目，在市中医医院指导下，开展中医特色医养结合服务，增加养老服务职能，配置医养结合服务相关设施设备，解决失能、半失能老年人医养服务需求，实现医养融合。

人口和计划生育

【计生帮扶】 2022年，做好计划生育奖励扶助和特别扶助资格确认，落实计生特殊家庭"三个全覆盖"，实施计生特殊家庭扶助关怀政策，落实生日慰问金13.7万元、重大节日慰问金34.38万元、住院慰问2万元、身故慰问1万元、一次性慰问金5.5万元、住院护理理赔5.48万元、减免就医费用18.14万元；开展计生特殊家庭暖心家园活动12次；按时足额打卡兑现扶助金1454.74万元，惠及计划生育奖励扶助7459人、特别扶助699人，其他特别扶助85人。

【计生宣传】 2022年，宣传三孩政策，制作宣传手册、宣传手提袋等，利用"5·29""7·11"等重大节日宣传计生法律、法规及计划生育家庭奖励扶助、特别扶助等政策，宣传新型婚育文化、优生优育、健康保健、疫情防控等知识。

【托育机构发展】 2022年，宣传托育机构相关政策及规范建设标准，鼓励有条件的托育机构开设托班，引导社会力量开办托育机构，沿滩区已备案托育机构1家，卢卡小城托育服务机构获得省级普惠托育项目省市资金共计18万元。9月已完成30个普惠托位建设，并投入使用。做好托育机构项目储备。做好卢卡小城托育机构卫生保健、消防安全、疫情防控等工作督导。

老龄事务

【健康宣传与活动】 2022年，发挥区老龄办统筹协调作用，落实"一法一条例"，开展老龄健康宣传教育和"敬老月"等活动，弘扬孝亲敬老传统美德。

【项目建设】 2022年，推动基层医疗机构建设成老年友善医疗机构，沿滩区人民医院、瓦市镇中心卫生院建成老年友善医疗机构；开展永安镇中心卫生院刘山分院医养结合服务能力提升项目建设。

人力资源与社会保障

概 述

2022年，沿滩区事业人员总人数3209人。其中教育系统事业人员1964人，占总人数的61.2%；卫健系统事业单位人员633人，占总人数的19.7%；其他事业单位612人，占总人数的19.1%。管理岗位人员281人，占总人数的8.8%；专业技术岗位人员2792人，占总人数的87%；工勤岗位人员136人，占总人数的4.2%。全年完成补贴性技能培训2606人次，其中，取得创业培训合格证959人，取得职业技能培训合格证579人。

2022年，沿滩区养老保险参保人数220991人，其中城镇企业职工基本养老保险参保人数54451人（在职29764人，退休24687人）；机关事业单位养老保险参保人数7254人（在职4523人，退休2731人）；城乡居民养老保险参保人数159286人。工伤保险参保人数16959人，失业保险参保人数12364人。全年完成征收社会保险费41047.78万元，其中机关事业单位养老保险征收8471.37万元、企业职工养老保险征收22596.7万元、城乡居民养老保险征收9031.95万元、工伤保险征收947.76万元。征收职业年金2322.61万元。2022年，支付社保待遇80977.06万元，其中机关事业单位养老保险支付16826.98万元；企业职工养老保险支付55073.7万元；城乡居民养老保险支付8554.16万元；工伤保险支付522.22万元。

2022年，沿滩区完成城镇新增就业3786人，完成目标任务的114.73%；城镇失业人员再就业1281人，完成目标任务的128.1%；就业困难人员就业385人，完成目标任务120.31%。充分发挥失业保险基金兜底作用，城镇登记失业率3.73%，控制在目标任务4.4%以内；帮助大学生、返乡农民工和脱贫人员实现创业101人，完成目标任务的333.3%；发放创业担保贷款1408.7万元，完成目标任务的281.74%。

人事人才工作

【人才招引】 2022年，沿滩区共招聘事业单位人才108名，其中"三支一扶"志愿者和村（社区）干部定向招聘11人，教育卫生面向基层考核招聘7人，农村订单定向培养引进2人，高层次人才引进3人。开展"智兴天府"专家行走进自贡活动，服务企事业单位15家，解决技术难题22个，创建四川省专家服务示范基地，签订长效服务合作协议6份。推进全覆盖专业技术人员继续教育，实施培训45600人次。贯通高技能人才与专业技术人员职业发展通道，378人取得相应级别专业技术职务任职资格。

【人才培育】 2022年，落实《专业技术人员继续教育规

10月，"四川省专家智力服务基地"落户沿滩高新技术产业园区

定》，依托自贡广播电视大学、智邦培训等平台，提供科学继续教育培训，提高专业人才专业素质，缓解工学矛盾。紧盯"彩灯工匠"全国行业引领类劳务品牌等重点产业，借力四川灯彩集团、四川轻化工大学、彩灯定点培训机构，加强政校企三方联动，收集农村、辖区院校等符合培训对象要求的人员信息，摸排培训意愿，鼓励动员重点群体、企业职工等参加各项技能培训。

【人才保障】 2022年，落实人才待遇增长机制，开展表彰奖励，激发人才干事创业激情，做好留才用才工作。畅通事业人员晋升渠道，完成首轮沿滩区事业单位管理岗位职员等级晋升工作和事业单位岗位竞聘工作，实现岗位晋升615人、职员等级晋升102人。推进卫生系统薪酬制度改革和机关工勤、事业人员基础绩效奖改革，机关事业人员待遇实现稳步提升。发挥评比达标表彰工作协调小组议事机构作用，完成沿滩区季度表扬工作，牵头表扬先进集体80个，先进个人189名。

就业创业

【失业保险】 2022年，发放失业人员失业保险待遇3043人次、455.07万元，代缴失业人员城镇职工医疗保险费3025人次，医保费支出192.88万元，发放失地农民失业保险354人次、46.73万元。开展失业保险支持企业稳定岗位补贴和技能提升补贴等政策宣传，为339户企业发放稳岗返还政策补贴238.09万元，为28户企业发放一次性扩岗补助政策补贴4.3万元，并为11户符合一次性留工补助政策的企业发放补贴10.1万元。

【公共就业服务】 2022年，定期开展"就业援助月""春风行动""就业服务进校园"等各类招聘会45场次，累计提供2216家企业、7690个岗位信息，现场解答企业用工需求、劳务纠纷等问题，推动954人现场初达成就业意向。发展新业态新就业模式，发放灵活就业社保补贴588人、173.66万元。完成沿滩区公益性岗位的审核和补贴发放工作，安置各类困难人群1627人次，发放岗位补贴、社保补贴共计1252.08

就业技能培训

万元。鼓励企业吸纳就业困难人员就业，为19家企业落实吸纳就业奖补、岗位补贴和社保补贴共计200.69万元。

【职业培训】 2022年，完成补贴性技能培训2606人次。其中，完成劳务品牌培训365人次、创业培训959人次、技能培训1083人次、企业以工代训154人次。发放各类培训补贴79.76万元、交通生活费补贴5.66万元。开展送信息、政策、服务"三入企"工作，通过走访调研掌握企业培训需求，扎实开展岗前培训、新型学徒培训、项目制培训、网络营销专项职业能力培训，提升企业职工技能水平。发放以工代训补贴154人次、14.52万元，开展企业职工通用职业素质培训45人次，开展"订单式"技能培训3个班次，定向式输送技能人才100余人次。

【创业服务】 2022年，发放创业补贴101万元，助力大学生创业10人、困难人员创业4人、返乡农民工创业87人，发放创业担保贷款1408.7万元。打造标准化就业创业示范点，新建村（社区）公共就业创业服务点8个、就业创业文化广场5个。

社会保险

【强化征缴扩面】 2022年，实施全民参保计划，以法定人群全覆盖为目标，推进农民工、灵活就业人员、新业态从业人员等重点群体参加社会保险。新增企业职工养老保险参保人数591人，新增城乡居民养老保险缴费人数4908人，养老保险参保缴费率达到93.2%。推进建筑施工单位按工程建设项目参加工伤保险，开展尘肺病重点行业工伤保险扩面专项行动，推进符合条件的超龄人员、见习生等群体参加工伤保险，新增工伤保险参保人员2616人。

【强化生存认证】 做好待遇领取人员的生存认证，推行"四川人社""四川e社保"手机APP自助认证，开展特殊人群上门认证服务。2022年，企保养老金资格认证23385人，认证率100%，其中自助认证10832人，自助认证率提高至46%。城居保待遇领取人员资格认证52220人，认证率99.49%。机保养老金资格认证2633人，认证率100%。

【落实各项政策】 2022年，累计办理954名新征地农民养老保险业务，筹集养老保障资金15504.06万元，资金到位的征地农民办理率达100%。为新征地农民870人发放生活补贴1631.63万元。代缴低保、特困、重残群体城乡居民养老保险8921人，代缴率达100%，完成民生任务的118.95%。累计为80名长江流域退捕渔民发放补贴26万元，发放率100%。宣传、落实阶段性缓缴三项社会保险费政策，累计为沿滩区71户参保企业累计缓缴社会保险费454.34万元，为826户参保单位降费5038.67万元，完成目标任务的114.51%。落实公务员参加工伤保险工作，完成沿滩区74户机关事业单位1351名公务员工伤保险参保登记工作，并按规定下达完成本年度补缴计划。

承办自贡市2022年深入实施全民参保计划工作现场推进会并作交流发言

劳动关系和收入分配

【基层调解组织】 2022年，执行《四川省企业劳动争议调解工作规定》和《四川省乡镇（街道）劳动争议调解工作规定》，健全调解来访登记、调解记录、督促履行、档案管理、业务培训、统计报告、工作考评等制度。在四川省劳动人事争议标准化仲裁院基础上，搭建区、乡镇（街道）、社区、企业四级劳动争议调解网络体系，健全乡镇（街道）劳动人事争议调解委员会12个，配备专兼职调解员18名。

【劳动人事争议仲裁】 2022年，受理各类劳动争议案件112件，涉案金额271.52万元。按争议类型划分，确认劳动关系类24件、劳动报酬类47件、社会保险类28件、解除、终止劳动合同13件；按处理方式划分，仲裁调解47件、仲裁裁决33件、其他30件。不予受理案件5件。全年仲裁法定时限结案率达到100%。

【其他工作】 2022年，开辟维权"绿色通道"，对请求事项单一、数额较小、权利义务关系和适用法律明确的简单案件适用简易程序，独任审理、限时结案；对涉及农民工、女职工、伤残职工、少数民族职工的特殊案件和涉疫特殊群体通过"绿色通道"优先受理、优先办理、快速结案；对涉及人数众多的或有重大社会影响的案件，适用多方联动调处机制，妥善化解争议；对一般性案件，重视每个细节，提高案件的处理效率。建立"巡回仲裁庭"，推动劳动争议源头化处理，减轻争议双方维权成本，提升调解仲裁办案效能，提升基层调解仲裁组织权威和公信力。实现"巡回仲裁庭"行政区域全覆盖。依法实行一裁终局，高效办理劳动人事争议案件。对于符合一裁终局条件的案件，依法实行一裁终局，有效地缩短劳动人事争议处理周期。组织辖区内34家单位，参加全省企业薪酬调查及制造业人工成本检测工作。

劳动保障执法维权

【普法宣传】 2022年，联合沿滩区各乡镇（街道）、部门（单位），采取印发宣传资料，召开业务培训会、宣讲会，开展宪法宣传日等多种形式，进园区、进企业、进乡镇、进工地，宣传《保障农民工工资支付条例》等劳动保障法律法规，提高企业依法支付农民工工资的自觉性，增强农民工依法理性维权的意识。

【保障农民工工资】 2022年，组织开展保障农民工工资支付各类行动工作4起，依托《沿滩区在建工程项目保障农民工工资支付工作"四项制度"》《沿滩区欠薪问题分级分类处置制度》等制度，整合各工程建设领域行业主管部门、项目所在地人民政府和在建工程项目开展劳动用工监督检查，实现积案化解、积欠付清。指导监督项目的实名制管理、工资专户、总包直发等核心指标达到规定标准。会同各行业主管部门开展联合检查，结合"双随机、一公开"抽查执法行动，开展打击非法用工、社会保险缴纳、整顿劳动力市场、劳动合同签订、保障工时休息休假制度、企业遵守劳动保障法律法规等专项行动，荣获自贡市全国"二十大期间信访维稳"先进集体称号，在保障农民工工资支付工作考核中，连续两年被市根治欠薪领导小组评为全市A级。对沿滩区用人单位进行书面审查，全年共审查用人单位176户，涉及劳动者10280人，各类单位审查率在97%以上。全年受理电话、现场等形式的投诉举报313件，为1513名民工追讨工资3100余万元，并对其中涉及的两起涉嫌拒不支付劳动报酬罪的案件移送公安机关，办结率100%。

民政·居民生活

民 政

【基本情况】 沿滩区辖99个村（其中托管高新区7个），27个社区（其中托管高新区6个），社会组织138家。2022年，成立沿滩区社区治理支持中心，引入四川光华社会工作服务中心运营管理，搭建区—街道—社区三级培育孵化工作体系，为初创期社会组织免费提供办公场地、专业能力指导、实操督导等服务。登记社会组织较上年增长20%，备案社会组织较上年增长30%。沿滩区共有18所养老机构［其中敬老院14家（含3所敬老院分院）公建民营1家，民办3家］，入住老人1085人，其中集中供养特困人员825人。

【城乡基层组织建设】 2022年，依法完成第十一届村（居）民委员会换届选举工作。选举产生村（居）民委员会主任111名，副主任57名，委员282名，实现村（社区）支书、主任"一肩挑"比例达96.46%。换届后干部平均年龄为40，较上届下降5%，大专以上学历203人，较上届增加36%。依法推选产生村（居）务监督委员会、村（居）民代表、村（居）民小组长，人民调解委员会、治安保卫委员会、公共卫生委员会，村（居）民议事会、红白理事会等群众自治组织。修订完善自治章程、村规民约、居民公约，引导群众自觉遵守自治章程，确保群众行为规范符合法律法规和公序良俗。落实村（居）务公开工作，制定完善村（社区）民事代办、城乡社区准入备案、印章管理、财务公开、财务管理等制度机制7个。完成城市社区（无物管小区）创文复查测评工作。推行"行政＋专业社工"模式，引进四川光华社会工作服务中心，打造"六个一"（即一银行、一中心、一基金、一基地、一平台、一督导室）社区治理格局。推广"道德银行"德治工作法、"法理情"法治工作法、"楼栋自治"自治工作法。推进智慧社区建设，搭建"六个智慧"社区公共服务综合信息平台。推动省、市城乡社区治理试点建设，卫坪街道、龙湖远达社区分别被命名为全省基层治理示范街道、社区。推进社会工作服务体系建设，新建社工站5个、社工室8个，争取省级社会工作服务体系试点项目3个、60万元，其中沿滩镇社工站被省民政厅确定绩效评价为"优"。

【社会救助】 2022年，城市低保保障标准每人每月680元，农村低保保障标准每人每月480元，城乡低保累计保障172161人次，发放城乡低保资金3671.38万元，其中城市低保累计保障17849人次，发放城市低保资金592.03万元，月人均补助331.69元，农村低保累计保障154312人次，发放农村低保资金3079.35万元，月人均定额补助199.55元；集中供养特困人员有825人，足额发放特困人员供养金和护理费2651.04万元；认定清理城乡特困人员，结合特困救助确认权下放工作，对新增特困开展不低于30%的抽查工作，依托自贡市比对数据结果及时清理领取养老金、年满18岁且辍学等不符合享受特困政策的人员共计15名；向持有二代残疾证的低保对象发放残疾人生活补贴，全年累计发放残疾人生活补贴46557人次、465.57万元；向持有二代残疾证等级为一级、二级的重度残疾人发放残疾人护理补贴，全年累计发放重度残疾人生活补贴60603人次、366.92万元。

【社会福利和慈善事业】2022年，为80岁以上老人发放高龄津贴12.93万人次、452.54万元；为15247名符合条件的老人提供助餐、助浴、助洁、助急、助医等居家养老服务；在龙湖远达社区、板仓社区和开元路社区开展社区养老服务助餐服务，通过堂食和送餐的方式，累计助餐1200余人次，惠及3个社区周边6000余名老人，老人享受政府和企业补贴金额近1万元。动态调整养老服务领域疫情防控要求，对沿滩区18所养老机构［其中敬老院14家（含3所敬老院分院）公建民营1家，民办3家］开展定时和不定时动向排查，落实外出报备制度，入住老人1085人和113名工作人员实行封闭式管理，落实养老机构口罩、消毒液等医疗物资和生活用品储备一个月量以上，做好管理登记、院内消毒等工作；推进疫苗接种工作，沿滩区养老机构共有968位老人、132名工作人员，完成疫苗接种2132剂、加强针31人次，疫苗接种率95.3%；落实养老机构常态化疫情防控，常态化督促各养老机构落实好工作人员和服务对象注射加强针。在区社会福利院试点开展全市首家公建民营养老机构；优化沿滩区养老布局，撤并富全镇敬老院大罗分院和石佛分院，特困老人统一至富全镇敬老院集中供养；落实民营养老企业扶持政策，兑现3家民办养老机构、1家公建民营机构床位运营补贴、机构责任险共计20.61万元；重点对养老机构消防安全、房屋安全、食品安全或季节性安全等方面进行排查，开展"专项整治三年行动""安全生产监管执法"和"新修改安全生产法集中宣传月活动"等，联合消防大队开展民政领域消防安全警示教育培训共3次，参训人员达120余人次，组成专项督察组，对安全生产整治行动情况进行督查和通报；联合区市场监管局对沿滩区养老机构食品安全开展专项督导检查，共检查养老机构18所，发现问题58处并全部整改；参加"中德养老护理培训"等各类上级培训，累计送培47人次。联合相关单位开展养老安全专题培训，完成区级消防、食品等安全培训4次、168人次，养老机构管理人员食品安全知识考核合格率达100%，位居为全市第一。沿滩区养老综合服务中心项目做室外扫尾工程，下一步开展消防验收；黄市中心敬老院项目主体工程已完成，正在进行室外附属设施建设；沿滩区恒大绿洲社区养老服务综合体项目已投入使用；沿滩区社会福利院改造提升项目已完工并投入使用，院内墙体、厕所等

8月3日，永安镇低保入户

设施得到改善；沿滩区仙市镇敬老院改造提升项目已投入使用，院内购买安装消防设施、自动喷淋系统等，解决养老机构消防安全重大隐患；按照区委、区政府的统一安排，沿滩区社会福利院养护楼继续作为沿滩区疫情隔离观察点使用；会仙桥社区养老服务综合体项目于2022年年底前已经完成装修工程，正在采购设施设备；沿湖社区养老服务综合体项目正在财政评审；永安镇敬老院改造提升项目已完成工程招投标，正在施工中，预计为老人房间配备卫生间、安装热水器、配备扶手、公共区域增设扶手栏杆等；争取到瓦市区域性养老服务中心项目，项目总投资1440万元，用于在瓦市镇敬老院原址基础上新建养老服务大楼，改善特困人员供养机构基础设施。沿滩区精神障碍患者统计在册1973人，其中目前居家患者1262人，符合条件的1042人纳入低保、特困；实行台账式管理，发挥社会组织、社工、网格、专业精防医生作用，叠加项目支持（即购买专业机构服务），截至目前社区康复参与率达91.19%，专业康复服务即将由市精神卫生中心承接开展。开展"慈善扶贫·爱眼公益行"三年公益活动；发动乡镇、村、组尽快开展政策宣传和情况摸排，配合组织群众爱尔眼科医院活动，参与眼健康知识讲座800人次、

4月8日，沿滩区民政局举行社区慈善基金启动仪式

开展眼普查1500人、参与预防知识宣讲600人次；先后在瓦市、永安、仙市、联络、黄市、王井、邓关、沿滩镇等8个乡镇开展防盲筛查90余场，共计检查1500余人，可术562人，到院复诊182人，完成手术救助122人，救助金额12万余元，12名困难群众手术无自费。

【婚姻与家庭】 2022年，办理结婚登记1655对、离婚登记555对、补发登记证书1304对。开展婚姻登记"跨省通办"试点，办理跨区登记8件、跨市登记1件，提升婚姻服务效能。在全市率先启动收养评估社会化模式，为收养服务对象提供评估调查服务，完成收养21件。

【社会事务管理】 2022年，成立沿滩区未成年人保护工作领导小组，挂牌成立乡镇（街道）未成年人保护站12个，配备儿童督导员12名、村（居）儿童主任113名；沿滩区5063名农村留守儿童，全部签订《农村留守儿童委托监护责任确认书》，100%落实监护责任，动态更新农村留守儿童信息系统；发放散居孤儿基本生活费34.65万元、事实无人抚养儿童基本生活费67.8904万元，落实孤儿助学工程4.5万元。113个村（社区）全覆盖建立红白理事会，在板仓社区开展殡葬服务进社区试点工作，建立巡查报告制度，加强源头管控，落实惠民殡葬资金支出26.05万元，惠及532人，资金支出比例100%。做好117家社会组织年检工作，对于连续两年未开展年检或取得证书之日起1年未开展活动的6个组织通过行政执法予以撤销。推行"社工+义工"志愿者服务模式，培育志愿者服务组织，创建志愿服务品牌，截至目前全国志愿服务网注册志愿者56805人，参加志愿服务活动人数34276人，服务时长755688小时。

居民生活

【城镇居民收入】 2022年,沿滩区城镇居民人均可支配收入增长至41707元,同比增长4.16%。

【城镇居民消费】 2022年,城镇居民人均消费性支出24399元,同比增长3%。

【农村居民收入】 2022年,农村全体居民人均可支配收入29914元,同比增长5.1%。

【农村居民消费】 2022年,农村居民人均消费性支出17070元,同比增长4.3%。

乡镇·街道

沿滩新城·卫坪街道

【概貌】 沿滩新城·卫坪街道地处自贡市东南部，位于沿滩区境北部，东与仙市镇相连、南与沿滩镇比邻、西与红旗乡交界、北与高新区接壤，街道办事处所在地位于沙坪街12号，距市中心8千米。辖区辖3个行政村（曾家桥村、蛇金山村、岩山村，有31个村民小组），6个社区（龙湖远达社区、恒大绿洲社区、沿湖社区、板仓社区、锦城社区、梁家坝社区，有27个居民小区），辖区面积达14.41平方千米，耕地面积7637亩。清末设卫里乡，民国改称卫坪乡，隶属富顺县第五区。1950年卫坪乡划分为沙坪、卫里、唐庙、板苍、重滩5个乡，同属富顺县沿滩区。1958年，以沙坪、卫里两乡组建富顺县第一人民公社，称"新生人民公社"，所辖各村改称管区。1959年划归自贡市郊区（沿滩区）管辖，改称"卫坪人民公社"。1983年，改"公社"为"乡"，大队称村。1995年8月，撤乡建镇；2019年9月，撤镇改街道。2021年末户籍总人口28929人，常住人口5.77万人，其中农业人口6801人。境内居住有苗族、回族、土家族、壮族等17个少数民族，共111人。沿滩新城规划面积4.97平方千米，空间布局分为"两轴、三片区"。"两轴"即龙湖—卧龙湖城市景观轴、S305城市发展轴；"三片区"即生活居住片区、商贸文化教育综合片区和卧龙湖国际生态旅游片区。景观布局以"一湖一院六公园"展现自然美景和人文景观（"一湖"指占地700亩、水域面积486亩的龙湖，营造三级水面两级瀑布的美丽景观；"一院"指王家大院，以盐商文化背景为主题，打造新城特色文化风景；"六公园"指龙湖山水生态公园、盐商文化公园、岱山生态公园、城市森林公园、运动休闲公园、文体公园）。目前已建成以时代大道、锦城大道、板南大道为骨架的"一横两纵"道路网络12千米，建成岱山、龙湖两大公园，建成沿滩二小、龙湖中学、龙湖实验学校、自贡市职业技术学校、自贡建筑工程学校5所学校，贡爵府、恒大绿洲、龙湖郡等21个高品质住宅小区，龙湖金帝广场、恒大商贸城、创兴商贸城等商业综合体，同步配套自贡高新医院和金帝、恒大、果丰等农贸市场，形成以恒大影城、伊凡酒店、龙湖印象、新美健身、威尼斯庄园、龙湖美食广场等一批商家为代表的现代服务业。辖区内盐商古宅王家大院有120余年历史，占地约12亩，建筑面积4536平方米，为四川穿斗式民居建筑，由两部分组成：正院和荷花池。正院共有四重三院落，呈"目"字型结构。院内目前保存有基本完好的石雕、木雕、灰雕及彩绘等作品600余件，现存一株龙眼树，依然枝繁叶茂。在众多盐商宅院之中，王家大院因保存完好、极具典型巴蜀建筑风格，对自贡井盐史研究具有重要的历史、科学和艺术价值。

【基层组织】 2022年，加强党的组织建设，创新党建引领基层社会治理、疫情防控、业态发展，新建"两新"党组织2个，打造"荟邻安居·幸福板仓"基层社会治理品牌，承接全市首场党建拉练会。通过"双报到双服务双报告"活动，累计报到党员干部4408人、建立临时党支部35个、临时党小组84个，创新竞争性发展党员7名。试点全市首个"智慧社区"建设，探索"接诉即办、质效即评"机制，奠定基层治理事项"多网合一"基础提升基层治理。严格落实中央八项规定精神，纠治"四风"，全年政务立案查处5件，处分6人次。

【经济发展】 2022年，完成全社会固定资产投资29.2亿元；完成工业投资4544万元，新申报工业技改项目1个，总投资1622万元；新增规模以上工业企业2户，服务业增加值增长5.8%；社会消费品零售增加值增长7.4%。举办招商活动及外出考察3次，完成亿元以上新签约项目2个，出让土地73亩，实现土地收益1.46亿元。2022年续建、新建项目共计12个，其中政府投资项目7个、房地产投资项目5个。龙湖小学行政楼、沿滩新城多功能体育中心、卧龙湖大桥实现交付使用。S206防洪排涝及雨污分流EPC项目、老旧小区改造、新城二期电力3个项目实现新开工并竣工投用。王家大院旅游基础设施项目完成古建修缮总量45%，山体公园完成总工程量50%。王家大院、玖州大园、嘉悦龙湖、花漾派等5个房地产全年完成开发约22.5万平方米。

7月6日，陈永航常委带队到沿滩新城·卫坪街道宣讲习近平总书记来川视察重要指示精神和省第十二次党代会精神

【社会事业】 2022年，开展"六乱"治理，开展辖区违章搭建专项检查，制止违建297起，立案调查并拆除违建44户。开展交通集中整治行动，查处交通违法行为6479起。强化矛盾纠纷化解处置，解决民工工资纠纷8起，创兴城破产重整、安置房办证等问题稳步化解，辖区秩序和社会大局稳定，未发生进省、进京事件。累计兑付城乡低保、特困供养、孤儿基本保障、高龄补助等资金127.45万元。完成灵活就业

4月23日，沿滩区委常委、纪委书记、监委主任宋筱茜率沿滩区纪委监委青年理论学习小组参与世界读书日阅读分享暨赠书活动

社保补贴242人，申报补贴资金55余万元，城镇新增就业1051人，城镇失业人员再就业432人，就业困难人员再就业121人，城镇登记失业率控制在4.4%以内。办理蛇金山村、岩山村39名失地农民保险，发放拆迁户过渡安置费105万元。完成第四期安置房108套房屋分配。辖区9个市政停车场505个车位实现免费停车，17个商业停车场2360个车位"限时免费"。

【村镇建设】 2022年，紧盯大气国控站点指标，做好秸秆禁烧、周边道路交通"缓堵保畅"，加大城区洒水降尘频次。

【乡村振兴】 2022年，整合街道各级力量巩固拓展脱贫成果，做好脱贫攻坚与乡村振兴有效衔接，完成81.61亩撂荒地整治，完成大豆扩面150余亩、再生稻蓄留超过650余亩、秋马铃薯栽种90余亩、油菜扩种200余亩、生猪出栏3260头。

沿滩镇

【概　貌】 沿滩镇位于自贡市区东南部，釜溪河中游，距市中心区10千米，是沿滩区委、区政府所在地，自隆、乐自高速、S305线跨境而过，釜溪河穿境而过，素有"十里水路连八街，千年盐运第一城"的美誉，水陆交通十分便捷。辖区面积40.02平方千米（其中沿滩高新技术产业园区建设征占2.1平方千米），城区建成区面积3.2平方千米（不含沿滩高新技术产业园区）；2022年末户籍总人口5.97万人。沿滩镇为古代江阳属地。宋代富顺县临江镇即沿滩镇前身。1949年12月18日富顺县人民政府成立以后，沿滩镇属富顺县第五区驻地。1952年，现镇境正处镇、乡合并时期，称沿滩乡。是年，从沿滩乡中析置沿滩镇，沿滩乡仍置。1958年8月，以沿滩乡和洪沟乡组建人民公社，沿滩镇仍置，沿滩公社划归自贡市郊区管辖。1960年5月1日，郊区党政机关迁驻沿滩镇。1983年，改沿滩公社为沿滩乡。1992年12月，沿滩乡并入沿滩镇。2020年，因行政村建制调整和社区优化调整，原飞跃村与原革新村合并为飞跃村，原升坪街社区与原洪沟社区合并为升坪街社区。截至2022年末，辖区内有10个行政村（飞跃村、跃进村、互助村、宜民村、团结村、人民村、汪坝村、平安村、詹井村、田铺村）、3个社区（开元路社区、升坪街社区、兴元路社区），131个村民小组、43个居民小组。2022年，沿滩镇有公路200千米，其中自隆高速公路沿滩镇段15千米，S305省道12千米，县道6千米，乡镇道路15千米，镇内村道水泥路175千米。镇内公路纵横交错，镇内10个村和95%以上的组通水泥路，使沿滩镇已经东西连接，南北贯通。

【基层组织】 2022年，沿滩镇有社区党委2个，党总支7个，党支部12个，共有党员1251名，预备党员转正27名，发展预备党员7名，慰问老党员、困难党员413人次。组织中心组理论学习9次，高标准开展党史学习教育，创新举办"基层工作大家说"6次。成立沿滩区首个集体经济联合总社，实施乡村振兴衔接项目3个，孵化白对虾、高粱等产业12个，全镇集体经济收入达450万元，被评为自贡市党建引领新型村级集体经济发展示范镇，詹井村发展模式入选全省十大优秀案例。强化人才支撑，组建由专家人才、第一书记、选调生等组成的服务联盟，选聘"荣誉村主任"3名，培育"土专家"6名，回引返乡农民工16人，细化集体经济项目清单17个，破解发展难题30余个。

【人大工作】 12月29日至30日，召开自贡市沿滩区沿滩镇第十九届人民代表大会第二次会议，依法选举产生自贡市沿滩区沿滩镇人民代表大会主席1名（王勇），副镇长1名（杨旭磊）。截至2022年末，沿滩镇共有27名区人大代表、

12月30日，沿滩镇第十九届人民代表大会第二次会议

74名镇人大代表，其中区镇两级人大代表5人。

【纪检监察】 2022年，以"大抓基层党风廉政建设"为导向，聘请党风政风监督员17名；整合詹井村村史馆资源，打造"红廉厅"廉政教育基地；配合区纪委监委建成区乡一体纪检监察办公专区，省纪委监委常委荣凌现场指导调研。以"查办案件"为引领，全年参与查办案件18件，办理信访件5件，出具党风廉政意见50余人次，常态化开展监督执纪"第一种形态"组织处理20余人次，开展各类谈心谈话120余人次。提请镇党委专题研究党风廉政建设工作2次，协助配合区委巡察，推动制定整改措施59项，督促落实党委会、中心组理论学习、会前学法纪等30余次。开展村庄建设项目和村（社区）集体"三资"管理、窗口腐败、疫情防控、酒驾醉驾、公款旅游、虚拟货币"挖矿"、年轻干部"涉网"腐败等各项专项监督检查30余次，发现并督促问题整改20余个。发放《沿滩区基层小微权力权责清单》20余本、完善《沿滩镇村（居）务监督月例会议事制度》。发放"码上举报"宣传海报200余张、开展"异村互查"3次、"阳光问廉"10余场次。落实年轻干部廉洁从政"疫苗计划"，组织党员干部观看《零容忍》《家道》《忏悔实录XI》等警示教育片500余人次，做深做实以案释德、以案释纪、以案释法。

【宣传工作】 2022年，创新举办"中共二十大精神"专题学习班，购买发放《习近平谈治国理政》第四卷、《习近平在浙江》《社会主义发展简史》等党的理论思想学书目1000余套，利用党委会、支委会、镇村干部大会等集体学习中共二十大精神50余次。开展"我为群众办实事"实践活动，收集办结群众"心愿"160件，主动发现解决群众"急难愁盼"问题600余个，依托新时代文明实践所（站）开展志愿服务300余次，展开"中国梦进万家""村史馆党史学习"等活动凝聚社会共识，在各级媒体刊登党史学习信息30余条。全年开展理论宣讲、市民教育、科普教育等活动840余次。强化社会主义核心价值观建设，刊发稿件140余条，中省市媒体发稿100余条，中心组开展集中学习11次，带动镇村干部集中学习50余次。开展各类群众性宣讲活动，覆盖群众达12000人次，评选"乡村能人""道德模范""五星级文明户"共22名，表扬2022年沿滩镇"重大项目推进""乡村振兴"等先进个人55人。开展创文工作，张贴《讲文明树新风》《图说我们的价值观》等画册海报和公益广告5000余份，发放调查问卷、创文海报、市民手册等各类宣传资料2万份。

【信访工作】 2022年，社区矫正工作中完成解矫21人，列管社区矫正对象36人，均落实定位管理措施；人民调解案件322件，达成书面协议26件；法律援助工作中接待咨询人数350人次，受理法律援助初审8件，开展法治宣传21场次，宣传3384人次，印发各类宣传资料27500份。完善矛盾纠纷排查调处机制，实现12345网上案件办结率100%、满意率100%，矛盾纠纷调处率100%、化解率98%，全年受理信访件95件，456人。

【武装工作】 2022年，为部队输送优秀青年12人，其中大学毕业生7名（2名女兵，1名直招士官），超目标完成征兵任务，被评为自贡市2022年度民兵工作表现突出单位、沿滩区人民武装部武装工作先进单位。

【经济发展】 2022年，全年财政总收入15227.25万元，财政总支出15227.25万元。包装重大项目2个，开展自主招商推介会1次，接待客商10余次，全年招商引资新签约重大项目2个、履约项目4个、开工项目3个，全镇共到位市外资金7.6亿元、省外资金6.8亿元，获评沿滩区经济和社会发展先进集体。2022年，建成区面积达4.2平方千米，沿滩城区17个项目破难前进、全面铺开。其中洪沟、犀牛口2个安置房大面积破土动工，文旅时代昇平商业街实现开街目标；昇平街市政道路完成工会—电影院段的道路建设及水电气弱电的迁改下地；完成沿滩城区中心广场人防工程项目前期立项、环评等工作；高峰寺A、开元中路一期等老旧小区改造有条不紊、高质量完成，品质城镇基本雏形和框架初步显现。落实支持民营经济健康发展系列措施，推动西蜀电力金具工业生产流水线项目建设投产；推进大成电子新建年产2万吨电子材料项目，工业发展呈现良好态势。目前，法人企业495户，其他个体户1832户（其中规模以上工业企业11户，限上商贸个体户10户，法人商贸单位9户，规模以上服务业2户），企业从业人员1.8万余人，完成全镇规模工业总产值67.6亿元，同比增长15.38%，固定资产投资完成7.38亿元。社会消费品零售总额与去年同期相比增长20.2%。2022年，维修整治提灌站7座，整治山坪塘20口，疏通清淤水渠15千米。

【农业产业】 2022年，农作物播种面积达到2.5万亩，粮食通过测土配方施肥技术，丰产栽培技术，再生稻高产技术，大棚漂浮育秧技术，农作物病、虫、草综合防治等绿色防控技术措施，使粮食单产每亩提高7公斤，总产与2021年持平。通过"村集体+农业经营体+农户"的模式，提升1000亩柑橘种植和600亩花椒种植，继续开展"玫瑰节"和"葡萄采摘节"，助力乡村振兴。生猪年出栏7521头，牛年出栏46头，羊年出栏2780头；2022年年末出栏家禽14.7482万只，禽蛋产量384吨，有规模养殖大户4家；人民村水产养殖业面积400亩，年水产品总量50万斤，收入达到1000万元左右。2022年，林业以种植生态林为主，现有退耕还林面积2653.3亩，国家级公益林56亩，省级公益林1.5亩（在田铺村）。

【社会事业】 2022年，13个村、社区农家书屋免费开放，放映农村公益电影共计120场次，放映社区公益电影共计6场次，自行组织中华民族一家亲文艺汇演、参加2022年自贡市沿滩区"百城千乡万村·社区"五人制足球比赛等各类活动，群众反响良好。有学校14所，其中小学4所，中学2所，幼儿园（含幼儿班）10所，特殊教育学校1所。主动公开

7月27日，刘军书记调研沿滩镇人民村村集体经济

政府信息72条。城镇新增就业64人,城镇失业人员再就业83人,就业困难人员再就业55人,城镇登记失业率控制在3.06%。完成居家养老服务578人,居民基本医疗保险参保2.8310万人,办理残疾证75个,申请办理困难生活补贴136人,重度护理补贴36人。新建档立卡困难职工3人,关爱困难职工2人,发放困难生活救助7.64万元,元旦春节送温暖活动共帮助困难职工20人,发放慰问金2万元;发放清凉药品等慰问品300余份;关心职工生活,组织工会团建活动4次。以"建团100周年"为契机,在詹井村村史馆、长征路开展"百年广阔,青春献礼""我的青春我的团""学习二十大,永远跟党走"等系列主题教育30余次;充分利用志愿四川、青年之家云平台发布志愿活动,开展疫情防控、养老服务、创文创卫等志愿活动500余次,服务2000余人次,推动青年志愿服务工作走深走实;持续推进"青年之家""童伴之家"与少工委组织建设,保障青年儿童发展权益,协同镇商会联系辖区企业对镇域范围内28名困难大学生进行贫困资助,共5.6万元,有效缓解贫困学生就学压力;获得自贡市乡村女能人"最美乡村女干部"2人、"魅力乡村女创客"2人;"春雷计划""春苗助学"结对助学帮助困难儿童3人。

依托社区家长学校、儿童之家等阵地,持续推进安全宣传进家庭、家庭家风家教创建、未成年心理健康教育等特色活动共计50余次。组织农村适龄妇女进行两癌筛查1290人,同比增长81.9%;帮助4名低收入"两癌"患者申请中央专项彩票公益金——"两癌"救助金共4万元。新型农村合作医疗保险全年参保人数3.7435万人,筹集12523840元。提供城镇公益性岗位39个、农村过渡公益性岗位70个、临时性公益性岗位29个;帮助3名大学生创业。城乡居民社会养老保险覆盖23562人,参保缴费人数完成18600人。全年最低生活保障人员2.0441万人次,发放保障金额514.0202万元,其中城镇最低生活保障人员8263人次,发放保障金额258.1368万元;发放城镇特困人员生活补贴1032人次,发放资金85.03万元;发放农村特困人员生活补贴2016人次,发放资金125.7万元;发放孤儿、事实无人抚养儿童120人次,发放金额12.9万元。发放高龄补贴1.8611万人次,发放金额72.1150万元。2022年年登记持证残疾人总数1593人,其中一级残231人,二级残452人,三级残393人,四级残517人;发放重度残疾人护理补贴7259人次,金额49.3万元,困难残疾生活补贴4389人次,金额43.98万元。扶持40名农村贫困残疾人发展生产,灵活就业社保补贴10人,救助贫困家庭脑瘫儿童康复17名;救助贫困家庭残疾儿童2名,帮助60名残疾人辅具适配。

【村镇建设】 2022年,投资800余万元,建成产业道路20千米、便民道路10千米、特种水产养殖棚50余亩、地灌系统100亩。在团结村、互助村实施"厕所革命"整村推进,改造农村卫生厕所400余户。通过对上争取和自筹资金等形式,新增垃圾点位25个、

9月,利用党群服务中心打造民族技能服务中心促进少数民族居民就业创业

设置垃圾桶100个，农村生活垃圾有效处置率达99%以上。清除"牛皮癣"2万余处；依法拆除违法违章建筑共54户，共计667.6平方米；对洪沟主街大道、兴元路AB大道等摆摊设点和越门占道经营等，依法进行整治达4000人次。推广乡风文明积分管理办法。

【乡村振兴】 2022年，提升产业项目基础设施，实施"垃圾整治、污水处理、厕所改造"三大行动，解决村庄环境"脏乱差"问题。建成"高粱+"产业园1500亩、彩色油菜基地500亩，打造詹井村集体经济接待中心，推动农业经济健康发展，实现超100万元集体经济收入村数3个。

邓关街道

【概　貌】 邓关位处釜溪河下游，与富顺县城一河之隔，素有"南大门"之称，历来是市、区的工业重镇，相继被列为全国重点小城镇和省第三批"百镇建设行动"试点镇。2019年9月，邓关经乡镇行政区划调整改革撤镇设街道，辖区面积13.5平方千米，辖顺昌美、黄坡岭、新塘、太源4个行政村及会仙桥、盐业2个社区，户籍人口1.74万人，其中：农村11200余人，城镇6200余人，常住城镇人口约7000人。邓关街道原属富顺县，解放初期建政时称黄岭乡，1958年10月建邓关公社。1959年划归自贡市属郊区（沿滩区），小河街更名为邓关街。同年5月建市属邓关城市公社（辖邓关街）。1960年撤市属邓关城市公社，并入王井公社；1962年从王井拨出，恢复邓关公社、新置邓关镇；1984年1月撤邓关公社建邓关乡；1985年12月，邓关乡并入邓关镇；2019年9月，通过区划调整改革，邓关撤镇设街道，高石村、大力村划归王井镇管辖，王井镇太源村及王井社区部分居民小组划归邓关街道。邓关街道改革后所辖内有新塘村、顺昌美村、黄坡岭村、太源村4个村，会仙桥社区和盐业社区2个社区。邓关街道自然资源丰富，境内有黄卤、黑卤、天然气、石油、煤等丰富矿藏，非金属矿产：石灰石，储量87万吨，分布于顺昌美、黄坡岭村等地。邓关街道距市区30千米，距沿滩区15千米，街道内有S206路、邓泥路以及G348三条干线交会，交通便利。

【基层组织】 因区划调整，2022年，现有11个党支部，共有党员561名。党龄50年以上老党员88人。培养入党积极分子5人，发展党员7人，预备党员转正6人。

【人大工作】 为进一步促进基层人大代表履职，提高人大代表监督实效，邓关街道2022年进一步开展人大代表问政暨我为群众办实事活动，现场回答代表提出相关民生问题近20件，会后收集问政问题10余件，均在当月回复完毕。利用邓关街道"家站"，开展3次走访活动，共收集问题20余件，均已解决。

【纪检监察】 2022年，查处5起党员违法案件，纪律处分党员5名，组织处理党员11名。进一步完善群众信访公开答复制度，廉政瞭望刊发解开群众密码的文章；开展"走遍沿滩"活动，收集解决问题88个，通过走访群众，监督民生工程，停发城市/农村低保共57户，71人，停发金额19754元；组织党员干部观看各类警示教育片，实地参观永安廉政教育基地和江姐故居红色教育基地等以进行廉政教育，使党员干部增强自身免疫力。

【宣传工作】 2022年，邀请、接待新闻媒体编辑、记者30批次、60余人次。完成新闻通讯报道35篇，其中自贡电视台新闻28篇，四川新闻网5篇，中国新闻网、人民网、国际在线3篇，重点宣传党建组织、乡村振兴、高铁建设、邓太片区建设、环境卫生整治、群众文化生活等方面的工作；在搜狐、凤凰网上刊登网宣100余篇；上传网络、社会舆情近40条；开展邓关街道志愿者活动近20次；创文明城市、学习党的二十大精神氛围浓厚，共制作横幅250余条，喷绘60余幅，大型宣传广告10余幅，创文手册、宣传单9000余份，并开展创文活动近20次，营造创建文明城市良好氛围和党的二十大精神浓厚的学习氛围。

【信访工作】 四川省信访信息系统交转办案件国家信访局7件7人次，自贡市信访局1件1人次，沿滩区信访局13件13人次，省长信箱交转办1件1人次；人民网9件9人次；问政四川1件1人次。

【武装工作】 2022年，有民兵947人，其中基干民兵47人，普通民兵900人。民兵建制为1个连和2个应急分队，即基干民兵连部。开展宣传动员，完成75名适龄青年兵役登记，登记率100%，5名优秀适龄男青年被批入伍，大学生比例60%，未出现退兵问题。对荣获"二等功""三等功"的2名现役军人和4名"优秀士兵"均及时送达立功喜报和慰问金。广泛开展国防教育和征兵宣传，累计制作广告牌3处，发放宣传单3000余份。

【经济发展】 2022年，工业总产值276733万元，其中规模以上工业总产值276733万元。完成全社会固定资产投资87700万元，省外固投资金47974万元，新签约重大项目2个。高铁项目根据红线征收文件，涉及邓关境内4个村18个村民小组412.07亩土地，截至目前，已完成征地412.07亩，土地征收率达100%，征地工作和拆迁工作全面完成。老旧小区改造投入370余万元，用于城市基础配套设施和临街商铺整治，并拆除违建13处。完成邓太片区棚户区改造房屋征收488户，其中拆迁326户，整治162户，拆迁整治建筑面积共计30000平方米，回购"亿城·上海花园"房地产开发配建经济适用房22套，共1875平方米，用于棚改安置，全面完成175套安置房建设。完成太源井棚改175户签约，安置房、西延线征地233亩，补偿征地费用900万元。建成大田角段至宋渡大桥全段，共2.6千米生态修复和观音阁修缮项目并对外开放。完成邓关大桥至宋渡大桥段103.31亩土地流转和补偿工作。2022年，全街道完成税收842万元，与上年基本持平。全年财政拨款收入1377.26万元，其中一般公共预算财政拨款1300.8万元，政府性基金预算财政拨款76.46万元。全年实现一般公共服务支出542.67万元，文化体育与传媒支出5万元，社会保障和就业支出214.34万元，医疗卫生与计划生育（卫生健康）支出58.27万元，节能环保支出19.55万元，城乡社区支出4571.72万元，农林水支出247.37万元，交通运输支出50万元，住房保障支出148.68万。拥有工业企业10家，其中规模以上工业企业6家。

【农业产业】 2022年，有耕地面积7442亩，其中水田2976.8亩，果园526亩，农业人口1.18万人，人均耕地0.63亩。2022年全街道粮食种植面积11632亩，同比增长3.1%；粮食产量4538吨，同比增长0.24%；油料种植面积4742亩，同比增长0.34%；油料产量898吨，同比增长17.6%；蔬菜面积5715亩，同比增加5.3%；蔬菜产量9970吨，同比增加4.6%。自贡市嘉兴生猪养殖开发有限公司、新塘村荣芝富蛋鸡场、卉园农庄家庭农场不断做大做强。出栏生猪4863头，比上年增长6.7%；禽蛋产量186吨，比上年增长2.2%；山羊出栏1860只，增长1.8%。结合"一区、一带、一路"发展规划，逐步打造"铁钱溪经济带"，巩固现有桃子、柑橘、李子种植大户近350亩，带动全街道及铁涧溪周边种养殖业、绿化景观规模成型，李子产量285吨、枇杷产量30吨、桃子产量15吨，共计330吨，比上年增加9%。

【社会事业】 2022年，现建

有8个文化广场、10个农民体育健身工程,每个村(社区)设有图书阅览室,修建篮球场、室外体育健身场等服务居民的配套设施。开展十余次文化活动,播放电影72次。有各类学校6所,其中幼儿园1所,小学3所,初中1所,职高1所,在校学生1200人左右。新建中心卫生院对全街道1826名60周岁以上的群众和98名计划生育特殊家庭人员建立健康档案;对4456人进行艾滋病筛查。对全街道精神病患者进行4次入户面访,加强监护管理和救治救助工作,没有出现精神病人肇事肇祸事件。共发放计划生育奖扶449人、特扶98人,共发放奖扶特扶资金136.952万元,其中奖扶45.104万元,特扶91.848万元。全年出生人口111人,其中二孩生育45人,死亡161人。新型农村合作医疗保险共参保12450人,筹资369.75万元。新办理社会养老保险150人,社保认证1820人。申请城镇公益性岗位49人,申请农村过渡性公益性岗位26人,指导社区新增街道就业人员302人(其中困难人员30人,失业转就业130人)。完成全街道公益性岗位人员社保、医保申报补贴49人,农村过渡性公益性岗位生活补贴26人。城乡低保家庭共368户512人,月发放低保金额167576.4元。冬春救助一般户和低保户共132户842人,临时救助66人次,发放80600元。有特困人员76人,优抚对象70人。死亡数51人,共补贴20755元。实施《残疾人保障法》,服务总人数为325人,办理二代残疾证24人,享受重度护理人数5人。城乡居民养老保险新办理1440人,办理生育证50件,更换独生子女光荣证15件,计划生育服务介绍45件,计划生育奖励扶助449人,计划生育特别扶助98人,办结老年优待证6件、残疾证24件、农村低保558件。开展"金秋助学""栋梁工程——家乡助你上大学""圆梦工程"等帮扶活动,帮助3名学生筹集6000余元助学金。开展常态化送温暖活动,慰问疫情防控一线职工2人、农民工5人、抗灾一线职工2人、基层岗位干部职工4人,共计15000元。两癌筛查770人,发放"两癌"救助金7人共计70000余元。打造会仙桥儿童之家。

【村镇建设】 2022年,国土所共计审批农房18宗,占地面积1972.18平方米;补办建房手续5宗,面积445平方米;开展险情排查10次,明确地质灾害监测人员2人,发放地质灾害"两表一卡"56份,开展地质灾害演练1次。太源井棚改175户;高铁连接线及高铁安置房16户;累计完成191户房屋拆迁工作,拆迁面积约达14000 m²。投入70万元安装高杆路灯86盏,维修路灯30余盏,亮灯率达100%。邓太片区釜溪河生态修复项目顺利完工,总投资1.108亿元,沿釜溪河南岸全长2.7千米,总绿化面积10万平方米,新建骑游道2.5千米、人行道6.2千米。釜溪河流域沿滩段水污染防治一期工程完成所有管道铺设,修建各类检查井及收集井86口,安装主管1806米,支管723米,现已正常投入使用。盐业社区农村生活污水治理"千村示范"工程项目拟投入130万元,建设管网及污水一体化设施,目前正有序进行中。开展城乡环境综合整治,巩固城乡"六乱"治理效果,安置垃圾桶、垃圾箱150余个,完成污水处理提升改造。拆除破旧广告、标语、"牛皮癣"130余处,全年清运生活垃圾近350吨。完成釜溪河流域入河排污口排查、农村生活污水治理等重点任务。全年下达环保责令整改文书23份;落实河湖长制,加强河湖岸线整治,巩固河湖"清四乱"整治成效。启动农村黑臭水体整治工作,加强房屋建设和市政基础设施建筑工地扬尘管理;污水处理厂稳定运行,完善乡镇污水处理厂运行管理制度,加强运维管理,确保达标排放。新增禁渔禁钓、禁止乱扔垃圾等警示牌40余块;开展水源涵养林种植、清漂保洁工作;实施秸秆、垃圾全域露天禁烧，组织开展多次春夏季、秋冬季专项行动。在宋渡大桥及胡家半岛、盐运文化广场和观音阁等重要节点进行保护开发、景观打造，同时配套建设步行道，进行沿途风貌改造，杆管线收整，排污管、排雨管、照明等基础设施改造，为附近居民生活提供一条环境优美的休闲栈道。通过对邓关境内釜溪河区域整体进行生态环境修复及相关配套设施建设，对作为自贡"南大门"的邓关街道的脏、乱、差问题进行综合治理，全面解决邓关片区污水直排、乱排问题，改善釜溪河流域水质，优化沿岸生态环境和人居环境。

【乡村振兴】 每月动态开展防止返贫监测帮扶排查工作，同时在5月组织108人次开展集中排查工作，对我街道农户3709户11787人全摸排。部门筛查6类重点核查对象151户289人，村级研判5类重点核查对象44户130人，采取入户核查方式进行排查。完成邓关街道黄坡岭村美丽乡村建设项目，项目资金300万；将同步启动顺昌美、太源、新塘三个村的美丽乡村建设项目，项目资金总计1200万。引进种养植产业业主，流转撂荒土地100余亩；在新塘村进行稻田鱼养殖和农业种植；开展农村户厕整治工作，已改造近400户；进行人居环境整治，整治庭院50余户，农贸市场2个，公厕2个，污水管网改造800余米。

王井镇

【概 貌】 王井镇是沿滩区"两区一城"建设和工业强区战略中的重点乡镇，G348国道（S305省道）纵贯全境，王九路、王贡路横穿镇域，与自贡主城区、沿滩两城区及富顺县城区"半小时经济圈"融为一体，距市区19千米、区政府5千米、富顺县城7千米，辖区面积28.68平方千米。现辖6个行政村、1个社区，66个村（居）民小组，户籍人口6009户人，总人口2.01万人。境内土壤主要为水稻土，耕地面积2.1万亩，林地930.4亩，釜溪河、望子河、羊叉河流经镇境。全镇共有小型Ⅱ型水库7座，总库容量176.82万 m^3，可灌溉面积7000余亩。主要粮食作物有水稻、玉米，经济作物有油菜、花生、高粱。G348国道过境（原S305省道），境内长5千米，公路为双向四车道；客运站点3个；通航河道1条，

自贡抗战盐运史绩陈列馆

邓关湿地公园一角——观音阁

境内长7.8千米。主要街道3条，农贸市场1个，中小型生活超市4家。

【基层组织】 2022年，共有12个党支部，463名党员，其中141名女党员，1名少数民族党员；新发展党员6名、转正15名。开展党务工作突出问题清查整治和组织工作排查整顿，完成村（社区）"两委"换届"回头看"，获评市级（AAAA）先进村党组织1个。面向优秀农民工、致富能人等遴选出村（社区）后备干部7人，创新制定《王井镇及时激励制度》，通报表扬单位、个人5个，通报批评1人，新调整任职中层干部8人。

【人大工作】 6月20日—21日召开王井镇第十九届人民代表大会第二次会议，选举副镇长1名；12月18日依法补选镇人大代表1名；12月26日至27日召开王井镇第十九届人民代表大会第三次会议，选举人大主席1名。共走访群众650人次、企业20余户，组织代表对政府运行情况、砂石建材产业园、川南新材料化工园区和自贡市循环经济产业园配套安置房建设等项目进展情况开展视察调研活动5次，收集社情民意信息60余条、征集2023年民生实事意见建议30条。督促办理镇第十九届人大第一次会议交办的1件议案和13件建议，以及第十九届人大第二次会议交办的5件建议，议案、建议答复率100%，满意率100%。

【纪检监察】 制定《王井镇关于推进2022年全面从严治党、党风廉政建设和反腐败工作的意见》，支持和推动镇纪委发挥职能，将政治监督作为首要任务；开展中央八项规定精神落实情况"回头看"，整治违规发放津贴补贴问题1个；严肃查处群众身边腐败和作风问题、隐形变异"四风"问题，查处违反工作纪律问题2个；严查"八小时"外的纪律作风问题，查处违反国家法律法规问题3个；用好"异镇互查""异村互查"机制，开展酒驾醉酒问题、窗口腐败、巡察整改回头看、村庄建设项目和村（社区）集体"三资"管理问题等专项监督，严肃追责问责，全年立案审查调查8件，给予党纪政务处分9人。

【宣传工作】 2022年，完成理论学习中心组集中学习8次；围绕宣传中共二十大精神主题，通过党史趣味问答、赴红色基地参观学习等形式开展活动19次；通过人民网、四川观察、沿滩融媒等各级媒体报送工作动态150余条，处置网上舆情5起。建成市级首批乡村"复兴少年宫"1个、市级乡村振兴文化样板村1个、市级十佳志愿服务社区1个；聚焦疫情防控、环境保护、创文创卫等工作，组织16支志愿服务队伍开展志愿活动700余次。

【武装工作】 2022年，做好武装部规范化建设、民兵整组、常态化征兵等工作，及时调整完善全镇征兵工作机制。共完成4名大学毕业生征集任务，超目标任务2名；完成兵役登记114人，完成率100%。高标准组建30人的民兵应急排和8人的消防应急救援队伍，

6月30日，组织开展"喜迎二十大·建功新时代"庆祝"七一"活动

作为沿滩区3个先期试训乡镇之一出色完成为期12天的应急排驻训任务。

【信访工作】 2022年，坚持村每周、镇每半月分析研判制度，对梳理出的3个重点人群、2个重点人群制定专门稳控预案，落实包案领导、稳控责任人，组建应急处置专班，确保中共二十大、省第十二次党代会等重点时段社会大局稳定。组织镇村干部深入学习《信访工作条例》5场次，落实领导干部接访制度，及时接待和认真处理群众的信访问题70人次，受理信访25件，信访及时办结率100%。推进扫黑除恶专项斗争，利用综治中心、"雪亮工程"系统解决公共财物损坏、意外事故情况等8件；常态开展反邪教、反恐怖斗争，完成邪教人员教育转化3人，全覆盖开展已转化邪教人员"回头看"工作，严格控制反复率。

【经济发展】 2022年，实现财政收入1410.03万元，规模以上工业增加值增速达13.8%，完成全社会固定资产投资5.9亿元，工业投资16460万元，工业技改投资16460万元，个转企4户。全年签约引进企业3户，省外固投项目资金2.6348亿元，到位市外资金2.63亿元，完成个转企企业4户。实现川南新材料化工园区二期拓区新增承载力1241亩，攻坚三期拓区房屋谈判、坟墓搬迁、杆管线迁改等目标任务，全年签约房屋271栋，签约率84.69%；坟墓搬迁1257棺，搬迁率73.21%；完成110kV线路迁改38座塔基用地交付任务。推进渗滤液基础设施配套项目、LPG灌装储存站项目；完成场镇雨污水管网改造2.6千米和釜溪河流域（王井段）生态环境综合整治项目基础配套设施建设。一般公共预算拨款收入1439.94万元。2022年，超目标任务实现全社会固定资产投资达5.97亿元、工业总产值达6.3亿元，其中规上工业总产值达1.57亿元；完成工业投资总额1.65亿元，其中规上工业投资额2596万元。

【农业产业】 2022年，粮食作物种植面积24188亩，产量9838吨，其中小春粮食作物种植面积2899亩，产量697吨，大春粮食作物种植面积21289亩，产量9141吨。经济作物种植面积25553亩，其中油料作物种植面积11784亩，产量1459吨，糖料作物127亩，产量326吨，蔬菜及食用菌种植面积12122亩，产量17014吨，瓜果种植面积1108亩，产量1912吨，其他农作物种植412亩。开展春、秋两防和平时防漏补注及动物产地检疫工作，组织村级动物防疫员学习培训6次。两防和平时补注免疫生猪2359头、牛47头、羊1583头，禽58624羽，畜禽圈舍消毒7652个。共检疫生猪2267头，动物运输车辆消毒549车次，屠宰检疫生猪7982头。水产养殖总面积885亩，其中池塘养殖690亩，水库养殖120亩，养殖"四大家鱼"638吨。林业总面积额7142.83亩，退耕还林258亩，发放补助金0.516万元。

【社会事业】 开展科技文化卫生知识宣传活动7次，送文化下乡1次；免费开放乡镇文

6月15日，全市2022年大豆扩种和粮油示范创建暨撂荒地整治比拼现场观摩会

化站1个；开展镇、村（社区）文化骨干培训4次；配合区电影放映公司完成全镇电影放映120余场；新增文化体育设施2处；王井街社区舞蹈队参加四川省第二届乡村文化振兴魅力竞演获三等奖。有公立幼儿园1所，教职工16人，学生132人，学校总面积7333.33 m²，建筑面积5573 m²。有小学1所，教职工63人，学生854人，学校总面积8457 m²，建筑面积3520 m²。有初中1所，教职工38人，学生296人，学校总面积5980 m²，建筑面积2092 m²。有卫生院1所，业务用房约1380 m²，职工46人，病床60余张，乡村医生15人。办理生育服务证186个，补办独生子女父母光荣证12个，享受农村部分计划生育家庭奖励扶助政策对象共550人，发放奖励扶助资金52.8万元，发放特别扶助金46.44万元。开发公益性岗位125个，提供面上公益性岗位25个、临时公益性岗位15个、乡村公益性岗位100个，安置建档贫困人员69名，新增城镇就业208人，城镇失业人员再就业68人，就业困难人员再就业29人。规范化建设便民服务中心（站）8个；实现居民医疗保险参保15033人，医保"全民参保"任务完成率在沿滩区排名第一；开展巩固拓展脱贫成果"回头看"、促进脱贫人口增收"百日行动"等专项行动，识别认定脱贫不稳定户、边缘易致贫户、突发严重困难户，纳入防止返贫监测对象4户，全镇已脱贫402户1153人未出现一例返贫；发放低保、特困供养等各类救助资金340余万元，惠及1.2万人次。完成工会联合会第一届领导班子换届；发放助学金10000元，帮助5名困难大学生上学；对6名困难农民工、疫情防控一线职工等进行常态化送温暖。利用机关干部大会、镇村干部大会开展工会政策、职工权益维护法规宣传学，开展志愿者环保活动、法律宣传活动、职工趣味运动的等活动8余次。开展主题教育，开展团支部对标定级、组织生活会等活动，新建社会领域团组织7个，构建少先队社会化工作体系，成立镇级少工委1个，村（社区）少工委2个，招募西部计划志愿者2名、"社工岗"2名、"逐梦计划"和见习大学生8名，组织青年志愿服务队开展疫情防控、创文复评等志愿活动32次，王井镇团委被评为"自贡市五四红旗团委"。利用"三八"维权周和普法宣传月广泛宣传《家庭教育促进法》，组织开展"两癌"筛查活动，为640余名妇女提供免费检查，为贫困妇女捐赠"两癌"和"贡惠保"保险40人，摸排"春苗助学"困境学生13名，利用春节、"六一"儿童节慰问贫困妇女儿童30人。落实残疾大学生和困难残疾人子女助学制度，实施低收入家庭无障碍改造，发放困难残疾人生活补贴3219人次，补贴金32.19万元，发放重度残疾人护理补贴3612人次，补贴金22.59万元；举办农作物栽培、盲人按摩等技能培训，免费提供政策咨询、职业应聘等服务，利用公益性岗位安置残疾人就业23人。

【村镇建设】 2022年，完成房屋安全普查5000余户。加强耕地保护，发现制止违章建设6起。推进防震减灾工作，制定完善防震减灾应急预案，组织地灾演练1次，设置应急避难场所11处。维修改造提灌站6个、新建1个，新建蓄水池11口、灌溉管网5千余米，新建组道1.5千米、产业道3千米，釜溪河沿岸新建植草沟1063米。开展创文专项整治行动20余次，推动农村生活垃圾分类处理，实现农村生活垃圾收转运设施全覆盖；完成农村聚居点生活污水处理设施建设2个，集成推广测土配方施肥、水肥一体等环境友好型技术，深化化肥农药"两减"行动。聚焦水气两大领域突出环境问题，全年共排查整治突出环境问题28个，发出整改通知书8份，取缔涉水"散乱污"企业1家。实施场镇雨污分流项目，新建截污管网2.3千米，实现场镇1200余户居民生活污水应接尽接。完成釜溪河生态涵

3月28日，廖东区长调研王井森林防灭火工作

养林占地约60000 m²建设，栽种大型苗木1000余株，有效提升釜溪河水源涵养功能。

【乡村振兴】 2022年，召开党委会、镇村干部大会研究部署乡村振兴工作20余次；整治撂荒地847.1亩、耕地恢复560余亩，重点培育打造"王井仔乌鱼""高粱+大豆"等特色产业名片；开展"月监测、季走访"和防返贫监测集中排查，共有建档立卡贫困户407户1170人，已消除风险边缘易致贫户4户7人，新增边缘易致贫户1户2人；桂花村获评2022年度四川省乡村振兴示范村、自贡市乡村文化振兴样板村。

九洪乡

【概　貌】 九洪乡位于自贡市南部远郊，距市中心32千米、距S305线8千米，与邓关街道、王井镇、黄市镇、永安镇（原刘山乡）、联络镇、富顺县永年镇、板桥镇接壤。全乡公路通车里程达320.6千米，其中县道12.3千米，乡道89.5千米，村组道路218.8千米。辖区面积51.8平方千米，辖9个村（社区），含九洪村、莲花村、张湾村、齐岩村、石塔山、三河村、骑龙村、白罗村8个行政村，共122个村民小组；1个社区，设6个居民小组。总人口3.12万人，其中城镇常住人口0.21万人，城镇户籍人口0.10万人。

土壤以红棕紫泥为主，富含磷钾和多种微量元素，特别适宜"三瓜两椒一红苕一高粱"（西瓜、南瓜、香瓜、辣椒、花椒、红苕、高粱）等经济作物的种植。拥有"中国农民丰收节"100个乡村文化活动——九洪西瓜节、国家AAA级景区——瑞鑫火箭湖景区、自贡市循环经济产业园三大优势。

【基层组织】 2022年，共有党员578名，其中新发展党员10名，转正党员29名。慰问老党员、困难党员等171人次。协助开展"万名党员干部下基层"活动共计126人次，主要从事疫情防控、烟花爆竹安全检查、森林防火检查、外出返乡人员摸排、秸秆禁烧检查、交通安全检查、用电安全检查、困难帮扶、防汛抗旱等方面工作。按照《自贡市沿滩区村（社区）党群服务中心建设三年行动方案》，推动九洪村党群服务中心改扩建工作。打造乡、村两级新时代社会主义实践所

九洪高粱喜获丰收

（站），实现全乡全覆盖，丰富广大群众文化活动。开展村级后备力量遴选工作，选优配强后备干部13人。九洪乡三河村党总支部被市委组织部评为市级（AAAA）先进村党组织。规范整理历年档案文件，现存文书档案172卷4409件，会计档案1797卷，确保各类档案可追溯。实施《政府信息公开条例》，按要求规范公开政策、民政工作、人员动态等信息，全年政务公开信息73条。

【人大工作】 人大主席团目前有成员共计7名，乡代表67名，区代表17名，代表联络点9个。2022年，组织召开九洪乡第十九届人大二次会议，选举九洪乡副乡长、成立九洪乡临时党组织，在相关部门的协调下，妥善解决乡人大第十九届第一次会议上代表们提出的解决雷竹产业园土地流转费问题和中学无停车场等15件意见和建议。

【纪检监察】 2022年，对工作落实不力、履职意愿不强、履职能力不足的人员进行严肃问责，查处案件4件，其中党纪处分党员3名，党内警告处分党员2名，政务警告处分1名，开除党籍处分1名。开展疫情防控、生态环境保护、安全生产、窗口腐败、优化营商环境、烟花爆竹禁燃禁放等专项监督行动，共组织监督检查14次，党务村务公开4次，批评教育1人。制定《沿滩区九洪乡深化作风建设提升行动工作任务分工方案》。

【宣传工作】 2022年，乡党委开展中心组理论学习7次，深入学习中共二十大精神、习近平总书记来川视察重要指示精神、省第十二次党代会及市第十三次党代会精神，围绕区第十三次党代会、区第十三届全会等部署要求，巩固党史学习教育成果，落实三会一课、主题党日、民主评议等基本制度。深入机关、村（社区）、产业园、商会等，为党员、群众讲党课30余次。邀请党校老师讲党课2次，组织基层开展集中学习7次、网络教学1次、自主培训22次，结合分管工作开展调查研究1次，各党支部自行开展学习100余次。第十届自贡·九洪西瓜节首次推行"线上＋线下"模式，打造品鉴会、露营季、网络直播等新业态，打响九洪农文旅品牌，旅游综合收益达5000万元。

【武装工作】 落实党委议军制，悬挂宣传横幅20幅，制作宣传标语30余条，发放宣传单2200余份。2022年，进行兵役登记177人，完成上级下达兵役登记数，完成率100%。完成体检政审"双合格"5人，为国防建设输送合格青年2人，其中大学在校生2人。慰问退役军人、军属及烈属655人，共计3.5万余元，表彰立功授奖11名、荣获三等功2人次。筹资2万余元，补齐民兵应急、征兵等工作所需的装备和器材。

【信访工作】 紧扣中共二十大等重要节点，对重点人群实行"一人一档"动态管理，未发生赴省、赴京非正常上方等情况。完善"12345"接诉即办机制，提升群众满意度。创新"65432"工作法，对重点人员实行分级管治。

【经济发展】 2022年，九洪乡完成固定资产投资5.3亿元，省外固投资金2.67亿元，规模以上服务业完成同比增长20%，限额以上商贸业完成同比增长25%，农村居民人均可支配收入增幅9.6%，农业增加值增幅7.9%。依托新春商会活动、第十届自贡·九洪西瓜节等载体，完成招商引资活动3场，收集招商引资线索5条，与2家企业初步达成投资（合作）意愿。自贡市循环经济产业园新增承载能力100余亩，炉渣综合处理项目、工业危险废物处置及资源化项目、中石化油基岩屑综合利用站项目已正式投入运行。财政总收入7891万元，支出7891万元。

【农业产业】 2022年，有新型农业经营主体115个，其中

第十届自贡沿滩·九洪西瓜节开幕式

专合社21个,农业企业24个。培育新型农业经营主体5家。完成粮食播种5.16万亩,荒地整治1125.79亩,争取到九洪片区高标准农田建设项目,完成格田整理400余亩,坡改梯700余亩。开展防汛抗旱保生产行动,投入资金25万余元,新(改)建提灌站4座、管网3.2千米,维修水毁工程13处,改造渠道1300余米,浇灌大豆、柑橘、花椒等作物800余亩。目前九洪乡已形成以西瓜、花椒、"高粱+"为主的产业布局,并创建市级现代农业园区,农村居民人均可支配收入增幅9.6%。获评"市级发展高粱产业先进单位(万亩乡镇)""省级第三批乡村治理示范村镇"等称号。全年生猪出栏3.25余万头,牛出栏87头,羊出栏4576头,家禽出栏22.61余万只,家禽存栏11.34余万只。养殖大户12家。水产养殖520公顷,水产产量1560吨。现有污水处理一体化机3个,极大地解决了村民生活、养殖排污问题。有公益林948.099亩,补贴金额15169.59元,退耕还林7030.71亩,补贴140614.2元。

【社会事业】 九洪乡拥有"徐氏文化"(徐氏雕刻、九洪农民版画、徐氏文化产业园)、九洪女子龙灯、"三句半"快板等系列闻名省市内外的文化艺术,作品入选全国第二届东海少儿版画展览、四川省首届文化奖等;有"台山妹子"、农民宣传队、龙舞表演队等一批文化宣传队伍,数次登上市区级舞台表演,其中九洪女子龙灯被纳入区级非遗包装项目库。2022年,开展柔力球、足球比赛、读书会、女子龙灯等18次活动。依托"河儿坝剿匪"等红色文化,申请徐氏文化产业园、九洪商会统战庭院等7个红色遗址。举办第十届自贡沿滩·九洪西瓜节,首次采用"线上观看直播+线下分散采摘游览"相结合的方式,接待游客1.4万人次,实现综合农旅收入5千万元。共有学校10所,其中中学1所,小学7所,幼儿园1所,教职工及学生共计2100余人。九洪初级中学占地面积11398平方米,建筑面积5000平方米,九洪中心小学校占地面积11000平方米,建筑面积4078平方米。联携四川轻化工大学、西南交通大学多次开展"返家乡"调研社会实践、"三下乡"社会实践等活动,

三河村"高粱+"产业园

共建"大学生乡村振兴实践基地",引导青年创新创业带动乡村振兴,为乡村发展注入新动力。城乡新增就业51人,城乡失业人员再就业30人,就业困难人员完成25人,促进返乡农民工创业50人,"创业+"技能培训脱贫行动组织扶贫培训300余人次,农村过渡性公益性岗位118个,安置建档贫困人员102名。有保障低保家庭户7211户1.49万人,发放282.9万元;特困2998人,发放224.8万元;重度残疾6373人,发放43.17万元;困残3269人,发放32.69万元;死亡318人,其中火化14人,土葬304人。开展"两癌"救助、"两癌"筛查、反家暴法宣传、"caff花园"等活动,受益妇女儿童1000余人。开展"乡村女能人"评选工作,激发女性发展创新活力,九洪社区颜敏同志被评为自贡市"最美乡村女干部"。以构建和谐、维护职工合法权益为主线,以创建"先进职工之家""先进基层工会"为抓手,不断强化"党建带工建、党工共建"工作措施。深化增强团员意识教育活动,培养"红旗团支部""红旗少先大队"。承办"栋梁工程——家乡助你上大学"活动,在30多家爱心企业的关心和支持下,资助47名品学兼优的困难学生。全年提供法律咨询240余次,受理并办结法律援助案件9件,调解各类矛盾纠纷239起,调解率100%,未发生群体性事件及重大公共安全事件。共有在册精神病人数157人,在矫人员8人,刑释人员75人,在册吸毒人员88名。集中开展6月禁毒宣传活动,组织工作人员向群众认真讲解《中华人民共和国禁毒法》和《戒毒条例》等相关法律法规,并向居民发放禁毒宣传资料,有效增强人民群众的禁毒意识。

【村镇建设】 九洪土壤为红棕紫泥,富含磷钾和多种微量元素,适宜种植西瓜、南瓜、辣椒、花椒等经济作物的种植。林地面积1.23万亩,耕地面积3.66万亩,其中永久基本农田面积3.36万亩。沱江、釜溪河、羊叉河、铁钱溪等四大流域流经乡境,流域面积25.6平方千米。有一座小Ⅰ型水库和四座小Ⅱ型水库。2022年建设修整村组道路29.86千米。完成三河村以工代赈项目建设及区级验收工作,新建一体化污水处理设施一个,安装配套污水PE管网9千米,推进厕所改造,已完成158户。创新推广"文明超市"积分机制,激发群众参与村居人居环境整治、社会治安维护、精神文明创建、村级事务管理等工作的积极性和主动性。被评为四川省第三批乡村治理示范村镇。建立完善"河长+段长+点长"流域长效管控机制,完善乡村两级河长制组织体系,做好铁钱溪、羊叉河流域治理。印发《秸秆禁烧专项巡查行动方案》,加大巡逻管控力度。推广测土配方施肥、秸秆还田、增施有机肥、绿色防控等农业生产技术,减少化肥农药使用。依法开展烟花爆竹禁售禁放、整治脏车进城、道路扬尘整治等三项专项行动,提升现代化生态环境治理能力。

【乡村振兴】 第十届自贡·九洪西瓜节首次推行"线上+线下"模式,打造品鉴会、露营季、网络直播等新业态,旅游综合收益达5000万元。三河村农文旅融合项目立项前期工作有序推进,美丽乡村旅游产业路提升工程、易地搬迁安置点公共服务提升工程等2个项目竣工,集体经济餐饮服务中心、产业园配套基础设施建设工程等2个项目实现开工建设。累计新增监测对象13户50人,纳入现行帮扶政策范围。2022年,脱贫群众人均纯收入达到1.2万元,没有发生"漏测失帮"和一户一人返贫致贫。深化校地合作,与西南交通大学共建大学生社会实践基地,开展"三下乡"等活动。首次承办"智兴天府专家行"活动,与省专家服务团签订协议,建立长效帮扶机制。获批"市级专家服务基地""自贡市乡村振兴专家服务基地"。

黄市镇

【概　貌】 黄市镇位于沿滩区中心腹地，东靠沿滩镇、王井镇，南毗九洪乡，西邻永安镇、兴隆镇，北接卫坪街道，距自贡中心城区14千米，距沿滩区委、区政府所在地7千米，王贡路、板牛路、产业大道和规划建设的自泸大件路呈"王"字型横贯全境，到内宜高速公路金银湖出口、自隆高速公路沿滩出口和川南城际铁路邓关站均只有10分钟车程，全镇辖区面积34.5平方千米，耕地3.1万亩，辖7个村（凤凰村、红旗村、群英村、回龙村、丰光村、霞光村、水井沟村）、1个社区（黄镇铺社区），共95个村（居）民小组，总人口3万余人。黄市镇古场镇名为黄镇铺，是"南丝绸之路"上的一个站口，有集市活动已达千年之久。黄市镇在1949年隶属富顺县永安区，1958年组建人民公社仍属永安区，1959年随永安区一起划归自贡市郊区。1962年新置黄市街。1983年改公社为乡，1995年撤黄市乡，建黄市镇。

【基层组织】 2022年，发展党员7名，预备党员转正12名，培养村级后备干部17名。投入25万元提升打造群英村党群服务中心，投入150万元打造回龙村党群服务中心，为实施乡村振兴打下组织基础。宣传党风廉政建设、环境保护等政策4000余人次，收集解决建议、诉求144条。

【人大工作】 2022年，开展人大代表视察活动，对水井沟村肉兔养殖基地、红旗村集体经济柑橘产业园进行视察，充分发挥人大代表的桥梁纽带作用，开展主任接待代表日活动，收集建议2条。

【宣传工作】 2022年，推进基层党建、安全生产、民生实事、乡村振兴等重点工作的对外宣传，通过国家级、省市区级新闻媒体发布外宣稿件121条；通过网易新闻、共产党员网等网站发布网宣一类文章12篇，二类文章165篇；丰光村被评为区级文化振兴样板村，黄市镇选派的《编灯草》节目代表沿滩区参加全市魅力乡镇文化竞演，荣获全市二等奖。

【武装工作】 2022年，适龄青年兵役登记工作应征入伍4人，其中大学生2人，中职毕业2人。6月，镇武装部组织民兵应急连民兵参加区人武部对基干民兵的拉动点验，6月参加区民兵应急连拉动，全年动用民兵200余人次参加大小抢险救灾、维护社会治安稳定工作30余次。7月—10月秸秆禁烧期间，镇武装部组织成立10名民兵秸秆禁烧应急小分队，在辖区内进行昼夜巡逻，随时听从指挥与调度。

【信访工作】 2022年，开展扫黑除恶专项斗争，进行平安黄市、法治黄市建设。全年未发生非正常上访、越级访和涉稳事件。排查不稳定信息12条，化解12条，化解率100%，接待群众来信来访71件92人次。其中领导现场解答咨询32件50人次，领导接访35件38人次，办理区交转办件4件4人次，办结4件4人次，办结率

6月29日，黄市镇学习贯彻省第十二次党代会精神

为100%，信访件次与去年同期持平。调解矛盾纠纷59件，调处化解57件，与去年同期比下降5%，成功率94.91%。治安案件受理34件，查处8件。刑事案件立案32件，破案4件，挽回经济损失0.8万元。

【经济发展】 2022年，完成全社会固定资产投资61187万元。其中，省外固定资产投资36164万元，商贸固投3506万元，工业固投18691万元，工业技改投资11261万元。完成报送重大招商引资项目线索6条，考察项目企业11次，报送招商引资动态信息9条，举办招商活动2次，迎接客商来访2次，新签约项目1个；完成1户商贸企业升规入统，完成个转企4户；配合做好页岩气勘探工作。做好黄市镇新城农产品批发市场建设项目、黄市镇高标准肉兔养殖基地项目2个区重大项目全年计划形象进度。

【农业产业】 2022年，落实防止耕地"非农化""非粮化"要求，采取"四个一批"开展撂荒地整治，共整治撂荒地781.9亩。推广大豆、高粱、秋马铃薯等农作物种植，新发展夏大豆2000亩，秋马铃薯1000亩，同时引导柑橘、花椒业主利用行间土地套种大豆、早玉米、蔬菜等1500亩。以自贡食品工业园建设为契机，探索"农户+基地+企业"的"订单合作"模式，巩固提升2000亩高粱基地，改扩建柑橘、花椒等特色产业基地3000亩，建成年出栏20万只优质肉兔养殖基地1个、标准化蛋鸡养殖场1个。

【社会事业】 2022年，提升群众参与社会治理参与度。强化辖区群众用水、供水保障，通过错峰、配送改善辖区3万余名群众用水条件；修改完善镇级政务服务事项170项，其中依申请事项数116项，村级政务服务事项64项流程配置，其中依申请事项数64项，全年办理行政许可事项158件，完成419件12345政务服务热线交办件；承办四川省第二届"民法典走进乡村（社区）""三个一百"主题宣讲集中示范活动、全市网络综合治理体系建设现场会，推进法治乡村建设。全年出生115人，其中二孩生育48人、三孩生育5人，死亡241人。城镇新增就业158人，失业人员实现再就业46人，就业困难人员实现就业26人，提供城镇公益性岗位30个，农村公益性岗位102个。全年发放计划生育奖扶475人，特扶32人，全年发放独生子女父母奖励金2.454万元。完成艾滋病筛查7821人。发放城乡最低生活保障15021人次，发放保障金额276.6万元。发放城乡特困人员生活补贴3606人次，发放金额234.3924万元。发放高龄补贴11314人次，发放金额33.41万元；发放优抚优待金1747人次，发放金额124.611万元；发放孤儿、事实无人抚养儿童36人次，发放金额4.32万元。登记持证残疾人总数1118人，其中一级残176人，二级残361人，三级残308人，四级残273人，发放重度残疾人护理补贴5942人次，金额40.2万元，困难残疾生活补贴5049人次，金额50.4万元，扶持40名农村贫

6月7日，人大代表调研水井沟村肉兔养殖厂

困残疾人发展生产，居家灵活就业直补（创业）补贴10人，共计金额5000元。为2名残疾大学新生申请教育资助，共计6000元；救助贫困家庭脑瘫儿童5名，救助贫困家庭残疾儿童7名，帮助47名残疾人辅具适配。为全镇1108名符合条件的残疾人购买意外伤害保险。

【村镇建设】 2022年，办理不动产登记证321户，发放乡村规划许可证55户（包含补发乡村规划许可证户），通过对上争取资金硬化农村道路10余千米，入户检查排查居民自建房8443户，入户检查排查燃气用户5125户，对检查排查有隐患的采取停止使用、安全警示、立行整治等措施整改。清洗和修缮垃圾收集池110余座，规范乱停乱放车辆3500余辆次、规范占道经营2000户及再生资源回收站3家，清理卫生死角150处、"牛皮癣"19000余张，拆除乱贴广告1800余幅同时对新建停车场地的功能性分工进行细化，解决场镇游商随意占道经营的现象。落实专职清扫保洁人员全天候保洁，建立长效机制建设，保证镇域内卫生环境的整洁，加强对基础设施的维护管理，落实专人负责场镇绿化工作和路灯的维护，及时更换损坏的路灯，按季节调整路灯开关的时间。落实环境保护网格化监管，确定四级网格员8人、环保监督员95人，做到全域无缝连接。加强碾子滩饮用水源保护，落实实施2022年碾子滩水库饮用水源污染防治行动项目，饮用水源地环境明显改善，加强污水处理厂运营公司以及污水一体化处理设施管理和日常运行情况监督，督促公司对设施设备加强保养维护，确保污水处理厂正常运行。联合区环保局、区水务局、镇派出所等部门开展联合执法整治行动16次，劝离驱走垂钓者1100余人次，饮用水水源保护成效明显。制定秸秆禁烧专项行动实施方案，建立巡查通报制度，落实网格化监管责任体系，镇村组干部和环保网格员参与巡查夜查5000余人次，批评教育53人次，有效遏制秸秆焚烧现象。

【乡村振兴】 2022年，争取中央、省市项目资金4000余万元，实施以工代赈、高标农田、人居环境整治等20个项目，覆盖辖区内回龙、水井沟等重点村，有效提升道路、水利等产业基础设施。对标考核评估"责任落实、政策落实、工作落实和成效巩固"四个方面，守住不发生规模性返贫底线，高质量完成省级交叉考核评估工作，落实动态监测和分层分类帮扶工作，抓好防返贫日常、集中摸排及各行业风险线索核查，共有监测对象13户32人。根据川南新材料产业园区、自泸大件路等重点项目实施，结合实际及时修定产业布局，为产业园区提供配套服务打下坚实基础。推进回龙村人居环境示范点、碾子滩饮用水源地生态防护林等项目建设，做好"厕所革命"后续管护。搭建议事协商平台，扎实开展"小微协商"活动，探索"院坝协商""现场协商"等特色品牌，使"小微协商"成为党组织联系社会各界、凝聚群众、集中智慧的桥梁和纽带，有效解决政协委员参与基层协商"最后一千米"问题，构建共建共商共治共享

6月22日，沿滩区政协到黄市镇群英村召开小微协商会议

的基层治理新格局；推进法治乡村建设，构建以党组织为核心、以"法律明白人"为主力、以"一路一院"建设为抓手的创建体系。

永安镇

【概　貌】 沿滩区永安镇位于自贡市沿滩区腹心地带，地处王舒路中段，东与黄市镇、九洪乡交界，南与联络、富全二镇接壤，西与自流井区仲权镇相邻，北与兴隆镇毗连，距自贡市区16千米，距区委、区政府驻地17千米。全镇辖区面积52.93平方千米，渝昆、乐自隆高速穿境而过并设有金银湖出口，县道沿富路、王舒路、板牛路覆盖辖区主要村（社区）。全镇辖11个村、2个社区，共123个村（居）民小组。2022年年末人口数3.9万人（农业人口3.6万人），其中，常住人口20469人，场镇常住人口3747人。辖区有少数民族人口106人，涵盖壮族、彝族、藏族、白族、苗族、傣族、羌族、侗族、普米族、拉祜族、仡佬族、布依族、土家族、瑶族、黎族、哈尼族、布朗族等17个少数民族。全镇地域属中线丘陵地区，最高海拔260米，最低海拔204米，属亚热带季风气候，四季分明，雨水充沛，无霜期长，因此林木、植被和水域资源丰富，辖区内有金银桥、观音坝、王沟、沙丘等四座小一、二型水库，其中，金银桥为一级饮用水源地保护区、观音坝为备用二级饮用水源地保护区，舒滩河、望子河、羊叉河流经该镇。全镇文旅资源丰富，拥有中国彩灯之乡文化产业创意园、汇龙堂仿真恐龙园、观音湖景区、阁乐祠、熙园山院、大丰收十里桃缘、现代农业园区等景区景点。该镇以打造生态文旅小镇为目标，推出"政府搭台、业主唱戏、协调联动"的全新乡村旅游模式，开展郁金香节、乡村露营季、桃花观赏节、蜜桃采摘节等特色乡村旅游主题活动6场次，接待游客30万人次，实现旅游综合收入2.9亿元。永安镇云龙村被评为省级乡村旅游重点村。

永安城镇建设

【基层组织】 2022年，开展党委中心组理论学习8次、机关干部学习会40次、镇村干部学习培训20余场次，结合院坝会、新时代文明实践站等形式广泛开展宣讲宣传80余场次，参学党员群众4000余人次。开展基层党建业务培训3次，常态化监督整改，推进党支部标准化规范化建设，发展预备党员10名，按期转正21名，排查农村党员发展问题1个，动态培养村级后备干部9名，回引优秀农民工回村任职1名，培育返乡农民创业典型2名。成立永安镇集体经济联合总社，打造熙园微田园，联村共建集体经济产业园，探索开展订单农业，强化村企合作，增加集体经济收益，实现全年集体经济收入453.6万元，建成100万元村1个。永安镇前进村被中共四川省委农村工作领导小组办公室评为"合并村集体经济融合发展试点先进村名单"。

【人大工作】 2022年，组织区镇人大代表开展调研视察活动9次，提升改造镇人大之家阵地，开展人大代表接待选民日活动12次，收集意见建议6

条，解决群众反映的民生问题 4 件。

【纪检监察】 2022 年，落实一岗双责，以窗口腐败、借培训名义搞公款旅游、年轻干部"涉网"腐败问题等专项治理工作为契机，推动班子成员转变思想作风和工作作风，及时传达学习上级关于违反中央八项规定精神典型案例通报，紧盯重大时间节点，发送廉政信息 1000 余人次。全年开展常态化疫情防控、环保安全等重点工作监督检查 40 次，村庄建设项目及村级"三资"管理检查 2 次，开展群众身边的不正之风和腐败问题监督检查 4 次，全年党纪立案查处 6 件，党纪处分 6 人，运用第一种形态教育党员干部 1 次。

【信访工作】 2022 年，完成"一村一法律顾问"，建立镇调解中心、村（居）调解工作室等 14 个，成立调解工作队伍 46 人，共开展法制宣讲、法律咨询、法律微课堂等多种形式的法律服务活动 5 次，全年提供法律咨询 360 余次，开展矛盾纠纷排查 40 余次，接待来访群众 60 余批涉及 300 多人，调解各类矛盾纠纷 381 起，调解成功 381 起。全年无发生进京到省上市的越级上访，无发生群体性事件，无发生涉邪教等政治安全事件和重大公共安全事件。

【宣传工作】 2022 年，改造新时代文明实践站所、农家书屋等意识形态阵地，永安镇新时代文明实践所获评自贡市新时代文明实践示范阵地。邀请中央和省、市主流媒体联合策划选题、开展采访报道，承办"乡村振兴——2022 年主流媒体沿滩行"活动，在学习强国、四川电视台、自贡日报、沿滩融媒等刊载报道永安镇相关内容 125 篇。

【经济发展】 2022 年，地区生产总值达 41.21 亿元，税收达 1779 万元，全社会固定资产投资达 6.2 亿元；规模以上工业增加值增速、社消零增长（限上商贸）增长率、农业增加值增速、农民人均可支配收入增长率等指标超额完成区下目标任务。开展招商引资活动，主动对接省、市农科院，四川现代种业集团，新希望集团，华智生物等科研院所、意向企业，与四川丰大种业、自贡市农业科学研究院、四川现代种业集团等完成合作签约，在省农博会上优质大豆种业基地项目作为全市唯一重大农业招商引资项目签约。开展外出招商 11 场次，新签约项目 2 个，到位招商引资资金 4.39 亿元，超目标任务 76%。组织博宏丝绸、永安液压等企业参加政企"畅聊早餐会"，协调解决企业发展过程中存在的困难和问题 20 余个，帮助企业申请补贴资金 6 万余元、落实减免资金 4 万余元。

【农业发展】 2022 年，有耕地面积 41350 亩，土地流转面积 11575 亩，流转率约 30%；林地面积 14793 亩。农作物总播种面积 95064 亩，其中粮食播种面积 38206 亩，产量 16831 吨；经济作物 56858 亩，产量 94929 吨（主要包括花生、油菜、甘蔗）。开展撂荒地专项整治行动，整治撂荒地 914.1 亩，实施 1000 亩高标准

时任市长曾洪扬调研沿滩区永安镇云丰村

农田建设，完成稻渔综合种养和水稻制种基地建设，投入抗旱资金60余万元，克服暴雨、干旱等极端天气影响，确保粮食产量和生猪、肉鸡出栏基本稳定，农业总产值达9.5亿元，农民人均纯收入达2.85万元。永安镇被农业农村部纳入2022年农业产业强镇创建名单，被评为四川省"稻香杯"暨"农业丰收奖"先进集体。

【社会事业】 2022年，举办各类招聘4场次，达成就业意向32人，完成岗位技能培训6场次172人次，累计发放城乡低保、城镇特困人员救助等各类保障资金430余万元，整治地质灾害点43个，解决群众急难愁盼问题110件。落实疫情防控常态化举措，做好全民疫苗接种工作，疫苗接种覆盖率达到94.21%。创新成立金银湖农旅融合发展片区综合体团工委，与西南交通大学智慧城市与交通学院合作建立大学生乡村振兴实践基地，充分发挥"青年之家"建设作用，举办团干部培训3次，培养村（社区）团后备干部6名，推荐青马工程参学人员3名。整合机关、教育、企业、司法、派出所等各方资源，打造鳌头铺社区市级"童伴之家"1个，新增云龙村"童伴之家"1个，建立永安镇少工委、鳌头铺社区少工委、云龙村少工委，联合"童伴之家""少工委"开展红色教育、乡风文明等活动20次，参与儿童500余人次。

【村镇建设】 2022年，完成镇村一体国土空间规划编制，完成第一批次整治废弃地、低效地、超占地等建设用地约400亩，拆旧复垦农房9000余户。提升改造永安镇老街道路、房屋立面、店招店牌，规划建设客运中心站、综合消防站、永安商业步行街、中心广场等一批公共服务设施，完成前进村农贸市场提升改造项目。完成场镇排污管网1.2千米，改造农村聚居点污水处理设施建设，完成甄子山和横冲咀等传统村落人居环境示范点建设，完成阁乐祠保护性修缮，建设文化广场2个共计6400平方米。开展污染防治工作，取缔污染养殖业29家，整改污水管道问题30余个，新增一体化污水处理设施9个，提升农村生活垃圾治理水平，落实河长制工作，扎实开展烟花爆竹禁燃禁放和秸秆禁烧工作。

【乡村振兴】 2022年，落实"一户一策"帮扶计划，消除风险对象6户21人，防止发生规模性返贫底线，通过全省巩固拓展脱贫攻坚成果同乡村振兴有效衔接考核评估。组建沿滩区创建全省乡村振兴先进区工作专班，牵头成立金银湖农旅融合发展片区综合党委，创新"三共九联"工作法，建立完善"工作组+工作专班"工作体系，组织召开调度会20余次，对照国家级制种大县和南方大豆种业基地建设目标，与四川种业集团、市农科院、丰大种业签约合作，共建南方大豆基地，完成1000亩品种选育暨原原种繁育区、5000亩原种繁育区建设，建成花椒基地8900亩，多次迎接省市领导调研指导，园区农民人均可支配收入27800元/人，高于沿滩区农民人均可支配收入25.8%。云丰村被评为2022年乡村文化振兴省级样板村，沿滩区花椒大豆现代农业园区被认定为省三星级现代农业园区。

乡村振兴综合服务中心

联络镇

【概　貌】　联络镇距离自贡市西南约30千米，位于沿滩区西南部约17千米，与富顺县板桥、中和连界，同本区的永安、富全、九洪等乡镇接壤，镇域历史悠久，又名周场。辖区面积32.2平方千米，总人口约2.2万人，农业人口19862人，非农业人口2290人，其中城镇人口900余人，辖区内有5个行政村（中心村、新和村、高滩村、胡桥村、江冲村），1个社区居委会（周场社区），共71个村民小组、2个居民小组。耕地面积1806公顷，镇域内土壤肥沃，适宜水稻、油菜、花生等作物生长，花椒、高粱种植面积各达5000亩，适宜猪、牛、羊、兔、鸡等家禽家畜养殖。场镇建成区面积超过1平方千米，常住人口突破5000人，有6条主街道和一个规范化农贸市场，大小商家200余户，年末企业户数56户，主要涉及食品、商业、服务、砂石、农产品初加工等行业。玉寺山位于联络镇西北部高滩村，北与永安镇接壤，南与胡桥村相连，占地1200余亩，森林覆盖率达80%，空气清新、地势高峻，内有手扒崖、燕子洞等主要景点12个。高滩水库倚山环绕，山水相连、风景秀丽，4条公路穿山而过，交通便利，近年连续举办五届玉寺山生态旅游节，累计吸引游客6万余人次。

【基层组织】　2022年，严格落实"三会一课""主题党日""双重组织生活"等党的组织生活基本制度，建立"村支部（党小组）+党员"双向联系、双向服务、双向认领机制，制定《民情台账》《诉求台账》《落实台账》三本台账，发动基层组织解决群众实际问题2000余个。高标准新建、改造村级阵地2个，创新打造农村版"道德银行""爱心妈妈工作室"。突出党员教育针对性，开展积极分子、党务干部、党组织书记培训，培训积极分子、发展对象、党员160余人次，党务干部和党组织书记60人次，培育村级后备力量14名，发展党员7名，回引优秀农民工30名。

【人大工作】　2022年，依托江冲村"党建+产业孵化"活动阵地、胡桥村"就业+创业"培训基地、高滩村市级（AAAA）先进村党组织，开展"好婆婆、好媳妇""森林防火标兵"等先进典型培树活动，通过中国网、自贡网等平台宣传先进典型13人次，推出国省两级人大代表、政协委员初步建议人选1名。

【纪检监察】　2022年，处理线索5件，立案1件，党纪处分1人，批评教育5人，提醒谈话5人。

【经济发展】　2022年，社会固定资产完成投资额51000万元，完成率100%。到位省外固投资金任务20000万元，新签约任务1个。2022年，到位省外固投资金22443万元，完成率112.21%。11月签约1个项目，完成率100%。城镇居民人均可支配收入年底完成率100%。社会消费品零售总额（限额以上）目标增速22%，完成增速22%。2022年新建村组道路、产业道近20千米，新争取道路指标10余千米；配合实施永安刘山—联络段城乡供水一体化项目建设，完成主管建设4.2千米；投入资金约600万元实施镇域道路、路灯、绿化、排污等全面升级，高标准实施增减挂钩项目，完成改造提灌站、山坪塘、蓄水池、配套管网及渠道清淤等工作。四川省向家坝灌区北总干渠一期一步工程，总占地面积473亩，需搬迁16户、征地土地87亩和临时租地386亩，已全部完成。2021年自贡市沿滩区以工代赈示范工程，截至2022年底已竣工并完成验收；沿滩区2023年中央财政衔接资金以工代赈项目处于省级遴选阶段。

【农业产业】　2022年，共有耕地面积20092亩，人均0.89

亩，林地面积11987亩。粮食以水稻、玉米、高粱为主，产粮12655吨（其中水稻7825吨，玉米941吨，高粱1601吨），人均560千克。种植蔬菜11192亩，产量25367吨，主要有萝卜、茄子、辣椒、莲藕等。畜牧以猪、羊、兔、家禽为主，生猪仔7.3万头，肉兔34.1万只，家禽30.4万羽。

江冲村林下套种大豆

【社会事业】 2022年，开创两个村级就业创业基地和一个实践基地，加大就业稳岗力度，举办就业招聘会8场，组织技能培训260余人次，力促86人就近就业，新开发公益性岗位75个，多渠道促进就业创业。全民参保全年目标缴费任务为120人，截至12月底完成191人，完成目标任务的159.17%，全镇累计1.08万人参保。落实最低生活保障，累计发放低保救助金177万余元，发放特困供养金183万余元，发放临时救助资金4.2万元，发放优抚资金136万余元，发放残疾人护理补贴和生活补贴46万余元，争取残疾人辅具337件，无障碍改造22户。为2名困难大学新生申请福彩公益基金1万元；为1名事实无人抚养孤儿申请"蜀护未来·助梦学海"助学工程1万元；累计悬挂光荣牌12块，完成优抚年审131人。全镇6个农家书屋，今年共新增图书455册，音像制品35张，全镇书屋累计藏书约3000册，涵盖文学、农业信息、种植养殖、维修等方面农民朋友喜欢的书籍。先后组建联络镇钢笔画室、读书会、柔力球队等，开展丰富多彩的活动。

【村镇建设】 高滩水库为小Ⅰ型水库，位于沿滩区联络镇胡桥村、高滩村、新湾村，地处釜溪河支流白节子河上游。水库建于1958年，水库坝址以上集雨面积12.67平方千米，正常水位水面面积约1200亩，水库总库容595平方米。目前，高滩水库已被列为饮用水源地，属于控制性开发区域，但高滩水库具备较好的水源及绿化优势。水库设计标准为：50年一遇设计，500年一遇校核；水库下游渠道的设计防洪标准是20年一遇。建设"品质小镇"。新建村组道路、产业道近20千米，新争取道路指标10余千米；配合实施永安刘山—联络段城乡供水一体化项目建设，完成主管建设4.2千米；投入资金约600万元实施镇域道路、路灯、绿化、排污等升级，高标准实施增减挂钩项目，完成改造提灌站、山坪塘、蓄水池、配套管网及渠道清淤等工作。

高滩水库

推进"河长制""林长制",完善和推进"环保黑名单"制度;加强高滩水库饮用水源地保护,保持辖区羊叉河、龙居寺河流域各水库环境保洁常态化。高滩水库投放鱼苗14万尾,确保高滩水库饮用水源地水质提升。

【乡村振兴】 2022年,通过农民夜校、振兴学堂、妇女课堂等平台开展培育"田秀才""土专家"26名;通过调选生到村任职、农业技术专家入户指导等方式,发挥人才引领作用。注重以产业振兴带动乡村振兴,助力村民产业壮大、收入增加。创建沿滩区"柑橘+生猪现代农业园区",带动周边柑橘、水稻种植扩大600余亩;创新集体经济模式,打造"集体流转+招商引资+整合分配"模式,同时推动村民以土地入股合作社,共建立特色产业专合社6个,相比上年村集体经济增收约30万元。

德康生猪种养循环产业园

兴隆镇

【概貌】 兴隆镇地处自贡市南郊,东与沿滩区卫坪街道相连,西与自流井区舒坪镇毗邻,南接沿滩区永安镇,北与自贡高新区接壤,全镇辖区面积27.88平方千米,户籍人口1.8万。兴隆镇属亚热带湿润季风气候,气候温和,雨量充沛,日照短,无霜期长,盛产天然气和盐卤,属亚热带湿润季风气候。清乾隆中叶,置兴隆场保。1912年,以保办团,置兴隆团。1934年,改团为乡(镇),兴隆团析出部分地域归永安乡,剩下地域组建兴隆乡。1935年,改乡为联保。1940年,复改联保乡。1951年,析兴隆乡为兴隆、河山、河坝3小乡,并划出王河、金银桥、凤凰山、白云寺、黄石坡归永安乡。1955年,并兴隆、河山、河坝3小乡为兴隆乡。1958年划的滴水、沙田、柑坝、麻柳、跃进、卫星和从永安公社划入的桃山、留永8个村合建兴隆公社。1959年,划入自贡市郊区。1983年,改公社为乡。1995年,改乡为镇,辖先锋、留永、陈塆、舒滩、光辉、桃山、卫星、沙田8个行政村,95个村民小组和1个社区居民委员会,3个居民小组。2019年,建制村调整辖留永村、卫星村、舒滩村、先锋村、光辉村5个行政村,58个村民小组和1个社区居民委员会,4个居民小组。兴隆镇距自贡市中心10千米,距沿滩区委、区政府驻地15千米,现有通村水泥道路90余千米,硬化产业道10余千米,县道园富路、王贡路约10千米,内宜、乐自、自隆3条高速公路在兴隆境内通过。

【基层组织】 2022年,有基层党(总)支部9个,其中包括新建非公党支部1个;在册党员439人,新发展党员4人,培养积极分子13人。发掘和培育后备力量,选拔村党总支书记1人,补充村"两委"班子人选5人。各党支部组织党员参学5300余人次,开展主题党日活动90余次。各村(社区)动态储备村级后备力量2名,完成先锋村、留永村阵地改扩建工程,光辉村党总支打造为区级(AAA)先进党组织。以巡察整改为契机,推进基层党组织规范化、标准化建设。创新工作督办机制,制定"红黄绿"三色工作督办机制，对重点工作坚持"半月调度、月度总结、季度拉练"，推动镇村干部作风明显转变。

【人大工作】 2022年，建立兴隆镇"人大代表之家"1个、人大代表联络站6个。开展"人大代表晒业绩""人大代表听你说"等活动12次，接待干部群众100余名，解决问题92个。

【纪检监察】 2022年，推进形式主义、官僚主义问题集中整治，自查并整改问题6个；开展纪检委员集中接访活动及"走遍沿滩"活动12次，接待群众700余人次，收集意见建议82条，开设"廉洁课堂"24场。

【宣传工作】 2022年，建立新时代文明实践站（所）7个，每月开展活动6次，在沿滩志愿时间银行内注册志愿者100余名。开展道德讲堂4次，承办沿滩区第三季度道德讲堂。在镇域范围内开展学习中共二十大精神、习近平总书记系列重要讲话精神等90余次，涉及干部群众1000余人。常态化开展党史学习教育和"学习强国"。推选两名干部群众作为沿滩区道德模范候选人。通过沿滩融媒发布稿件48篇，其他外宣稿件60篇。

【武装工作】 2022年，专题研究武装工作4次，完成潜力调查26人，为部队输送优质兵源5名。

【经济发展】 2022年，完成全社会固定资产投资55684万元，入统固投项目17个，完成工业投资20136万元，农业增加值增长4.2%，农村居民人均可支配收入增长7.8%。新签约重大项目1个，引进四川鑫家铭建筑装饰公司等建筑建材企业3户、工业企业1户，带动100余人就地就业。招商引资到位市外资金45620万元，到位省外资金42023万元，完成市外固定资产投资42023万元。全年可支配收入为1393.73万元，上年结余0.65万元。一般公共预算支出数1393.73万元，年终滚存结余20万元。全年完成税收267万元。全镇有各类企业32户，主要以食品加工类、建筑、白酒酿造、文旅产业、建材能源制造等为主，全年工业总产值5.67亿元，同比增长0.4%。依托双河口片区发展近郊产业，为市民春节期间提供家风家教、农耕体验等服务，通过资源整合培育休闲露营为主的文化企业1户。

【农业产业】 2022年，全镇耕地面积19511.64亩，其中水田9911.91亩，旱地9599.73亩，主要粮食作物为水稻、玉米、高粱、大豆、薯类、油菜。农作物播种面积41984亩，其中粮食播面21224亩，经济作物面积20303亩，其他农作物面积457亩。集中整治撂荒地500余亩，打造"高粱+大豆"带状复合种植区，种植高粱3000亩，扩种大豆1915亩，种植玉米3202亩、土豆200亩、柑橘1400亩，新增家庭农场2个。全镇有农业发展专合社9家，农业公司13家，种养大户27家。生猪年出栏12505头，存栏4372头，牛年出栏98头，羊年出栏2950头，

沿滩区党建引领农村新型农村集体经济发展拉练会

存栏家禽 76871 万只，禽蛋产量 183 吨，有养殖大户 4 家，适度规模养殖户 30 家。水产养殖面积 1094.6 亩，年水产品产量 590 吨。完成上级下达的造林任务与草原生态修复任务，完成乡村二级林长组织责任体系建设、村级"一长两员"网格体系建设，设立镇级林长 2 名、副林长 5 名、村级林长 5 名、监管员 5 名、护林员 5 名，按要求配合区林长制办公室开展乡镇林长制相关工作。河湖管理状况良好，舒滩水质达 2-3 类。生态涵养 110 亩，保持水土稳定。开展水土保持法律法规、管理办法宣传 2 次。投资 82 万元，新建囤水田 13 口，整治山坪塘 2 口，新建储水池 1 口，维修储水池 1 口，新建石河堰 1 座，延伸灌溉管网 2200 米，购买潜水泵 2 个。

【社会事业】 2022 年，开展"我们的节日"兴隆镇传统节日活动、"好家风、好家教、好家庭"系列家庭教育讲座、"送文化下乡"曲艺表演、"全民健身，你我同行"广场舞推广、"儿童之家"系列活动等 40 余场，参加人数 7000 余人次，制作兴隆镇红歌歌本 1 个。有全日制区管中学（自贡 26 中）1 所，小学 1 所。自贡 26 中校园占地面积 14830 平方米，建筑面积 4000 平方米，有教职工 41 人，有教学班级 7 个，学生 240 名。兴隆小学占地面积 15333 平方米，建筑面积 11000 平方米，有教职工 62 人，教学班 13 个，学生 513 名。兴隆镇早慧幼儿园占地面积 377 平方米，建筑面积 675 平方米，现有教职员工 13 人，班级 4 个，在园幼儿 120 人。全年开展全民健身、趣味活动等文体活动 4 次。建立健全困难职工档案，常态化开展困难职工慰问。开展集体协商"集中要约月"活动。落实预决算制度，确保工会收支合法合规。加强非公企业工会组织管理，建立新就业形态工会委员会 1 个。关心困难家庭妇女儿童，共发放慰问品 5000 余元。创建最美家庭 2 户，各村、社区开展"儿童之家"专题活动 20 场。救助"两癌"患者家庭 8 名，发放救助金 8 万元，组织辖区内育龄妇女"两癌"筛查 705 人次，集中宣传《未成年人保护法》《婚姻法》《家庭教育促进法》5 次。全年走访帮扶"五失"青少年困境儿童 145 人，帮助解决青少年学生的困难问题 26 个。实施"圆梦工程""金秋助学"捐助资金 28000 元，资助学生 22 人。城镇新增就业人员 98 人，面上公益性岗位 8 人，申报青年见习 6 人，返乡农民工创业补贴 3 人，创业贷款 1 人，乡村公益岗位 57 人，临时公益性岗位累计安置 11 人，灵活就业社保补贴在管人员 10 人。全民参保完成 100%，3242 人完成认证。开展就业引导、技术培训，新增城镇就业 285 人。完成城乡居民医疗保险征缴 13184 人。完善低保、特困人员供养、临时救助等救助保障制度，累计发放低保金 10987 人次 264 万元；发放特困人员供养金 2492 人次 155 万元；发放临时救助 181 人次 9 万元。建立特殊群体、困难群体关爱帮扶长效机制。发放退役军人及优抚对象补助 1179 次，89.36 万元。困难群众临时救助 181 人次，发放救助资金 92285 元。共有持证残疾人 606 人，其中低保享受 295 人，落实居民养老保险

"花卉+"融合发展产业道

565人，落实城乡居民医疗保险603人。全镇有重点优抚和60岁退役士兵100人，其中城市6人，农村94人，有60岁以上退役士兵53人，参战退役士兵22人，残疾军人3人，烈属4人，带病回乡退伍军人14人，老烈士子女3人，复员军人1人。打造1个四星级村级退役军人服务站。发放义务兵父母家庭优待金7人，大学生入伍奖励金4人，退役士兵自主择业金3人。为51名重点优抚对象购买医疗保险，为17名低保和特困退役军人免费申领防癌抗癌保险，优抚政务公开面100%。2022年，新生儿117人，免费孕前优生健康检查目标人群覆盖率达100%。

【村镇建设】 2022年，受理申请建房农户8户，批准7户，实施危房改造1户，完成17户避险搬迁。实施"农村厕所革命"320户，新建公共厕所1个，建成沿滩区农村面源污染治理示范点。延伸提灌站管网2.2千米，配合实施城乡供水一体化项目，完成管网铺设13千米，新建村组道路2.47千米，加宽道路2.43千米、产业道路5.6千米，新建储水池1口、整治储水池1口、整治山坪塘5口；完成场镇截污干管二期工程。新安装天然气200余户。新增停车场1个，更换路灯35盏，修补场镇坑洼路面15处，清

沿滩区"多网合一"推进底线底板工作现场会

运生活垃圾1500余吨，大件垃圾18余吨。依托"多网合一"治理体系，开展企业环保检查60余次，秸秆禁烧巡查270余次，饮用水水源地巡查200余次，开展石牛桥饮用水水源地保护整治。

【乡村振兴】 2022年，完成建档立卡脱贫户巩固提升328户888人，巩固提升脱贫村1个。投入乡村振兴衔接资金300万元，实施产业发展、基础设施建设项目1个。通过省级巩固脱贫攻坚成果后评估交叉检查。光辉村被评为"四川省乡村振兴示范村"。

富全镇

【概　貌】 富全镇地处沿滩区西南部，距自贡市区27千米，东与本区的永安镇、联络镇相接，南与富顺的板桥镇相邻，西与宜宾孔滩镇、自流井飞龙峡镇接壤，北与自流井仲权镇相联，曾经是自流井通往叙州府（宜宾）的官道，"三区交接"地理区位优势明显，素有"鱼米之乡"美誉。辖区面积39.08平方千米，辖5个行政村61个村民小组，1个社区3个居民小组，户籍人口2.46万，常住人口1.65万，直属党组织11个。富全镇由铁路、公路构成交通运输网络，镇内有3条县道：园富路、伍富路、板牛路，1条普铁连接四川、贵州、云南三省，村、组道路100余条，硬化率达95%。现有二郎溪森林公园景区，5座水库，2个农贸市场，2家规上企业。地势东高西低，多为丘陵地貌。属亚热带湿润季风气候，全年四季分明，雨量充沛，年平均气温17.8℃，年平均降水量1032.00mm，无霜期长达323天，境内特有土壤黑油沙，矿物质营养丰富，有机质含量高，具有发展农业的天然优势。

【基层组织】 2022年，组建

商会党支部，打造企业家之家。组建社群党支部，规范建立民间草根组织，推动居民活动组织化。组建党员突击队党总支，支部建在中队上，有战应战、无战练兵，常态化储备应急突击力量。

【人大工作】 2022年，召开人民代表大会2次、组织开展视察调研4次、开展人大代表述职活动1次、与党委研究民生实事票决项目3件；开展"人大代表走访联系月"系列活动，深入基层、关注民生、服务群众，组织各级代表走访、接待、帮助群众310余人，走访、帮助企业30个，收集群众反映的问题27个，帮助解决23个，交办部门问题25个。

【纪检监察】 2022年，发展健康的政治文化，召开党风廉政建设专题会议6次，组织党员干部上警示教育课8次，组织科级干部观看警示教育专题片4次。处理党员、干部违纪违法行为9起。

【宣传工作】 2022年，组织7支基层宣讲队进村入户开展宣讲36场次，覆盖群众1000余人次，开设支部书记轮值讲堂18次，印发各类宣传单、学习手册5万余份宣传创文、创卫、扫黑除恶、普法等工作。开展"四川好人""最美家庭"评选活动，建立20人的富全镇网络员志愿者服务队，对网络谣言、负面信息等网络乱象及时发声、制止，不断强化舆情管控。

【武装工作】 2022年，召开全镇征兵动员部署会9次，设置常态化征兵宣传点7个，在主要街道路口悬挂横幅40余条、大型征兵宣传海报3处，利用大学生放假返乡时机，入户走访、电话访谈适龄青年230余人次，共征集双合格青年7名，其中大学毕业生3名、在校生2名、中职生2名。被市政府、自贡军分区评为"2021年度征兵工作先进单位"，被区委、区人武部评为"2021年度武装工作先进单位"。

【信访工作】 2022年，严打高压态势，依法严打各类违法犯罪行为，加大涉黑涉恶线索排查、举报和移送，定期研判扫黑除恶专项斗争。完善矛盾纠纷排查调处机制，实现12345网上案件办结率100%，满意率98%，矛盾纠纷调处率100%、化解率95%以上。

【经济发展】 2022年，富全镇财政税收432万元。完成固定资产投资5.1亿元，省外固定资产投资全年任务2亿，完成3.67亿。举行富全镇返乡创业投资对接会及富全商会投资洽商会，签约项目1个，意向性投资项目1个。与自贡市港融建设发展有限公司签署政企战略合作协议和年供6万斤鸡蛋订单协议，在乡村振兴、集体经济、直供基地、民生项目等方面开展战略协作。实施城乡供水一体化项目建设，建设城乡供水一体化主管道5.8千米。结合富全镇第三期增减挂钩项目、国土空间规划和产业布局，帮助四川康康木业有限公司通过乡村建设规划论证，协调争取14亩土地指标支持企业技改升级，推进1万平方米新区厂房建设。建设万亩粮

9月15日，自贡市委常委、组织部长朱云到富全镇调研集体经济

油产业园区,打造"富全大米"沿滩主粮品牌。

【农业产业】 2022年,扩大粮食种植规模,全镇水稻、高粱、玉米等大春作物种植面积达1.87万亩。开展大豆扩面种植,举办高粱(玉米)套种大豆培训会,发放高粱种2000余斤,推广"高粱、玉米、柑橘+大豆"带状复合种植2000余亩。满负荷实施万亩粮油产业园建设,集中有限资金、发挥最大质效,梯次推进2000亩示范区及核心区、拓展区建设。实施"道路通达、水系畅联、田土宜机、提质增效"四大工程,再造细、密、畅联的产业小道微网格,构建自流灌溉三角"水塔"渠系。

【社会事业】 2022年,有九年制学校1所,村级小学3所,幼儿园4所,富全镇中心幼儿园项目主体建设完工。全镇享受严重精神障碍以奖代补41人共8.94万元、发放独生子女父母奖励金329户共2.448万元,艾滋筛查6530人,同时提倡红事缓办、白事简办、宴席不办,确需举办农村坝坝宴严格实行先报备、审批后再举办,对从业人员定期进行健康体检并实行台账登记管理。配合区电影公司放映公益电影80余场次。举办专场招聘会3场,组织开展各类就业技能培训5场,提供就业信息2000余条,新增城镇就业18人,城镇失业人员再就业12人,就业困难再就业23人。开发公益性岗位76个。发放低保、特困户保障、临时救助等资金263万元。强化残疾人、退役军人、优抚对象等重点保障,扩大社保覆盖范围,兑现医疗救助资金13万元。推进4994户自建房安全隐患排查整治,通过拆除重建、搬迁安置,有效化解特殊困难群体突出安全隐患。落实专项资金完成38户低收入户头燃气安全隐患整治。团委、妇联累计筹措资金4万余元,开展各类活动48场次,为100余名困难学生开展对口帮扶,送去关心和温暖。为两名学生寻求到一位社会爱心人士进行对口帮助,帮助两名困难学生完成学业。通过主题宣讲、网络推送、交流探讨等形式开展中共二十大精神宣传。

富全镇稻粱现代农业园区

【村镇建设】 2022年,落实河湖长制主体责任,强化水源监测、保护工作;完善土地保护、土地开发及国土空间总体规划;扎实开展地质灾害点、森林火点的监控、巡查工作;健全应急预测预警机制,举办各种应急演练5次。新建产业道4.8千米,实施窄加宽11.5千米,整治山坪塘16口,检修农灌管网(水渠)1.6千米。完成龙函、堰洞口水库病险整治,启动八斗丘水库病险整治。推行门前"三包"、人居环境积分制管理等制度,开展农村卫生死角、水源水体、场镇秩序等人居环境整治行动,实施农村生活垃圾收转点提升改造,新增农村生活垃圾分类收集点75个。清理垃圾、畜禽粪污80余吨,建成运行农村生活污水一体化处理设施2处。推进全天候全域秸秆禁烧和烟花爆竹禁燃禁放,健全镇村组三级监管责任体系,发挥网格员、村辅警、志愿者等力量,落实奖惩机制,累计处罚14人、批评教育35人。落实河湖长制,开展饮用水水源地保护,实施农药化肥"双减"行动,建成运行代寺村50立方米、俞冲街100立方米农村生活污水一体化处理设施。

【乡村振兴】 2022年，开展防止返贫监测集中排查，新识别监测户10户26人。开展常态预警监测，统筹政策扶持、技能培训、劳务协作等差异化、针对性帮扶，防止"漏测失帮"。实施结对帮带提升计划，推广"专业合作社＋基地＋农户"模式，培育种养殖产业联合体等新型经营主体，申报区级示范社1家。推进订单农业发展，与顺水农业公司签订高粱订单4400亩并按期保量交付。探索"盘活资产稳健发展、整合资源联合发展、链接订单借力发展、拓展服务自主发展"四条路径，四位一体做大做强村级集体经济，让农民有活干、有钱赚，更多分享产业增值收益。创建"首家村办企业"富全大米加工厂，土地入股康康木业新区厂房建设，与市国投集团共建农产品直供基地，建立农机专合社、组建助耕帮收队，联合运营13台农机，开展耕、收定制服务。依托集体经济利益链接机制，实现村民本地务工收益600万元/年。

仙市镇

【概 貌】 仙市镇位于自贡市东部，隶属于自贡市沿滩区，距离自贡市区11千米、沿滩城区8千米。东与大安区何市镇、新店镇接壤，南与瓦市镇相连，西隔釜溪河与沿滩镇、卫坪街道相望，北与大安区和平街道、大山铺镇相邻。辖14个村，143个村民小组和2个社区，11个居民小组，共计4万余人，辖区面积56.9平方千米，耕地面积2千余公顷。仙市原名"仙滩"，始建于1400多年前的隋代开皇年间。隋代（581年—589年）为义和县所治；清朝（1616年—1911年）置上北路仙滩场堡；1912年改称仙市团；1934年为仙市镇；1940年为仙市乡；1951年分置仙市、水口、洞山、十里四乡；1955年将仙市、洞山、十里合并为仙市乡；1958年将水口乡并入仙市乡改称仙市公社；1961年分置为仙市、姚坝两个公社；1995年9月撤乡建镇，将姚坝乡、仙市乡、大岩乡合并建仙市镇，隶属自贡市富顺县，是富顺县的七大镇之一；2005年8月1日行政区划调整为四川省自贡市沿滩区仙市镇。仙市古镇位于国家级历史文化名城自贡市的东南11千米的釜溪河畔，是自贡井盐文化、盐运文化和码头文化的重要组成部分。始建于隋代，因"四街五栅五庙一祠三码头和一里三牌坊九碑十土地"而远近闻名，"串庙长龙通南北，闭关锁闸自成囚"的仙人变阵是古镇的建筑精华。2018年创建国家AAAA级旅游景区；2019年4月，被评为首批"四川省文化旅游特色小镇"；2019年8月，纳入全省第三批省级特色小城镇名单；2019年8月，以"家和兴灯城 风正遍盐都"为主题的陈家祠家风馆实现开馆。2019年10月，"仙市古镇＋乡村体验"二日游线路入选100条"全国秋季乡村休闲旅游精品路线"，该类线路全省仅4条。2020年6月，仙市镇百胜村被评为"四

10月18日，自贡国投集团港融公司与富全镇人民政府签署战略合作协议

高铁自贡站全景图

川省级乡村旅游重点村"。2021年被评为"天府旅游名镇",仙市镇百胜村被评为"天府旅游名村",全市唯一。2022年7月,仙市镇箭口村确定为第三批省级乡村旅游重点村。2022年12月,仙市镇仙滩社区、百胜村入选"四川传统村落"。2022年12月,仙市古镇和百胜村旅游点纳入文旅部的"乡村四时好风光——瑞雪红梅 欢喜过年"全国乡村旅游精品线路。成自泸赤高速公路与自贡东环线、东延线在镇域内相连,自富路穿境而过,釜溪河穿境而过,辖区内在建有自贡地区最大的高铁站——自贡站,其途经的在建和规划中的铁路有:川南城际铁路、蓉昆高铁、雅眉乐自城际铁路,2021年6月川南城际铁路(内自泸段)已建成投入使用,川南城际铁路(自宜段)预计2023年年底全线开通运营。2022年在建及规划中的公路有省道S213及自永高速。仙市镇素有"中国盐运第一镇"的美誉,水陆交通十分便捷。

【基层组织】 2022年,组织基层党组织常态化开展学习近100场,主题党日252场次;建立东部新城沿滩片区第一个社区党总支部——灯城社区党支部,完成党总支书记、副书记、委员选举工作;加强基层队伍力量,分类开展村(社区)"两委"干部培训12次,选派2名选调生到村任职。

【人大工作】 2022年,打造镇人大代表之家和上水片区人大代表联络点,坚持常态化入户走访、院坝会、接访和人大代表联系走访月活动。

【纪检监察】 2022年,落实省纪委监委"大抓基层"党风廉政建设部署要求,投入资金110余万元,建成面积约300平方米的标准化、规范化纪检监察办公专区;落实"两专三兼",配优配强镇纪检监察干部队伍;优化群众监督机制,选聘17名"五老乡贤"担任党风政风监督员;强化纪检监察干部队伍综合能力提升,组织开展专题培训会9场次,培训纪检监察干部300余人次。常态化开展日常监督执纪。以"阳光问廉"、入户走访等为抓手,主动变"上访"为"下访",同步畅通群众信访举报渠道,开展专项督查,全年处理信访举报线索3件次,立案9件,处分8人;对存在苗头性、倾向性、轻微性问题的党员干部,通过提醒谈话、批评教育、责令书面检查、约谈等方式组织处理,共处理12人次。

【宣传工作】 2022年,开展自贡市创建全国文明城市复评工作,加强道德模范宣传,文明乡风建设,累计发放宣传资料6万余份,走访调查2000余人次,开展各类外宣报道100余条。

【武装工作】 制定并下发《2022年度民兵组织整顿工作方案》,制定军事训练计划和实施方案,加强民兵应急分队的训练管理,开展民兵专业救援队伍针对性训练。抓好征兵各项环节,严把"体检关、年龄关、学历关、走访关、政审关",全年共为部队输送11名高素质兵员,其中大学毕业生4人,大学在校生4人,中职2人。

【信访工作】 2022年，信访办理累计45件，区以上转办22件，其中镇领导接访17次，村（社区）接访6次；设立村辅警办公室17个，在人员密集处及相关公共设施场地设置视频监控47处，组建一支由4名公安民警及18名辅警构成的专业巡防力量和105名治保委员的群防群治力量，负责昼夜巡控；成立铁路护路队，其中专职3名、兼职10名；制作反电信诈骗宣传册6000份，反诈告知书6000份、综治应知应会800份，高空喷绘5处，横幅20张，治保委员红袖标110副，护学岗红袖标60副，国家反诈中心APP操作流程图10幅，做到时刻警示提醒群众，全镇开贩两卡数明显降低，完成上级交办反诈APP安装任务；在省两会期间和省第十二次党代会期间无一人进省非访，确保和谐稳定。

【经济发展】 2022年，完成全社会固定资产投资突破24.8亿元，其中工业固定资产投资1.1亿元，地区生产总值、社会消费品零售总额同比增长率。开展自主招商活动1次，接待客商14次120余人，完成有效项目线索4条，引进亿元以上项目1个。到位省外项目资金2.15亿元。争取四川巴蜀水利、万物奥莱入驻。洞山安置房一期提速建设，二期杆管线迁改全面完成，自宜线、泸威页岩气、向家坝北干渠用地实现全部交付，攻坚推进S213拆迁取得实质进展，保障10kV天盈一号、二号线电力项目建设用地。

【农业产业】 2022年，水稻播种15406亩、玉米10922亩、红苕5005亩、油菜15385亩，扩种大豆3595亩。水稻补贴、地力保护补贴正确申报的兑现率100%。做好动物防疫工作，加强春防（3月1日—4月25日）和秋防（9月15日—10月25日）工作，防疫技术人员进行逐村、逐户、逐畜兔防疫注射，登记造册。做到"一户一畜（禽）一格一组一册"，搞好非洲猪瘟和禽流感动物疫情防控工作。制定并完善退耕还林、森林防火各项制度和应急预案，签订森林防火管护协议书、公益林管护协议书，完善各级林长及护林员巡查制度，成立森林消防半专业队伍，在重要节假日抽调工作人员巡查各森林防火劝导点及林区，每月定期组织工作人员巡查森林防火安全隐患。2座小Ⅱ型水库、4处石河堰、281口山坪塘、16座提灌站、83口蓄水池、11.3千米水渠运行良好，总蓄引提水能力达300万立方米，有效灌面8000亩。做好禁渔期政策宣传，每年3月1日—6月30日为禁渔期，禁止一切方式的捕捞、游钓和水禽放养活动，禁止销售和收购野生河鱼。

【社会事业】 2022年，依托仙市古镇AAAA级景区，深挖盐、水文化底蕴，坚持"一滩三半岛"发展思路，举办第二十三届民俗风情文化旅游节和第九届金秋旅游节，结合"百胜慢餐"、"柳溪小镇农场"亲子娱乐、水果采摘等项目，点亮仙市主题游。全年累计吸引游客逾54.67万人次。配备食药协管员18人，组织食品安全宣传3次，对辖区内学校食堂及校园周边、婴幼儿配方乳粉、小作坊等重点领域食品安全专项整治。开展乡厨、农村群宴的备案管理培训3次。推进"互联网+食品"监管，农村群宴在线备案率和在线报备率均已达到80%以上。加强食品摊贩备案登记工作，共办理摊贩卡5张。新增209名农村计划生育家庭奖励扶助和18名计划生育家庭特别扶助。农村计划生育家庭奖励扶助2004年到2022年60周岁以上国家农村计划生育家庭奖励扶助继续享受的有1133人，四川省农村计划生育家庭奖励扶助58、59周岁继续享受的有164人。127名同志退出农村计划生育奖励扶助（其中省转国扶99人）。城镇新增就业117人，其中失业人员再就业28人，就业困难人员再就业20人，失业率控制在4.1%。社区开发3个临时公益性岗位，解决返乡农民工3人就业问题，开发132个农村过渡公益性岗位，解决99人就业问题，包括9个残疾人。城乡居民新型养老保险覆盖人数24679人，正常参保人数19631人。对909人特困、低保、重度残疾人以及特扶家庭等特殊群体实行政策范围内的全面兜底，统一由政府代缴100元/人年。完成居家养老服务1165人，办理重大疾病申请低保共119户209人，发放临时救助款13.787万元。市残联发放辅助器具55件、区残联发放辅助器具50件，脑瘫儿童康复训练3人，接受残疾人康复训练15人次。资助残疾儿童读书21人，每人每年发放生活补助4000元。开展农村贫困残疾人"居家灵活就业（创业）直补"共12人，共计6000元。

10月1日，第九届仙市古镇金秋旅游节现场

【村镇建设】 2022年，完善土地保护、土地开发及土地利用总体规划。开展地质灾害点监控，对8处地质灾害隐患点的户数、人口等信息进行核实更新，全部发放"防灾明白卡"和"避险明白卡"。多形式宣传地灾防治知识，开展地质灾害防治知识宣传与业务知识培训，举行地灾应急演练，提高基层群众的地质灾害防灾减灾意识和能力。完成4村731户农户厕所改造，实施柏树、月合村、八斗等村3千米村道硬化。落实八斗、芭茅村部分自来水主管网、支管网改造，解决600余户群众饮水困难。投资32万元建设仙市镇仙市口袋公园。开展人居环境整治行动，对东环线、东延线等公路沿线存在的牛皮癣、大物件进行逐一清理，打造仙市镇自富路姚坝—仙市段沿线人居环境点1个。联合相关单位对场镇内的镇容镇貌进行整顿，对占道经营、车辆乱停乱放等堵塞交通要道等情况进行整治，清理流动摊贩730余次，清除"牛皮癣"及软体广告426余张，整治非机动车乱停放590余次。利用"六五"世界环境日搭建环保宣传台，共发放资料500余份，标语20幅，接受群众现场咨询40次。加强露天禁烧力度，与村民签订《秸秆禁烧承诺书》并张贴《禁止露

5月1日，仙市镇陈家祠举办第二十三届仙市古镇民俗风情文化旅游节，陈家祠堂内展览剪纸非遗作品

天焚烧告知书》6000余份，建立镇村组三级巡查工作组，村组干部和网格员落实24小时不间断的巡查制度。建设杨柳溪入河口景观堰截污断流，对杨柳溪治理河段实施分段截污。对上争取170余万资金，实施仙市镇截污管网工程，对场镇进行雨污分流。

【乡村振兴】 2022年，制定《仙市镇防范规模性返贫工作预案》等方案，建立健全动态监测帮扶机制，巩固"两不愁三保障成果"，建立3个脱贫村、686户脱贫户帮扶台账，落实"雨露计划""学前教育及义务教育补贴救助"等教育政策263人。脱贫对象医疗保障全覆盖，开展脱贫户种养殖劳动技能培训150人次，公益性岗位人员101人，推进稳岗就业，脱贫劳动力外出务工人数825人。5月、10月分别开展两次防止返贫动态监测集中排查工作，新识别监测户5户19人。开展扶贫项目资产"回头看"排查，2013—2020年度57个扶贫项目资金全部到位，扶贫项目资产全部完成确权登记，移交到户到村，并建立后续管理台账和管护制度。

瓦市镇

【概　貌】 瓦市镇地处自贡市东部，距离自贡市市区23千米，东濒沱江，沿江6.5千米，西南靠釜溪河，沿河2.8千米，与沿滩区沿滩镇相邻接壤。S213省道、自泸铁路、自宜高铁从中穿境而过，全镇辖区内有县级公路41千米，高速公路6千米，设有成自泸高速公路瓦市镇何家坳进出口。瓦市镇是沿滩区人口最多的农业大镇，耕地面积4.18万亩。全镇辖区面积52平方千米，其中场镇面积1平方千米，场镇街面4千米，辖12个行政村和1个社区，共137个村民小组和6个居民小组，总人口4.2万人，其中城镇人口3000余人，少数民族77人。瓦市镇因原为古代驿铺得名，原名瓦宅铺，又名瓦铺，成集今名。清置瓦宅铺保；1912年，为瓦宅团；1935年，为瓦市镇联保；1949年，为瓦市乡；1951年，分置瓦市、安庆、永乐、长乐乡；1958年，卫家、长乐、安庆、永乐、瓦市等乡合并，成立瓦市公社，同年8月自贡市富顺县增设瓦市区，瓦市公社属该区；1984年，瓦市改社为乡；1995年，与原沙溪乡合并为瓦市镇；2001年，将原洪沟乡并入，仍称瓦市镇。2005年8月1日，区划调整到自贡市沿滩区管辖，时辖26个村、2个社区（瓦宅铺社区和洪沟社区）。2008年7月将2村1社区托管沿滩镇（汪坝村、永发村、洪沟社区）。2019年9月，将4村1社区（汪坝村、永发村、平安村、田铺村、洪沟社区）正式并入沿滩镇。2019年11月，完成行政村建制调整工作，将21个村合并为13个村（社区）。位于丘陵，海拔270米至360米，平均海拔300米，地势北高南低。属亚热带温湿性季风气候，年平均气温18.8℃。境内有天然气井瓦二井一口，日产气量400立方米以上，除本地用气外，还向沿滩、仙市等地输送。镇内水利资源十分丰富，有山坪塘428口，石河堰16处，小Ⅰ型水库一座（大堰水库），小Ⅱ型水库五座（天宫凼水库、古塘水库、燕子岩水库、石夹夹水库、二郎坳水库）。沱江河瓦市段，长6.8千米流经瓦市沙溪、引水、大觉、刘山四村；釜溪河田铺段、金沙段，共计长5千米，杨柳溪田铺段2千米。瓦市场镇距成自泸赤高速路瓦市进出口仅3千米。自富路、板牛路、瓦何路等主干县道，横穿瓦市镇。S213连接线建设完成，自泸高铁和自宜高铁穿镇而过，涉及新堂、华山、王家、方湾、双塘、合星、金沙等村。2019年9月区划调整后，瓦市镇境内现有黑化公路15千米，硬化道193千米（其中县乡公路8千米，村道95千米，组道90千米），毛基路85千米。成自泸赤高速过境6.06千米，过境主要公路20千米，过境河流总长14千米，其中沱江过境6.8千米、釜溪河过境7千米，码头4个。釜溪河流经金沙村，为旱地提供良好水源。沱江流经沙溪村形成天然的码头，河面宽阔、江景宜人、水路客货运交通条件好。水陆交通年客运量16万人次，货运量38.5万吨。镇内14个村主要聚居区均通水泥路，瓦市至自贡、沿滩、富顺、牛佛等几条交通大干线运行通畅，辖区交通路网逐步完善。

瓦市镇城镇建设

【基层组织】 2022年，有28个党支部，党员949人，开展干部队伍教育培训6次。培养村级后备干部28名，发展党员3名。整合资源，推进阵地建设规范化升级，完成大雁湖党群服务中心建设升级。以微信群、风采展示墙、志愿服务队、微课堂为载体，抓好第一书记管理。中共自贡市沿滩区瓦市镇纪律检查委员会设纪委委员5名，其中纪委书记1名、副书记1名、委员3名，各村（社区）设纪检委员1名。

【人大工作】 2022年，有人大主席1名，副主席1名，区人大代表22名，镇人大代表72名。建立镇人大代表之家1个，村（居）代表工作联络点13个，实现代表履职服务平台辖区全覆盖。

【宣传工作】 2022，开展乡风文明建设，助力乡村振兴，全镇13个村（社区）全部申创区级文明村（社区），其中大雁湖村为市级文明村，多途径丰富群众文化生活。

【武装工作】 2022年，完成兵役登记322人；组织民兵参加武装训练6次；动员征兵体检人员65人，体检政审合格10人，向部队输送7人，其中大学毕业生2人，大学在读5人，比2021年同比提升14%。

【信访工作】 2022年，共收到信访件16件，其中受理件共16件，不予受理件共0件。水电气信访件居多，其他为农业、高铁、道路、房屋问题。

【经济发展】 2022年，举办招商引资推介会2次，引进业主2名开发建设天宫凼美丽幸福乡村及大雁湖生态旅游小镇，盘活水库资源，进一步推动农旅融合、壮大村集体经济、提升人居环境。推进川南城际铁路自泸线后续工作，结束9个月协商长跑，形成通车后续问题解决方案，川南城际铁路自宜线改道工作稳步推进。做好省道S213通车前道路建设协调、群众宣传解释、矛盾纠纷调解和沿线安全宣传等工作，助力省道S213于8月底如期通车。推进区级重大项目落地实施，大雁湖村党群服务中心暨产业发展服务中心和配套基础设施还建项目建设完成。全镇完成国税征收入库503万元。

【农业产业】 2022年，通过项目整合土地、动员群众移栽农作物等共整治撂荒地1270.7亩，完成撂荒地整治"清零"任务，通过复种农作物等恢复耕地470亩，遏制耕地"非农化""非粮化"。开展大春生产和秋粮稳产工作，指导各村按期高质播种，完成高粱播种面积0.96万亩，大春播种面积2.6万余亩，再生稻蓄留1.6万余亩，免费发放大豆、土豆种子60余吨，发展大豆种植8500余亩，土豆种植4000余亩，传统农业粮食种植面积稳定增加。抗旱保丰收，保障农业生产用水，共抢修提灌站4座，指导农业节水生产10余次，协助村民收获水稻10000余吨，高粱2000余吨。围绕6个以卫家、沙溪为重心的生猪年出栏量1.2万头以上的生猪标准养殖场,发展生猪养殖产业;以沙溪、大觉为中心的1000余亩小龙虾养殖核心示范区,形成水产、垂钓、休闲一体化的农家乐经营模式。

【社会事业】 2022年,村(社区)妇联执委共计143名,其中36名执委进入村(社区)"两委",选拔镇妇联执委25名,完善镇妇联的人员配备;开展禁毒、安全、健康等方面的知识宣传,帮助妇女增强法律意识,维护自身权益;开展妇女"两癌"筛查1172人次,救助患"两癌"妇女4人。对辖区内留守妇女儿童、农民工、干部职工等困难群体开展慰问活动,共慰问妇女儿童72名、农民工8人、抗疫一线职工8名、基层干部职工5名。瓦市镇中心学校建筑面积11014平方米。村小11所,有教职工210余人,有学生2600余名。定期检查学校消防、食品安全等工作。重点对学校食堂的操作间、消毒间、备餐间、仓库等硬件设施和卫生情况等进行检查,了解食品原料采购渠道和定点供货商资质、餐饮具消毒记录、食品留样、从业人员健康证等相关情况,并对学校各类管理制度、食堂人员培训、食品安全公示、留样管理等工作进行监督。新增就业180人,就业登记录入率100%,新型城乡居民养老保险参保人数26977人,医保参保人数30647人。城市低保58户74人,累计城市低保发放金额387700元,低保复核58户74人。农村低保1515户2514人,累计农村低保发放金额5578701元,新增农村低保224人,减少停发185人,低保复核1515户2514人。每月低保入户两次。城市特困集中供养人员供养金发放713人次共计602464元,护理补贴93560元。农村特困集中人员供养金发放201人次共计97428元,护理补贴18450元。城市特困分散人员供养金发放1139人次共计1030622元。农村特困分散人员供养金发放2947人次,共计1891429元。城乡分散特困护理补贴合计发放4086人次共计267540元。婴儿出生申报182人、死亡申报331人,录入婚姻登记信息308条,信息协查比对500人。纠正异常数据3686条。办理生育服务证184个;流动人口证0个;奖励扶申报96个,完成奖扶1—12月打卡724人695040元,特扶和手术病发证1—12月打卡757920元;补办独生子女父母光荣证17个,并录入区上行权平台。开具健康介绍信124人次;办理摊贩登记卡15人次。

4月15日,瓦市镇开展适龄妇女"两癌"筛查

【村镇建设】 2022年,受理申请建房农户共52户,新建10户,960平方米,改扩建42户,4710平方米,总面积5670平方米。完成场镇排污沟建设,实施场镇街面黑化。成自泸赤高速过境6.06千米,设瓦市高速进出口,S213(老自富路)穿场镇而过,正在辖区内推进的S213改线工程,连接成自泸赤高速瓦市出口和乐自高速沿滩出口。全镇辖区内有县级公路41千米,村组道路现已实现村村通。两条高铁穿镇而过,川南城际铁路自泸线过境3.36千米已于建党100周年之时实现通车,川南城际铁路自宜高铁过境4.94千米正在加紧推动,预计2023年可建成通

车。加强生态环境整治，做好露天秸秆禁烧，同13个村（社区）签订《城乡综合治理目标责任书》和《秸秆禁烧目标责任书》，同农户签订《秸秆禁烧承诺书》4万余份。并与重庆尧趋禹步实业有限公司签订秸秆回收协议，探索秸秆回收利用方式。第三轮省环保督查实现零信访。推进农村户厕无害化改造620余户，并完成对瓦市场镇及沙溪村农民集中区污水管网修补工作。实施"绿水绿航行动"，落实长江流域十年禁渔要求，开展巡河工作，打击侵占岸线、非法采砂、非法捕捞等行为，沱江、釜溪河水域生态环境持续向好。

【乡村振兴】 2022年，开展返贫致贫动态监测工作，落实政策性兜底保障。开展防止返贫监测集中排查2次，每月日常排查1次，排查10923户38675人，排查对象的"两不愁、三保障"及收入情况总体较好。新增2户2人脱贫不稳定户、3户5人边缘易致贫户、2户6人突发严重困难户。围绕"乡村振兴，产业先行"目标，探索适合镇情民意的惠民产业。启动粮经油示范片区建设，通过开展高粱集中育苗示范推广会等，采取"支部发动、村集体服务、群众参与"的模式，发展现代复合订单农业，助力群众致富、村集体经济增收，目前已在永乐村、新堂村和华山村初步发展"高粱+大豆"复合种植农业基地5000余亩，惠及群众1700余户，高粱收入上万元的群众达30余户。在大觉村发展稻虾共养800余亩，实现一田双收。

人物·荣誉

2022年度获区级以上表彰的先进集体

获奖单位	获奖名称	授奖单位	备注
沿滩区人力资源社会保障局	沿滩区全国"两会"、北京冬奥会冬残奥会期间信访维稳工作及春节期间根治欠薪工作先进集体	区委、区政府	
黄市镇人民政府	四川省乡村振兴先进乡镇	省委、省政府	
中共黄市镇委员会	沿滩区全国"两会"、北京冬奥会冬残奥会期间信访维稳工作及春节期间根治欠薪工作先进集体	区委、区政府	
中共黄市镇委员会	第二季度统筹发展与安全先进集体	区委、区政府	
黄市镇人民政府	2021年度实施乡村振兴战略先进单位	区委、区政府	
黄市镇丰光村	全国民主法治示范村（社区）	司法部、民政部	
联络镇人民政府	自贡市乡村建设信息采集工作典型单位	自贡市农村人居环境整治和推进乡村建设专项工作领导小组	
中共自贡市沿滩区联络镇委员会	沿滩区全国"两会"、北京冬奥会冬残奥会期间信访维稳工作及春节期间根治欠薪工作先进集体	中共自贡市沿滩区委、自贡市沿滩区人民政府	
联络镇人民政府	自贡市2022年度四星级爱心血库单位	自贡市献血领导小组办公室	

续表

获奖单位	获奖名称	授奖单位	备注
联络镇周场社区	优秀志愿服务项目	中共自贡市沿滩区委宣传部、自贡市沿滩区精神文明建设办公室、自贡市沿滩区民政局	
联络镇周场社区	自贡市五四红旗团支部	共青团自贡市委员会	
高滩村关心下一代工作委员会	先进集体	自贡市关心下一代工作委员会	
瓦市镇党委	沿滩区2022年一季度对上争取和抓项目促投资工作先进集体	沿滩区委、区政府	
瓦市镇党委	沿滩区2022年三季度先进集体	沿滩区委、区政府	
瓦市镇党委	自贡市中共二十大信访维稳安保工作贡献突出集体	自贡市委、市政府	
自贡市沿滩区王井镇桂花村	四川省乡村振兴示范村	中共四川省委、四川省人民政府	
中国共青团自贡市沿滩区王井镇委员会	自贡市五四红旗团委	中国共青团自贡市委员会	
中共自贡市沿滩区王井镇委员会	沿滩区2022年第三季度先进集体	中共自贡市沿滩区委、自贡市沿滩区人民政府	
中共自贡市沿滩区王井镇委员会	沿滩区2022年第四季度先进集体	中共自贡市沿滩区委、自贡市沿滩区人民政府	
中共自贡市沿滩区王井镇委员会	沿滩区全国"两会"、北京冬奥会冬残奥会期间信访维稳工作及春节期间根治欠薪工作先进集体	中共自贡市沿滩区委、自贡市沿滩区人民政府	
自贡市沿滩区王井镇桂花村	2022年度自贡市第二批乡村文化振兴样板村	中共自贡市委、四川省自贡市人民政府	
沿滩区王井镇王井街社区	第五届"盐都志愿之星"十佳志愿服务社区	中共自贡市委宣传部、共青团自贡市委等	
王井镇王井街社区新时代文明实践站	第一届沿滩志愿之星–优秀志愿服务实践站	自贡市沿滩区精神文明建设委员会	
王井镇桂花村新时代文明实践站	第一届沿滩志愿之星–优秀志愿服务实践站	自贡市沿滩区精神文明建设委员会	
中共自贡市沿滩区仙市镇委员会	2022年第三季度先进集体	中共自贡市沿滩区委 自贡市沿滩区人民政府	
中共自贡市沿滩区仙市镇委员会	沿滩区全国"两会"、北京冬奥会冬残奥会期间信访维稳工作及春节期间根治欠薪工作先进集体	中共自贡市沿滩区委 自贡市沿滩区人民政府	

续表

获奖单位	获奖名称	授奖单位	备注
自贡市沿滩区仙市镇人民政府	沿滩区2022年元旦、春节期间疫情防控工作工作先进集体	中共自贡市沿滩区委、自贡市沿滩区人民政府	
自贡市沿滩区仙市镇人民政府	沿滩区2022年春节期间烟花爆竹禁燃禁放工作先进集体	中共自贡市沿滩区委、自贡市沿滩区人民政府	
自贡市沿滩区仙市镇人民政府	沿滩区2022年一季度抓项目促投资先进集体	中共自贡市沿滩区委、自贡市沿滩区人民政府	
自贡市沿滩区仙市镇人民政府	自贡市创建平安中国建设示范市贡献突出集体	中共自贡市委办公室、自贡市人民政府办公室	
中共自贡市沿滩区兴隆镇委员会	2022年度武装工作先进单位	中共自贡市沿滩区委、自贡市沿滩区人民政府	
自贡市沿滩区兴隆镇人民政府	沿滩区2022年春节期间烟花爆竹禁燃禁放工作先进集体	中共自贡市沿滩区委	
兴隆镇光辉村	2022年度四川省乡村振兴示范村	中共四川省委、四川省人民政府	
兴隆镇光辉村	2022年度自贡市乡村振兴示范村	中共自贡市委、自贡市人民政府	
兴隆镇留永村	省级六无平安村	平安四川建设领导小组	
兴隆镇留永村	自贡市五四红旗团支部	共青团自贡市委员会	
永安镇人民政府	2022年农业产业强镇创建名单	农业农村部办公厅、财政部办公厅	
永安镇人民政府	四川省农业丰收奖先进集体	四川省农业农村厅	
永安镇人民政府	沿滩区2022年春节期间烟花爆竹禁燃禁放工作先进集体	区委、区政府	
永安镇人民政府便民服务中心	首批省级"示范便民服务中心"	四川省政府政务服务和公共资源交易服务中心	
永安镇云龙村	省级乡村旅游重点村	四川省文化和旅游厅、四川省发展和改革委员会	
永安镇刘家山社区	2021年度省级"六无"平安村(社区)	平安四川建设领导小组	
永安镇刘山村	2021年度自贡市乡村振兴先进示范村	中共自贡市委、自贡市人民政府	
永安镇刘山村	2021年度四川省乡村振兴示范村	中共四川省委、四川省人民政府	
永安镇刘山村	2021年度实施乡村振兴战略先进单位	中共自贡市沿滩区委农村工作领导小组	

续表

获奖单位	获奖名称	授奖单位	备注
永安镇鳌头铺社区	自贡市法治示范村（社区）	中共自贡市委全面依法治市委员会办公室、自贡市民政局	
永安镇云丰村	2022年乡村文化振兴省级样板村	中共四川省委宣传部	
中共自贡市沿滩区永安镇委员会	2022年第四季度先进集体	区委、区政府	
永安镇前进村	2022年合并村集体经济融合发展试点先进村名单	中共四川省委农村工作领导小组办公室	
沿滩区沿滩镇人民政府	自贡市抗击新冠肺炎疫情先进集体	中共自贡市委、自贡市人民政府	2021年12月31日
沿滩区沿滩镇人民政府	自贡市2020年度老工业城市产业转型升级先进集体	中共自贡市委、自贡市人民政府	2022年1月21日
沿滩区沿滩镇人民政府	2021年度武装工作先进单位	中共自贡市沿滩区委、自贡市沿滩区人民武装部	2022年1月30日
沿滩区沿滩镇委员会	自贡市处置富顺新冠肺炎疫情先进集体	中共自贡市委、自贡市人民政府	2022年3月15日
沿滩区沿滩镇委员会	2021年度实施乡村振兴战略先进单位	中共自贡市沿滩区委农村工作领导小组	2022年3月31日
沿滩区沿滩镇委员会	2021年度实施乡村振兴战略先进单位	中共自贡市沿滩区委、自贡市沿滩区人民政府	2022年3月31日
沿滩区沿滩镇人民政府	沿滩区2022年元旦、春节期间疫情防控工作先进集体	中共自贡市沿滩区委、自贡市沿滩区人民政府	2022年5月20日
沿滩区沿滩镇人民政府	沿滩区2022年春节期间烟花爆竹禁燃禁放工作先进集体	中共自贡市沿滩区委、自贡市沿滩区人民政府	2022年5月20日
沿滩区沿滩镇人民政府	疫情防控中表现突出的乡镇政府	自贡市沿滩区新型冠状病毒肺炎疫情防控领导小组办公室	2022年5月10日
沿滩区沿滩镇委员会	2022年第三季度先进集体	中共自贡市沿滩区委、自贡市沿滩区人民政府	2022年11月17日
沿滩镇残疾人联合会	沿滩区残联系统先进集体	自贡市沿滩区残疾人联合会	2022年6月10日
沿滩区沿滩镇商会	优秀商会	自贡市工商业联合会、自贡市总商会	2022年12月1日
沿滩区沿滩镇委员会	沿滩区2022年度武装工作先进单位	中共自贡市沿滩区委、自贡市沿滩区人民武装部	
沿滩区沿滩镇委员会	2022年度推动"工业强区"先进集体	中共自贡市沿滩区委、自贡市沿滩区人民政府	

续表

获奖单位	获奖名称	授奖单位	备注
自贡市沿滩区沿滩镇	沿滩区2022年度统战工作先进集体	中共自贡市沿滩区委统战部	
沿滩区沿滩镇委员会	中共二十大信访维稳安保工作贡献突出集体	中共自贡市委、自贡市人民政府	2022年12月28日
沿滩区沿滩镇詹井村团支部	沿滩区五四红旗团组织	共青团自贡市沿滩区委	2022年4月28日
沿滩区沿滩镇詹井村党支部	自贡市抗击新冠肺炎疫情先进集体	中共自贡市委、自贡市人民政府	2021年12月31日
沿滩区沿滩镇詹井村党支部	自贡市抗击新冠肺炎疫情先进基层党组织	中共自贡市委	2021年12月31日
沿滩区沿滩镇詹井村	四川10大优秀案例	全省发展新型农村集体经济工作推进视频会议	2022年7月8日
沿滩区沿滩镇兴元路社区	第七批四川省民族团结进步示范单位	四川省民族宗教事务委员会、中共四川省委宣传部、中共四川省委统战部	2022年12月30日
梁家坝社区	2021年自贡市卫生社区	自贡市爱卫办	
卫坪街道办事处	2021年农村交通管理工作先进单位	沿滩区委	
龙湖远达社区团支部	四川省五四红旗团支部	四川省青年联合会	
卫坪街道办事处	一季度"信访维稳、根治欠薪、疫情防控、禁燃禁放、安全隐患化解"先进集体及先进个人	沿滩区委	
板仓社区	四川省第三批绿色社区	四川省住建厅	
锦城社区			
卫坪街道办事处	二季度统筹发展先进单位	沿滩区委	
龙湖远达社区	第一批"省级民主法治示范村（社区）	四川省民政厅、司法厅	
卫坪街道办事处	2021年度目标绩效考核先进单位	沿滩区委	
卫坪街道办事处	自贡市2021年度"爱心血库"单位	自贡市献血领导小组办公室	
沿湖社区	四川省巾帼文明岗	四川省妇女联合会	
恒大绿洲社区			
卫坪街道办事处	第三季度先进集体	沿滩区委、区政府	

续表

获奖单位	获奖名称	授奖单位	备注
卫坪街道办事处	2020年度自贡市沿滩区目标绩效综合考评先进单位	沿滩区委	
卫坪街道办事处	2021年度优化营商环境工作先进集体	自贡市委	
卫坪街道办事处	2022年度"四川省安全社区建设"先进单位	自贡市安委会	
卫坪街道办事处	自贡市创建平安中国建设示范市贡献突出集体	沿滩区委	
自贡市沿滩区民政局	四川省乡镇行政区划和村级建制调整改革先进集体	四川省民政厅、四川省人力资源和社会保障厅	
自贡市沿滩区民政局	自贡市创建国家卫生城市工作先进集体	中共自贡市委、自贡市人民政府	
自贡市沿滩区民政局	自贡市创建全国文明城市先进集体	中共自贡市委、自贡市人民政府	
自贡市沿滩区文化广播电视和旅游局	2021年四川省无烟单位	四川省爱国卫生运动委员会	自沿爱卫办〔2022〕3号
自贡市沿滩区文化广播电视和旅游局	2021年四川省卫生单位	四川省爱国卫生运动委员会	自沿爱卫办〔2022〕3号
自贡市沿滩区文化广播电视和旅游局	2021年度自贡市文化市场综合执法办案优胜单位	自贡市文化广播电视和旅游局	自贡市文化广播电视和旅游局文件2022-001
自贡市沿滩区文化广播电视和旅游局	2021年度自贡市文化市场"扫黑除恶"常态化有功单位	自贡市文化广播电视和旅游局	自贡市文化广播电视和旅游局文件2022-001
自贡市沿滩区文化广播电视和旅游局	2021年度自贡市文化市场执法信息化建设先进单位	自贡市文化广播电视和旅游局	自贡市文化广播电视和旅游局文件2022-001
自贡市沿滩区文化广播电视和旅游局	沿滩区2022年元旦、春节期间疫情防控工作先进集体	中共自贡市沿滩区委、自贡市沿滩区人民政府	自沿委发〔2022〕17号
自贡市沿滩区统计局	沿滩区2022年度推动"工业强区"先进集体	中共自贡市沿滩区委、自贡市沿滩区政府	
自贡市沿滩区卫生健康局	沿滩区2022年元旦、春节期间疫情防控工作工作先进集体	中共自贡市沿滩区委、沿滩区人民政府	
自贡市沿滩区人民医院	沿滩区2022年元旦、春节期间疫情防控工作先进集体	中共自贡市沿滩区委、沿滩区人民政府	

续表

获奖单位	获奖名称	授奖单位	备注
自贡市沿滩区联络镇中心卫生院	沿滩区五四红旗团组织	共青团自贡沿滩区委	
沿滩区委统战部	全省统战工作先进集体	省委统战部	
沿滩区委统战部	全省统战信息工作先进单位	省委统战部	
沿滩区台办	四川对台交流工作先进单位	省台办	
沿滩区台办	四川对台调研工作先进单位	省台办	
自贡市沿滩生态环境局	沿滩区2022年第三季度先进集体	中共自贡市沿滩区委、自贡市沿滩区人民政府	
自贡市沿滩生态环境局	沿滩区2022年度推动"工业强区"先进集体	中共自贡市沿滩区委、自贡市沿滩区人民政府	
区科技和经信局	2021年度全市推进工业和信息化高质量发展表现突出单位	市经信局	2022年1月6日
区科技和经信局	2021年度全省工业和技术改造投资工作先进集体	省经信厅	2022年2月25日
区科技和经信局	2021年自贡市知识产权保护工作成绩突出集体	市知识产权战略推进领导小组	2022年4月19日
区科技和经信局	沿滩区2022年春节期间燃气重大隐患消除工作先进集体	区委区政府	2022年5月20日
区科技和经信局	沿滩区2022年元旦、春节期间疫情防控工作工作先进集体	区委区政府	2022年5月20日
区科技和经信局	自贡市2021年度优化营商环境工作先进集体	市委市政府	2022年12月12日
自贡市沿滩区司法局	党史学习教育和队伍教育整顿工作先进集体	四川省司法厅	
自贡市沿滩区司法局	沿滩区2022年第二季度统筹发展与安全先进集体	沿滩区委区政府	
自贡市沿滩区司法局	沿滩区2022年第四季度先进集体	沿滩区委区政府	
自贡市沿滩区司法局	自贡市司法行政系统创先争优工作成绩突出集体	自贡市司法局	
自贡市公安局沿滩分局法制大队	集体三等功	自贡市公安局	
自贡市公安局沿滩分局工会	自贡市模范职工之家	市总工会	2022年5月13日

续表

获奖单位	获奖名称	授奖单位	备注
自贡市公安局沿滩分局青年突击队	自贡市工人先锋号	市总工会	沿滩工会
自贡市公安局沿滩分局政治安全保卫大队	全省公安成绩突出集体	省厅	
自贡市公安局沿滩分局	先进集体	区委、区政府	
自贡市公安局沿滩分局	先进集体	区委、区政府	
自贡市公安局沿滩分局	自贡市刑事技术技能大赛团体第三名	自贡市公安局、市总工会	
自贡市公安局沿滩分局九洪派出所党支部	先进基层党组织	区委、区政府	
自贡市公安局沿滩分局	自贡市情报指挥部门比武练兵第一名	自贡市公安局	
自贡市公安局沿滩分局九洪派出所党支部	全省公安机关2021年度"最强支部"	自贡市公安局	
自贡市公安局沿滩分局九洪派出所党支部	2021年度全市公安机关"最强支部"	自贡市公安局	
自贡市公安局沿滩分局	全市公安机关第三届调研文秘大比武三等奖	自贡市公安局	
自贡市公安局沿滩分局治安大队	集体嘉奖	自贡市公安局	
自贡市沿滩区供销合作社联合社	节约型机关	国管局、中直管理局、国家发展改革委、财政部	
中共自贡市沿滩区纪律检查委员会	沿滩区2022年度推动"工业强区"先进集体	中共自贡市沿滩区委、自贡市沿滩区政府	
沿滩区纪委	自贡市2021年度优化营商环境工作先进集体	中共自贡市委、自贡市人民政府	2022年12月10日
市纪委监委青年理论学习小组第十小组（沿滩区纪委监委）	市纪委监委青年理论学习小组优秀小组	中共自贡市纪委青年理论学习小组	
自贡市沿滩区水务局	沿滩区2022年一季度对上争取工作先进集体	区委、区政府	
自贡市沿滩区水务局	沿滩区2022年一季度抓项目促投资工作先进集体	区委、区政府	
沿滩区退役军人事务局	沿滩区2022年度国防后备力量建设先进单位	沿滩区委	

续表

获奖单位	获奖名称	授奖单位	备注
王井镇王井街社区	第五届"盐都志愿之星"十佳志愿服务社区	自贡市精神文明建设办公室	
自贡市沿滩区信访局	自贡市全国、全省"两会"和北京冬奥会冬残奥会期间信访和维护社会稳定工作先进集体	自贡市信访工作联席会议	
自贡市沿滩区信访局	自贡市中共二十大信访维稳安保工作贡献突出集体	中共自贡市委办公室、自贡市人民政府办公室	
自贡市沿滩区信访局	沿滩区2022年第四季度先进集体	中共自贡市沿滩区委、自贡市沿滩区人民政府	
自贡市沿滩区市场监督管理局	2021年自贡市知识产权保护工作成绩突出集体	自贡市知识产权战略推进领导小组办公室	
自贡市沿滩区市场监督管理局	2022年元旦、春节期间疫情防控工作工作先进集体	中共自贡市沿滩区委员会、自贡市沿滩区人民政府	
自贡市沿滩区市场监督管理局	沿滩区2022年春节期间燃气重大隐患消除工作先进集体	中共自贡市沿滩区委员会、自贡市沿滩区人民政府	
自贡市沿滩区投资促进局	2021年四川省卫生单位、2021年四川省无烟单位	四川省爱国卫生运动委员会	
自贡市沿滩区投资促进局	自贡市2021年度"再造产业自贡"先进集体	中共自贡市委、自贡市人民政府	
自贡市沿滩区投资促进局	自贡市2020年度老工业城市产业转型升级先进集体	中共自贡市委、自贡市人民政府	
自贡市沿滩区投资促进局	自贡市2021年度优化营商环境工作先进集体	中共自贡市委、自贡市人民政府	
自贡市沿滩区投资促进局	2022年第二季度统筹发展与安全先进集体	中共自贡市沿滩区委、自贡市沿滩区人民政府	
自贡市沿滩区投资促进局	沿滩区2022年度推动"工业强区"先进集体	中共自贡市沿滩区委、自贡市沿滩区人民政府	

2022年度获区级以上表彰的先进个人

姓名	单位与职务	获奖名称	授奖单位	备注
朱文月	区人力资源和社会保障局党委委员、副局长	沿滩区2022年元旦、春节期间疫情防控工作工作先进个人	中共自贡市沿滩区委、自贡市沿滩区人民政府	
雷仁国	区人力资源和社会保障局办公室副主任	沿滩区2022年春节期间燃气重大隐患消除工作先进个人	中共自贡市沿滩区委、自贡市沿滩区人民政府	
龚 静	区人力资源和社会保障局办公室工作人员	沿滩区2022年元旦、春节期间疫情防控工作工作先进个人	中共自贡市沿滩区委、自贡市沿滩区人民政府	
向 东	区社保事务中心参权股副股长	沿滩区2022年春节期间烟花爆竹禁燃禁放工作先进个人	中共自贡市沿滩区委、自贡市沿滩区人民政府	
周克钢	黄市镇党委书记	沿滩区2022年度推动"工业强区"先进个人	区委、区政府	
龚 杰	黄市镇党委委员、人大主席	2022年第四季度先进个人	区委、区政府	
明祥坤	黄市镇党委副书记、政法委员、人大副主席（兼）	沿滩区2022年春节期间烟花爆竹禁燃禁放工作先进个人	区委、区政府	
谢 兵	黄市镇党委委员、武装部长、副镇长	沿滩区全国"两会"、北京冬奥会冬残奥会期间信访维稳工作及春节期间根治欠薪工作先进个人	区委、区政府	
姚 艳	黄市镇党委委员、副镇长	沿滩区2022年元旦、春节期间疫情防控工作先进个人	区委、区政府	
汤小宇	黄市镇村镇建环中心主任	沿滩区全国"两会"、北京冬奥会冬残奥会期间信访维稳工作及春节期间根治欠薪工作先进个人	区委、区政府	
汤小宇	黄市镇村镇建环中心主任	沿滩区2022年春节期间燃气重大隐患消除工作先进个人	区委、区政府	

续表

姓名	单位与职务	获奖名称	授奖单位	备注
陈晓燕	黄市镇黄镇铺社区党支部书记、主任	沿滩区2022年元旦、春节期间疫情防控工作先进个人	区委、区政府	
吴　浩	联络镇党委书记	2022年度党管武装好书记	中共自贡市沿滩区委、自贡市沿滩区武装部	
朱明凤	联络镇党委副书记、镇长	沿滩区全国"两会"、北京冬奥会冬残奥会期间信访维稳工作及春节期间根治欠薪工作先进集体和先进个人	中共自贡市沿滩区委、自贡市沿滩区人民政府	
甘居炳	联络镇党委委员、人大主席	沿滩"2022年元旦春节期间疫情防控工作先进个人"	中共自贡市沿滩区委、区政府	
姚永德	联络镇副书记、政法委员	全国、全省"两会和北京冬奥会冬残会期间信访维稳工作先进个人	市信访工作联席会议、平安自贡建设领导小组	
唐永超	联络镇党委委员、副镇长	2022年四季度先进个人	中共自贡市沿滩区委、自贡市沿滩区人民政府	
曾金宝	联络镇党委委员、武装部长、副镇长	沿滩区2022年春节期间烟花爆竹禁燃禁放工作先进个人	中共自贡市沿滩区委、自贡市沿滩区人民政府	
何　勇	联络镇党委委员、宣传委员、副镇长	2022年度实施乡村振兴战略优秀个人	中共自贡市沿滩区农村工作领导小组	
王南清	联络镇科技副镇长	沿滩区2022年春节期间燃气重大隐患消除工作先进个人	中共自贡市沿滩区委、自贡市沿滩区人民政府	
曾艳燕	联络镇人民政府农业综合服务中心主任	自贡市2022年度高粱增收项目工作推进先进个人	自贡市高粱产业发展助推脱贫增收工作领导小组	
曾艳燕	联络镇人民政府农业综合服务中心主任	自贡市粮油生产暨绿色高质高效创建成绩突出个人	中共自贡市委农村工作领导小组办公室、自贡市农业农村局	
宗庆芳	联络镇人民政府卫健办工作人员	沿滩区2022年元旦、春节期间疫情防控工作工作先进个人名单	中共自贡市沿滩区委自贡市沿滩区人民政府	
宗庆芳	联络镇人民政府卫健办工作人员	自贡市优秀农民工	自贡市农民工工作领导小组	
李其勇	联络镇中心村支部书记、主任	2022年第四季度先进个人	中共自贡市沿滩区委、自贡市沿滩区人民政府	

续表

姓名	单位与职务	获奖名称	授奖单位	备注
明兴梁	周场社区居民委员	2022年度道路交通安全综合治理优秀交通安全劝导工作先进个人	沿滩区道路交通委员会	
曾道群	高滩村党支部书记、主任	最美村社区干部	自贡市生态环境保护委员会	
曾道群	高滩村党支部书记、主任	四川省三八红旗手	四川省妇联，省人社厅	
曾道群	高滩村党支部书记、主任	敬业奉献道德模范	自贡市沿滩区委员会	
曾道群	高滩村党支部书记、主任	自贡市一级调解员	自贡市司法局	
代益仓	王井镇（原）党委委员、人大主席	沿滩区全国"两会"、北京冬奥会冬残奥会期间信访维稳工作及春节期间根治欠薪工作先进个人	中共自贡市沿滩区委、自贡市沿滩区人民政府	
王晓丽	王井镇党委副书记、政法委员、人大副主席（兼）	沿滩区全国"两会"、北京冬奥会冬残奥会期间信访维稳工作及春节期间根治欠薪工作先进个人	中共自贡市沿滩区委、自贡市沿滩区人民政府	
朱泽雄	王井镇党委委员、副镇长	沿滩区2022年元旦、春节期间疫情防控工作先进个人	中共自贡市沿滩区委、自贡市沿滩区人民政府	
曾金宝	王井镇党委委员、宣传委员、副镇长	沿滩区2022年春节期间烟花爆竹禁燃禁放工作先进个人	中共自贡市沿滩区委、自贡市沿滩区人民政府	
李碧友	王井镇科技副镇长，劳动保障综合服务中心主任	沿滩区2022年春节期间燃气重大隐患工作先进个人	中共自贡市沿滩区委、自贡市沿滩区人民政府	
朱贤波	王井镇高石村村支部书记兼主任	第四届沿滩区十大道德模范	自贡市沿滩区精神文明建设委员会	
陈梅	仙市镇仙滩社区居民委员	2021年"优秀灾害信息员"	自贡市减灾委员会办公室	2022年5月31日
刘昀玥	仙市镇党委委员、组织委员	第二季度统筹发展与安全先进个人	中共自贡市沿滩区委 自贡市沿滩区人民政府	
余泽利	仙市镇党委副书记、镇长	沿滩区全国"两会"、北京冬奥会冬残奥会期间信访维稳工作及春节期间根治欠薪工作先进个人	中共自贡市沿滩区委 自贡市沿滩区人民政府	
曾锐	仙市镇党委委员、武装部长、副镇长	沿滩区全国"两会"、北京冬奥会冬残奥会期间信访维稳工作及春节期间根治欠薪工作先进个人	中共自贡市沿滩区委 自贡市沿滩区人民政府	

续表

姓名	单位与职务	获奖名称	授奖单位	备注
曾 健	仙市镇四级主任科员，农工党沿滩支部副主委	沿滩区全国"两会"、北京冬奥会冬残奥会期间信访维稳工作及春节期间根治欠薪工作先进个人	中共自贡市沿滩区委、自贡市沿滩区人民政府	
舒卒华	仙市镇经发办主任	沿滩区2022年元旦、春节期间疫情防控工作工作先进个人	中共自贡市沿滩区委、自贡市沿滩区人民政府	
李雁秋	卫计办工作人员	沿滩区2022年元旦、春节期间疫情防控工作工作先进个人	中共自贡市沿滩区委、自贡市沿滩区人民政府	
宋思锦	仙市镇社事办副主任	沿滩区2022年元旦、春节期间疫情防控工作工作先进个人	中共自贡市沿滩区委、自贡市沿滩区人民政府	
何刚映	仙市镇综治办主任	沿滩区2022年春节期间烟花爆竹禁燃禁放工作先进个人	中共自贡市沿滩区委、自贡市沿滩区人民政府	
明 月	区司法局仙市司法所所长	沿滩区2022年春节期间烟花爆竹禁燃禁放工作先进个人	中共自贡市沿滩区委、自贡市沿滩区人民政府	
余学智	仙市镇应急办主任	沿滩区2022年春节期间燃气重大隐患消除工作先进个人	中共自贡市沿滩区委、自贡市沿滩区人民政府	
曾 锐	仙市镇党委委员、武装部长、政府副镇长	沿滩区2022年度武装工作先进个人	中共自贡市沿滩区委、自贡市沿滩区人民武装部	
胡 冰	仙市镇党委副书记、政法委员、人大副主席	自贡市中共二十大信访维稳安保工作贡献突出个人	中共自贡市沿滩区委、自贡市沿滩区人民政府	
熊雨婷	沿滩区仙市镇副镇长	自贡市处置富顺新冠肺炎疫情先进个人	中共自贡市委、自贡市人民政府	
徐媛璐	仙市镇党委委员、宣传委员	沿滩区2022年度推动"工业强区"先进个人	中共自贡市沿滩区委、自贡市沿滩区人民政府	
周正宇	兴隆镇党委书记	记三等功奖励公务员	中共自贡市沿滩区委、自贡市沿滩区人民政府	
陈 勇	兴隆镇镇长	沿滩区2022年度推动工业强区先进个人	中共自贡市沿滩区委、自贡市沿滩区人民政府	
袁祥坤	兴隆镇党委副书记、政法委员、人大副主席	沿滩区全国"两会"、北京冬奥会冬残奥会期间信访维稳工作及春节期间根治欠薪工作先进个人	中共自贡市沿滩区委、自贡市沿滩区人民政府	

续表

姓名	单位与职务	获奖名称	授奖单位	备注
龚德奎	兴隆镇党委委员、纪委书记，区监委派出兴隆镇监察办公室主任	沿滩区2022年春节期间燃气重大隐患消除工作先进个人	中共自贡市沿滩区委、自贡市沿滩区人民政府	
李孟霞	兴隆镇党委委员、副镇长	沿滩区2022年度统战工作先进个人	中共自贡市沿滩区委、自贡市沿滩区人民政府	
周军	兴隆镇综合统计员	沿滩区2022年一季度对上争取和抓项目促投资工作先进个人	中共自贡市沿滩区委、自贡市沿滩区人民政府	
张宏	兴隆镇人民政府党政办工作人员	沿滩区2022年春节期间烟花爆竹禁燃禁放工作先进个人	中共自贡市沿滩区委、自贡市沿滩区人民政府	
吴亚莉	兴隆镇卫健办工作人员	沿滩区2022年元旦、春节期间疫情防控工作先进个人	中共自贡市沿滩区委、自贡市沿滩区人民政府	
江铃	兴隆镇留永村党支部书记	沿滩区助人为乐道德模范提名奖	中共自贡市沿滩区委、自贡市沿滩区人民政府	
赖静	兴隆镇先锋村党总支部委员	沿滩区2022年元旦、春节期间疫情防控工作先进个人	中共自贡市沿滩区委、自贡市沿滩区人民政府	
张晓涛	永安镇党委书记	沿滩区2022年春节期间燃气重大隐患消除工作先进个人	区委、区政府	
肖贵中	永安镇党委副书记、政法委员、人大副主席（兼）	自贡市中共二十大信访维稳安保工作贡献突出个人	市委、市政府	
		沿滩区全国"两会"、北京冬奥会冬残奥会期间信访维稳工作及春节期间根治欠薪工作先进个人	区委、区政府	
廖明亮	永安镇党委委员、武装部长、副镇长	沿滩区2022年春节期间烟花爆竹禁燃禁放工作先进个人	区委、区政府	
谢洁	永安镇党委委员、宣传委员	自贡市优秀共青团干部	共青团	
		2022年第三季度先进个人	自贡市委	
		沿滩区2022年度推动"工业强区"先进个人	区委、区政府	
刘俊平	永安镇司法所负责人	沿滩区全国"两会"、北京冬奥会冬残奥会期间信访维稳工作及春节期间根治欠薪工作先进个人	区委、区政府	

续表

姓名	单位与职务	获奖名称	授奖单位	备注
王力	永安镇云龙村党总支书记、主任	沿滩区2022年元旦、春节期间疫情防控工作先进个人	区委、区政府	
张清华	永安镇卫生院医务科科长	沿滩区2022年元旦、春节期间疫情防控工作先进个人	区委、区政府	
杨巧蓉	沿滩镇副镇长	沿滩区2022年元旦、春节期间疫情防控工作和先进个人	中共自贡市沿滩区委、自贡市沿滩区人民政府	2022年5月20日
潘智梅	沿滩镇社会治理办公室副主任	沿滩区2022年元旦、春节期间疫情防控工作和先进个人	中共自贡市沿滩区委、自贡市沿滩区人民政府	2022年5月20日
陈红梅	沿滩镇社会事务管理办公室副主任	沿滩区2022年元旦、春节期间疫情防控工作和先进个人	中共自贡市沿滩区委、自贡市沿滩区人民政府	2022年5月20日
龚春霖	沿滩镇城区开发建设工作专班工作人员	沿滩区2022年春节期间烟花爆竹禁燃禁放工作先进个人	中共自贡市沿滩区委、自贡市沿滩区人民政府	2022年5月20日
朱宏吉	沿滩镇城区开发建设工作专班工作人员	沿滩区2022年春节期间燃气重大隐患消除工作先进个人	中共自贡市沿滩区委、自贡市沿滩区人民政府	2022年5月20日
王勇	沿滩镇党委委员、人大主席	2022年第二季度统筹发展与安全先进个人	中共自贡市沿滩区委、自贡市沿滩区人民政府	2022年9月5日
李永富		2022年度优秀党员	中共自贡市扶贫开发协会委员	2022年6月
李永富		自贡市关心下一代工作先进个人	自贡市关心下一代工作委员会、中共自贡市委老干部局、自贡市精神文明建设办公室	2022年2月
李燕琳	沿滩镇社会事务管理办公室主任	2021年人社工作业务明星	中共自贡市沿滩区人力资源和社会保障局委员会、自贡市沿滩区人力资源和社会保障局	2022年4月
唐薛睿	沿滩镇党政综合办公室工作人员	"忠诚值守庆盛会——我们的值班故事"主题征文活动优秀奖	中共四川省委办公厅	2022年12月

续表

姓名	单位与职务	获奖名称	授奖单位	备注
张 杰	沿滩镇党委委员、武装部部长、副镇长	沿滩区2022年度武装工作先进个人	中共自贡市沿滩区委、自贡市沿滩区人民武装部	
涂 强	沿滩镇跃进村党总支书记、主任	沿滩区2021年优秀兼职网格员	中共自贡市沿滩区委、政法委员会	
左明富	沿滩镇汪坝村党总支副书记、纪检委员	沿滩区2021年优秀兼职网格员	中共自贡市沿滩区委、政法委员会	
余水兵	沿滩镇平安村党支部委员、村委委员、发展委员	沿滩区2021年优秀兼职网格员	中共自贡市沿滩区委、政法委员会	
曾贤珍	沿滩镇团结村党支部委员	沿滩区2021年优秀兼职网格员	中共自贡市沿滩区委、政法委员会	
蔡 晔		沿滩区2021年优秀兼职网格员	中共自贡市沿滩区委、政法委员会	
甘玉英	沿滩镇开元路党委委员、副主任	沿滩区2021年优秀兼职网格员	中共自贡市沿滩区委、政法委员会	
陈立秋	沿滩镇飞跃村村委委员、发展委员	沿滩区2021年优秀兼职网格员	中共自贡市沿滩区委、政法委员会	
张 伟	沿滩镇兴元路社区党总支委员、副主任	消防网格化管理优秀网格员	中共自贡市委政法委员会、自贡市消防救援支队	2022年10月27日
涂 强	沿滩镇跃进村党总支书记、主任	消防网格化管理优秀网格员	中共自贡市委政法委员会、自贡市消防救援支队	2022年10月27日
曾贤珍	沿滩镇团结村党支部委员	消防网格化管理优秀网格员	中共自贡市委政法委员会、自贡市消防救援支队	2022年10月27日
杨君生	沿滩镇人民村果立方生态果园负责人	第四届沿滩区道德模范	自贡市沿滩区精神文明建设办公室	
张 松	新城党工委副书记、卫坪街道党工委书记	2021年度武装工作（党管武装好书记）	沿滩区委	
李 英	卫坪街道卫健办主任	自贡市处置富顺新冠疫情先进个人和优秀党员	自贡市委	
刘哲峰	卫坪街道党工委委员、街道办副主任	2022年全国全省"两会"和背景冬奥会冬残奥会期间信访和维护社会稳定工作先进个人	自贡市信访联合会	
梁诺超	沿滩新城维稳办工作人员	2021年度优秀民兵	沿滩区政府	

续表

姓名	单位与职务	获奖名称	授奖单位	备注
刘哲峰	卫坪街道党工委委员、街道办副主任	根治拖欠农民工工资工作先进个人	四川省农民工工作领导小组办公室	
彭　臣	沿滩新城管委会副主任、卫坪街道党工委副书记、街道办主任	一季度"信访维稳、根治欠薪、疫情防控、禁燃禁放、安全隐患化解"先进集体及先进个人	沿滩区委	
张宗友	新城党工委委员、规建办副主任			
赵晓菊	卫坪街道党工委委员、街道办副主任			
龚述和	卫坪街道党工委委员、人大工委主任			
谢　强	梁家坝社区副书记			
杨　茜	卫坪街道计生办主任			
黄　轶	卫坪街道党政办工作人员			
明　柠	龙湖远达社区党委委员、居委会副主任			
刘哲峰	卫坪街道党工委委员、街道办副主任	2022年度"四川省安全社区建设"先进个人	自贡市安委会	
邓　军	沿滩新城维稳办工作人员			
宋麒麟	沿滩新城维稳办工作人员	自贡市中共二十大信访维稳安保工作贡献突出个人	沿滩区委	
宋家林	区委编办 区委组织部副部长、编办主任	2021年科级领导干部年度考核优秀嘉奖一次	区委、区政府	
杨　俊	区委编办 副主任	沿滩区2022年度推动工业强区先进个人	区委、区政府	
周　雨	沿滩区民政事务服务中心主任	自贡市创建全国文明城市先进个人	中共自贡市委、自贡市人民政府	
龙　蓓	沿滩区民政局社会福利股股长	自贡市创建国家卫生城市工作先进个人	中共自贡市委、自贡市人民政府	
胡恩梦	沿滩区民政局办公室主任	沿滩区优秀共产党员	中共自贡市沿滩区委	
张昌导	沿滩区民政局社会救助股股长	自贡市退役军人先进个人	中共自贡市委退役军人事务工作领导小组	

续表

姓名	单位与职务	获奖名称	授奖单位	备注
张艺	区文旅局执法大队办公室主任	沿滩区2022年春节期间烟花爆竹禁燃禁放工作先进个人	中共自贡市沿滩区委、自贡市沿滩区人民政府	自沿委发〔2022〕17号
尹邦惠	沿滩区退役军人服务中心主任	沿滩区2022年度国防后备力量建设先进个人	沿滩区委	
简珍	沿滩区统计局总统计师	四川省第七次全国人口普查先进个人	四川省统计局、四川省人力资源和社会保障厅	
朱燕萍	自贡市沿滩区卫生健康局副局长	中共自贡市委自贡市人民政府关于表扬自贡市处置富顺新冠肺炎疫情先进个人	中共自贡市委、自贡市人民政府	
陈湘	自贡市沿滩区卫生健康局老龄与家庭发展股股长	沿滩区全国"两会"、北京冬奥会冬残奥会期间信访维稳工作及春节期间根治欠薪工作先进个人	中共自贡市沿滩区委、沿滩区人民政府	
李奇建	沿滩区人民医院总务科科长	沿滩区2022年元旦、春节期间疫情防控工作先进个人	中共自贡市沿滩区委、沿滩区人民政府	
周强	自贡市沿滩区人民医院内科副主任	沿滩区2022年元旦、春节期间疫情防控工作先进个人	中共自贡市沿滩区委、沿滩区人民政府	
廖超	自贡市沿滩区王井镇卫生院院长助理、公卫科长	沿滩区2022年元旦、春节期间疫情防控工作先进个人	中共自贡市沿滩区委、沿滩区人民政府	
高燕	自贡市沿滩区邓关街道社区卫生服务中心公卫科科长	沿滩区2022年元旦、春节期间疫情防控工作先进个人	中共自贡市沿滩区委、沿滩区人民政府	
冯孝勇	自贡市沿滩区黄市镇卫生院副院长	沿滩区2022年元旦、春节期间疫情防控工作先进个人	中共自贡市沿滩区委、沿滩区人民政府	
张清华	自贡市沿滩区永安镇中心卫生院医务科长	沿滩区2022年元旦、春节期间疫情防控工作先进个人	中共自贡市沿滩区委、沿滩区人民政府	
江炳友	自贡市沿滩区疾病预防控制中心主任	自贡市处置富顺新冠肺炎疫情先进个人	中共自贡市委、自贡市人民政府	
曾大	自贡市沿滩区疾病预防控制中心副主任	2022年元旦春节期间疫情防控先进个人	中共自贡市沿滩区委、沿滩区人民政府	

续表

姓名	单位与职务	获奖名称	授奖单位	备注
卢海东	自贡市沿滩区区卫生健康局综监疾控股主要负责人、自贡市沿滩区王井镇卫生院副院长	沿滩区2022年元旦、春节期间疫情防控工作先进个人	中共自贡市沿滩区委、沿滩区人民政府	
刘 婷	区民宗局副局长	2022年度四川统一战线"十佳宣传干部"	省委统战部	
		沿滩区2022年度推动工业强区先进个人	沿滩区委区政府	
王艺睿	区委统战部办公室主任	2022年度全省统战信息工作"优秀信息员"	省委统战部	
杨 帆	区委统战部工作人员	2022年度全市统战优秀宣传信息员	市委统战部	
张晓颖	区委统战部副部长、区民宗局局长、区侨办主任	2022年沿滩全国"两会"、北京冬奥会冬残奥会期间信访维稳工作及春节期间根治欠薪工作先进个人	沿滩区委、区政府	
胡焕建	自贡市沿滩生态环境局副局长	自贡市第二轮中央生态环境保护督察迎检工作先进个人	中共自贡市委、自贡市人民政府	
王 静	自贡市沿滩生态环境局总工程师	自贡市2021年度优化营商环境工作先进个人	中共自贡市委、自贡市人民政府	2022年12月
张 然	区科技和经信局工作人员	自贡市处置富顺新冠肺炎疫情先进个人	市委、市政府	2022年3月15日
陈家固	区科技和经信局民营办业务负责人	沿滩区全国"两会"、北京冬奥会冬残奥会期间信访维稳工作及春节期间根治欠薪工作先进个人	区委、区政府	2022年5月20日
侯昌恒	区科技和经信局总工程师	2022年第二季度统筹发展与安全先进个人	区委、区政府	2022年9月5日
郑 莉	沿滩区司法局副局长	2016—2020年四川省普法先进个人	四川省委、省政府	
明 月	沿滩区司法局仙市司法所所长	沿滩区2022年春节期间烟花爆竹禁燃禁放工作先进个人	沿滩区委、区政府	
熊 珊	沿滩区司法局法制股股长	沿滩区2022年第三季度先进个人	沿滩区委、区政府	
瞿 源		先进个人	沿滩区道路交通安全综合治理委员会办公室	

续表

姓名	单位与职务	获奖名称	授奖单位	备注
李武强 刘 涛		处置富顺新冠肺炎疫情先进个人	市委市政府	
林 勇		优秀等次工勤人员	自贡市公安局	
黄 斌		成绩突出青年民警	公安部、共青团中央	
周 励 杨旭磊 徐 征 曹 勇		沿滩区全国"两会"和冬奥会期间信访维稳工作先进个人	区委区政府	
李武强		沿滩区2022年元旦、春节期间疫情防控工作先进个人	区委区政府	
许 琳 胡赞均 杨旭磊 陈 佐 郑 宇 周聪明 陈 强 王 毅 贺龙飞		沿滩区2022年春节期间烟花爆竹禁燃禁放工作先进个人	区委区政府	
官国勇		沿滩区2022年春节期间燃气重大隐患消除工作先进个人	区委区政府	
王 敏		"远达杯"自贡市第十一届老年人运动会乒乓球项目比赛第二名	自贡市老年人运动会组委会	
郭 林		优秀共产党员	区委区政府	
郑 强		优秀党务工作者	区委区政府	
韩 伟		个人三等功	自贡市公安局	
张跃起		个人三等功	自贡市公安局	
罗丽娟 陈圆圆		最美警属	自贡市公安局	
刘俊凯 徐 枭		最美基层民警	自贡市公安局	
王 平		2022年第二季度统筹发展与安全先进个人	区委区政府	

续表

姓名	单位与职务	获奖名称	授奖单位	备注
张　勇		2022年全省公安教育训练工作成绩突出教官、教育训练管理干部	省厅	
廖旭东		自贡市公安机关第三届调研文秘大比武二等奖	自贡市公安局	
袁　煦		自贡市公安机关成绩突出警务辅助人员一等奖	自贡市公安局	
郭　林		个人二等功	省厅	
陈超伦		全省公安机关疫情防控先进个人	省厅	
陈　强 郭　浩 聂正芬 伍玮玮 刘　俊 郑　超 黄红英 吕　号 毛笃成		个人三等功	自贡市公安局	
李福一 曾家良 徐艳莉 杨　勇 郭　林 刘世伦 陈　正 王城锥 许　琳 陈　亮 陈亚捷 黄　斌 高礼山 刘小诚 明述田 黄文仲 胡赞均 杨旭磊 刘俊凯 刘　涛 （大） 万露雅 应凌志 王应波 何玉华 陈　绩		个人嘉奖	自贡市公安局	

续表

姓名	单位与职务	获奖名称	授奖单位	备注
李晗鹏 金荣耀 漆　熹 尹碧桃 王　宇 周克华 张靖川 张智渊 瞿　源 贺龙飞 付朝明 王少波		个人嘉奖	自贡市公安局	
陈　佐 宋　军		公安机关中共二十大安保维稳工作成绩个人三等功	自贡市公安局	
贺龙飞 刘俊凯		个人三等功	自贡市公安局	
郭　林		2022年政保情报体系建设成绩突出先进个人	省厅	
陈浣词	区纪委监委党风政风监督室副主任	2022年第三季度先进个人	中共自贡市沿滩区委、自贡市沿滩区政府	2022年11月17日
邓梦北	区纪委监委党风政风监督室主任	自贡市2021年度"再造产业自贡"先进个人	中共自贡市委、自贡市人民政府	
邱　菊	区纪委监委电教与信息中心主任	2021年度自贡青年党员突击队先进个人	中共自贡市委组织部、共青团自贡市委员会	2022年1月20日
王代燕	区纪委监委电教与信息中心工作人员	2022年度自贡青年党员突击队先进个人	中共自贡市沿滩区委组织部、共青团自贡市沿滩区委员会	
邱　菊	沿滩区水务局水土保持办公室负责人	自贡市2022年水土保持先进个人	自贡市水务局	
邱婉婷	沿滩区水政监察大队负责人	自贡市节约用水先进个人	自贡市水务局	
杨　鑫	沿滩区河湖管理保护中心副主任	2022年自贡市水利工程运行管理先进个人	自贡市水务局	
周　萍	沿滩区沿滩第二小学校副校长	2022年度"四川省百名优秀志愿者"	四川省精神文明建设办公室	
周　萍	沿滩益心志愿服务队	第五届"盐都志愿之星"十大最美志愿者	自贡市精神文明建设办公室	
黎　燕	沿滩区瓦市镇中心卫生院副院长	第四届沿滩区"助人为乐"道德模范	自贡市沿滩区精神文明建设办公室	

续表

姓名	单位与职务	获奖名称	授奖单位	备注
朱贤波	沿滩区王井镇高石村村支部书记兼主任	第四届沿滩区"助人为乐"道德模范	自贡市沿滩区精神文明建设办公室	
明登海	沿滩区富全镇舒安村村辅警	第四届沿滩区"见义勇为"道德模范	自贡市沿滩区精神文明建设办公室	
徐宏明	邓关街道太源村退役军人	第四届沿滩区"见义勇为"道德模范	自贡市沿滩区精神文明建设办公室	
杨君生	沿滩区沿滩镇果立方家庭农场经营者	第四届沿滩区"诚实守信"道德模范	自贡市沿滩区精神文明建设办公室	
胡崇德	沿滩区沿滩镇团结村退休干部	第四届沿滩区"诚实守信"道德模范	自贡市沿滩区精神文明建设办公室	
曾道群	沿滩区联络镇高滩村村党支部书记、村委会主任	第四届沿滩区"敬业奉想"道德模范	自贡市沿滩区精神文明建设办公室	
荣 华	沿滩区瓦市镇大觉村村医生、大觉村一组组长	第四届沿滩区"敬业奉想"道德模范	自贡市沿滩区精神文明建设办公室	
杨 杰	沿滩区瓦市镇双塘村村民	第四届沿滩区"孝老爱亲"道德模范	自贡市沿滩区精神文明建设办公室	
王 丽	沿滩区邓关街道顺昌美村村委委员	第四届沿滩区"孝老爱亲"道德模范	自贡市沿滩区精神文明建设办公室	
何大奇	自贡市沿滩区信访局局长	全省信访工作先进个人	中共四川省委、四川省人民政府	
罗 东	自贡市沿滩区信访局副局长	沿滩区全国"两会"、北京冬奥会冬残奥会期间信访维稳工作及春节期间根治欠薪工作先进个人	中共自贡市沿滩区委、自贡市沿滩区人民政府	
王浩懋	自贡市沿滩区信访局综合办主任	沿滩区全国"两会"、北京冬奥会冬残奥会期间信访维稳工作及春节期间根治欠薪工作先进个人	中共自贡市沿滩区委、自贡市沿滩区人民政府	
郭 越	自贡市沿滩区信访局接待室主任	沿滩区2022年春节期间烟花爆竹禁燃禁放工作先进个人	中共自贡市沿滩区委、自贡市沿滩区人民政府	
漆秀凤	沿滩区市场监管局综合行政执法大队一级科员	全省"春雷行动2022"执法行动先进个人	四川省市场监督管理局、四川省药品监督管理局	

续表

姓名	单位与职务	获奖名称	授奖单位	备注
夏 雨	沿滩区市场监管局党委书记、局长，区市场监管综合行政执法大队大队长（兼）、一级主任科员	沿滩区2022年春节期间烟花爆竹禁燃禁放工作先进个人	中共自贡市沿滩区委员会、自贡市沿滩区人民政府	
夏 雨	沿滩区市场监管局党委书记、局长，区市场监管综合行政执法大队大队长（兼）、一级主任科员	沿滩区2022年度推动"工业强区"先进个人	中共自贡市沿滩区委员会、自贡市沿滩区人民政府	
谭 倩	沿滩区投资促进服务中心综合办主任	自贡市2021年度"再造产业自贡"先进个人	中共自贡市委、自贡市人民政府	
李 智	区投资促进局投促服务中心综合股副股长	关于表扬沿滩区2021年度实施乡村振兴战略先进个人	中共自贡市沿滩区委农村-工作领导小组	
何 煦	区投促服务中心产业股股长	沿滩区优秀青年志愿者	共青团自贡市沿滩区委	
明宏鑫	区投促服务中心投促股副股长	2021年度自贡青年党突击队先进个人	中共自贡市委组织部、共青团自贡市委员会	
张宇佳	区投资促进局办公室副主任	沿滩区2022年春节期间烟花爆竹禁燃禁放工作先进个人	中共自贡市沿滩区委、自贡市沿滩区人民政府	
黄 倩	区检察院副检察长	自贡市2021年优化营商环境先进个人	自贡市委、自贡市政府	
彭 刚	区检察院第二检察部副主任	沿滩区2022年春节期间燃气重大隐患消除工作先进个人	自贡市沿滩区委、自贡市沿滩区政府	
黄居国	区检察院干警	沿滩区2022年春节期间燃气重大隐患消除工作先进个人	自贡市沿滩区委、自贡市沿滩区政府	
林富先	区检察院干警	沿滩区全国"两会"、北京冬奥会冬残会期间信访维稳工作及春节期间根治欠薪工作先进个人	自贡市沿滩区委、自贡市沿滩区政府	

组织机构及主要负责人名录

截至 2022 年 12 月 31 日

中国共产党自贡市沿滩区委员会

区委书记：刘　军

区委副书记：廖　东、王红军

区委常委：覃建波、黄建军、宋筱茜、曾　柯、陈永航、曾义刚、王揖辉、滕建军

区委办公室主任：（空缺）

区委党史办公室主任：刘书宇

区委国安办主任：王红军

区公务服务中心主任：聂文静

区纪委书记：宋筱茜

区委组织部部长：陈永航

区城乡社区发展治理服务中心主任：（空缺）

区高端人才储备服务中心主任：刘　强

区委宣传部部长：覃建波

区融媒体中心主任：江昆银

区委统战部部长：王揖辉

区委台办主任：毛小华

区民宗局局长：张晓颖

区委政法委书记：曾义刚

区委编办主任：宋家林

区委巡察办主任：李健梅

区委巡察组组长：涂正平、王建坤、刁玉国

区委目标绩效办主任：李　珊

区委党校校长：陈永航

区档案馆馆长：韩家洪

自贡市沿滩区人大常务委员会

主　任：杨　兵

副主任：林　平、徐华平、黄远明、张　英

办公室主任：杨元源

人事代表工作委员会主任：余　洋

信访办公室主任：张健康

法制委员会主任委员：明崇超

财政经济委员会主任委员：曾栋坤

农业与农村委员会主任委员：宋　丽

教育科学文化卫生委员会主任委员：吴定华

城乡建设环境资源保护委员会主任委员：王晓平

社会建设委员会主任委员：曾家友

自贡市沿滩区人民政府

区　长：廖　东

副区长：邓　勇、邹家柱、漆智勇、沈楚婷、杨　文、刘　君

区政府办公室主任：陈　勇

区机关事务服务中心主任：王　柳

区地方志办主任：林海燕

区发展改革局党委书记、局长：梁　宇

区成渝双城经济圈建设服务中心主任：（空缺）

区科技和经信局党委书记、局长：张力平

区教育体育局党委书记、局长：何　俊

区教育体育事业发展服务中心主任：明利祥

区民政局党组书记、局长：闫　丽

区民政事务服务中心主任：周　雨

区司法局党组书记、局长：韦　莉

区财政局党组书记、局长：张　伟

区财政国库支付中心主任：昝秋菊

区人力资源社会保障局党委书记、局长：刘　彬

区劳动人事争议仲裁院院长：（空缺）
区社会保险事务中心主任：熊　燕
区就业创业促进中心主任：张　杰
区自然资源局党组书记、局长：黄小龙
区国土资源执法监察大队大队长：陈忠新
区自然资源管理所所长：（空缺）
区林业资源管理服务中心主任：许财华
区住房城乡建设局党委书记、局长：甘以清
区交通运输局党委书记、局长：余大洋
区交通运输综合行政执法大队大队长：
　　　　　　　　　　　　　　余大洋
区地方海事服务中心主任：邵　霞
区公路养护段段长：李长城
区水务局党组书记、局长：陈　利
区河湖管理保护中心主任：（空缺）
区农业农村局党委书记、局长：张成兴
区农业综合行政执法大队大队长：张成兴
区乡村振兴发展服务中心主任：（空缺）
区商务局党组书记、局长：杨　欣
区文化广电旅游局党组书记、局长：李　勇
区文化市场综合行政执法大队大队长：
　　　　　　　　　　　　　　李　勇
区文旅融合发展服务中心主任：文　燕
区卫生健康局党委书记、局长：丁　俊
区退役军人局党组书记、局长：金　桃
区退役军人服务中心主任：尹邦惠
区应急管理局党组书记、局长：宋本和
区应急管理中心主任：韩　旭
区审计局党组书记、局长：李竞春
区市场监督管理局党委书记、局长：夏　雨
区市场监管综合行政执法大队大队长：
　　　　　　　　　　　　　　夏　雨
区统计局党组书记、局长：刘良平
区信访局党组书记、局长：何大奇
区投资促进局党组书记、局长：李怀和
区投资促进服务中心主任：刘俊霞
区医疗保障局党组书记、局长：黄祥荣
区医疗保障事务中心主任：高青美
区行政审批局党组书记、局长：卢天庆
区政务服务和公共资源交易中心主任：（空缺）
区综合行政执法局党组书记、局长：杨　町
区城市管理执法大队大队长：（空缺）
沿滩新城区党工委书记：陈永航
沿滩新城区管委会主任：陈永航
沿滩新城区管委会社会事务服务中心主任：
　　　　　　　　　　　　　　夏　毅
沿滩高新技术产业园区党工委书记：王红军
沿滩高新技术产业园区管委会主任：邹家柱
沿滩高新技术产业园区创新创业服务中心主任：黄　伟
区供销社党组书记、主任：王青松

中国共产党政治协商会议自贡市沿滩区委员会

　　主　席：王　丽
　　副主席：龚贵明、周永利、刘官智
　　党组副书记：晏　刚
　　秘书长、办公室主任：林强贵
　　提案委员会主任：曾旭东
　　文化文史和学习委员会主任：向　钧
　　经济委员会主任：胡小平
　　教育体育卫生委员会主任：郑　斌
　　社会法制委员会主任：陈　松
　　人口资源环境委员会主任：刘　昭
　　农业和农村委员会主任：詹　强
　　委员联络委员会主任：车　欣
　　外事联谊委员会主任：黄　军
　　科学技术委员会主任：吕泽余

乡镇（街道）

　　卫坪街道党工委书记：张　松
　　卫坪街道办事处主任：彭　臣
　　沿滩镇党委书记：张　州
　　沿滩镇镇长：黄代杰
　　邓关街道党工委书记：林　立
　　邓关街道办事处主任：刘书宇

王井镇党委书记：刘义梅

王井镇镇长：张　超

九洪乡党委书记：陈胜利

九洪乡乡长：廖静雅

黄市镇党委书记：周克钢

黄市镇镇长：张　俊

永安镇党委书记：张晓涛

永安镇镇长：许小平

联络镇党委书记：吴　浩

联络镇镇长：朱明凤

兴隆镇党委书记：周正宇

兴隆镇镇长：陈　勇

富全镇党委书记：上官睿

富全镇镇长：王泽辉

仙市镇党委书记：李　涛

仙市镇镇长：余泽利

瓦市镇党委书记：易述茂

瓦市镇镇长：姜海燕

中国共产党自贡市沿滩区纪律检查委员会

书　记：宋筱茜

副书记：李　彬、余　杰

常　委：李健梅、彭　君、曾　毅、陈志鹏

自贡市沿滩区监察委员会

主　任：宋筱茜

副主任：李　彬、余　杰

委　员：彭　君、曾　毅、汪　澜、王　宇

自贡市沿滩区人民法院

党组书记、院长：丁向东

自贡市沿滩区人民检察院

党组书记、检察长：齐　力

民主党派和工商联

区工商联（商会）常务副主席（副会长）：孙　洁

民盟沿滩支部主委：林　平

民建沿滩总支主委：周永利

农工党沿滩支部主委：黄　军

社会团体

区总工会主席：王揖辉

共青团沿滩区委书记：杨可瑕

区妇联主席：徐寿贞

区残联主席：胡学荣

区科协主席：兰　英

区红十字会：漆智勇

省、市属部门

自贡市公安局沿滩分局党委书记、局长：邓　勇

沿滩生态环境局党组书记、局长：黄　童

国家税务总局自贡市沿滩区税务局党委书记、局长：郑　耘

附　录

2022年区委文件目录

文号	文件名称	发文日期
自沿委发〔2022〕1号	中共自贡市沿滩区委　自贡市沿滩区人民政府　印发《关于坚持农业农村优先发展全面做好2022年乡村振兴重点工作的意见》的通知	2022年4月1日
自沿委发〔2022〕2号	中共自贡市沿滩区委自贡市沿滩区人民武装部关于表扬2021年度武装工作先进单位和先进个人的通报	2022年1月30日
自沿委发〔2022〕3号	中共自贡市沿滩区委自贡市沿滩区人民政府关于贯彻落实《四川省市县重大经济事项决策规定（试行）》的实施意见	2022年2月23日
自沿委发〔2022〕4号	中共自贡市沿滩区委关于深入学习贯彻中共十九届六中全会精神巩固党史学习教育成果激励广大党员干部在狠抓落实担当作为中走在前列的决定	2022年2月23日
自沿委发〔2022〕5号	中共自贡市沿滩区委关于加快绿色低碳优势产业高质量发展服务生态文明城市建设的决定	2022年2月23日
自沿委发〔2022〕7号	中共自贡市沿滩区委关于印发《区委常委会2022年工作要点》的通知	2022年3月3日
自沿委发〔2022〕8号	中共自贡市沿滩区委　关于印发《中共自贡市沿滩区第十三届委员会　巡察工作规划（2022—2026年）》的通知	2022年3月11日
自沿委发〔2022〕9号	中共自贡市沿滩区委关于设立中国共产党自贡市沿滩区红十字会党组的通知	2022年3月11日
自沿委发〔2022〕10号	中共自贡市沿滩区委　自贡市沿滩区人民政府　关于表扬沿滩区2021年度实施乡村振兴战略先进单位的通知	2022年4月1日
自沿委发〔2022〕11号	关于印发《沿滩区开放兴区2022年工作要点的》通知	2022年4月6日

续表

文号	文件名称	发文日期
自沿委发〔2022〕12号	关于印发《沿滩区工强强区2022年工作要点》的通知	2022年4月7日
自沿委发〔2022〕13号	中共自贡市沿滩区委关于印发《法治沿滩建设规划（2021—2025年）》的通知	2022年4月18日
自沿委发〔2022〕14号	中共自贡市沿滩区委关于增补调整区委党校校务委员会委员的通知	2022年4月27日
自沿委发〔2022〕15号	中共自贡市沿滩区委关于全国纪检监察系统先进工作者拟推荐对象征求意见的批复	2022年5月5日
自沿委发〔2022〕16号	中共自贡市沿滩区委自贡市沿滩区人民政府关于印发《沿滩区法治宣传教育第八个五年规划（2021-2025年）》的通知	2022年5月10日
自沿委发〔2022〕17号	中共自贡市沿滩区委自贡市沿滩区人民政府关于表扬在2022年一季度抓项目促投资等重点工作中表现突出的先进集体和先进个人的决定	2022年5月20日
自沿委发〔2022〕18号	中共自贡市沿滩区委自贡市沿滩区人民政府关于印发《沿滩区建设全省县域经济先进区2022年工作要点》的通知	2022年5月20日
自沿委发〔2022〕19号	中共自贡市沿滩区委关于给予周一明同志批评教育的决定	2022年5月24日
自沿委发〔2022〕20号	中共自贡市沿滩区委关于给予徐华平同志批评教育的决定	2022年5月24日
自沿委发〔2022〕21号	中共自贡市沿滩区委自贡市沿滩区人民政府关于印发《沿滩区2022年优化营商环境工作要点》的通知	2022年5月25日
自沿委发〔2022〕22号	中共自贡市沿滩区委关于成立县域内片区综合党委的通知	2022年6月1日
自沿委发〔2022〕23号	关于认真学习宣传贯彻省第十二次党代会精神的通知	2022年6月13日
自沿委发〔2022〕24号	中共自贡市沿滩区委自贡市沿滩区人民政府关于推进2022年全面从严治党、党风廉政建设和反腐败工作的意见	2022年6月30日
自沿委发〔2022〕25号	关于印发《中共自贡市沿滩区委工作规则》的通知	2022年7月21日
自沿委发〔2022〕26号	关于印发《中共自贡市沿滩区委常务委员会议事决策规则》的通知	2022年7月21日
自沿委发〔2022〕27号	关于印发《沿滩区贯彻落实第二轮中央生态环境保护督察整改任务清单》的通知	2022年8月18日
自沿委发〔2022〕28号	关于表扬2022年第二季度统筹发展与安全先进集体和先进个人的决定	2022年9月5日

续表

文号	文件名称	发文日期
自沿委发〔2022〕29号	关于印发《沿滩区推进乡村振兴2022年度责任清单》的通知	2022年9月18日
自沿委发〔2022〕30号	关于实现巩固拓展脱贫攻坚成果同乡村振兴有效衔接的实施意见	2022年9月18日
自沿委发〔2022〕31号	中共自贡市沿滩区委 自贡市沿滩区人民政府关于2021年度沿滩区目标绩效综合考评结果和先进单位的通报	2022年10月13日
自沿委发〔2022〕32号	关于表扬2022年度沿滩区十强工业企业和十强成长型工业企业的通报	2022年11月2日
自沿委发〔2022〕33号	中共自贡市沿滩区委关于印发《关于区委常委在担当作为真抓实干中走在前列的意见》的通知	2022年11月2日
自沿委发〔2022〕34号	中共自贡市沿滩区委关于认真学习宣传贯彻中共二十大精神的通知	2022年11月17日
自沿委发〔2022〕35号	中共自贡市沿滩区委 自贡市沿滩区人民政府关于表扬2022年第三季度先进集体和先进个人的决定	2022年11月18日
自沿委发〔2022〕38号	中共自贡市沿滩区委关于终止黄伟中国共产党自贡市沿滩区第十三次代表大会代表资格的批复	2022年12月21日
自沿委发〔2022〕39号	中共自贡市沿滩区委关于深入学习宣传贯彻中共二十大精神在全面建设社会主义现代化国家新征程上奋力谱写沿滩高质量跨越发展新篇章的决定	2022年12月30日
自沿委发〔2022〕40号	中共自贡市沿滩区委自贡市沿滩区人民政府关于支持沿滩高新技术产业园区高质量发展的意见	2022年12月30日
自沿委发〔2022〕42号	中共自贡市沿滩区委自贡市沿滩区人民政府关于对2021年年度考核评为优秀等次公务员（参公人员）给予记三等功或嘉奖奖励的通知	2022年12月28日
自沿委办〔2022〕1号	关于印发《沿滩区机关事业单位工作人员调动管理办法（试行）》的通知	2022年3月14日
自沿委办〔2022〕2号	关于印发沿滩区高新科技产业园区管委会机构编制规定的通知	2022年4月15日
自沿委办〔2022〕3号	关于印发《中共沿滩区委理论学习中心组学习实施细则（施行）》的通知	2022年4月24日
自沿委办〔2022〕4号	中共自贡市沿滩区委办公室自贡市沿滩区人民政府办公室关于印发《沿滩区人才发展"十四五"规划》的通知	2022年6月20日
自沿委办〔2022〕5号	关于印发《自贡市沿滩区应急管理综合行政执法大队职能配置、内设机构和人员编制规定》的通知	2022年7月28日
自沿委办〔2022〕6号	关于自贡市沿滩区区属国有企业高质量发展的实施意见（试行）	2022年9月5日

续表

文号	文件名称	发文日期
自沿委办〔2022〕7号	关于印发《沿滩区基层群众性自治组织中从事管理的人员党纪政务处分执行工作指引（试行）》的通知	2022年9月23日
自沿委办〔2022〕8号	关于印发《关于开展区乡两级民生实事项目人大代表票决制工作的实施意见》的通知	2022年10月8日
自沿委办〔2022〕9号	中共自贡市沿滩区委办公室自贡市沿滩区人民政府办公室关于印发《自贡市沿滩区自然资源综合行政执法大队职能配置、内设机构和人员编制规定》的通知	2022年12月29日
自沿委办发〔2022〕1号	中共自贡市沿滩区委办公室自贡市沿滩区人民政府办公室关于调整自贡食品产业园项目工作组的通知	2022年1月12日
自沿委办发〔2022〕2号	中共自贡市沿滩区委办公室自贡市沿滩区人民政府关于调整第二十八届灯会县级领导带班时间的通知	2022年1月13日
自沿委办发〔2022〕3号	中共自贡市沿滩区委办公室自贡市沿滩区人民政府办公室关于切实做好2022年春节期间禁止燃放烟花爆竹工作的通知	2022年1月21日
自沿委办发〔2022〕4号	中共自贡市沿滩区委办公室自贡市沿滩区人民政府办公室关于成立自贡市沿滩区评比达标表彰工作	2022年1月26日
自沿委办发〔2022〕5号	中共自贡市沿滩区委办公室自贡市沿滩区人民政府办公室关于成立2022年春节期间禁止燃放烟花爆竹工作专班的通知	2022年1月28日
自沿委办发〔2022〕6号	中共自贡市沿滩区委办公室关于学习宣传贯彻区委十三届三次全会暨区委经济工作会议精神的通知	2022年2月9日
自沿委办发〔2022〕7号	中共自贡市沿滩区委办公室自贡市沿滩区人民政府办公室关于调整县级领导联系指导脱贫村、乡村振兴重点村及集体经济薄弱村的通知	2022年2月14日
自沿委办发〔2022〕8号	中共自贡市沿滩区委办公室于进一步深化党委（党组）"第一议题"制度的通知	2022年2月17日
自沿委办发〔2022〕9号	中共自贡市沿滩区委办公室关于调整区委办公室班子成员工作分工的通知	2022年2月17日
自沿委办发〔2022〕10号	中共自贡市沿滩区委办公室关于印发《区委常委班子党史学习教育专题民主生活会整改落实方案》的通知	2022年2月21日
自沿委办发〔2022〕11号	中共自贡市沿滩区委办公室关于印发《2021年度市委对沿滩区基层党建工作点评意见贯彻落实工作方案》的通知	2022年2月25日
自沿委办发〔2022〕12号	中共自贡市沿滩区委办公室关于区委常委以及区人大常委会、区政府、区政协班子成员实行AB角工作补位制度的通知	2022年2月28日
自沿委办发〔2022〕13号	关于印发《区委2022年巡察工作要点》的通知	2022年3月2日
自沿委办发〔2022〕14号	关于印发《自贡市沿滩区法律顾问管理办法（试行）》的通知	2022年3月7日

续表

文号	文件名称	发文日期
自沿委办发〔2022〕15号	关于印发《自贡市沿滩区法律顾问工作经费支出管理办法（试行）》的通知	2022年3月7日
自沿委办发〔2022〕16号	关于聘请王红兵等10人为沿滩区法律顾问的通知	2022年3月7日
自沿委办发〔2022〕17号	关于转发《自贡市沿滩区人大常委会2022年工作要点》《政协自贡市沿滩区委员会2022年工作要点暨年度协商计划》的通知	2022年3月11日
自沿委办发〔2022〕18号	关于转发《政协自贡市沿滩区委员会关于进一步加强人民政协提案办理工作的实施意见》的通知	2022年3月16日
自沿委办发〔2022〕19号	关于建立导师结对帮带年轻干部人才培养机制的通知（改1）	2022年3月17日
自沿委办发〔2022〕20号	关于转发《政协自贡市沿滩区委员会2022年工作要点暨年度协商计划》的通知	2022年3月23日
自沿委办发〔2022〕21号	关于成立西南（自贡）食品产业技术研究院管理委员会的通知	2022年3月30日
自沿委办发〔2022〕22号	关于转发《自贡市沿滩区关心下一代工作委员会2022年工作意见》的通知	2022年3月30日
自沿委办发〔2022〕23号	中共自贡市沿滩区委办公室关于印发《自贡市沿滩区贯彻落实〈中国共产党统一战线工作条例〉实施方案》的通知	2022年3月30日
自沿委办发〔2022〕24号	关于印发《区委区政府2022年重点工作任务分解表》的通知	2022年3月30日
自沿委办发〔2022〕25号	印发《关于进一步做好新时代关心下一代工作的实施方案》的通知	2022年4月1日
自沿委办发〔2022〕26号	关于下达2022年党委信息目标任务的通知	2022年4月1日
自沿委办发〔2022〕27号	关于印发《沿滩区开展乡村换届"回头看"工作方案》的通知	2022年4月2日
自沿委办发〔2022〕28号	关于成立建设全省产城融合品质城工作专班的通知	2022年4月7日
自沿委办发〔2022〕29号	关于认真学习贯彻落实省委书记彭清华莅市（区）调研指示精神的通知	2022年4月2日
自沿委办发〔2022〕30号	关于成立沿滩区创建全省乡村振兴先进区工作专班的通知	2022年5月5日
自沿委办发〔2022〕31号	关于成立沿滩城区开发建设工作专班的通知	2022年5月5日

续表

文号	文件名称	发文日期
自沿委办发〔2022〕32号	关于成立东部新城及高铁建设（沿滩片区）工作专班的通知	2022年5月5日
自沿委办发〔2022〕33号	关于成立卧龙湖片区开发建设工作专班的通知	2022年5月6日
自沿委办发〔2022〕34号	关于调整自贡市创兴投资有限公司破产重组帮扶工作领导小组的通知	2022年5月5日
自沿委办发〔2022〕35号	关于印发《沿滩区农村青年党员发展五年规划》的通知	2022年5月17日
自沿委办发〔2022〕37号	关于开展县级领导联系指导商会工作的通知	2022年5月19日
自沿委办发〔2022〕38号	关于成立沿滩区化工园区扩区认定领导小组的通知	2022年6月1日
自沿委办发〔2022〕39号	关于将沿滩区邓太片区开发委员会调整为沿滩区邓太片区建设工作专班的通知	2022年6月1日
自沿委办发〔2022〕40号	关于设立沿滩区川南新材料产业基地建设指挥部的通知	2022年6月9日
自沿委办发〔2022〕41号	关于印发《自贡市沿滩区法治政府建设工作方案（2021—2025）》的通知	2022年6月20日
自沿委办发〔2022〕42号	关于做好学习贯彻省第十二次党代会精神宣讲工作的通知	2022年6月20日
自沿委办发〔2022〕43号	关于调整自贡市沿滩区国有企业投资运营管理委员会的通知	2022年7月4日
自沿委办发〔2022〕44号	中共自贡市沿滩区委办公室自贡市沿滩区人民政府办公室关于成立沿滩区"园保贷"审贷审查工作小组的通知	2022年7月10日
自沿委办发〔2022〕45号	中共自贡市沿滩区委办公室自贡市沿滩区人民政府办公室关于印发《沿滩高新技术产业园区"园保贷"操作流程（试行）》的通知	2022年7月10日
自沿委办发〔2022〕46号	中共自贡市沿滩区委办公室自贡市沿滩区人民政府办公室关于沿滩区2022年上半年值班工作情况的通报	2022年7月14日
自沿委办发〔2022〕48号	中共自贡市沿滩区委办公室自贡市沿滩区人民政府办公室关于印发《沿滩区评选表扬2022年二季度统筹发展和安全先进集体及先进个人工作方案》的通知	2022年7月21日
自沿委办发〔2022〕49号	中共自贡市沿滩区委办公室关于启用新印章的通知	2022年7月26日
自沿委办发〔2022〕50号	关于印发《县级领导同志身边工作人员廉洁谈话制度》《县级领导同志身边工作人员"十二个必须、十二个严禁"纪律规定（试行）》通知	2022年8月1日

续表

文号	文件名称	发文日期
自沿委办发〔2022〕51号	中共自贡市沿滩区委办公室自贡市沿滩区人民政府办公室关于印发《自贡市沿滩区防范和惩治统计造假、弄虚作假整改工作方案》的通知	2022年7月30日
自沿委办发〔2022〕53号	关于成立"富全大米""九洪西瓜"地理标志申报工作专班的通知	2022年8月9日
自沿委办发〔2022〕54号	关于印发《沿滩区县级领导班子成员落实全面从严治党、党风廉政建设责任制清单的通知	2022年8月22日
自沿委办发〔2022〕55号	成立自贡至永川高速公路（沿滩段）和自贡至泸州港公路（沿滩段）建设指挥部的通知	2022年8月23日
自沿委办发〔2022〕56号	关于分解下达2022年市下目标任务的通知	2022年8月29日
自沿委办发〔2022〕57号	关于印发《自贡市沿滩区城乡供水一体化工作推进方案》的通知	2022年9月13日
自沿委办发〔2022〕58号	中共自贡市沿滩区委办公室自贡市沿滩区人民政府办公室关于进一步做好精文减会工作的通知	2022年9月15日
自沿委办发〔2022〕59号	中共自贡市沿滩区委办公室自贡市沿滩区人民政府办公室关于组织党员干部下沉基层一线参加疫情防控工作的通知	2022年9月15日
自沿委办发〔2022〕60号	中共自贡市沿滩区委办公室自贡市沿滩区人民政府办公室关于严格落实干部职工外出报备制度的通知	2022年9月26日
自沿委办发〔2022〕61号	中共自贡市沿滩区委办公室关于印发《贯彻落实省第十二次党代会重要部署责任分工方案》的通知	2022年9月26日
自沿委办发〔2022〕62号	中共自贡市沿滩区委办公室自贡市沿滩区人民政府办公室关于印发《沿滩区评选表扬2022年三季度先进集体和先进个人工作方案》的通知	2022年9月30日
自沿委办发〔2022〕63号	中共自贡市沿滩区委办公室　自贡市沿滩区人民政府办公室关于印发《沿滩区2022年"明区情、拼经济、抓落实、促发展"活动方案》的通知	2022年10月7日
自沿委办发〔2022〕65号	关于印发《沿滩区评选表扬2022年度武装工作、国防后备力量建设先进单位和个人工作方案》的通知	2022年11月4日
自沿委办发〔2022〕66号	中共自贡市沿滩区委办公室关于印发《贯彻落实省委书记王晓晖莅市调研指示精神重点任务责任分工方案》的通知	2022年11月8日
自沿委办发〔2022〕67号	中共自贡市沿滩区委办公室　自贡市沿滩区人民政府办公室关于沿滩区邓太片区开发建设工作专班领导职务调整的通知	2022年11月8日
自沿委办发〔2022〕68号	中共自贡市沿滩区委办公室自贡市沿滩区人民政府办公室关于印发《2022年度沿滩区目标绩效综合考评实施办法》的通知	2022年11月10日
自沿委办发〔2022〕69号	中共自贡市沿滩区委办公室关于印发《贯彻落实〈激励全市干部在拼经济 搞建设中担当作为真抓实干的若干措施〉责任分工方案》的通知	2022年11月11日

续表

文号	文件名称	发文日期
自沿委办发〔2022〕71号	中共自贡市沿滩区委办公室自贡市沿滩区人民政府办公室关于印发《沿滩区评选表彰2022年度推动"工业强区"先进集体和先进个人工作方案》的通知	2022年11月14日
自沿委办发〔2022〕72号	中共自贡市沿滩区委办公室自贡市沿滩区人民政府办公室关于印发《沿滩区评选表扬2022年第四季度先进集体及先进个人工作方案》的通知	2022年11月14日
自沿委办发〔2022〕73号	中共自贡市沿滩区委办公室自贡市沿滩区人民政府办公室关于印发《沿滩区迎接第三轮四川省生态环境保护督察工作方案》的通知	2022年11月22日
自沿委办发〔2022〕75号	中共自贡市沿滩区委办公室自贡市沿滩区人民政府办公室关于成立自贡市青年发展型城市建设试点沿滩区工作领导小组暨调整区青年工作联席会议组成人员的通知	2022年12月15日
自沿委办发〔2022〕76号	中共自贡市沿滩区委办公室自贡市沿滩区人民政府办公室关于设立田长、副田长及区田长制办公室的通知	2022年12月28日
自沿委办发〔2022〕77号	中共自贡市沿滩区委办公室自贡市沿滩区人民政府办公室关于印发《自贡市沿滩区2022年冬季2023年春季期间禁止燃放烟花爆竹工作方案》的通知	2022年12月29日
自沿委办发〔2022〕78号	中共自贡市沿滩区委办公室自贡市沿滩区人民政府办公室关于成立2022年冬季2023年春季期间禁止燃放烟花爆竹工作专班的通知	2022年12月29日
自沿委办发〔2022〕79号	中共自贡市沿滩区委办公室自贡市沿滩区人民政府办公室关于调整沿滩区社区矫正委员会成员的通知	2022年12月29日
自沿委办发〔2022〕80号	中共自贡市沿滩区委办公室自贡市沿滩区人民政府办公室关于做好2023年元旦春节期间有关工作的通知	2022年12月30日
自沿委办发〔2022〕81号	中共自贡市沿滩区委办公室印发《关于落实市委办公室〈关于加强和改进新时代市县政协工作的贯彻落实措施〉的任务清单》的通知	2022年12月30日

2022年区政府文件目录

序号	文号	文件名称
1	自沿府发〔2022〕2号	关于授予明登海见义勇为公民称号的决定
2	自沿府发〔2022〕3号	关于郑戈等同志职务任免的通知
3	自沿府发〔2022〕4号	关于提请宋本和等同志职务任免的议案
4	自沿府发〔2022〕5号	关于刘斌等同志职务任免的通知
5	自沿府发〔2022〕6号	关于林李虹等同志职务任免的通知
6	自沿府发〔2022〕7号	关于张彦等同志职务任免的通知
7	自沿府发〔2022〕8号	关于陈永航等同志职务任免的通知
8	自沿府发〔2022〕9号	关于下达2022年度各乡镇（街道）生猪生产目标任务的通知
9	自沿府发〔2022〕10号	关于印发沿滩区2022年乡村运输金通工程样板县创建工作方案的通知
10	自沿府发〔2022〕11号	关于印发沿滩区推进村庄建设工程项目简易审批的实施方案（暂行）的通知
11	自沿府发〔2022〕12号	关于印发自贡市华兴建材有限公司生态环境问题整改方案的通知
12	自沿府发〔2022〕13号	关于印发进一步稳定和扩大就业十七条政策措施的通知
13	自沿府发〔2022〕14号	关于李伯君等同志职务任免的通知
14	自沿府发〔2022〕15号	2022年森林防火禁火令
15	自沿府发〔2022〕16号	关于提请刘君同志任职的议案
16	自沿府发〔2022〕17号	关于李玉龙等同志职务任免的通知
17	自沿府发〔2022〕18号	关于印发自贡市沿滩区"十四五"水安全保障规划的通知
18	自沿府发〔2022〕19号	关于印发沿滩区问题楼盘化解处置工作方案的通知
19	自沿府发〔2022〕20号	关于2022年区级现代农业园区认定结果的通知
20	自沿府发〔2022〕21号	关于印发修订后沿滩区粮食应急预案（试行）的通知
21	自沿府发〔2022〕22号	关于落实区人大常委会审议区医疗保障制度改革工作意见办理情况的报告
22	自沿府发〔2022〕23号	关于李怀和等同志职务任免的通知
23	自沿府发〔2022〕24号	关于印发沿滩区妇女发展纲要（2021—2030年）儿童发展纲要（2021—2030年）的通知
24	自沿府发〔2022〕25号	关于印发沿滩区扶贫资产管理办法（试行）的通知
25	自沿府发〔2022〕26号	刘黎明等同志职务任免的通知

续表

序号	文号	文件名称
26	自沿府发〔2022〕27号	关于胡学荣、范鹏程同志职务任免的通知
27	自沿府发〔2022〕28号	关于落实区人大常委会审议巩固拓展脱贫攻坚成果同乡村振兴有效衔接、推进产业扶持和帮扶政策机制建设情况意见办理情况的报告
28	自沿府发〔2022〕29号	关于印发沿滩区全民健身实施计划（2021—2025年）的通知
29	自沿府发〔2022〕30号	关于公布首批沿滩区非物质文化遗产名录的通知
30	自沿府发〔2022〕31号	关于2022年上半年国民经济和社会发展计划执行情况人大审议意见办理情况的报告
31	自沿府发〔2022〕32号	关于2022年上半年财政预算执行情况人大审议意见办理情况的报告
32	自沿府发〔2022〕33号	关于陈佐等同志职务任免的通知
33	自沿府发〔2022〕34号	关于印发沿滩区卫生专业技术人才引进暂行办法的通知
34	自沿府发〔2022〕35号	关于印发沿滩区卫生专业技术人才引进暂行办法的通知

区委、区政府文件选辑

中共自贡市沿滩区委办公室关于学习宣传贯彻区委十三届三次全会暨区委经济工作会议精神的通知

沿滩高新技术产业园区党工委，乡镇（街道）党委（党工委），区级各部门党组（党委），各人民团体党组织，辖区内各企、事业单位党组织：

为扎实做好区委十三届三次全会精神学习宣传贯彻工作，引导沿滩区各级党组织和广大党员干部深入学习贯彻中共十九届六中全会、中央经济工作会议和省委十一届十次全会、省委经济工作会议及市委十三届二次全会暨市委经济工作会议精神，更好从党的百年奋斗重大成就和历史经验中汲取智慧力量，在狠抓落实担当作为中走在前列，加快绿色低碳优势产业高质量发展，在生态文明城市建设中贡献沿滩力量，经区委领导同意，现就有关事项通知如下。

一、充分认识区委十三届三次全会暨区委经济工作会议精神的重大意义

区委十三届三次全会暨区委经济工作会议是在沿滩区上下深入学习贯彻中共十九届六中全会、中央经济工作会议和省委十一届十次全会、省委经济工作会议及市委十三届二次全会暨市委经济工作会议精神的重要时刻召开的一次十分重要的会议。全会坚定以习近平新时代中国特色社会主义思想为指导，全面落实中共十九届六中全会、中央经济工作会议和省委十一届十次全会、省经济工作会议及市委十三届二次全会暨市委经济工作会议精神，审议通过了《中共自贡市沿滩区委关于深入学习贯彻中共十九届六中全会精神巩固党史学习教育成果激励广大党员干部在狠抓落实担当作为中走在前列的决定》《中共自贡市沿滩区委关于加快绿色低碳优势产业高质量发展服务生态文明城市建设的决定》。区委书记刘军同志就两个《决定（草案）》向全会作了说明，总结了沿滩区2021年工作，就深入贯彻落实区委安排部署，做好岁末年初重点工作提出明确要求。区委副书记、区长廖东同志对2022年经济工作作了具体安排。

全会审议通过的《中共自贡市沿滩区委关于深入学习贯彻中共十九届六中全会精神巩固党史学习教育成果激励广大党员干部在狠抓落实担当作为中走在前列的决定》，是贯彻落实习近平总书记重要讲话精神和中共中央决策部署的具体行动，充分体现了区委坚决拥护"两个确立"、坚决做到"两个维护"的高度政治自觉，对于更好把握党的百年奋斗重大成就和历史经验，进一步统一思想行动、坚定前行信心决心；对于增强"四个意识"、坚定"四个自信"、做到"两个维护"，不断提高政治判断力、政治领悟力、政治执行力；对于勇敢面对"四大考验"、坚决战胜"四种危险",继续推进新时代党的建设新的伟大工程,努力把沿滩区各级党组织和党员干部队伍建设得更加坚强有力,具有十分重要的意义。全会审议通过的《中共自贡市沿滩区委关于加快绿色低碳优势产业高质量发展服务生态文明城市建设的决定》,找准了沿滩区更好服务国家碳达峰碳中和战略全局、省委推动绿色低碳优势产业高质量发展和市委建设生态文明城市的结合点,加快形成推动绿色低碳优势产业高质量发展的"沿滩方案",着力破解"生态环境之困""产业转型之困",全面推动城市、经济和社会绿色转型,为自贡加快建设生态文明城市贡献沿滩力量。

沿滩区各级党组织和广大党员干部要进一步提高政治站位、深化思想认识,切实把思想和行动统一到区委十三届三次全会暨区委经济工作会议精神上来,奋力建设全省县域经济先进区、全省乡村振兴先进区和全省产城融合品质城,为聚力再造产业自贡,走出转型升级新路,加快建设新时代深化改革扩大开放示范城市作出沿滩贡献,为实现中华民族伟大复兴的中国梦而不懈奋斗。

二、准确把握区委十三届三次全会暨区委经济工作会议主要精神

(一)准确把握 2021 年沿滩区各项事业取得的新成果。面对严峻复杂的外部环境和新冠疫情的不利影响,面对开局"十四五"、开启新征程的繁重任务,在市委的坚强领导下,区委始终坚持以习近平新时代中国特色社会主义思想为指导,深入学习贯彻党的十九届五中、六中全会精神,全面落实中共中央和省委及市委决策部署,团结带领沿滩区党员干部群众锚定"两区一城"奋斗目标,全力推进"六大行动",办成了一批大事要事,突破了一批发展短板,强化党的创新理论武装,始终保持正确政治方向,党史学习教育取得扎实成效;坚定实施工业强区战略,产业支撑更加坚实,川南新材料产业基地纳入全省首批化工园区认定名单;深入实施开放兴区战略,发展动能充分激发,被省纪委监委确定为全省优化营商环境专项监督工作联系点;推动城乡融合发展,城乡品质持续提升,被评定为四川省乡镇行政区划和村级建制调整改革县级集体;如履薄冰精准施策,底线底板更加牢固获评全国信访工作"三无"区;坚持和加强党的全面领导,发展合力广泛凝聚;纵深推进全面从严治党,为超常跨越和高质量发展提供坚强政治保证,实现了"十四五"发展开好局、起好步。

(二)准确把握《中共自贡市沿滩区委关于深入学习贯彻中共十九届六中全会精神巩固党史学习教育成果激励广大党员干部在狠抓落实担当作为中走在前列的决定》的重要部署。《决定》以学习贯彻中共十九届六中全会精神为主题主线,与学习贯彻习近平总书记关于党的历史的重要论述和"七一"重要讲话精神贯通起来,与学习贯彻省委十一届十次全会、省委经济工作会议、市委十三届二次全会暨市委经济工作会议和区十三届三次全会暨区委经济工作会议精神结合起来,聚焦坚定历史自信、引导党员干部牢固树立马克思主义唯物史观和正确党史观,对巩固党史学习教育成果的重点任务、重要要求和具体举措作出部署。明确提出,要强化理论武装,感悟真理伟力,在学史明理中增强狠抓落实担当作为的政治自觉,深入学习贯彻习近平新时代中国特色社会主义思想,扎实开展《决议》学习教育,深入开展"四史"宣传教育。要坚决拥护"两个确立",坚定践行"两个维护",在学史增信中坚定狠抓落实担当作为的理想信念,坚持把党的政治建设摆在首位,切实把对党忠诚扎根心底落到实处,深入开展经常性政治体检。要传承红色基因,勇于自我革命,在学史崇德中提升狠抓落实担当作为的思想境界,坚持从以伟大建党精神为源头的精神谱系中汲取精神养分,永远保持党同人民群众的血肉联系,打造忠诚干净担当的"沿滩铁军",持续巩固和发展风清气正的政治生态。要践行初心使命,坚定扛责担当,在学史力行中凝聚狠抓落实担当作为的强大动力,持续推动"两区一城"落地见效,树牢抓落实走在前的鲜明导向,锤炼抓落实走在前的过硬本领,增强抓落实走在前的强烈追求。

(三)准确把握《中共自贡市沿滩区委关于加快绿色低碳优势产业高质量发展服务生态文明城市建设的决定》的重要部署。《决定》深入学习贯彻习近平生态文明思想,全面贯彻落实中共中央和省委及市委关于生态文明建设的重大决策部署及区第十三次党代会的要求,统筹发展和安全、发展和保护的关系,聚焦加快绿色低碳优势产业高质量发展,服务生态文明城市建设,作出了研究部署。要坚持以习近平生态文明思想为指引,坚定不移走生态优先绿色发展之路,领会重大意义、把握总体要求、明确目标任务。要围绕实现碳达峰碳中和目标,推动绿色低碳优势产业高质量发展,打造千亿级新材料产业集群,推动清洁能源支撑和应用产业发展壮大,全面推动传统产业绿色低碳转型,实施能源绿色转型行动。要围绕建设全省产城融合品质城目标,全力推进生态固本行动,完善国土空间治理体系,深入实施污染防治攻坚,持续改善城乡人居环境,创新生态环境治理模式。要围绕调动全社会积极性主动性,加快形成推进生态文明建设的良好风尚,倡导绿色生活方式,提高全民生态文明意识,鼓励公众积极参与。

(四)准确把握2022年经济工作的重点任务。深入学习领会中央经济工作会议、省委经济工作会议和市委经济工作会议精神,牢牢把握做好今年沿滩区经济工作的八项重点任务:坚决筑牢底线底板,毫不松懈抓好疫情防控,集中精力抓好安全生产,全力以赴确保社会稳定;力促经济平稳较快增长,全力对上争取,着力扩投资、促消费;坚定不移首抓工业,全力推进川南新材料产业基地建设,加快推进食品产业园、机械装备产业园和循环经济产业园建设;不断提升开放发展水平,积极融入成渝地区双城经济圈建设,精准招商选商,持续优化营商环境;统筹推进产城一体,持续完善"双核两片"城市功能,培育壮大服务业业态;全面推进乡村振兴,抓好现代农业园区建设,切实抓好稳产保供,加快宜居乡村建设,做实两项改革"后半篇"文章;下最大决心改善环境质量,抓实问题整改,千方百计保指标,推动绿色发展;用心用情办好群众的事,巩固拓展脱贫攻坚成果,做好稳岗就业,办好民生实事,提升公共服务水平。

三、扎实做好区委十三届三次全会暨区委经济工作会议精神学习宣传贯彻工作

(一)统筹抓好学习培训。各乡镇(街道)、区级各部门要结合实际及时传达学习、作出具体安排。领导干部要带头学习贯彻全会精神,示范带动广大党员干部真正把全会精神转化为推动沿滩发展的强大力量。要用好干部培训、党委(党组)中心组学习等载体,深入学习研讨全会精神。沿滩区各级党组织要通过"三会一课"、主题党日、辅导讲座、研讨交流等多种形式,组织党员、干部原汁原味地学精神,把区委全会相关精神融会到思想中、体现到行动上。要充分发挥区委党校的主阵地作用,把学习全会精神列入干部培训规划,分层分类开展系统培训。要统筹组织好离退休人员、非公有制经济组织和社会组织从业人员、流动人口中党员的学习,推动全会精神深入人心。

(二)精心开展宣传宣讲。宣传部门要结合学习贯彻市委十三届二次全会精神及时制定宣传宣讲方案,组织精干力量,深入机关、企业、社区、农村,开展对象化、分众化、互动化宣讲。县级领导要到联系乡镇(街道)、分管部门带头宣讲,党政主要领导要带头在本部门、本单位开展宣讲,第一书记、驻村干部要深入田间地头

宣讲，统战、群团等单位要做好向党外人士的宣讲。统筹各级各类新闻媒体力量和资源，创新方式方法，一体推进网上网下宣传解读，加强理论研究阐释，及时把全会精神传播到各领域各方面，迅速掀起学习宣传贯彻热潮，确保全会精神迅速落地见效。

（三）因地制宜抓好落实。 各乡镇（街道）、区级各部门把学习宣传贯彻全会精神与地方实际、岗位职责相结合，真正把全会精神转化为推动超常跨越和高质量发展的务实行动，坚持提高站位抓落实、党建引领抓落实、系统谋划抓落实、开拓创新抓落实、担当作为抓落实、完善机制抓落实，确保中共中央和省委省政府、市委决策部署及区委区政府工作安排落到实处。

四、认真做好年初各项重点工作

各乡镇（街道）、区级各部门要把学习贯彻落实市委全会精神与做好当前工作结合起来，做到一体谋划、一体部署、一体推进。一要奋力推动实现"开门红"。各级各部门要对照全年目标任务，抓紧细化分解、明确责任、落实措施，确保实现"开门红"。二要坚决守住底线底板。坚持底线思维，抓好节日期间疫情防控、安全稳定、纠纷化解、森林防灭火和烟花爆竹禁燃禁售等各项工作，随时保持应急指挥体系和工作体系处于激活状态，全面做好应急处置准备，坚决防止发生重特大事故和群体性事件。三要切实关心群众生活。组织开展对特殊困难群众走访慰问，落实好特殊困难群众兜底保障，扎实开展根治欠薪冬季专项整治行动，保障好供水、供电、供气和群众出行，切实解决群众急难愁盼问题。四要做好值班值守工作。严格落实领导干部带班、关键岗位24小时值班和事故信息报告等制度，保障各项工作正常运转，确保各类突发事件得到及时有效处置。五要坚持不懈推进正风肃纪。严明廉洁过节各项纪律要求，严格落实中央八项规定及其实施细则精神，严禁违反规定收送礼品礼金、接受吃请，严禁参与赌博等违法活动，严禁酒后驾驶机动车，纪检监察部门要严查春节前后顶风违纪行为，营造向上向善、风清气正的社会风尚。

中共自贡市沿滩区委办公室
2022年2月9日

关于坚持农业农村优先发展全面做好2022年乡村振兴重点工作的意见

2022年是中共二十大召开之年、"十四五"时期的关键之年，稳住农业基本盘、做好"三农"工作具有特殊重要意义。做好2022年"三农"工作，要以习近平新时代中国特色社会主义思想为指导，深入学习贯彻习近平总书记关于"三农"工作重要论述，全面贯彻党的十九大和十九届历次全会精神，全面落实好中共中央和省委、市委农村工作会议精神，坚持稳中求进工作总基调，坚持农业农村优先发展，围绕创建"全省乡村振兴先进区"奋斗目标，以食品产业园区为支撑，以现代农业园区建设和农业农村改革为牵引，牢牢守住保障国家粮食安全和不发生规模性返贫两条底线，持续推进乡村发展、乡村建设、乡村治理等重点工作，推动乡村振兴取得新进展，助推农业农村现代化迈出新步伐。

一、保障粮食安全，提高重要农产品供给保障水平

（一）**落实粮食安全党政同责**。全面贯彻落实《地方党委和政府领导班子及成员粮食安全责任制规定》，坚决扛稳粮食安全政治责任，确保沿滩区粮食播面稳定在40万亩以上，粮食产量稳定在16万吨以上。粮食播面和产量目标未完成的乡镇（街道），一律不得评先评优。严格落实种粮补贴制度，持续推进三大粮食作物完全成本保险和种植收入保险全覆盖。完善粮食调节储备制度，修订超标稻谷收购细则，出台储备粮轮换管理、网上交易管理办法。开展粮食节约行动，提高群众爱粮节粮意识。

（二）**落实最严格的耕地保护制度**。落实耕地保护党政同责，建立"田长制"，落实带位置分解下达的耕地保有量和永久基本农田保护目标任务。严格落实耕地利用优先序，永久基本农田重点用于粮食生产，新建高标准农田原则上全部用于粮食生产。严格耕地用途管制，坚决遏制耕地"非农化"、严格管控"非粮化"。建立健全耕地恢复补充奖惩机制，开展耕地动态监测，不搞"一刀切"、运动式复耕复粮，整治撂荒地2000亩以上，确保沿滩区耕地面积稳定在36万亩以上。

（三）**稳步提高粮食面积和产量**。在九洪乡、瓦市镇推广大春高粱、水稻旱地育秧示范，扩面应用"油玉豆""中稻+再生稻"粮油间套作轮作多熟模式、稻渔综合种养结合模式。抓好水稻集中育秧，确保面积保持在15万亩以上。贯彻落实《国家大豆振兴计划》，在九洪乡规划建设"高粱+大豆""玉米+大豆"示范片，完成扩种大豆面积1.5万亩，巩固提升高粱示范基地3万亩，玉米播种面积稳定在5.4万亩以上。

（四）**保障生猪等"菜篮子"产品生产供给**。建立预警及时、措施精准、响应高效的生猪生产逆周期调控机制。以能繁母猪存栏量变化率为核心调控指标，分级建立生猪产能调控基地，确保能繁母猪保有量稳定在6900头以上，规模养殖场保有量稳定在17个以上，生猪出栏稳定在15万头以上。逐步优化"菜篮子"产品结构，统筹抓好蔬菜、肉蛋奶、水产品等产品供给。建立重要农产品市场预测预警机制，加强应急加工、储运和供应体系建设。建立健全重大动植物疫病联防联控机制，持续抓好非洲猪瘟、草地贪夜蛾常态化防控，做好人畜共患病防控。

（五）加快提升农业装备水平。强化高标准农田建设规划，将高效节水灌溉与高标准农田建设统筹谋划。严格落实每亩不低于3000元的要求，足额匹配区级财政补助资金，新实施高标准农田建设3.5万亩、高效节水灌溉0.3万亩，将建成的高标准农田划为永久基本农田。积极争取各级财政农村提灌站、省"五良"融合产业宜机化改造等项目建设。主要农作物耕种收综合机械化水平提高2.5个百分点以上。实施黄桶岩、八斗丘2座病险水库除险加固工程和老蛮桥水库扩建工程。

二、巩固拓展脱贫攻坚成果，持续推动同乡村振兴有效衔接

（一）推动帮扶政策落地见效。严格落实"四个不摘"和"一坚持、三强化"要求，健全有效衔接决策议事协调工作机制和推进体系，推动巩固拓展脱贫攻坚成果同乡村振兴有效衔接"1+35"政策落地落实。加强资金项目资产管理，用好财政衔接推进乡村振兴补助资金，加大资金统筹整合力度，用足金融支持、保险保障、城乡建设用地增减挂钩等政策。强化易地扶贫搬迁后续扶持，推行以工代赈，持续开展就业扶贫，不断提升安置点基础设施建设、公共服务能力和产业发展水平，切实提高搬迁群众的幸福感、获得感、安全感。做好巩固脱贫成果后评估工作。

（二）健全完善监测帮扶机制。不断健全"干部主动排查、部门比对筛选、农户信息反映"防止返贫动态监测工作机制，充分用好用活全国防止返贫致贫预警监测系统，确保致贫返贫动态监测精准。建立农村低保、农村特困、农村易返贫致贫人口以及突发严重困难户等农村低收入人口的识别、核查和动态调整机制，对农村低收入群体全覆盖开展分层分类社会救助，确保低收入群体应兜尽兜、应保尽保。坚持预防性措施和事后帮扶相结合，分类分层跟进"补、扶、引"帮扶措施，做好定期回访，确保返贫风险完全消除。将区乡定点帮扶单位（部门）帮扶工作情况纳入乡村振兴实绩考核，保证帮扶力度和帮扶成效。健全驻村第一书记和工作队管理办法以及容错纠错机制，鼓励基层干部改革创新。发挥人大代表、政协委员带动作用，深入实施"万企兴万村"行动，引导工商资本、慈善资源向农业农村汇集，形成有效衔接资源合理。做好平昌县结对帮扶工作。

（三）持续推进脱贫人口增收。坚持把"产业就业"作为治本措施，紧紧依托现代农业园区建设和特色产业发展，加快补齐基础设施、产品精深加工、产品销售等短板，健全利益联结机制，将88%以上的脱贫户稳定在产业就业链上，实现脱贫户家庭人均纯收入达到1.2万元。财政衔接资金用于脱贫地区产业发展的比重提高到55%以上。深入实施职业技能提升行动，对脱贫劳动力免费开展劳务品牌、返乡创业、农村实用技术等技能培训，开发乡村公益性岗位700余个，加快培育壮大扶贫车间（基地），强化产业园区、重大项目、市场主体等用工对接，强化脱贫户就业服务，确保有劳动力的脱贫家庭至少有1人就业。

（四）提升脱贫地区整体发展水平。用好财政衔接资金，加强资源项目整合力度，加快实施一批补短板、促发展项目，持续提升脱贫地区基础设施和公共服务水平，有序推进乡村发展、乡村建设、乡村治理，做好乡村振兴重点村帮扶工作。编制以片区为单元的国土空间规划，安排不少于10%的建设用地计划指标用于保障乡村产业发展和村民住宅建设。在财政、金融、土地、人才等方面给予政策倾斜和支持。加强对扶贫资产的有效利用、管理和监督。改造农村危房25户。建立健全扶志扶智长效机制，常态化开展"感恩·奋进"主题教育，引导困难群众自立自强。

三、狠抓园区建设，推进现代农业提质增效发展

（一）突出抓好两个现代农业园区建设。着重抓好"大

豆+花椒"粮经统筹型现代农业园区建设，启动实施彩灯之乡（草雕）农旅融合示范园提升建设工程，持续推进花椒等农产品电商销售，全力补齐农旅融合、品牌建设等短板，持续推进产村融合发展，全力创建省级三星级现代农业园区。做好规划引领，新培育"高粱+大豆"现代农业园区，以九洪乡为核心打造"高粱+大豆"集中连片核心示范区5000亩以上，加快配套"五网"设施和先进装备建设，强化农产品初加工基地和社会化服务建设，力争创建市级现代农业园区。

（二）加强农业科技支撑。持续深化与川农大、省农科院等科研院所合作，优化提升品种选育、技术推广、产品开发等服务质量，做强园区科技支撑。加强农业科技研究与推广力度，促进农业科技成果转化。继续加大引进、筛选、推广"名特新优"品种力度，持续抓好花椒品种试验园和科技示范基地、水稻制种基地建设，以新品种试验园为依托开展良种展示示范，确保良种率达100%。示范推广肥水一体化设施设备、绿色防控、农业物联网等新技术，加大智慧农业系统运用，加强农业信息监测预警和发布，打造智慧农业示范点。用好用活永安花椒现代农业园区综合服务中心。支持四川丰大种业有限公司举办全省种业现场会。

（三）培育多元化新型农业经营主体。大力培育新型农业经营主体，争创农民合作社高质量发展示范县。鼓励通过土地经营权流转、股份合作、生产托管等多种形式开展适度规模经营，积极构建家庭经营、集体经营、合作经营、企业经营等共同发展的现代农业经营体系。加大家庭农场、农民合作社、龙头企业等新型农业经营主体培育力度，重点培养扶持一批示范性新型农业经营主体。加快培育农商产业联盟、农业产业化联合体等新型产业链主体。力争全年培育省市级龙头企业1个、省市级示范农民合作社4个、示范家庭农场4个。

（四）推进一二三产业融合发展。鼓励有条件的家庭农场、合作社和种植大户参与到产品初加工、物流等环节，拓展农产品产业链。持续推进西南（自贡）食品产业园建设，引进一批农产品精深加工企业，新改建农产品产地初加工基地3个。完善乡村旅游配套服务建设，加大"自贡市仙市古镇旅游基础设施"项目对上争取力度，持续推动仙市镇、百胜村、云丰村等重点旅游镇村提档升级。持续发展古镇、彩灯、盐运、农耕、民俗、美食等文化体验和休闲度假、康养旅居等主题的休闲农业及乡村旅游，举办各具特色的农民丰收节、农民运动会、乡村艺术节等农文旅活动，打造一批乡村旅游精品线路，不断挖掘和提升"信步沿滩·美过周末"乡村旅游品牌影响力。

（五）积极融入成渝现代高效特色农业带建设。强化成自合作，以整合优势资源为重点、构建合作机制为抓手，通过开展多种形式的对接活动，加强与成渝地区的区县和企业合作，培育优势特色主导产业、建设农产品加工基地，建成成渝优质农产品生产直供基地。深化与泸州郎酒集团合作，巩固提升4万亩酿酒高粱订单基地。

四、推进乡村建设，加快设施改善和环境治理

（一）健全乡村建设实施机制。加强传统村落、传统民居和历史文化名镇名村保护，因地制宜、分区分类梯次推进美丽宜居乡村建设。探索建立乡村建设项目"区、乡、村"三级统筹机制，科学划分乡村建设功能区，合理布局规划项目区，以项目区为单元统筹整合行业政策、资金、项目等集成投入。推广以奖代补等方式，引导社会各界积极参与乡村建设。落实村庄建设项目简易审批有关要求，支持村集体经济组织承接建设项目，具备条件的可采取以工代赈等方式落地实施。

（二）推进农村人居环境整治。持续推进农村地区人居环境整治提升五年行动，发挥农户主体作用，因地制宜推进"厕所革命"整村推进项目建设，新改建农村无害化厕所3800户。坚持"厕污共治"。加快推进城镇管网新改建工程，实施邓太片区污水处理厂及配套管网建设项目，推进城镇雨污分流改造。持续推进"千村示范"工程，同步推进釜溪河沿岸聚居点污水处理设施建设，全面开展黑臭水体整治，确保70%的行政村生活污水得到有效治理。加快推进城乡环卫一体化，实行环卫保洁、垃圾清运市场化运作，因地制宜推进农村生活垃圾就地分类减量和资源化利用，确保生活垃圾得到有效治理的村达100%。健全农村厕所、生活污水、垃圾处理运行管护机制，探索农民付费机制。开展村庄清洁和绿化美化行动，定期开展"卫生大扫除"。

（三）加强农村基础设施建设。深入推进"四好农村路"建设，提升改造县乡公路15千米，实施撤并建制村畅通工程30千米，实施一定规模自然村通硬化路17千米，启动乡村运输"金通工程"样板县创建工作。新建供水管网60千米，自来水普及率达到86%以上。加快推进农村电网建设，新改建农村电网34千米以上。持续推动天然气向乡村延伸。在黄市镇红旗村试点推进"数字乡村"建设，加快5G基站建设工程建设。实施宽带乡村提升工程，实现村组全覆盖，提升乡村数字化基础水平。加快"区、乡、村"三级寄递物流服务体系建设。

（四）加强乡村生态环境保护。巩固上一轮退耕还林成果，加强公益林管护，实施森林质量提升工程，完成釜溪河流域植绿补绿54.7千米，营造林623.3亩，因地制宜推动现代林竹产业发展。强力推进河湖长制，巩固提升农村重点领域水污染治理成果。加强集中饮用水水源地保护管理。加强农村再生资源回收利用和废弃物处置体系建设，推广应用生态环境友好型农业技术和模式，开展化肥农药"双减"行动，实现畜禽粪污和秸秆资源化利用率分别达77%、90%。推广测土配方施肥、病虫绿色防控、农药包装和农膜废弃物回收处理等技术，确保废弃农膜回收处置率达84%。强化水产养殖管理，严控养殖尾水直排。强化渔政执法能力建设，加大非法捕捞打击和市场监管力度，确保"十年禁渔"全面落实。

五、优化乡村治理，建设美丽和谐文明新乡村

（一）做好两项改革"后半篇"文章。抓好两项改革"后半篇"文章，巩固县域内片区划分成果，加快推进以片区为单元编制乡村国土空间规划，全面完成金银湖农旅融合发展片区、釜溪河文旅融合发展片区、沿G348产城融合发展片区规划编制。科学配置教育、医疗、文化、交通、应急等公共服务设施，在推进服务优质化的同时确保服务对象全覆盖，实现多规合一、精准投放，集中资源做强中心镇村。探索差异化放权路径，建立健全职责准入制度和事项召回制度，加大放权运行跟踪评估。探索以片区为单元优化布局中心消防救援站（点），健全完善乡镇（街道）、村（社区）综治中心管理机制，推动实体化、常态化运行。争创两项改革"后半篇"文章省级示范区县。

（二）提升乡村基层治理水平。强化镇村集中换届后班子建设，持续整顿软弱涣散党组织。推行"村务监督月例会"和村级权力清单制度，完善线上线下村务监督机制。坚持和发展新时代"枫桥经验"，健全完善矛盾纠纷多元化解协调机制。用好"一村一辅警"、网格员、社会组织及群防群治力量，加快推进立体化智能化社会治安防控体系建设，坚决防止"民转刑"案（事）件发生。常态化开展扫黑除恶斗争，严厉打击农村涉疫涉诈、制假售假等违法犯罪行为。持续开展"六无"平安村（社区）创建。优化公共法律服务供给，全面完善基层法律服务站。持续推进新时代乡风文明建设十大行动，实施乡村文化振兴"百千万"工程，加快推进国家级、省级文明村镇建设。总结推广道德

银行等经验做法，大力推进移风易俗。深入开展安全隐患随手拍行动。加强新冠肺炎疫情防控、森林防灭火、防灾减灾等应急管理体系建设。创建2个省级乡村治理示范村。

（三）加快农村社会事业发展。深入实施"盐都未来工程"，推进学前教育普及普惠发展，实施集团化办学，通过城带乡、强带弱，实现优质教育资源共建共享。加快推进邓关、富全幼儿园建设，启动仙市幼儿园建设，实施自贡二十五中食堂新建。落实职称评聘向乡村教师倾斜等政策。加速推进区人民医院瓦市院区、区保健院迁建和刘山医养结合中心项目建设，持续推进预防接种门诊提档升级和数字化建设，完成沿滩、联络、九洪等数字化门诊建设3个，不断提升基层医疗服务能力。推进城乡居民社会保险和救助统筹发展，落实基本养老保险待遇确定和调整机制，提高农村生活保障标准和特困人员基本生活费标准，政策范围内住院费用报销比例总体稳定在70%以上。健全农村留守儿童、妇女、老年人和困境儿童关爱服务体系。实施农民工服务保障专项行动，持续做好根治欠薪工作。

六、深化农村改革，持续激发乡村活力

（一）深化农村土地制度改革。在尊重农民意愿和保障土地承包权不变的前提下，充分发挥村集体经济组织作用，鼓励村集体经济组织积极引导、带动和参与，通过经营权互换、出租、入股等方式，落实承包地"三权分置"，促进土地适度规模经营。强化农村宅基地"五级管理"模式，积极开展农村宅基地"三权分置"试点探索。引导社会资本通过租赁、入股、联营等方式，盘活农村闲置农房、宅基地等资源，实现价值转换。持续深化供销社综合改革，推进农村水权水价、集体林权制度等农业农村领域改革。

（二）发展壮大新型农村集体经济。全面贯彻落实《四川省农村集体经济组织条例》。规范农村集体经济组织运行机制，建立和完善法人治理机制。全面落实村级集体经济组织挂牌，实行独立会计核算。持续深化农村集体产权制度改革，指导健全村集体经济组织经营性收入收益分配办法，依法维护成员权益。依法将财政投入建设形成的集体资产所有权，确权给农村集体经济组织。立足资源禀赋和区位优势，指导合并村集体经济组织因地制宜选择发展路径和经营方式，以低风险、可持续方式发展壮大农村集体经济，力争在年底前实现5个村的经济体量超100万元。支持集体经济试点镇、试点村建设。

（三）创新农业农村投融资机制。积极构建政府、企业与社会多元化投入机制，设立创新投资引导资金，加大财政科技投入，在财税、金融等方面加大政策扶持力度。引导金融机构加大对新型农业经营主体的创新支持，推动技术、人才、资金等创新要素的集聚，增强新型农业经营主体自主创新能力。落实"政担银企户"五方联动工作机制，推动涉农贷款持续增长。积极探索承包经营权、林权、农村房屋产权融资实现形式，扩大农业保险覆盖面。开展农业补贴改革试点，健全农业支持保护制度。

七、坚持农业农村优先发展，强化乡村振兴要素保障

（一）落实财政投入优先保障。继续把农业农村作为一般公共预算优先保障领域，确保投入力度不减，总量持续增加，确保乡村振兴财政投入年初预算安排和年度实际投入均实现正增长，与乡村振兴目标任务相适应。落实土地出让收入适用范围优先支持乡村振兴的政策，确保计提比例达到政策要求。扩大乡村振兴农业产业发展贷款风险补偿金规模，提高放大倍数。实行乡村振兴项目库管理，未入库项目原则上不安排资金。实行乡村振兴财政专项库款保障制度，落实用于巩固拓展脱贫攻坚成果同乡村振兴衔接的财政政策要求，开展财政涉农资金绩效评价。

（二）强化乡村发展用地保障。 继续推进黄市镇、兴隆镇、联络镇等增减挂钩第三期项目，完成拆旧复垦500亩。实施好永安镇全域土地综合整治试点，完成八大建设内容，全力助推乡村振兴发展，打造全市样板、全省示范。完善宅基地有偿退出机制，探索农村集体经营性建设用地入市试点。

（三）夯实乡村振兴人才支撑。 将乡村人才振兴纳入党委人才工作总体部署，以党建为引领推动人才向乡村聚集，建立区级机关年轻干部到基层培养锻炼机制，进一步拓宽乡村振兴人才专员、"荣誉村主任"试点范围，持续保持驻村第一书记和工作队员稳定，成立帮扶力量管理服务综合党委，加强帮扶力量"自我管理、自我服务、自我提升"，强化帮扶力量管理服务和监督考核工作。实施乡村人才振兴五年行动，全面推行人才招引、定向培养、在职培养、人才援助、人才激励等工作，引培乡村振兴各领域人才1000名，持续推行基层人才评价特殊支持政策，实行"定向评价、定向使用"基层专业技术职称制度，全面实施事业单位建立管理岗位职员等级晋升制度。继续实行"智汇沿滩"人才工程，做好"三支一扶"计划、大学生志愿服务西部计划工作。加快培育农村学法用法示范户和"法律明白人"。

八、坚持和加强党对"三农"工作的全面领导

（一）压紧压实乡村振兴责任。 深入学习贯彻《中国共产党农村工作条例》《中华人民共和国乡村振兴促进法》《四川省贯彻落实〈中国共产党农村工作条例〉实施办法》。严格落实"五级书记"抓乡村振兴要求，优化区委农村工作领导小组组织架构，发挥好牵头抓总、统筹协调等作用。乡镇党委书记要当好"一线施工队长"，建立区级部门主要负责人、乡镇党政主要负责人抓乡村振兴责任清单。深化乡村振兴示范创建。完善县级领导、部门主要负责人乡村振兴重点帮扶村联系制度，建立"县级领导带部门"帮扶工作机制。组建乡村振兴工作专班，完善责任落实机制。加强党委农办机构设置和人员配置，完善运行机制。

（二）提升抓"三农"工作的能力水平。 切实增强政治意识，将学习贯彻习近平总书记关于"三农"工作重要论述作为各级各部门会议第一议题、中心组学习第一任务，深入学习贯彻中、省、市重要会议精神，不断提高政治判断力、政治领悟力、政治执行力。组织开展乡村振兴大学习大调研大讨论活动，切实把学习调研成果转化为推动工作落实的具体实践。分级分类开展区级部门、乡镇（街道）主要负责同志和分管负责同志轮训，抓好村党组织书记培训，培养"三农"工作"明白人"。

（三）建强党的农村工作机构。 强力推进作风问题专项整治和"三农"领域微腐败整治，持续巩固良好政治生态。坚决纠治形式主义、官僚主义，不得将部门职责转嫁给农村基层组织，切实减轻基层负担。建立涉农部门和乡镇（街道）主要负责同志作风评估制度，及时调整缺乏三农情怀、又不加强学习的和发展缺思路、推动无力度、群众不满意的部门或个人。

（四）健全乡村振兴奖惩机制。 深入开展乡镇党政和区级部门（单位）领导班子领导干部推进乡村振兴实绩考核、先进镇村和现代农业园区考评激励，优化完善考核方案、奖补办法。对落实"四个优先"、守住"两条底线"、推进乡村振兴示范创建等工作实行定期调度、验靶、通报制度，组织开展乡村振兴专项巡察和审计工作，对履职不力的开展约谈，对不履行或不正确履行职责的，严肃追责问责。

中共自贡市沿滩区委办公室
2022年3月31日

中共自贡市沿滩区委关于加快绿色低碳优势产业高质量发展服务生态文明城市建设的决定

（1月28日中国共产党自贡市沿滩区第十三届委员会第三次全体会议通过）

为深入学习贯彻习近平生态文明思想，认真落实中共中央关于碳达峰碳中和的重大战略决策，完整、准确、全面贯彻新发展理念，全面落实省委十一届十次全会以及市第十三次党代会、市委十三届二次全会精神，加快形成推动绿色低碳优势产业高质量发展的"沿滩方案"，着力破解"生态环境之困""产业转型之困"，全面推动城市、经济和社会绿色转型，为自贡加快建设生态文明城市贡献力量，作出如下决定。

一、坚持以习近平生态文明思想为指引，坚定不移走生态优先绿色发展之路

（一）领会重大意义。党的十八大以来，习近平总书记站在坚持和发展中国特色社会主义、实现中华民族伟大复兴中国梦的战略高度，亲自谋划部署、亲自指导推动生态文明建设和生态环境保护，发表一系列重要讲话，作出一系列重要指示，形成习近平生态文明思想，深刻回答了为什么建设生态文明、建设什么样的生态文明、怎样建设生态文明等重大理论和实践问题，为推进美丽中国建设、实现人与自然和谐共生的现代化提供了根本遵循，具有重大理论意义、历史意义、现实意义和世界意义。

省委十一届十次全会站在更好服务国家碳达峰碳中和战略全局的高度，将绿色低碳优势产业发展与国家战略有机衔接，专题研究以实现碳达峰碳中和目标为引领推动绿色低碳优势产业高质量发展并作出决定，明确了"一地三区"的发展定位、重点发展的产业领域、创新发展和集群发展"两条路径""五个方面"的发展保障，必将有力促进全省经济社会发展全面绿色转型，走出一条服务国家战略全局、支撑四川未来发展的绿色低碳发展之路。

市委十三届二次全会全面贯彻落实中共中央关于生态文明建设的决策部署和省委关于以实现碳达峰碳中和目标为引领推动绿色低碳优势产业高质量发展的工作安排，聚焦加快建设生态文明城市的总体目标，系统构建生态文明"五大体系"，全面实施绿色发展"六大行动"，必将充分激发全自贡市上下坚持生态优先绿色发展的信心和决心，为聚力再造产业自贡，走出转型升级新路，加快建设新时代深化改革扩大开放示范城市提供有力支撑。

（二）把握总体要求。坚持以习近平新时代中国特色社会主义思想为指导，全面贯彻党的十九大和十九届历次全会精神，深入贯彻习近平生态文明思想和习近平总书记对四川工作系列重要指示精神，立足新发展阶段、贯彻新发展理念、融入新发展格局，统筹发展和安全、发展和保护的关系，坚持走生态优先绿色发展之路，一手抓绿色低碳优势产业高质量发展，一手抓区域发展全面绿色转型，加快转变发展方式、优化产业结构、转换增长动力，全面筑牢建设全省县域经济先进区、全省乡村振兴先进区、全省产城融合品质城的产业支撑和生态本底，为自贡加快建设生态文明城市作出更大贡献。

（三）明确目标任务。以产业绿色低碳转型为引领，推动川南新材料产业基地突破发展，全力打好污染防治攻坚战，奋力打造生态经济发达、生态空间均衡、生态环境优美、生态文化繁荣、生态制度完善的美丽沿滩。

——到2025年，川南新材料产业基地力争拓展到10平方千米，绿色低碳产业规模能级持续提升，清洁能源消费比重超过全市平均水平，生态环境持续改善，绿色生产生活方式得到普遍推行，沿滩高新技术产业园区争创国家循环化改造示范试点园区，为实现碳达峰碳中和奠定坚实基础。

——到2030年，绿色低碳产业竞争力和影响力显著增强，清洁能源消费比重超过全市平均水平，生态环境根本性改善，绿色生产生活理念深入人心，生态环境治理体系和治理能力现代化水平进一步提升，建成国家生态文明建设示范县（区），实现碳达峰目标。

——到2035年，绿色低碳产业达到全国领先水平，清洁能源消费比重超过全市平均水平，天蓝水清地绿的优质生态环境成为常态，绿色低碳领域基本实现城市治理体系和治理能力现代化，朝着实现碳中和目标稳步迈进。

二、围绕实现碳达峰碳中和目标，推动绿色低碳优势产业高质量发展

（一）打造千亿级新材料产业集群。加快推进氟化工产业结构培塑，推动川南新材料产业基地与富顺晨光工业园区互补互动，大力发展锂电池氟材料、含氟精细化学品、高性能氟树脂、氟橡胶等新型氟材料，促进氟化工与锂电产业深度融合，打造全国氟化工新材料的重要承载地和集聚区。充分发挥自贡化工基础优势和技术优势，大力发展有机氟新材料、新能源材料和碳材料，做大做优做强含氟聚酰亚胺、碳纤维及复合材料等高端新材料产业。

（二）推动清洁能源支撑和应用产业发展壮大。积极融入全省锂电材料产业基地和动力电池产业基地建设大格局，加快融入川南产业协同发展格局，深化与头部企业合作，加快推进动力电池正负极材料、隔膜、电解液等产业项目对接落地，共建动力电池产业生态圈。积极融入全省晶硅光伏产业基地建设大格局，深化与中建材集团等央企合作，配套引进超白石英砂、光伏发电组件生产等上下游产业项目，培育一批高成长性新能源装备研发企业，建设西部地区有影响力的太阳能光伏面板生产基地。

（三）全面推动传统产业绿色低碳转型。支持食品饮料、机械制造、建材等传统产业绿色低碳工艺革新和数字化转型，支持创建一批工业产品绿色设计示范企业。开展工业园区清洁生产试点和重点产业绿色制造体系建设示范，创建一批国家级和省级绿色制造体系建设示范单位。以现代农业园区为引领，加快发展粮（油）经复合、种养结合、三产融合新业态，积极发展互联网农业、智慧型农业等新型农业，建设数字乡村。加快发展绿色低碳服务业，推进服务业数字化，重点发展数字贸易、数字文化等现代服务业。做强优势文旅产业，丰富"信步沿滩·美过周末"旅游活动内涵，联动建设智慧旅游平台，培育绿色消费新场景。

（四）实施能源绿色转型行动。优化能源消耗指标管理，优先保障新材料产业等领域用能需求，大力支持技术领先、能耗达标的项目建设。加强重点用能项目的节能审查，强化新建项目能耗双控影响评估和用能指标审查，坚决遏制"两高"项目盲目发展。强化重点用能单位能耗监测和节能管理，推动能效水平持续提高。加快页岩气勘探开发，加强页岩气就地利用，积极发展以页岩气为原材料的精细化工。持续推进能源替代，加快构建产业园区"双气源"保障体系。加强电网基础设施建设，加快农村电网改造升级。加强新能源汽车的推广，完善新能源汽

车充（换）电基础设施布局，加快政府事业机关新增用车、区内公共交通车辆新能源替代工作。

三、围绕建设全省产城融合品质城目标，全力推进生态固本行动

（一）完善国土空间治理体系。以资源环境承载能力和国土空间开发适宜性评价为基础，高质量编制国土空间规划和片区规划，优化重大基础设施、公共设施布局，重点做好川南新材料产业基地和循环经济产业园扩区规划。健全完善刚性约束和弹性调节相结合、用途管制为主、多手段并行的空间治理体系和国土空间开发保护制度，建成国土空间"一张图"实施监督管理系统。加强重点生态区域建设，优先划定耕地和永久基本农田，重点划定生态保护红线，科学划定城镇开发边界，逐步形成科学合理、相互协调的农业空间、生态空间、城镇空间三大空间格局。

（二）深入实施污染防治攻坚。打好蓝天保卫战，全面推进VOCS综合治理，深化"散乱污"企业整治，强化施工、道路、堆场、裸露地面等扬尘管控，联动推进餐饮油烟污染、恶臭异味治理，严格执行全域秸秆禁烧，基本消除重污染天气。打好碧水保卫战，加快城乡污水收集和处理能力建设，推进沿滩城区及釜溪河沿岸乡镇雨污分流改造，打好长江"十年禁渔"攻坚战，开展农业面源、畜禽粪污、养殖尾水治理，做好饮用水水源地保护力度，确保集中式饮用水水源地水质达标率100%，宋渡大桥断面保持Ⅲ类以上水质。打好净土保卫战，深入实施土壤污染防治行动，科学开展重点区域土壤污染风险管控和治理，严格农用地分类管理和建设用地准入管理。高标准建设循环经济产业园，全面提升固废、危废处理能力，为争创国家级"无废城市"贡献力量。

（三）持续改善城乡人居环境。统筹规划城乡基础设施，提升公共基础设施和服务设施配套规划水平。加快建设新型智慧城市，打造一批智慧楼宇、智慧小区、智慧社区，有序推进城市地下综合管廊和海绵城市建设，积极推广装备式建筑、绿色建筑，逐步提高建筑光伏应用水平。加快修编城市绿地系统规划，布局生态廊道和绿色基础设施，推进绿道网络工程、公园体系工程和山水修复工程。加强森林资源保护利用，持续推进退耕还林（草），切实保护好耕地、林地等生态空间。实施农村人居环境整治"五大提升行动"、农村基础设施"五网共建共享"、山水林田湖"五项系统治理"，建设一批美丽宜居特色村庄。

（四）创新生态环境治理模式。完善生态环境资金投入机制，推进生态环境领域财政事权和支出责任划分改革，引导和鼓励更多社会资本投入生态环境领域。充分发挥企业和行业协会重要作用，引导企业自觉控制污染、推行清洁生产、采用先进技术和工艺，追求绿色效益。推进生态环境治理信息化建设，加强大数据、5G、云计算等技术在污染防治、执法监管、环境监测等领域的应用。强化科技支撑，支持企业围绕关键共性绿色技术开展科技创新，推广环境污染第三方治理，探索开展园区、大型企业污染防治第三方治理示范试点。

四、围绕调动全社会积极性主动性，加快形成推进生态文明建设的良好风尚

（一）倡导绿色生活方式。深入开展节约型机关、节约型企业、节约型校园等创建活动，大力倡导勤俭节约、绿色低碳、文明健康的生活方式。积极引导居民广泛使用节能型电器、节能型设备，选择公共交通、非机动车交通工具出行。倡导绿色消费理念，提倡健康节约的饮食文化，全面推行光盘行动，鼓励抵制高能耗、高排放产品和过度包装商品。严格落实政府绿色采购政策，稳步提升绿色采购率。大力推进城市节水工作，推进水资源节约保护和高效利用。稳步推行垃圾分类、减量和资源化利用。

（二）提高全民生态文明意识。将绿色低碳发展纳入各级干部教育培训内容，常态化开展党政领导干部生态文明教育培训。强化园区、社区、企业等环保普法宣传教育工作，推动实现公众教育全覆盖。运用"沿滩融媒"手机客户端、"沿滩宣传"微信公众号等区内自有平台，广泛开展生态文明科普宣传，提高全民生态文明素养，形成生态文明社会新风尚。强化生态文明公众参与和社会监督，建立健全多元共治机制，营造生态文明建设良好氛围。

（三）鼓励公众积极参与。聚焦国家生态文明建设示范县（区）建设，扎实开展生态城镇、生态乡村建设，引导基层单位和城乡居民广泛开展绿色学校、绿色社区、绿色家庭等群众性系列绿色创建活动。着力推进"六大攻坚"行动，用好"任务清单""问题清单""负面清单"等制度，做好城镇建设、管理、运营和维护，提升城市精细化治理水平，高标准巩固提升创文成效。广泛开展爱国卫生运动，积极推进全面健身，加强疾病防控，提高城乡居民健康水平。

五、保障措施

（一）强化组织保障。加强党对生态文明建设和绿色低碳发展的全面领导，建立由区委、区政府主要负责同志任组长的生态文明城市建设领导小组，强化牵头抓总、统筹协调和监督指导作用，完善工作体系和推进机制。区人大要按照法律赋予的职责，加强生态文明建设的监督工作，依法行使好重大事项决定权。区政协要积极履行政治协商、民主监督和参政议政职能，团结动员各方面力量为生态文明建设献计出力。各乡镇（街道）和区级各部门要发挥责任主体作用，结合实际细化工作措施，协调联动、密切配合，确保各项任务落实见效。

（二）强化对上争取。吃准吃透国省绿色低碳产业发展新政策、新投向和新要求，以抢跑者的姿态，全力以赴对上争取，力争在资源环境、产业发展、开放合作上争取更大支持。强化项目包装策划，争取更多项目纳入省上专项资金、投资基金和政府债券"大盘子"。用好自贡川南新材料化工园区"金字招牌"，积极争取省市绿色低碳优势产业用地用能指标支持，为绿色低碳优势产业发展留足空间。

（三）抓好政策落实。鼓励引导社会资本积极参与环保基础设施建设、绿色环保产业发展和资源高效循环利用，落实环境保护、节能节水、新能源和清洁能源等领域税收优惠，加大绿色低碳产业发展、技术研发等财政支持力度。鼓励企业申报实施分类支持性电价政策，引导企业优化用能方式。完善人才引进扶持激励政策，培育引进一批绿色低碳产业领域专业技术人才，为绿色发展提供坚实的人才保障和智力支撑。

（四）加强督查考核。进一步优化生态环境保护考评体系，严格落实"党政同责、一岗双责"和"三管三必须"要求。持续开展全域执法攻坚行动，对各类环境违法违规行为"零容忍"。加强综合督查督导，不断完善联防联控、督查督导机制，进一步做好第二轮中省环保督察问题整改，压紧压实政府管理责任和企业排污主体责任。建立健全体现生态文明要求的目标体系、考核办法、奖惩机制。

中共自贡市沿滩区委办公室
2022年2月23日

中共自贡市沿滩区委
关于深入学习宣传贯彻中共二十大精神
在全面建设社会主义现代化国家新征程上
奋力谱写沿滩高质量跨越发展新篇章的决定

（2022年12月26日中国共产党自贡市沿滩区第十三届委员会第四次全体会议通过）

为深入学习宣传贯彻中共二十大精神，持续深化落实习近平总书记对四川工作系列重要指示精神，全面落实省委十二届二次全会、市委十三届四次全会部署，动员和激励沿滩区上下在全面建设社会主义现代化国家新征程上奋力谱写沿滩高质量跨越发展新篇章，中共自贡市沿滩区委十三届四次全会进行了研究，作出如下决定。

一、坚定以中共二十大精神为统揽，确保沿滩各项工作始终沿着习近平总书记指引的方向勇毅前进

学习宣传贯彻中共二十大精神是当前和今后一个时期的首要政治任务。要坚持全面学习、全面把握、全面落实，与学习贯彻习近平总书记对四川工作系列重要指示精神贯通起来，自觉贯彻到沿滩工作各方面全过程，确保在沿滩落地生根、开花结果。

（一）坚定拥护"两个确立"、坚决做到"两个维护"。过去五年党和国家事业发展取得的重大成就和新时代十年伟大变革举世瞩目、彪炳史册，根本在于党确立习近平同志中共中央的核心、全党的核心地位，确立习近平新时代中国特色社会主义思想的指导地位。中共二十大鲜明强调"两个确立"的决定性意义，将"两个维护"郑重写入党章，党的二十届一中全会选举产生了新一届中央领导集体，习近平同志继续担任中共中央总书记、中央军委主席，反映了全党全军全国各族人民对习近平总书记的衷心拥护、信赖和爱戴。必须自觉做"两个确立"的忠诚拥护者、"两个维护"的坚定践行者，不断提高政治判断力、政治领悟力、政治执行力，确保沿滩各项工作始终沿着习近平总书记指引的方向前进。

（二）牢牢把握习近平新时代中国特色社会主义思想的世界观方法论。习近平新时代中国特色社会主义思想科学回答中国之问、世界之问、人民之问、时代之问，实现了马克思主义中国化时代化新的飞跃。中共二十大深刻阐述了开辟马克思主义中国化时代化新境界的重大问题，深化了我们党对坚持和发展马克思主义的规律性认识。必须学懂弄通做实习近平新时代中国特色社会主义思想，坚持好、运用好贯穿其中的立场观点方法，深刻领会"两个结合""六个必须坚持"，切实转化为坚定理想、锤炼党性和指导实践、推动工作的强大力量，为推动新时代沿滩高质量跨越发展提供思想引领。

（三）坚定不移走中国式现代化道路。进入新时代以来，我们党对建设社会主义现代化国家在认识上不断深化、战略上不断成熟、实践上不断丰富，成功推进和拓展了中国式现代化。中共二十大着眼回答社会主义现代化国家如何实现现代化这一重大命题，深刻阐述了中国式现代化的中国特色、本质要求和必须牢牢把握的重大原则，为我国现代化建设提供了方向指引。必须扛起新时代新征程使命任务，立足区情实际，坚定沿着中国式现代化道路勇毅前行，努力在新征程上担当作为、贡献力量。

（四）深入贯彻党和国家事业发展的重大部署。 中共二十大锚定全面建成社会主义现代化强国的目标任务，对构建新发展格局、实施科教兴国战略、发展全过程人民民主、坚持全面依法治国、推进文化自信自强、增进民生福祉、推动绿色发展、推进国家安全体系和能力现代化等作出战略部署。必须胸怀"国之大者"，把牢沿滩现代化阶段性特征，丰富完善高质量跨越发展的思路举措，一步一个脚印把中共二十大作出的重大决策部署付诸行动、见之于成效。

（五）落实坚定不移全面从严治党的重要要求。 中共二十大深刻指出全面从严治党永远在路上、党的自我革命永远在路上，强调坚持加强党的全面领导和中共中央集中统一领导，对深入推进新时代党的建设新的伟大工程作出系统部署，体现了我们党解决大党独有难题、跳出治乱兴衰历史周期率的清醒和坚定。必须弘扬伟大建党精神，牢记"三个务必"，以党的政治建设统领党的建设各项工作，持续营造风清气正的良好政治生态。

二、坚决扛起新时代新征程历史使命，奋力在中国式现代化新征程上谱写沿滩高质量跨越发展新篇章

全面建设社会主义现代化沿滩，是新时代沿滩发展的总目标总任务。当今世界百年未有之大变局加速演进，我国发展进入战略机遇和风险挑战并存、不确定难预料因素增多的时期。要将沿滩现代化建设放在全国全省全市大局中审视，放在市委对沿滩发展的目标定位中把握，在更高起点上谋划推进未来发展。

（六）深刻领会省委十二届二次全会和市委十三届四次全会精神实质。 省委全会坚定以习近平新时代中国特色社会主义思想和习近平总书记对四川工作系列重要指示精神为指导，深入学习贯彻中共二十大精神，对以中国式现代化引领四川现代化建设作出战略部署，明确提出以成渝地区双城经济圈建设为总牵引，以"四化同步、城乡融合、五区共兴"为总抓手，坚持"讲政治、抓发展、惠民生、保安全"工作总思路，为推动治蜀兴川再上新台阶，在新的征程上奋力谱写四川发展新篇章提供了行动纲领。市委深入学习贯彻中共二十大精神，认真落实省委十二届二次全会决策部署，明确提出以成渝地区双城经济圈建设为总牵引，坚定不移实施"融圈强极""工业强市""文旅兴市""城乡融合"四大战略，建设"成渝地区中部崛起先行市""国家工业转型引领高质量发展示范市""独具特色的世界文旅名城""高品质宜居宜业幸福名城"，努力走出一条体现自贡特色、服务战略全局的新时代高质量跨越发展新路。要学深悟透省委和市委全会精神，以永不懈怠的精神状态和一往无前的奋斗姿态，推动省委和市委决策部署在沿滩落地落实。

（七）扛牢市委赋予的使命任务。 市委鲜明提出全面对接、积极融入成渝都市圈建设，打造全省新兴增长极；加快打造新能源、新型化工、无人机及通航三大千亿级产业集群，建设川南渝西战略性新兴产业集聚区；推进各工业园区按照"一主两辅"产业定位错位发展，构建梯次化、互补型产业园区格局，争创国家级经开区；加快推进县域发展，支持各区县创建全省县域经济发展先进县，坚持"一区县一品一主业"，赋予了沿滩建设新材料强区的使命任务。要坚定贯彻落实中共中央重大决策部署，坚决落实省委和市委部署要求，一项一项具体化、一件一件抓落实，坚决把市委为沿滩擘画的蓝图变为美好现实。

（八）明确新时代新征程的目标愿景。 到二〇三五年，

与全国全省全市同步基本实现社会主义现代化。沿滩区经济实力实现新跨越，经济总量和城乡居民人均可支配收入迈上新台阶；现代化产业体系更具特色和竞争力，基本实现新型工业化、信息化、城镇化、农业现代化，城乡融合发展和区域协调发展取得显著成效，对外开放水平明显提高；科技创新成为经济增长主要动力，主要创新指标达到全国中等以上水平；基本实现治理体系和治理能力现代化，基本建成法治沿滩、法治政府、法治社会，平安沿滩建设达到更高水平，社会保持长期稳定；文化软实力显著提升；全面绿色转型成效明显，生态环境更加优美；人民生活品质持续改善，农村基本具备现代生活条件，人的全面发展、全体人民共同富裕取得更为明显的实质性进展。到本世纪中叶，全面建成社会主义现代化沿滩。

未来五年，是全面建设社会主义现代化沿滩开局起步的关键时期。要对标中共二十大提出的主要目标任务，按照省委和市委部署要求，担当作为、真抓实干，努力实现以下目标任务：经济高质量发展取得新突破；现代综合立体交通和物流体系加快构建；新型工业化、信息化、城镇化、农业现代化同步发展，乡村振兴战略全面推进，县域经济提质进位；科技创新对经济增长贡献持续提高；改革开放迈出新步伐，重点领域和关键环节改革取得新突破，营商环境达到国内一流水平，开放型经济发展迈上新台阶；城乡居民收入持续增长、收入比持续缩小，基本公共服务均等化水平明显提升，群众精神文化生活日渐丰富；全过程人民民主深入发展，民主法治建设扎实推进，更高水平法治沿滩、平安沿滩建设不断深化。

始终紧扣市委坚定不移实施"四大战略"、建设"两市两城"的总体战略，聚焦推进高质量跨越发展，深入实施开放兴区战略和工业强区战略，加快建设"两区一城"：

——深入实施开放兴区战略。大胆解放思想，坚决打破旧思维旧观念束缚，多谋创新之举、多定创新之策、多打创新之牌，以思想破冰引领发展跨越。树牢开放发展理念，全方位营造开放氛围，多层次拓展合作空间，高标准搭建开放平台，在更广领域、更高层次参与经济合作，健全立体全面开放新格局，不断提升开放型经济发展水平。

——深入实施工业强区战略。坚定不移首抓工业，一手抓存量扩张，重点在"提质增效"和"转型升级"上下功夫，抓好现有企业、现有产业的发展；一手抓增量招引，重点在"引进"和"落地"上下功夫，新招引一批大项目、好项目，推动工作力量、资源要素向工业经济聚集，进一步提升工业经济对经济增长的贡献率，以工业高质量发展促进三次产业协调发展、融合发展。

——建设全省县域经济先进区。力争到2025年，川南新材料产业园区产值突破500亿元，机械装备产业园产值突破200亿元，食品产业园产值突破100亿元，特色园区支撑引领作用更加强劲，经济总量进入全省前60位。

——建设全省乡村振兴先进区。力争到2025年，乡村人居环境、文明程度全面提升，城乡基本公共服务均等化水平明显提高，共建共治共享新格局加快形成，农村居民人均可支配收入突破29000元，增速高于全市平均水平。

——建设全省产城融合品质城。"双核两片"城市形态加速形成，城镇空间布局优化，城市配套水平功能完善，"三产融合"发展不断提升，现代产业体系基本形成，常住人口城镇化率高于全市平均水平，生态文明水平持续提升，群众精神文化生活更加丰富，形成以产促城、以城兴产的产城融合新格局。

三、坚持把高质量发展作为首要任务，推动经济实现质的有效提升和量的合理增长

完整、准确、全面贯彻新发展理念，服务和融入新发展格局，全力以赴拼经济、搞建设，努力实现产业体系优、市场机制活、协调发展好、开放程度深，推动沿滩区经济高质量发展取得新突破。

（九）加快建设现代化产业体系。 坚持工业"一业定乾坤"，紧盯千亿化工园区目标，聚焦含氟材料及制品，延链发展新能源材料等上下游产业，着力打造以氯碱化工为基础，氟硅材料为主线，新能源材料与精细化工为两翼特色的高端化工新材料产业制造基地。机械装备产业园重点围绕服务化工园区，精耕细作能源化工装备、硬质合金等细分产业，腾笼换鸟盘活存量，转型升级做大增量，推动整体提质升级。食品产业园聚力发展肉制品、调味品、预制菜等细分领域，完善冷链物流、食品包装等配套，打造服务成渝、辐射西南的食品产业示范园区。实施园区"提标提能"工程，优化园区管理体制，加快智慧管理中心、要素能源保障等公配设施建设，常态化储备一批工业熟地和标准化厂房，推动"一主两辅"发展格局蓬勃发展。探索"一园多区""园外飞地"等发展模式，支持乡镇（街道）盘活工业资源、壮大工业经济。实施市场主体"倍增工程"，制定龙头企业培引计划，打造一批专精特新中小企业和"小巨人"企业，推进"个转企、小升规、规改股、股上市"。大力发展现代高效特色农业，实施农业"三品一标"提升行动，培育一批特色优势产业集群、优质农产品生产直供基地，建成南方大豆西南育繁推中心，争创国家级现代农业园区。实施服务业"提质工程"，依托王家大院文旅综合体等特色商贸项目，高标准建设盐帮菜"两馆一中心"，支持建设一批省级、国家级工业设计中心和服务型制造示范企业（项目、平台），推动健康养老、家政服务、直播电商等产业发展，发展壮大商贸服务业，加快建设韵达物流产业园，推动建筑业高质量发展。实施数字经济"提速工程"，推动工业化信息化融合发展，加速5G、工业互联网、人工智能等新一代信息技术应用，支持重点企业智能化改造，培育一批数字化转型"小灯塔"企业，建成一批数字车间、智能工厂。

（十）扎实推动城乡融合发展。 统筹推进中心城区、新型城镇化、和美乡村建设，促进城乡互融共进、协调发展、共同繁荣。加快培育发展"双核两片"，完善市政设施和公共服务，优化商圈业态布局，实现沿滩新城、仙市高铁片区与自贡主城区、东部新城融合发展，邓关高铁片区与富顺县城联动发展，沿滩城区与工业园区产城一体发展。支持永安镇、仙市镇创建"省级百强中心镇"。支持王井镇、九洪乡、黄市镇、联络镇、兴隆镇、富全镇、瓦市镇培育发展优势产业，打造一批发展定位准确、主导产业聚集、配套设施完善的精致城镇。全面推进乡村振兴，巩固拓展脱贫攻坚成果同乡村振兴有效衔接，发展壮大新型农村集体经济，不断增加农民收入。实施乡村建设行动，扎实推进乡村产业、人才、文化、生态、组织振兴，加快实现农业强、农村美、农民富。

（十一）建设现代化基础设施体系。 优化基础设施布局、结构、功能和系统集成，加快构建现代化基础设施体系。实施高速公路"互联互通"工程，配合做好成自宜高铁大通道建设，协同推动自永高速建设和成自泸高速扩容改造，加快推动自贡至泸州港公路、S213、S436、S546等国省干线公路改扩建，着力构建成渝一小时、川南半小时交通圈。实施农村公路"巩固提升"工程，提速建设高铁沿滩站连接线，实施一批场镇过境公路改造，新改建一批县乡道路、村组道路和桥梁。加快现代水网建设，推动向家坝灌区北总干渠工程（沿滩段）及配套水库灌区改造工程，实施老蛮桥水库小改中，因地制宜实施一批"小水利"提升工程，努力解决水源不足问题。加快布局建设新型基础设施，推动传统基础设施"数字+""智能+"升级。

（十二）提高深化改革扩大开放水平。 打破旧思维旧观念束缚，打好重点领域改革攻坚战，提高对外开放水平，充分激发现代化建设的动力和活力。深化要素市场化配置改革，健全要素市场运行机制，积极融入全国统一大市场。深化投融资体制改革，推进区属国有公司实体化转型。实施促进民营经济高质量发展三年行动，抢抓纳入四川省县域民营经济改革试点契机，探索促进民营经济健康发展的有效举措和路径，打通制约民营经济发展的痛点堵点，为全省推动民营经济高质量发展贡献沿滩经验。实施打造一流营商环境三年行动，持续深化"放管服"改革，统筹推进投资和工程建设项目审批、商事制度、执法监管等领域改革，深化"政策保姆"服务，打造全省优化营商环境专项监督工作示范点，营造崇尚法治、开放包容、务实干事、服务高效、充满活力的营商生态。开展产业链精准招商，开展重大产业化项目招引专项行动，推动"双向投资"提质增效。深度融入成渝地区双城经济圈，在产业链协作配套、产业园区合作共建等领域取得实质性突破，争创成渝地区双城经济圈产业合作示范园区。鼓励企业和工农产品"走出去"，提高外向型经济发展水平。全力以赴对上争取，力争在政策、资金和项目上为沿滩争取更大支持。

四、坚持把教育科技人才作为战略支撑，不断塑造发展新动能新优势

突出教育、科技、人才在现代化建设中的基础性、战略性支撑地位，坚持教育优先发展、科技自立自强、人才引领驱动，不断增强高质量跨越发展的内生动力。

（十三）办好人民满意的教育。全面贯彻党的教育方针，落实立德树人根本任务，培养德智体美劳全面发展的社会主义建设者和接班人。建设高质量教育体系，优化区域教育资源配置，强化学前教育、特殊教育普惠发展，加快义务教育优质均衡发展和城乡一体化。启动自贡市第十四中学校迁建工作，努力创建省级示范高中，推动普通高中教育质量进入全市前列。推进职普融通、产教融合、科教融汇，优化同现代化建设相适应的教育结构、学科专业结构、人才培养结构，提高人才培养质量。深化教育领域综合改革，完善学校管理和教育评价体系。引导规范民办教育发展，实施新时代教师队伍建设工程，加强师德师风建设，培养高素质教师队伍，弘扬尊师重教社会风尚。推进教育数字化和信息化，建设学习型社会。

（十四）深入实施创新驱动发展战略。坚持创新引领发展，围绕特色产业，深入挖掘潜在科技含量较高的企业，引导企业积极申报省市级科技计划项目，聚焦重大科技创新项目，提升成果转移转化能力。实施重点产业技术攻关行动，主动对接省市科技重大专项，建设一批中小企业研发机构、企业技术中心，完善科技型中小企业、高新技术企业培育库，引导鼓励企业向高新技术方向发展壮大。培育一批科技型中小企业、高新技术企业，提升产业核心竞争力。鼓励企业积极与高校科研院所合作，促进成果转化，积极申报省市科技进步奖。强化特种聚酰亚胺、硬质合金等攻关与研发运用，为高端装备制造提供配套。全面提高沿滩区科技创新能力。

（十五）全方位培养引进用好各类人才。大力实施新时代人才强区工程，培养造就更多德才兼备的高素质人才。坚持各方面人才一起抓，落实人才强市十条政策，调整人才引进政策，优化引才运行机制，加强人才工作先行点建设，打造盐都创新创业人才聚集地。深化校地校企合作，促进人才链、创新链、产业链、资金链深度融合。大力实施柔性引才，加快省级专家服务基地建设，探索"人才飞地""周末工程师"等招才引智新模式。深化人才发展体制机制改革，创新人才管理、评价、流动、使用和激励机制，释放创新创造活力。优化人才服务保障体系。探索人才"一站式"综合服务，精准对接人才需求，打造真心爱才、悉心育才、倾心引才、精心用才的良好环境。

五、坚持把促进共同富裕作为价值取向，不断实现沿滩人民对美好生活的向往

坚持以人民为中心的发展思想，顺应人民对美好生活的向往，采取更多惠民生、暖民心举措，推动现代化建设成果更多更公平惠及沿滩人民。

（十六）促进多元化就业多渠道增收。强化就业优先政策，健全就业促进机制，持续扩大就业增加收入。充分发挥园区省级创业孵化园作用，多渠道开发就业岗位、打造创业平台，吸引更多高校毕业生到沿滩就业创业，让更多农民工、退役军人就近就业创业。积极推广以工代赈方式，培育彩灯工匠、盐帮家政等特色劳务品牌，加强脱贫人口、困难群体就业帮扶。实施职业技能培训计划，推进制造业技能根基等专项培训，推动解决结构性就业矛盾。健全劳动关系协商协调机制，完善劳动者权益保障制度，加强灵活就业和新就业形态群体权益保障。多渠道增加城乡居民财产性收入，有效转化知识、技术等要素的经济价值。引导支持有意愿有能力的企业、社会组织和个人积极参与公益慈善事业。实施中等收入群体递增计划，推动更多低收入群体跨入中等收入行列。

（十七）加快建设健康沿滩。把保障人民健康放在优先发展的战略位置，巩固拓展省级"健康促进区"建设成果，加快构建全方位全周期健康服务体系。加强医疗基础能力建设，改造提升一批乡镇卫生院、街道社区卫生服务中心、村卫生室，建强基层医疗卫生机构人才队伍。深入推进与市中医院紧密型医联体、与市妇幼保健院专科联盟建设，持续提升医疗救治水平。深化医药卫生体制改革，促进医保、医疗、医药协同发展和治理，加快区人民医院新城院区建设。推动优质医疗资源扩容和区域均衡布局，构建高效协同的分级诊疗体系。创新医防协同、医防融合机制，健全公共卫生体系，加强重大疫情、地方病防控救治体系和应急能力建设。落实三孩生育政策及配套支持措施，降低生育养育教育成本。深入开展爱国卫生运动，倡导文明健康生活方式。

（十八）多层次健全社会保障体系。充分发挥社会保障体系作为人民生活"安全网"和社会运行"稳定器"作用，加快发展多层次、多支柱养老保险体系，引导更多企业建立企业年金，落实国家渐进式延迟法定退休年龄改革。扩大社会保险覆盖面，推进全民参保计划，落实好基本养老、基本医疗保险筹资和待遇调整政策。促进多层次医疗保障有序衔接，完善大病保险和医疗救助制度，落实社保转移接续、异地就医结算制度。健全分层分类的社会救助体系，提高城乡低保和特困供养标准。发展养老事业和养老产业，优化孤寡老人服务，健全居家社区机构相协调、医养康养相结合的养老服务体系。保障妇女儿童合法权益，完善残疾人社会保障制度和关爱服务体系。

（十九）更好满足群众精神文化需求。推动文化大发展、大繁荣，丰富人民精神世界。发展社会主义先进文化，弘扬革命文化，传承中华优秀传统文化。加强文物和文化遗产保护利用。深入开展社会主义核心价值观宣传教育，深化拓展新时代文明实践，开展"德耀沿滩"活动，完善志愿服务体系，推进移风易俗。实施文化惠民工程，推进公共文化设施补短板提品质。完成狮子山体育公园建设，广泛开展全民健身运动，深化品牌赛事活动打造，促进群众体育和竞技体育全面发展。推动农文旅融合发展，打造以仙市古镇为核心的釜溪古盐道文化旅游走廊，丰富"信步沿滩·美过周末"旅游活动内涵，着力推出一批富有沿滩特色的文旅产品。

六、坚持把生态优先、绿色发展作为鲜明导向，加快促进人与自然和谐共生

深入践行绿水青山就是金山银山理念，协同推进降碳、减污、扩绿、增长，系统构建生态环境治理体系，促进经济社会发展全面绿色转型。

（二十）有力有序推进碳达峰碳中和。把碳达峰碳中和纳入生态文明建设整体布局，坚持先立后破，全面落实"碳达峰十大行动"。健全项目环境准入清单，坚决遏制"两高一低"项目盲目发展。持续深化工业、城乡建设、交通运输、公共机构等重点领域节能降碳，推进实施"清洁替代"工程，有序推进产业园区循环化改造，加快页岩气勘探开放利用，谋划实施燃气发电等项目，争取页岩气产地价格优惠、留存气量等政策。实施绿色生产生活创建行动，倡导绿色消费，鼓励政府绿色采购，发展绿色节能建筑，推进垃圾分类和减量化、资源化，加快形成绿色低碳生活圈。

（二十一）深入推进环境污染防治。坚持精准治污、科学治污、依法治污，坚决抓好中省市环保督察反馈问题整改，深入打好蓝天、碧水、净土保卫战。紧盯重点行业、重点区域、重点时段，深入推进PM2.5和臭氧污染协同治理，持续提升空气优良天数率。系统推进流域治理，持续开展沱江流域沿滩段、釜溪河沿滩段及重要支流污染防治攻坚，扎实推进农业面源污染治理，加快补齐雨污分流、污水处理短板，地表水国控断面稳定达到Ⅲ类。健全完善土壤污染分类分级管理体系，开展新污染治理，高标准推进"无废城市"建设。

（二十二）扎实推动生态环境保护修复。坚持山水林田湖系统治理，持续抓好国土绿化、水土流失治理和生物多样性保护。严格执行"三线一单"生态环境分区管控、长江经济带发展负面清单管理制度，全面落实河湖长制、林长制和长江流域"十年禁渔"。持续保护好重要水源地、生态湿地、自然保护区。健全生态产品价值实现机制，加快推进国家储备林建设。加强矿山修复治理。强化耕地与周边生态系统协同保护，推进耕地补充恢复。

七、坚持把民主法治建设作为重要保障，加快提升治理体系和治理能力现代化水平

坚持党的领导、人民当家作主、依法治国有机统一，充分发挥社会主义制度优势，健全县域治理体系，以高效能治理保障高质量发展、促进高水平安全。

（二十三）扎实推进全过程人民民主。加强和改进新时代地方人大工作，支持和保证人大及其常委会依法行使职权，密切人大代表同人民群众的联系。推进协商民主广泛多层制度化发展，更好发挥人民政协作为专门协商机构作用，完善人民政协民主监督和委员联系界别群众制度机制。巩固和发展最广泛的爱国统一战线，完善大统战工作格局。加强同民主党派、工商联和无党派人士的团结合作。以筑牢中华民族共同体意识为主线做好民族工作，深入开展民族团结进步创建。坚持我国宗教中国化方向，积极引导宗教与社会主义社会相适应。加强党外知识分子思想政治工作，做好新的社会阶层人士工作，促进非公有制经济健康发展和非公有制经济人士健康成长。做好港澳台侨工作。深化工会、共青团、妇联等群团组织改革和建设。扎实做好关心下一代工作。完善基层直接民主制度体系和工作体系。

（二十四）建设更高水平法治沿滩。全面贯彻实施宪法，维护宪法权威。坚持科学民主依法决策，落实重大决策程序制度。深化行政执法体制改革，完善基层综合执法体制机制，推进行政执法标准化建设，健全行政执法协调监督体系，严格规范公正文明执法。深化司法体制综合配套改革，落实司法责任制，规范司法权力运行。强化对司法活动的制约监督，加强检察机关法律监督工作。深入开展"八五"普法，增强全民法治观念。

（二十五）提高城乡基层治理水平。健全党组织领导的自治、法治、德治相结合的城乡基层治理体系，完善统筹协调和责任落实机制。统筹智慧小区、智慧社区、数字乡村建设，完善网格化管理、精细化服务、信息化支撑的基层治理平台。创新"五社联动"机制，完善城乡社区治理体系，建设社会工作专业人才队伍。坚持和发展新时代"枫桥经验"，完善矛盾纠纷多元预防调处化解综合机制，加强和改进人民信访工作，发展壮大群防群治力量，切实把矛盾纠纷化解在基层、化解在萌芽状态。

（二十六）加快构建新安全格局。贯彻总体国家安全观，坚定维护国家政权安全、制度安全、意识形态安全和网络安全，严厉打击敌对势力渗透、破坏、颠覆、分裂活动。全面加强国家安全教育，筑牢国家安全人民防线。加强国防动员和后备力量建设，优化国防动员体制改革，强化应急、支援两支力量实战训练，强化全民国防教育。做好新时代双拥工作，加强军人军属荣誉激励和权益保障，依法落实优抚安置政策，巩固发展军政军民团结。提高防范化解重大风险能力，完善社会稳定风险评估机制，加强经济金融安全风险预警、防控机制和能力建设，确保粮食、能源资源、重要产业链供应链安全。强化地方债务管理，压实各级风险防控责任。高效统筹疫情防控和经济社会发展。健全社会治安立体化防控体系，常态化推进扫黑除恶，依法打击各类违法犯罪活动。提高公共安全治理水平，推进公共安全治理模式向事前预防转型，加强危险化学品、建筑施工、交通运输等重点行业、重点领域安全监管，推进安全风险隐患专项整治，加强和改进食品药品安全监管，加强应急体系救援能力建设，提升防灾减灾救灾和重大突发公共事件处置保障能力。

八、坚定不移全面从严治党，为沿滩现代化建设提供坚强保证

坚持以党的自我革命引领社会革命，认真落实新时代党的建设总要求，健全全面从严治党体系，压实管党治党政治责任，努力把沿滩区各级党组织和党员干部队伍建设得更加坚强有力。

（二十七）全面系统整体加强党的领导。坚持把党的政治建设摆在首位，健全拥护"两个确立"、做到"两个维护"的制度机制，完善习近平总书记重要指示批示和中共中央重大决策部署贯彻落实机制。把党的领导贯穿现代化建设各方面全过程，健全落实党的领导制度体系，贯彻落实民主集中制、意识形态工作责任制、请示报告制度。严明政治纪律和政治规矩，严肃党内政治生活，抓好巡视反馈问题整改，深化政治巡察全覆盖，开展政治生态监测评价预警工作，持续净化党内政治生态。

（二十八）强化党的创新理论武装。全面加强党的思想建设，组织实施习近平新时代中国特色社会主义思想凝心铸魂计划，完善落实党委（党组）会议"第一议题"等制度机制，坚持不懈用党的创新理论统一思想、统一意志、统一行动。加强理想信念教育，引导党员干部牢记党的宗旨，自觉做共产主义远大理想和中国特色社会主义共同理想的坚定信仰者和忠实实践者。推动党史学习教育常态化长效化，用好红色资源，传承红色基因，赓续红色血脉。深入开展主题教育。

（二十九）建设高素质专业化干部队伍。坚持新时代好干部标准，鲜明"在干事中看干部、在成事中选干部"导向，大力选拔德才兼备、忠诚干净担当高素质专业化干部，选优配强各级领导班子。坚持把政治标准放在首位，做深做实干部政治素质考察，突出把好政治关、廉洁关。深化"双库选育""双向互派"，大力培养干部斗争精神，增强干部推动高质量发展、服务群众、防范化解风险能力水平。健全干部能上能下机制，着力解决不担当、不作为、乱作为问题，形成能者上、优者奖、庸者下、劣者汰良好环境。深入实施年轻干部红色薪火工程、廉洁从政（业）"疫苗计划"，持续深化"导师帮带"，统筹做好女干部、少数民族干部、党外

干部培养选拔工作。做好离退休干部工作。

（三十）**打造坚强有力基层战斗堡垒**。坚持大抓基层的鲜明导向，深入实施"融合党建"品牌创建行动，推进基层党组织规范化建设，发展好农村青年党员，持续整顿软弱涣散基层党组织，切实增强政治功能和组织功能。强化抓党建促乡村振兴，实施党建引领新型农村集体经济三年提升计划，大力实施优秀农民工回引行动，派强用好到村任职选调生和驻村帮扶力量。提升党建引领城市基层管理效能，深化"道德银行""法理情公益服务"等品牌效应，增强城市基层党组织服务群众能力。全面提高机关、公办学校、公立医院和国有企业党建质量，加强新经济组织、新社会组织、新就业群体党的建设，加强和改进党员特别是流动党员教育管理，激励党员发挥先锋模范作用。

（三十一）**深入推进正风肃纪反腐**。坚持严的基调，把纪律和规矩挺在前面，确保党的各项纪律全面从严。锲而不舍落实中央八项规定精神，持续深化纠治"四风"，重点纠治形式主义、官僚主义，坚决破除特权思想和特权行为，持续用力为基层减负。推进政治监督具体化、精准化、常态化，探索重点项目全过程、全链条、全环节跟进监督，完善权力监督制约机制，做实做细"一把手"和领导班子监督，促进各类监督贯通协调。坚持不敢腐、不能腐、不想腐一体推进，坚决打赢反腐败斗争攻坚战持久战。深化整治权力集中、资金密集、资源富集领域的腐败，坚决整治影响市场主体发展、侵害群众利益的腐败问题。深化标本兼治，加强新时代廉洁文化建设，注重家庭家教家风建设，教育引导广大党员、干部清清白白做人、干干净净做事。

（三十二）**以昂扬向上的精神状态奋进新征程**。牢固树立正确政绩观，增强"时时放心不下"的责任感和"处处奋勇争先"的使命感，以钉钉子精神把各项事业不断推向前进，努力创造经得起实践、人民、历史检验的实绩。持续解放思想，增强机遇意识、市场意识、创新意识、服务意识，以改革创新思维破解发展难题。大力弘扬调查研究、求真务实的作风，马上就办、办就办好的作风，具体深入、抓细抓小的作风，脚踏实地、真抓实干的作风，自我革命、一严到底的作风，坚决防治弄虚作假行为。坚持严管和厚爱相结合，落实"三个区分开来"，健全"干部为事业担当、组织为干部担当、上级为下级担当"机制，加大容错纠错、打击诬告陷害、澄清正名、回访教育力度，调动干部干事创业的积极性主动性，激励干部奋发进取、真抓实干、担当奉献，在新时代新征程展现更大作为、创造更大业绩！

沿滩区各级党组织和全体党员干部要更加紧密地团结在以习近平同志为核心的中共中央周围，全面落实中共中央大政方针和省委、市委决策部署，坚定信心、团结奋斗、踔厉奋发、勇毅前行，在推动新时代自贡高质量跨越发展中彰显沿滩担当，为全面建设社会主义现代化沿滩团结奋斗！

中共自贡市沿滩区委办公室
2022年12月30日

索引

使用说明

一、本索引采用内容分析索引法，按索引条目汉语拼音字母顺序排列。

二、索引标目后的数字表示内容所在的页码。

数字

5G基建　140a
5G建设　140b
"4·11"、"4·28"风暴灾害　35c
"9·20"洪涝灾害　35c
"51025"重点产业园区　152b

A

安全生产　37c
安全生产监管　182b
安全工作　164a，182b
安置帮教　163c
安全保障　141a
安全播出　172c
安全生产专项整治　182c
安全生产职责　182b
安全隐患排查整治　183a
安全生产监管执法　183a

B

保障工作　106a，115c
保　险　205b
保障服务　73c
保障体系建设　81b
保障建设　115c
保障性住房建设　128b
保障措施　160b
保障农民工工资　206c
帮扶服务　94a，95a，100a
办公用房管理　80a
报　刊　172a
病险水库整治　135c

C

财　政　36c，176a
财政改革　177a
财政预算管理审计　149b
财政收入　176b
常委会议　68c，83c
创新突破　61b，106b

创新改革　106b
创业服务　205a
村镇建设与管理　127b，216c，219b，223c，227b，230a，233b，235b，239a，241b，245b，248c
村村响　172c
参政议政　60c，90a，91b，92a
参建参治　113b
残疾人就业　100a
残疾人康复　100b
餐饮和住宿业　168a
产业园区建设　152a，153a，158b，159a
产业经营　167b，168a
产品加工　159a
城乡环境综合治理　130a
城乡供水　136a
城乡基层组织建设　207a
城市管理　129a
惩贪治腐　88c
臭氧污染防治　118a
成果转化　99c
成绩优异　194c
川南新材料产业基地　152c
春蕾计划　200c
从严治党　168b

D

地形地貌　33c
地理位置　33b
地方志工作　82b
地籍管理　124a
地情材料开发利用　82c
地表水监测　122a
地质灾害防治　125a，184b
地产发展　128c
地区生产总值　144a
地质灾害隐患排查　184b
地质灾害宣传培训　184c
党建服务　62b
党史编研　64c
党校教育　65c
党委会议　83c，84c
党建引领　95c
党的建设　177b
档案接收　66c
档案管理　66b
档案利用　66c
队伍建设　61b，111a，177c，191b，192a，201a
道路交通安全　134b
道路里程　134a
道路运输　134a
调研工作　63a，64a，85c
调研普查　66c
调查统计　124a
打击违法犯罪　105b，109a
打响大气污染防治"第一战"　117b
大气环境保护　117a
电力建设　154a
电　信　139c
电力生产和供应　154a
电子商务　168a
对上争取　143b
邓太片区釜溪河生态修复项目　126a
邓关街道　217a
灯会环境保障　129c

F

非公有制经济　36a
非道路移动机械管控　118a
法治宣传　67c
法治建设　104a，111c，112a
法　院　108c
法治政府建设　104a
法律服务　111b
法治示范创建　111c
房地产开发管理　128c
发展和改革　143a
发展改革　144a
发展农民专合社　168c
服务工作　60c，61c，72b，79b，90c，91c，92a，92b，93b，94a，95a，96b，101c，107b，111b，150c，204c，209a
服务业管理　167a，168a
服务中心　60c
服务保障　63c
服务大局　66c
服务阵地　96b
服务业持续增长　142b
扶贫帮困　100a

防震减灾　183c

防汛抗旱　185a

防控能力　200a

风险防范体系　181c

富全镇　239b

妇女就业　97a

妇产科技术　198c

妇幼保健　200b

妇幼关爱活动　200b

辐射带动　160a

G

概　述　39a，55a，68a，
　75a，76a，83a，86a，
　102a，116a，133a，135a，
　142a，152a，155a，165a，
　170a，181a，189a，196a，
　203a

工　业　36b

工业经济加速恢复　142b

工商联　92a

工行沿滩支行　179c

管理创新　63a

关爱助学　64a

关爱帮扶　95a

关工委工作　64a

港澳台事务工作　82a

公　安　105a

公安工作会议　107a

公共卫生　200b

公务用车管理　80a

公共机构节能　80b

公益品牌　96c

公共就业服务　204c

国有资产　145a，146a

国有资产管理　80a

国防动员　113b

国防潜力调查　115c

国考断面水质状况　118b

国有资产监管　145a

国有自然资源资产　146c

国家知识产权强县工程试点区
　建设　188c

管理创新　63a

管理调整　64c

光彩事业　92b

广电网络　141b

广播电视　172c

高新技术企业引进与培育　187a

高滩水库　235b

高铁自贡站全景图　243a

固定资产投资　36c

固定资产投资审计　149b

古树名木管理　126a

共青团改革　94c

供电范围　154a

供电售电　154a

供销合作　168b

功能区噪声　120b

规模养殖　161a

规划以上服务企业　167a

归集管理　131a

干部培育　57c

耕地保护　123c

馆际交流　67b

H

环境保护　37b，116a，125a

环境管理　120c，130a

环境监测　121b

环境监测数据发布　122b

环保督察　122b

"互联网+公积金"工作　131b

河长联络部门履职情况　181c

护航经济发展　109c

后　勤　190c

红十字会改革　100c

挥发性有机物治理　177c

婚姻与家庭　209b

黄市镇　228a

夯实震灾风险防治基础　184a

回应群众　72c

核心制度　199a

J

经济发展　36a，142a，212a，
　215a，218a，222a，225c，
　229a，232b，234c，237b，
　240c，244a，247b

经济建设　143a，176c

经济社会发展　36a

经济恢复持续稳定　142a

经济责任审计和自然资源资产
　审计　149b

建筑业　36b，129a

建设用地　123c

建立台账　200b

教育　37a，189a
教育建设　66a
教育改革　190b
教　学　190c
教育理念　192c
奖惩措施　57b
监督管理　58a
监　察　126c
家庭教育　96a
家庭医生　200b
检　察　107a
检察监督　108a
检验科技　199a
机关事务管理　80a
机动警报建设　115a
机构编制管理　62a
机制服务　62a
机构建设　105a
机动指挥所建设　114c
机构设置　141c
机械装备制造园　154a
基础设施建设　133b，134b，129a
基层建设　168c，88b
基层工作　59a，74b，88b，103a，207a
基础教育　192b
基础建设　191b
基层组织　212a，213c，217b，221a，224c，228a，231b，234b，236c，239c，243b，247a
基本情况　35b，36a，56b，66b，80c，90a，91a，91c，94b，95b，97a，105a，108c，117a，119c，121b，127a，139a，140b，141a，147c，149a，150a，156c，157b，160c，161a，162a，165b，167b，168a，173c，179a，193a，207a
基层减负　57c
基层治理　59a
基层团建　94c
基层治理创新　103a
基地建设　158b
基本公共卫生服务　200b
基层调解组织　206a
交　通　36c，134a
交通项目建设　133c
精神文明建设　172c
军事训练　133a
降水监测　121c
九年义务教育　192c
集中式饮用水源水质监测　122a
极端天气供水保障　136a
纪委会议　86b，87a
纪检监察　217c，221b，225a，232a，234b，237a，240a，243b
金融　179a
救灾救援　185c
疾病防治　199c
计生帮扶　202a
计生宣传　202b
激励引导　57a
激发市场消费潜能　167b
就业创业　81b，204b
技术培训　187b
技术指导　187c
健全制度　169c
健全机制　185b
健康宣传与活动　202c
九洪乡　224a

K

开展污染地块调查　119c
开展涉镉等重金属企业排查整治　120a
开展全域执法行动　120c
开发管理　124c
开展"三社"融合　168c
考　评　57a
科研工作　65c
科　技　37b
科普活动　97b（文件中97页处"科普活动"颜色有误）
科技支撑　159c
科技提升　160c
科技推广　163b
科技产业　187b
科技创新与成果　187a
科技成果　187b
科技活动　187b
科技宣传　187c
科技人才　188a
矿产资源管理　124c
矿产资源　35a，145c

客户服务　140a，140c	绿地管护　129a	农业建设　163a
课程开发　66a	两项工作　65a	农林牧渔业　36a
课堂悟透　99c	"两癌"筛查和救助　200c	农业生产稳步运行　142a
空气质量　35c	露天焚烧污染治理　117b	农网建设　154b
抗旱救灾　185b	"六乱"治理　130a	农村集体经济发展　156b
	联系代表　73a	农村人居环境建设　156c
L	联合通信　141a	农村生活垃圾　156c
	联合办学　192c	农村厕所　157a
旅游业　37b	联动改革　201b	农村综合配套改革　156a
旅游行业管理　175a	联络镇　234a	农业新业态　159a
旅游景区　173c	亮眼护瞳　64c	农村专业大户　162b
旅游项目　174b	亮点工作清单　151b	农民合作社有序推进　162c
旅游活动　174c	流通储备管理　169b	农业生产企业平稳发展　163a
旅游市场管理　175a	廉政建设　93b	农业服务组织功能初显　163a
旅游标准化建设　175c		农业行政管理　163a
旅游宣传　175c	**M**	农业行政审批　163a
落实责任　56c		农业科技　163b
落实优抚政策　81a	贸易　36c	农产品质量建设　163b
落实各项政策　205c	民族与宗教事务　61c	农业机械　163c
老干部工作　63b	民主监督　85c	农机购置补贴　163c
老年体育　194c	民主党派　90a，91a	农机安全　164a
老龄事务　202c	民盟沿滩区支部　90a	农机灌溉　164b
老干部重阳节座谈会　56b	民建沿滩区支部　91a	农村新能源　164b
老旧小区改造　128a	民政　207a	农贸市场　167a
老龄事务　202c	民生工程　100a	农发行沿滩支行　179b
劳动关系和收入分配　206a	民生审计　149c	农行沿滩支行　180a
劳动人事争议仲裁　206a		农村居民收入　210b
劳动保障执法维权　206	**N**	农村居民消费　210c
林　业　161b		农业产业　215b，218c，
理论学习　59a，99b	农业　160a	222b，225c，229a，234c，
粮食物资储备管理　144b	农业发展　232c	237c，241a，244b，247c
粮食产量　160c	农工党　91c	纳税服务　178b
粮油购销　169a	农村治理　156a，157a，162b	能力提升　185a，186c

P

棚户区改造　128a
平台搭建　97a
平安沿滩建设　103a，105c
平安产险沿滩支公司　180b
平台建设　187a
品牌建设　159b，163c
普法维权　96a
普法与依法治理　111b
普通高中教育　192c
普法宣传　206b
培训工作　199c
批发零售贸易业　167b

Q

气　候　35b
群众路线　79c
群防群治　136c
群众体育　194a
区妇联　95b
区科协　97a
区文联　98a
区社科联　99b
区残联　100a
区红十字会　100c
区乡村文化艺术家协会　98a
区版画家协会　98a
区故事作家协会　98a
区作家协会　99a
区域环境和交通噪声　120b
区域协作增效提质　166b

确权登记　124a
企业服务　92b，93b
企业国有资产管理　145a
企业国有资产　146a
全体（扩大）会议　79a
权责优化　62c
权属管理　124b
其他会议　72b，79b，85a，87b
强化法治引领　104a
强化环保排查整改　122b
强化征缴扩面　205a
强化生存认证　205b
清产核资　156a
千兆宽带　140c

R

人　口　34b
人口构成　34c
人口变迁　34c
人才工作会议　56a
人才引育　58b
人才培养　61c，67c，97c，203c
人才培训　65c，198a
人大会议　68c，69a
人大工作　213c，217b，221a，225a，228b，231c，234b，237a，240a，243b，247a
人民武装　113a
人民防空　114b

人民生活　37c
人事任免　73a
人才关爱　97c
人道救助活动　101b
人民参与和促进法治　112a
人防宣传教育　114b
人防工程管理　115b
人口和计划生育　202a
人事人才工作　203c
人才招引　203c
人才保障　204a
入河排污口排查整治　118c

S

税　收　37a
税收改革　178c
税　务　177b
税收征管　178b
税收改革　178c
社会保障　37c
社会服务　67c，90c，91c，92a，141b
社会民生服务　107c
社会监督　111a
社区矫正　112a
社会办医　201c
社会保险　205a
社会救助　207c
社会福利与慈善　208a
社会事务管理　209b
社会事业　212b，215c，218c，222c，226b，229b，

233a，235a，238a，241a，
　244c，248a
审议评议　73a
审核审批　63a
审　计　149a
审计整改　149c
双拥共建　81c
双圈建设　144c
司法行政　111a
司法为民　110a
水环境保护　118a，138b
水产业　162a
水资源　35a
水资源管理　137a
水环境治理项目　119a
水上运输　134a
水利工程　135c
水务管理　136b
水质管控　136c
水土保持　137a
水土流失治理　137a
水资源调查　137a
水资源确权登记　137a
水旱灾害防御　137c
水利移民安置　138b
水产养殖　162a
声环境保护　120b
森林防火　125b，147c，
　161c，185b
森林资源保护管理　125c，
　162a
市政建设　127a，129a
市场监管　128c，147c，

　172a，175a
市场监督管理　148a
商贸建设　165b，166a
商贸网点　167a
商标专利　188b
设施建设　137c，191b
设施设备　158c
生活与消费　210a
生活垃圾分类　130b
生活污水治理　157a
生猪保险　161b
深耕监管主业　148c
思想引领　60b，93a
思想建设　90a，91a
三项建设　63b
三大作用　65a
"三献"工作　101a
失业保险　204b
省督期间　122c
师资建设　66a
湿地资源　146a
四件实事　65b
数量与分布　34b
数字乡村与乡村振兴　141a
守住底线底板　168b

T

体　育　37b
体育建设　193b，194a
体系机制　57b，62a，181b
体制改革　62b，110b
体系建设　181b

体育改革　190c
体育场地　194a
体育产业　194a
体质监测　194c
统战工作　60a
统筹考评　57a
退役军人事务　81a
团区委　94b
土地环境保护　119c
土地资源　34c，145b
土地资源管理　123c
土地市场　124a
特殊教育　193a
特色亮点　92c
特色园区（基地）　152a
投资保持较快增长　142c
铁路沿线安全环境治理　130c
铁路建设　143b
通信警报建设　114c
托育机构发展　202b
提质增效　131b
提高防震减灾能力　183c
提升监测预警能力　184a
推进品牌建设　168c
探索线上消费模式　168a

W

文　化　37b，170b
文化服务　59c
文化设施　170b
文化活动　170c
文艺创作　171a

文化遗产保护　171c
文化产业　171c
文化市场监管　172a
文明实践　173a
文明创建　173b
卫　生　88b
卫坪街道　211a
武装工作　215a，218a，221c，225b，228b，237a，240b，243c，247b
武　警　113c
网格化站点水质状况　118b
网格化环境监管　121a
网络覆盖　141a
网络功能　141c
物流园区　167b
维护社会稳定　102c
维护社会正义　108c
维稳备战　114a
维护管理　154b
外事工作　82a
外科骨科技术　199a
污水处理设施　137b
完善机制与专项治理　198b
王井镇　220c
瓦市镇　246a

X

乡村振兴　72c，94c，156a，157c，213a，217a，220b，224a，227c，230b，233c，236a，239b，242a，246a，249b
信访工作　80c，214c，218a，222a，225c，228c，232a，240b，244a，247b
信息化建设　139b，191c
信访维稳　81c
信息化与工业化深度融合　139b
信息沟通体系　181c
行政工作　150a
行政区划　34a
行政执法改革　104b
行政执法监督　104c
行政处罚案件办理　120c
行业管理　138a
行政事业性国有资产管理　145a
行政事业性国有资产　146a
行政审批管理　150a
宣传工作　29a，199c，214b，217c，221c，225b，228b，232b，237a，240a，243c，247a
宣讲工作　66a
宣传与文体活动　100b
宣传活动　131a
畜牧业建设　161a
畜禽粪污及秸秆资源化利用率　157a
消费呈收缩态势　143a
消防安全隐患消除　183a
消防安全治理水平　183b
消防管理　183a
项目建设　127a，201b，202c
项目审批　143c

项目审批便捷高效　166a
项目资金　174b
项目与设施建设　201b
项目投资　201b
协调服务　80a
学习研究　73c
学前教育　192b
学校体育　193b
选人用人　57c
小型水库安全运行项目　136a
效能建设　79c
校院建设　66b
校园联赛　193b
心理护航　64b
西南自贡食品产业园　152c
限额以上商贸单位　167a
巡查制度　131b
向家坝灌区工程移民征地工作　183b
现代农业产业园区建设　158b
兴隆镇　236a
仙市镇　242b

Y

意识形态　56c，60a
一条主线　64c
一支队伍管执法　129c
依法治区　57a
沿滩各支行　179b，180a
沿滩区老蛮桥水库扩建项目　135c
沿滩高新技术产业园区　152a

预算执行　176a
应急救护培训　100c
应急保障体系　182a
应急演练　182a
应急处置水平　182a
应急演练活动　182a
应急准备　185c
医疗卫生服务　198a
医疗管理　199a
医疗卫生体制改革　201b
医联体建设　201b
医养融合　201c
医疗卫生机构　198a
医疗技术及设备　198b
疫情防控　161a，199b
疫苗接种　200a
眼耳鼻咽喉科技术　199a
严格依法行政　104a
用气安全隐患摸排　164b
用气安全宣传教育　164c
用气安全责任管理　164c
隐患检查　185a
饮用水水源地保护　119a
移动执法系统应用　120c
移民后扶工作　183c
移动通信　140b
药物制度　201c
优化考评　57a
营商环境优化升级　167a
营商环境持续优化　148a
拥政爱民　114a
邮政业务　139a
议案建议　73b

业务培训　81a
业务发展　139a
野生动物资源　35a
夜间经济业态　167c
园林绿化　129a
园区情况　158b
沿滩镇　213a
永安镇　231a
研学旅行　174c
研发投入　187a

Z

自然资源　34c，35a，146c
自然资源与功能区规划　123a
自然资源保护规划　123a
自然资源利用规划　123a
自然生态保护　125a
自建房安全隐患排查　127c
自然灾害隐患排查　147b
自然灾害　147b
自然灾害防治　183c，184b
自贡循环经济产业园　153a
自动监控执法应用　120c
重要会议　56a，60a，68c，
　77b，78a，79a，83c，84c，
　86b
重大决策　77a
重型柴油货车尾气治理　118a
重污染天气应急响应　118a
重点单位监管　120a
重点污染源监督性监测　122a
重大项目　143c

重大政策措施落实情况跟踪审
　计　149a
重疾防治　200a
专项督办　57b
专业队伍建设　115b
专项行动　61c
专项执法　169a
专项督导　185c
职业病专项治理　201a
职业教育　192c
职工维权　93c
职责使命胜任能力　183b
职业安全健康　201a
职业病防治　201a
职业培训　205a
组织工作　57c
组织建设　58c，90a，91a，
　91c，113c
组织方式　160a
组织领导　136b
组织收入　178a
组织体系　181b
制度建设　60b
战略服务　62a
战时人口疏散地域建设　115a
责任落实　62c
责任体系　185a
资源建设　67a
资源勘查　124c
资金争取　133b，137c
资源经营情况　146a
主任会议　70a，71a
主要工作　85a，88a

主要会议　60a	噪声污染治理　120b	整治修复　127a
主要天气气候事件　35b	招商引资　165b	志愿服务　95a
主体功能区规划　123b	招商质效　165c	志愿服务与青少年工作　101c
主要景区简介　174b	招商模式　165c	执法监察　88c
总工会　93a	招大引强实现突破　166a	执纪监督　106c
政治建设　110c	种植业建设　160c	执法与监察　126b
政务服务提升　150c	知识产权　188b	执　法　126b
政治引领　73c，92a	知识产权保护　188c	质量强区　148b
政府常务会议　77b	中医　200c	质量安全　162b，163b
政务协调服务　79b	中医医联体　200c	质量检测　163c
政务服务　79b	中心大局服务　107b	综合改革　190b，201c
政法及综治工作　102c	中心镇申报　127b	综合管理　190c
政法领域改革　103b	中央预算项目　157b	植物资源　35a
政法队伍建设　103c	中医科医疗　199a	走访调研　63a
政治教育　113a	中医技术　201a	走访慰问　100c
政策研究　144a	转移支付项目　157b	灾情应对　186a
政策落实　157c	作物种植　160c	灾后救助　186b
住房公积金管理　130c	作用发挥　63c	支出结构　177a
住房消费　131a	作风建设　88a	造林绿化　125a，161c